Eingang am: 01.02.2013
Eigentümer: Dieter Reiter

LEOPOLD VON RANKE ♦ GESCHICHTE WALLENSTEINS

EDITION KRAMER

LEOPOLD VON RANKE

◆

GESCHICHTE
WALLENSTEINS

EDITION KRAMER

INHALT

VORREDE

WENN PLUTARCH einmal in Erinnerung bringt, daß er nicht Geschichte schreibe, sondern Biographie, so berührt er damit eine der vornehmsten Schwierigkeiten der allgemein historischen sowohl wie der biographischen Darstellung. Indem eine lebendige Persönlichkeit dargestellt werden soll, darf man die Bedingungen nicht vergessen, unter denen sie auftritt und wirksam ist. Indem man den großen Gang der welthistorischen Begebenheiten schildert, wird man immer auch der Persönlichkeiten eingedenk sein müssen, von denen sie ihren Impuls empfangen.

Wieviel gewaltiger, tiefer, umfassender ist das allgemeine Leben, das die Jahrhunderte in ununterbrochener Strömung erfüllt, als das persönliche, dem nur eine Spanne Zeit gegönnt ist, das nur dazusein scheint, um zu beginnen, nicht, um zu vollenden. Die Entschlüsse der Menschen gehen von den Möglichkeiten aus, welche die allgemeinen Zustände darbieten; bedeutende Erfolge werden nur unter Mitwirkung der homogenen Weltelemente erzielt; ein jeder erscheint beinahe nur als eine Geburt seiner Zeit, als der Ausdruck einer auch außer ihm vorhandenen allgemeinen Tendenz.

Aber von der anderen Seite gehören die Persönlichkeiten doch auch wieder einer moralischen Weltordnung an: in der sie ganz ihr eigen sind; sie haben ein selbständiges Leben von originaler Kraft. Indem sie, wie man zu sagen liebt, ihre Zeit repräsentieren, greifen sie doch wieder durch eingeborenen inneren Antrieb bestimmend in dieselbe ein.

Jedermann weiß, wie sehr dies bei dem Manne unvergänglichen wiewohl noch zweifelhaften Andenkens, dem die nachfolgenden Blätter gewidmet sind, der Fall ist. Wer hätte jemals sich auch nur oberflächlich mit dem Dreißigjährigen Krieg beschäftigt, ohne den Wunsch zu empfinden, über Wallenstein unterrichtet zu werden – wohl die außerordentlichste Gestalt, die in der weitausgreifenden Bewegung der Epoche auftritt. Er erscheint als eine ihrer eigentümlichsten Hervorbringungen; sein Emporkommen wird von ihr getragen: Er gelangt zu einer Stelle, in der er eine Reihe von Jahren einen maßgebenden Einfluß ausübt, bis er zuletzt von einer Katastrophe erreicht wird, die noch immer unverständlich geblieben ist.

Über diese und das gesamte Tun und Treiben Wallensteins sind in den Archiven zu Wien, in welche auch seine Papiere übergegangen sind, in den letzten Jahrzehnten fleißige Forschungen angestellt worden, doch ist man damit über Anklage und Verteidigung, wie sie im ersten Moment einander gegenübertraten, nicht hinausgekommen.

Und wenn man in den anderen Archiven weiter nachforscht, so erhält man nur einseitige Antworten, dem Verhältnis gemäß, in welchem die Staaten, denen sie angehörten, zu den Begebenheiten standen.

Die sonst so aufmerksamen Venezianer treten dem inneren Getriebe der in Deutschland kämpfenden Interessen nicht nahe genug, um eine genügende Auskunft geben zu können. Bei weitem unterrichtender sind die römischen Berichte; eingehend beschäftigen sich aber die Nuntien nur mit den Momenten, die mit der Herstellung des Katholizismus zusammenhängen; Wallenstein ist ihnen ein Phänomen, zu dem sie noch in keine unmittelbare Beziehung gekommen waren. Die französischen Sammlungen haben sehr merkwürdige Aufklärungen geboten, die sich jedoch nur auf den einen Punkt beziehen, über den mit Frankreich unterhandelt wurde; über alle anderen Fragen lassen sie sich dunkeln. Ähnlich verhält es sich mit den aus den schwedischen Archiven erhobenen Notizen. Umfassend und von hohem Wert sind die aus den Münchner Archiven stammenden Mitteilungen und Papiere; sie haben fast das meiste zu der Auffassung beigetragen, welche heutzutage die Oberhand gewonnen hat; aber sie stellen doch hauptsächlich nur den Standpunkt der Feindseligkeit und des Argwohns dar, auf den sich der damalige Bayernfürst gegen Wallenstein hielt: Für die Nachwelt kann dieser nicht maßgebend sein.

Wie die lebenden Menschen einander berühren, ohne einander gerade zu verstehen, oder auch verstehen zu wollen, in wetteifernder oder feindseliger Tätigkeit, so erscheinen die vergangenen Geschlechter in den Archiven, die gleichsam ein Niederschlag des Lebens sind. Allein da läßt sich eine dem Bedürfnis der Forschung entsprechende Kunde hoffen, wo eine solche selbst vorhanden war, und aufgezeichnet werden konnte.

In unserem Fall war das nur an zwei einander fernen und an sich entgegengesetzten Stellen zu erwarten: in Dresden und in Brüssel.

Der sächsische Hof, von allem was Wallenstein namentlich in den letzten Jahren seines Lebens vorhatte und unternahm, unmittelbar berührt, stand zuletzt mehr als irgendein anderer in seinem Vertrauen. Dagegen waren die Bevollmächtigten der spanischen Monarchie, deren Papiere gutenteils in Brüssel aufbewahrt werden, nicht etwa in den früheren aber in den letzten Jahren, seine entschiedensten und wirksamsten Gegner: Die Nachrichten, die sie über ihr eigenes Verhalten geben, sind zugleich die wichtigsten für die Geschichte Wallensteins.

Viele andere, zuweilen sehr bedeutende Dokumente sind aus Privatarchiven zutage gekommen; ich zweifle nicht, daß sie sich noch immer vermehren werden. Aber schon das Vorliegende schien mir hinzureichen, um zu einer objektiven Auffassung des Tatbestandes zu gelangen. Nachdem ich in öffentlichen Vorträgen mehr als einmal davon gehandelt habe, darf ich, in einem sehr vorgerückten Lebensalter nicht säumen, sie dem Publikum, das mich an seine Teilnahme und Nachsicht gewöhnt hat, vorzulegen.

So bin ich auf den Versuch einer Biographie geführt worden, die zugleich Geschichte ist. Eins geht mit dem andern Hand in Hand.

Nur in fortwährender Teilnahme an den allgemeinen Angelegenheiten kann der Mann reifen, der eine Stelle in dem Andenken der Nachwelt verdient. In Zeiten gewaltsamer Erschütterung, in denen die Persönlichkeit am meisten ihr eingeborenes Wesen entwickelt und die Tatkraft sich ihre Zwecke setzen kann, verändern sich auch die Zustände am raschesten; jeder Wechsel derselben beherrscht die Welt oder scheint sie zu beherrschen; jede Stufe der Weltentwicklung bietet dem unternehmenden Geist neue Aufgaben und neue Gesichtspunkte dar; man wird das Allgemeine und das Besondere gleichmäßig vor Augen behalten müssen, um das eine und das andere zu begreifen: die Wirkung, welche ausgeübt, die Rückwirkung, welche erfahren wird.

Die Begebenheiten entwickeln sich in dem Zusammentreffen der individuellen Kraft mit dem objektiven Weltverhältnis; die Erfolge sind das Maß ihrer Macht.

Die Mannigfaltigkeit der Geschichte beruht in dem Hereinziehen der biographischen Momente; aber auch die Biographie kann sich dann und wann zur Geschichte erweitern.

KAPITEL 1

Emporkommen Wallensteins in den
österreichischen Erblanden

WILL MAN SICH einen Begriff von der Persönlichkeit Wallensteins verschaffen, wie sie in den ersten Mannesjahren erschien, in denen ein jeder seine Stellung zu ergreifen pflegt, unmittelbar an der Schwelle des praktisch-tätigen Lebens, so liegt dafür ein sehr phantastisches Dokument vor, dessen man sich aber doch bedienen mag.

Johann Kepler hat sich die Mühe genommen, die Konstellation, unter welcher Wallenstein – 1583, 14. September, 4 Uhr Nachmittag – zur Welt kam, zu berechnen und seine Bemerkungen daranzuknüpfen.

Es war nicht bloß ein durch Bedürfnis und Armut gebotenes Gewerbe, wenn der große Astronom von der Astrologie nicht abließ: Er hatte sehr ernstlich die Meinung, daß die Konfiguration der Gestirne, wie sie in dem Moment gestaltet sind, in welchem der Mensch geboren wird, auf seinen inneren Lebenstrieb und seine Seele einen bestimmenden Einfluß ausübe. Über das Schicksal des Menschen und seinen Lebensgang wache die Vorsehung und der schützende Genius, den sie ihm gegeben hat: Sein Wesen konformiere sich nach der Regel der Welt und der Stellung der beherrschenden Gestirne. Wenn nun der Meister, welcher den Satz verficht, daß seine Ansicht durch die Erfahrung bestätigt werde, die Nativität, die er aufstellt, zugleich erklärt, so entnimmt man daraus – denn etwas Nichtzutreffendes konnte er nicht sagen wollen –, wie Wallenstein in seinem sechsundzwanzigsten Jahr den Menschen erschien: Die Deutung der Gestirne wird unwillkürlich eine Charakteristik.

Den größten Wert legt Kepler auf die Verbindung von Saturnus und Jupiter, die in dem ersten astrologischen Haus, dem Haus des Lebens, stattgefunden habe. Saturnus deutet auf melancholische, allezeit gärende Gedanken, Nichtachtung menschlicher Gebote und selbst der Religion, Mangel an brüderlicher und ehelicher Liebe. Denn dies Gestirn macht unbarmherzig, ungestüm, streitbar, unverzagt. Da nun aber Jupiter sich mit Saturnus vereinigt, so darf man hoffen, daß die meisten dieser Untugenden sich in reifem Alter abschleifen werden. Kepler spricht die Meinung aus, zu dem Schicksal der Menschen sei der Himmel doch nur der Vater, niemand dürfe ein Glück hoffen, zu dem keine Anleitung in seinem Gemüt sei, die eigene Seele des Menschen sei gleichsam die Mutter; den der Seele innewohnenden Kräften schreibt er eine verborgene Beziehung auf die Konfiguration der Gestirne zu. Eine Ansicht der Persönlichkeit des Menschen von phantastischer Färbung, aber von einer gewissen Großheit. Vom jungen Wallenstein urteilt Kepler, er habe ein unruhiges Gemüt, mehr Gedanken als er äußerlich spüren lasse, er trachte nach Neuerungen durch unversuchte Mittel. Aus der Verbindung saturnischer und jovialischer Einflüsse schließt er, daß ihn das ungewöhnliche Naturell zu hohen Dingen befähigen werde. Er schreibt ihm ein Dürsten nach Ehre und Macht zu, eigensinnigen Trotz und verwegenen Mut, so daß er sich einmal zu einem Haupt von Mißvergnügten aufwerfen könne; viele und große Feinde werde er sich zuziehen, aber ihnen meistens obsiegen. Nicht geringen Eindruck mußte es auf den jungen Wallenstein machen, wenn man ihm sagte, er sei unter demselben Gestirn geboren, wie einst der Kanzler Zamojski von Polen und die Königin Elisabeth von England, von denen jener im Osten, diese im Westen von Europa fast zu gleicher Zeit die größte Rolle gespielt hatten.

Dieser imaginären Welt durften wir wohl gedenken, weil die Menschen der Epoche, und zwar selbst die tatkräftigsten und die gelehrtesten, nun einmal in dem Glauben daran befangen waren. Wenden wir nun den Blick nach den Antrieben, die ein junger Mann, an seiner Stelle, aus der realen Welt empfangen konnte und mußte.

Wallenstein stammte von einem der tschechischen Herrengeschlechter in Böhmen, den Ralsko ab, das sich in die Wartenberg und die Waldstein schied; er gehörte einer der mindestbegüterten Familien der letzteren an, die auf einem einzelnen Gut, Heřmanitz, im Kreise Königgrätz, wirtschaftlich haushielt, aber alle Ansprüche ihrer angesehenen Verwandtschaft teilte. Einen geistlichen Stand gab es in der böhmischen Verfassung nicht mehr: Die Herren, welche sich im Besitz der eingezogenen geistlichen Güter behaupteten, bildeten den ersten Stand im Königreich. Allgemeine Bedeutung verlieh es ihnen, daß sie bei jeder

Thronvakanz die Behauptung erneuerten, daß ihr König wählbar sei: Rudolf II. hielt es nicht für ratsam, sich mit ihnen darüber in Streit einzulassen. Auf das engste wurden sie dadurch mit dem Deutschen Reich verbunden, wo man damals den Besitz von Böhmen beinahe als eine Bedingung für die Wahl zum Kaisertum betrachtete. Seit den hussitischen Zeiten war Böhmen niemals wieder ganz zur katholischen Kirche zurückgekehrt: hier fanden die reformatorischen Bewegungen des sechzehnten Jahrhunderts den am besten vorbereiteten Boden; man geriet infolge derselben in ununterbrochene Beziehungen zu den Protestanten in Deutschland und in Frankreich. Aber auch der Katholizismus hatte hier tiefe Wurzeln; durch die Weltstellung der Dynastie und deren Verbindung mit Italien und Spanien ward er in lebendiger Wirksamkeit erhalten. Wenn nun die beiden religiösen Bekenntnisse auch in Böhmen miteinander kämpften, so ist doch kein Zweifel, daß das evangelische das Übergewicht besaß. Es gewann hauptsächlich durch die böhmisch-mährischen Brüder, die sich eine von den andern abweichende Verfassung gaben, zugleich einen national-tschechischen Charakter ...

Und einen sicheren Anhalt fand die Unität, der evangelische Protestantismus überhaupt in Böhmen so gut wie in andern Ländern, an den ständischen Gerechtsamen. Die Herren übten in ihren Gebieten eine nicht viel minder durchgreifende Gewalt in religiöser Beziehung aus, als die deutschen Fürsten in den ihren. Die ständischen Ansprüche verschmolzen mit den Konzessionen, welche der Fürst, der selber an der Einheit der katholischen Kirche festhielt, ihnen machte.

Aber auch in Böhmen drang die Restauration, die ihre Grundlage in den Schlußsitzungen des Tridentinischen Konziliums der Verbindung des Papstes mit den höchsten Gewalten verdankte, und deren Rechte verfocht, mächtig vorwärts. Der Orden der Jesuiten setzte sich infolge der Vorkehrungen, die noch Kaiser Ferdinand I. getroffen hatte, in der Literatur und der Schule den böhmischen Brüdern mit Sukzeß entgegen. Er gewann durch Familienverbindungen, zu denen die Weltstellung des Hofes Anlaß gab, Vermählungen zum Beispiel spanischer Damen mit böhmischen Magnaten, deren Unterstützung. Zu seinem besonderen Vorteil gereichte ihm der Zusammenhang mit Italien und der Einfluß der italienischen Kultur, die nicht mehr in voller Blüte stehen mochte, aber noch das größte Ansehen in der Welt genoß, in bezug auf Wissenschaft, Kunst und gesellschaftliches Leben, und überwiegend einen katholischen Geist atmete.

Es versteht sich nun, daß dieser große und durchgreifende Gegensatz, der allenthalben in dem kleinen Königreich zur Erscheinung kam, in jedes persönliche Leben bestimmend eingriff.

Der junge Wallenstein (Albrecht Wenzel Eusebius) gehörte durch Herkunft und Landesart der evangelischen Partei an; sie hatte im Königgrätzer Kreis von jeher ihren vornehmsten Sitz gehabt und herrschte daselbst vor; der Vater und die Mutter bekannten sich zu ihr. Aber diese starben ihm, ehe er zwölf Jahre zählte; einer seiner mütterlichen Oheime, Heinrich Slavata, nahm ihn auf seine Burg Koschumberg zu sich, um ihn dort zugleich mit seinem Sohn erziehen zu lassen, und zwar in einer Schule der Brüderunität.

Die friedliche Disziplin der Brüder war jedoch wenig geeignet für den jungen Menschen, der von Kindesbeinen an nur für das Soldatenwesen Sinn zeigte und durch wilde Streiche sich schon früh den Beinamen der Tolle zuzog. Eher wurden die Jesuiten in Olmütz* mit ihm fertig, zu denen ihn ein anderer seiner mütterlichen Oheime brachte; er lernte da wenigstens Latein; einer der Patres hat da den Einfluß eines leitenden Freundes über ihn gewonnen. Wallenstein hat später einmal gesagt, dem verdanke er alles.

Nicht eine bloße Veränderung in Schule und Disziplin war dies: Es wurde zu einem Wechsel der Lebensrichtung. Von dem national-tschechischen Element, das in der beschränkten Form der Erziehung ihn abstieß, riß der junge Mann sich los und gesellte sich dem andern bei, das den italienischen Charakter einer allgemeinen Kultur an sich trug und ihm ein weniger gefesseltes, seinem Naturell mehr entsprechendes Dasein in Aussicht stellte.

Damit ist nun aber Wallenstein nicht etwa zu dem streng katholischen System übergegangen.

Wir finden ihn auf der lutherischen Universität Altdorf, wo er ein Andenken unbezähmbarer Heftigkeit hinterlassen hat – nur

---

* Ob Wallenstein tatsächlich Zögling des Olmützer Jesuitenkonvikts war, ist nicht gesichert.

aus Rücksicht auf seine hohen Verwandten in Böhmen ist ihm die förmliche Relegation erspart worden – und bald darauf auf der venezianischen hohen Schule von Padua* die sich damals nicht durch jesuitisch-papistische Gesinnung hervortat. Die Italiener rühmen ihn, wie ganz er sich ihrer feineren Sitte und Lebensart angeschlossen habe.

Auf die wissenschaftliche Schule folgte die militärische. Wallenstein tat seinen ersten Kriegsdienst unter Basta, in jenem Heere, das zugleich den Türken widerstehen und den Nacken der protestantischen Ungarn beugen sollte. Nach dem Frieden näherte er sich jedoch dem Erzherzog Matthias, der die Protestanten in seinen Schutz nahm; der Mann empfahl ihn, der selbst an der Spitze der evangelischen Stände von Mähren stand, seinem Schwager Zierotin. Der verfehlte nicht zu bemerken, daß der junge Wallenstein die Messe besuche, obwohl er wisse, so fügt er hinzu, daß das bei dem Erzherzog wenig austrage. In diesen Kreisen kamen andere Verhältnisse doch noch mehr in Betracht als das Bekenntnis. Albrecht Wallenstein ward als ein junger Mensch von Herkunft, Bildung und guten Eigenschaften empfohlen, der auch für sein Alter hinreichend verständig sei. Er suchte sich einen Dienst in der persönlichen Umgebung des Erzherzogs, wie es ausdrücklich heißt, zu einem Anfang weiteren Emporkommens.

Zu einem solchen wurde ihm aber noch ein anderer Rückhalt geboten.

Unter Vermittlung des Erzbischofs zu Prag – denn wie die Senioren der Unität machten sich auch die katholischen Geistlichen mit den Vermählungen in den Herrengeschlechtern, durch welche Güter und selbst auf die Religion bezügliche Gerechtsame vererbt wurden, viel zu schaffen – verheiratete sich der junge Wallenstein mit einer älteren Dame, Lucretia Nekesch von Landeck, nach deren frühem Ableben ihre ansehnlichen in Mähren gelegenen Güter – sie war die letzte ihres Geschlechts – in seinen eigenen Besitz übergingen.

Seitdem trat Wallenstein erst selbständig und wahrhaft ebenbürtig in die Reihe der mährisch-böhmischen Magnaten; er versäumte nicht, unter Kaiser Matthias den Hof zu besuchen. Von

---

* Ein ordnungsgemäßes Studium Wallensteins in Padua ist nicht zweifelsfrei nachgewiesen.

seinem Vater hatte sich eine ökonomische Ader auf ihn vererbt: er pflegte zu sammeln, bis er mit ungewöhnlichem Glanz am Hofe erscheinen konnte, den er wieder verließ, wenn sein Geldvorrat erschöpft war.

Die wachsenden Mittel setzten ihn in den Stand, bei der ersten Gelegenheit, die sich darbot, noch ganz anders zu erscheinen: nicht an dem Hof des alternden Kaisers, mit Dienern und Gefolge, sondern in dem Feldlager des jugendlichen Nachfolgers, des Erzherzogs Ferdinand von Steiermark, der bereits zum König von Böhmen und von Ungarn gekrönt war, mit einer Truppenschar, die er selbst ins Feld stellte.

Ehrgeiziges Emporstreben, Prachtliebe, gute Haushaltung verbanden sich bei ihm mit militärischen Intentionen.

König Ferdinand war damals in seinem eigenen erzherzoglichen Gebiet mit den Venezianern in Krieg geraten. Ursache und Veranlassung gaben die Uskoken, welche, aus den nahen türkischen Gebieten ausgetreten, in Zengg unter dem Erzherzog Schutz fanden, und hierauf nicht allein die türkische Grenze unsicher machten, sondern auch das Adriatische Meer und die Seefahrt der Venezianer, die dann Repressalien ausübten und die österreichischen Grenzlande angriffen. Sie nahmen einige Schlösser im Golf zu Triest und bedrohten Gradisca; wogegen dann Steiermark, Kärnten und Krain zur Abwehr aufgeboten wurden. Kaiser Matthias und der Direktor seines geheimen Rats, Kardinal Klesl, mißbilligten den Krieg, weil ein im Jahre 1612 geschlossener Vertrag durch den Erzherzog nicht gehalten worden sei. Aber Ferdinand hatte die Unterstützung der Spanier, die in mannigfaltigen Irrungen mit den Venezianern begriffen, ihnen die ausschließende Herrschaft auf dem Adriatischen Meer zu entreißen und eine unmittelbare Verbindung zwischen Neapel und Triest einzurichten gedachten. Der Krieg war auf die friaulischen Grenzmarken – am Karst und am Isonzo – beschränkt; aber die Teilnahme der beiden Parteien, welche Europa spalteten, gibt ihm eine allgemeine Bedeutung. Von Mailand und den katholischen Niederlanden waren spanische Kriegsvölker eingetroffen: unter Pedro de Toledo, Marradas, Dampierre; dagegen hatten die Venezianer holländische Hilfe unter dem Grafen Ernst von Nassau; eine Anzahl deutscher Fürstensöhne von evangelischem Bekenntnis diente unter ihren Fahnen.

Im Sommer 1617 nun belagerten die Venezianer Gradisca mit
überlegener Macht. Schon war ein Versuch, es zu entsetzen, mißlungen: es schien, als ob die Festung durch Mangel an Lebensmitteln in kurzem zur Kapitulation genötigt sein werde. Da war
es, daß Wallenstein infolge einer an die persönliche Ergebenheit
der reichen Landsassen gerichteten Aufforderung des Erzherzogs
im Lager eintraf. Er hatte einige tüchtige Scharen zu Fuß und zu
Pferd auf seine eigenen Kosten geworben, die er auf sechs Monate im Felde zu halten versprach. Er kam eben zur rechten Zeit,
um an dem Unternehmen Dampierres, den bedrängten Platz mit
Lebensmitteln zu versehen, durch Rat und Tat teilzunehmen. Es
gelang vollkommen. Auf dem Hinweg wurden die venezianischen Reiter, auf die man stieß, auseinandergeworfen; auf dem
Rückweg wurde das zum Krieg untaugliche Volk, das man aus
der Festung entfernen wollte, glücklich zwischen den venezianischen Geschützen hindurchgebracht.

Eine rechtzeitige Hilfeleistung, von dem erwünschtesten
Erfolg begleitet: Die Venezianer gaben auf, den Platz zu erobern
und wie sie vorhatten: zu schleifen. König Ferdinand hat in späteren Jahren des Dienstes, der ihm dadurch geleistet worden war,
oftmals dankbar gedacht.

Im Feldlager spielte Wallenstein, der, wie ein Vasall alter Zeiten, Diensteifer und Unabhängigkeit vereinigte, eine große Figur.
Den Extravaganzen, die sein Tun und Lassen begleiteten, gesellte sich ein äußerer Glanz hinzu, welcher um so mehr Eindruck
machte, und eine Freigebigkeit, die ihm Zuneigung gewann.
Bemerkenswert ist, daß schon damals die Feinde, die Venezianer,
sich eben an ihn gewandt haben. In einem geheimen Buch des
Rates der Zehn findet sich die Notiz, daß einer der Getreuen,
namens Obizi, eine vertrauliche Konferenz mit Wallenstein hatte;
sie betraf die Besorgnis eines neuen Friedensbruches, der dann
auch – man erfährt freilich nicht, ob unter seiner Einwirkung –
vermieden worden ist.

Überhaupt aber ergriff Wallenstein bei diesem Kriegszug
eine politische und gesellschaftliche Stellung, die für sein Leben
entscheidend geworden ist.

Es waren die Zeiten der großen Agitation der Erzherzöge
für die Nachfolge Ferdinands im Deutschen Reich: wenn nicht
geradezu im Gegensatz, doch auch nicht im Einverständnis mit

Kaiser Matthias und seiner Regierung. Der venezianische Krieg hing mit dem Plan zusammen, den Erzherzog Maximilian gefaßt hatte, die Sukzession im Reich, wenn es nötig sei, mit bewaffneter Macht durchzusetzen: ohne Rücksicht auf den Austrag in den religiösen Streitigkeiten, welchen der Direktor des kaiserlichen geheimen Rates, Kardinal Klesl, vorangehen zu lassen für notwendig hielt. Diesem selbst gab man Schuld, wenn die Ideen des Erzherzogs Maximilian unter den deutschen Fürsten verlautbarten: was dann das Mißtrauen, das man gegen ihn hegte, zur Feindseligkeit steigerte. Auch von denen, welche die Umgebung des Kaisers Matthias bildeten, den Großen seines Hofes und seines geheimen Rates, wandten sich die meisten von Klesl ab, dessen einseitiger Einfluß auf den Kaiser ihnen nach und nach unerträglich wurde. Der Hofkriegsratspräsident Molart – durch welchen Wallenstein einst an Matthias empfohlen worden –, der Oberkämmerer Freiherr von Meggau, der Obersthofmeister der Kaiserin, Graf Trauttmansdorff, der sonst als ein Geschöpf Klesls betrachtet wurde, alles sehr wirksame und angesehene Persönlichkeiten, entzweiten sich mit ihm und standen auf der Seite des Erzherzogs. Wieviel mehr mußte dies der Fall sein mit der Umgebung und den Räten des Königs Ferdinand, der seine bisherige Stellung und seine Aussichten dem Erzherzog verdankte, der nur für ihn arbeitete. An ihrer Spitze stand Hans Ulrich von Eggenberg, der, ursprünglich Protestant, sich doch längst dem katholischen System angeschlossen und selbst in den Niederlanden noch unter dem Herzog von Parma Kriegsdienste getan hatte; schon ein bejahrter Mann von gereifter Erfahrung und guter Lebensart, nahm er an dem Hof zu Graz eine Stellung ein, wie Lerma und Uzeda am Hof zu Madrid: König Ferdinand widmete ihm von Anfang an ein unbedingtes Vertrauen. Eggenberg hatte die eine seiner Töchter mit Neidhard Freiherrn von Mersperg, einem geschickten und mannigfaltig brauchbaren Mann aus alter Familie, der damals die Leibgarde des Königs befehligte, verheiratet, die andere mit Leonhard Graf von Harrach, der den König bei seinen Reisen als Hofmarschall begleitete. Der Vater Leonhards, Carl Graf von Harrach, vertrat Eggenberg, wenn derselbe, wie schon damals oft geschah, den Hof verließ, und war überhaupt eines der tätigsten und angesehensten Mitglieder des kleinen Hofes und Staates. Ihm hauptsächlich waren die auf die Sukzession im

Reich bezüglichen Geschäfte anvertraut; aus den venezianischen Berichten sieht man, daß der Abschluß des Friedens zwischen Ferdinand und Venedig beinahe ausschließend in seinen Händen lag. Die Venezianer wurden durch seine standhafte Weigerung, den Frieden ohne das zu unterzeichnen, zu einer Nachgiebigkeit bei der Räumung der eingenommenen Plätze vermocht, die von ihrem Senat unangenehm empfunden wurde. Graf Harrach stand in vorgerückten Jahren: Er hatte Kindeskinder; aber er wetteiferte mit jedem jungen Mann in Tätigkeit im Kabinett wie im Feld. Er liebte heitere Gesellschaft und hatte Freude an Unterhaltung.

Neben ihnen machte sich unter anderen Graf Collalto, ein geborener Friauler und Untertan der Republik, der vom Hof des Kaisers unzufrieden geschieden war und sich zu Ferdinand gewandt hatte, bemerklich; er genoß die volle Gunst Eggenbergs und der übrigen Minister.

Alle wurden durch die Spanier zusammengehalten, wie denn der Vertrag über die eventuelle Abtretung der Vorlande die Grundlage der ganzen Kombination mit Ferdinand und seinem Hof bildete. Oñate, der sie geschlossen, war ein ebenso großer Gegner Klesls, als sein Vorgänger Zuñiga unter anderen Umständen dessen Freund gewesen war.

Und an diese Kombination nun schloß sich Wallenstein an. Er vermählte sich mit einer Tochter des Grafen Carl, Schwester Leonhard Harrachs, mit der er, so oft er sich auch von ihr trennen mußte, doch immer in einem innigen gegenseitigen Verhältnis geblieben ist; sie hat ihm eine Tochter geboren. Durch seine Gemahlin kam er in die nächste Verwandtschaft mit den beiden Familien, die den Hof und die Ratschläge des Königs beherrschten.

Unverzüglich zeigte sich, was das zu bedeuten hatte.

Der venezianische Friede war kaum geschlossen, so brachen die böhmischen Unruhen aus. Die Böhmen wollten sich gegen eine Regierung, wie sie sie von dem Jesuitenfreund Ferdinand erwarteten, im voraus sichern; mit unbedachter Gewaltsamkeit entledigten sie sich einer Landesregierung, die bereits in seinen Ideen verfuhr.

Kardinal Klesl, dem die Gefahren des Hussitenkrieges vor Augen schwebten, hielt es auch dann noch für ratsam und selbst für möglich, den Frieden zu erhalten. Selbst als er sich entschloß, kriegerische Anstalten zu machen, dachte er die Leitung derselben in die Hände eines Mannes zu bringen, der soeben mit den Unterhandlungen beschäftigt war, des einzigen Mitgliedes des geheimen Rats, auf das er noch rechnen durfte. Alle anderen waren dagegen, und die Erzherzöge beschlossen es so weit nicht kommen zu lassen. Es war gleichsam ein politisches Naturereignis, daß indem in Prag die eingerichtete Ordnung der Dinge, die auf gegenseitiger Anerkennung beruhte, durch die Gewaltsamkeit der Protestanten durchbrochen wurde, nun auch in Wien die Regierung stürzen mußte, welche sich auch dann noch die Vermittlung angelegen sein ließ. Der Direktor des kaiserlichen geheimen Rates, Kardinal Klesl, wurde wider den Willen des Kaisers von den Geschäften entfernt. Collalto war es, der ihm ankündigte, daß er ein Gefangener des Hauses Österreich sei. Die bisherigen Kollegen Klesls im geheimen Rat wußten es dann dahin zu bringen, daß der Kaiser die Abbitte der Erzherzöge annahm. Dieser selbst überlebte den Sturz des Ministers, der gleichsam seine eigene Abdankung in sich schloß, nicht lange. Dann setzte sich aus den beiden geheimen Räten zu Graz und zu Wien ein einziger zusammen, in welchem Eggenberg, Harrach, Trauttmansdorff vorwalteten, denen sich auch die Liechtenstein anschlossen, und der sich nun durch alles, was vorangegangen war, genötigt fühlte, den Krieg zu unternehmen. Der gestürzte Minister hatte ihn zu vermeiden gewünscht; ohne selbst ausschließend der streng kirchlichen Richtung anzugehören, der nur ihr Fürst unbedingt huldigte, fühlte sich doch die neugebildete Regierung in die Notwendigkeit versetzt, ihr Raum zu geben.

Sie war hinreichend gerüstet, um den Kampf zugleich gegen die ständischen Vorrechte und den Protestantismus, in welchem Rudolf erlegen war, wiederaufzunehmen.

In welche innere Verlegenheit mußten nun die ständischen Führer geraten, die bei der Beschlußnahme in den Landschaften mitzureden hatten. Auf der einen Seite die Überzeugung, daß die höchste Gewalt sich in einem den ständischen und religiösen Freiheiten des Landes entgegengesetzten Sinne konstituieren würde, auf der anderen das Recht, welches dem schon anerkannten und gekrönten König zustand. Männern wie Zierotin versagte die Weisheit Salomonis, die man ihm zuschrieb.

Für Wallenstein war es der zweite große Moment seiner religiös-politischen Laufbahn. Er hatte sich von den religiösen Sympathien seiner Landsleute losgerissen: sollte er auch die Tendenzen ständischer Freiheit verleugnen, mit denen sie sich durchdrungen hatten?

Wallenstein gehörte nun einmal durch seine persönliche Stellung der in Wien zur Herrschaft gekommenen Partei und ihrer Richtung an; für ihn war schon keine Wahl mehr möglich.

Aber es erregte doch allgemeines Aufsehen, wie seine Gesinnung mitten in dem Ereignis tumultuarisch hervorbrach.

Als man vernahm, niederländische Kriegsvölker seien im Anzug, um der katholischen und monarchischen Reaktion in den österreichischen Erblanden Bahn zu brechen, erwachte in den Böhmen das Bewußtsein ihrer ständischen Macht, die in dem letzten Kampf gegen das Passauer Kriegsvolk Rudolfs II. die Oberhand behauptet hatte. Allenthalben waren die Stände bewaffnet; man meinte durch eine Union Böhmens und der inkorporierten Lande mit Österreich und Ungarn nicht allein der Gefahr vorzubeugen, sondern durch einen raschen Anlauf auf Wien in den Stand zu kommen, der höchsten Gewalt das Gesetz vorzuschreiben, oder sie in die eigene Hand zu bringen. Zu diesem Zweck rückte der böhmische Obergeneral Graf von Thurn Mitte April 1619 ins Feld.

Schlesiens war man bereits sicher; alles schien zunächst an Mähren zu liegen. Die Mähren hatten etwa 5.000 Mann ständischer Truppen; einer ihrer Obersten war Albrecht Wallenstein.

Aus den Briefen Thurns von seinem Feldzug sieht man, daß er über die gute Aufnahme, die er in Mähren fand, selbst erstaunte. Bei weitem die Mehrheit der Edelleute erklärte, daß sie mit ihren Brüdern und Nachbarn, den Böhmen, für einen Mann stehen wollten. Die Bevölkerung war im allgemeinen derselben Ansicht; sie hatte das Gefühl, daß sie sonst in einen Nachteil geraten würde, der ihr religiöses Leben bedrohe. Und auch in den gemeinen Soldaten der ständischen Regimenter herrschte diese Gesinnung vor; sie betonten, daß sie von den Ständen und dem Land geworben seien. Einer anderen Meinung aber waren die Obersten und höheren Offiziere, die sich dem Kaiser als ihrem Kriegsherrn verpflichtet fühlten, vor allen der Oberst Wallenstein. Mit der rücksichtslosen Entschlossenheit, die ihm eigen war, ergriff er für den Kaiser Partei. Seiner Truppen war er nicht mehr mächtig: er verließ sie lieber, als daß er sich den Ständen gefügt hätte. Aber so ganz mit leerer Hand dem König zuzuziehen, widerstrebte seiner Denkweise: Wallenstein hielt es für erlaubt, die Kriegskasse, obgleich sie eine ständische war – sie mochte neunzigtausend Taler betragen – mit sich fortzunehmen. Nicht so sehr seinen Abfall, als diese Handlung machten seine Landsleute ihm zum Vorwurf: er habe eine Sache getan, über die jeder Kavalier erröten würde. Wie sei die hoffärtige Bestie da gefallen!

König Ferdinand hat die Kriegskasse wieder herausgegeben; die Handlung Wallensteins sah er als einen Beweis seiner Treue und Hingebung an, die er mit höchsten Gnaden erwiderte. Auch von allen anderen Seiten trafen flüchtige Getreue bei ihm ein. Wenn sich die Stadt Wien selbst zu dem Sinn der Landschaften in der Nähe und Ferne neigte, so gruppierte sich dagegen in der Hofburg um den König her alles, was an der erblichen Autorität und ihrer Verbindung mit dem katholischen Bekenntnis festhielt.

Welches Ereignis wäre es gewesen, wenn es dem Grafen Thurn gelungen wäre, sich, wie er hoffte, durch einen Handstreich der Stadt zu bemächtigen! Er wagte einen Streifzug gegen Wien, ohne sein Gepäck und sein schweres Geschütz mitzunehmen. Aber er erschien da zu schwach, um etwas auszurichten; er konnte nicht einmal den Zuzug der Verstärkung der kaiserlichen Truppen, welcher die Donau heraufkam, verhindern; sie traf eben in dem dringendsten Augenblick ein, als der König in der Notwendigkeit zu sein schien, den Ständen nachzugeben.

Ferdinand erklärte, er wolle eher betteln gehen, als das tun; es ist die entscheidende Handlung seines Lebens, daß er standhielt. Und wie dabei die religiösen Motive vornehmlich einwirkten, so hat die kirchliche Sage sich des Moments bemächtigt und ihn legendenartig ausgeschmückt. Seine kirchliche und politische Stellung beruhte fortan darauf. Die aus den Niederlanden und aus Oberdeutschland eintreffende Hilfe erweckte ihm und seiner Umgebung Zuversicht zu ihrer Sache: sie verschmähten jede Abkunft in der Hoffnung, die in Aufruhr und Abfall begriffenen Länder sämtlich wieder zum Gehorsam zu bringen. Berühren wir mit wenigen Worten, wie das geschah, und welchen Anteil Wallenstein daran hatte.

Einer der ersten Momente für die Begebenheit ist die Niederlage, welche Buquoy im Augenblick jener Krisis den Böhmen bei Natolitz und Tein beibrachte, 10. Juni 1619. Und gewiß haben die auf Kosten Wallensteins in Flandern geworbenen 1.000 Kürassiere, welche unter seinem Oberstleutnant de Lamotte an der Schlacht teilnahmen, zur Entscheidung derselben wesentlich beigetragen. Buquoy setzte sich persönlich an ihre Spitze und warf die Kavallerie Mansfelds, welche damals für die beste Truppe in Böhmen galt, auseinander.

Noch einmal jedoch, und in Wahrheit dringender als im Juni, wurde Wien im Oktober 1619 gefährdet, als der Fürst von Siebenbürgen mit Böhmen und Mähren vereinigt heranzog; die österreichischen Stände, in Horn vereinigt, wünschten nichts mehr als seinen Sieg. Sie machten geltend, daß die Landschaften, selbst die Edelleute sämtlich mit wenigen Ausnahmen ihrer Meinung seien. Die, welche zu den Ausnahmen gehörten, die entschlossenen Anhänger der königlichen Gewalt, bildeten, in Wien vereinigt, gleichsam eine Schar von Emigranten, ihnen mußte alles daran liegen, die Autorität wiederherzustellen, unter die sie allein wieder zu ihren alten Besitztümern gelangen konnten. Wallenstein war einer der tätigsten von ihnen. Wir hören, daß er der Horner Versammlung mit größerem Nachdruck einredete, als General Buquoy, wiewohl auch er ohne Erfolg.

Da wurde es nun von entscheidender Bedeutung, ob sich Wien dem Angriff gegenüber behaupten würde. Am 24. Oktober trafen Bethlen Gabor und Thurn, bei weitem überlegen an Macht, mit Buquoy und Dampierre an der Wiener Brücke zusammen. Diese waren in offenbarem Nachteil; alle umliegenden Wälder und Höhen waren von dem Feind eingenommen, der noch immer Verstärkungen bekam; bei dem Rückzug über die Brücke entstand eine Unordnung, welche zu einer Niederlage zu führen drohte. Unter denen, welche inmitten eines starken Kanonenfeuers standhielten, erscheint nun auch Wallenstein mit seinem Regiment. Man hatte eine Schanze vor der Brücke aufgeworfen, welche den Feind so lange fernhielt, bis der Übergang über den Fluß in vollkommener Ordnung bewerkstelligt war, so daß man sich jenseits des Flusses dem Feind wieder entgegenstellen konnte.

Doch würden auf diese Weise allein Ferdinand und seine Getreuen schwerlich jemals ihren Zweck erreicht haben, wären ihnen nicht die großen europäischen Angelegenheiten zustatten gekommen.

Soeben war Ferdinand hauptsächlich durch das Übergewicht der katholischen Partei im Kurfürstenrat zum Kaiser gewählt worden; wenn dagegen Friedrich von der Pfalz von den Böhmen zu ihrem König gewählt wurde, so befestigte das allerdings ihre ständisch-protestantische Kombination und gab ihr einen Mittelpunkt; aber die zweifelhafte Rechtmäßigkeit dieses Verfahrens erweckte dem neuen Kaiser Sympathien, die ihm sonst schwerlich zuteil geworden wären, im Deutschen Reich und in Europa. Das Erbrecht des Fürstentums war der Eckstein der Verfassung aller Reiche; man wollte es nicht durch den Erfolg der Böhmen erschüttern lassen.

Gleich damals vor Wien wurde die Entscheidung dadurch herbeigeführt, daß Sigismund III. von Polen, eigentlich auch im Widerspruch mit seinen Ständen, einem royalistisch gesinnten ungarischen Oberhaupt gestattete, sich in polnischem Gebiet zu rüsten; ein Vorteil, den seine Truppen, meistens Kosaken, in Oberungarn erfochten, nötigte Bethlen, den Rückzug anzutreten.

Eine sehr erfolgreiche Hilfe leisteten die Spanier, welche diese Sache für ihre eigene hielten; sie stellten zwei Armeen, von denen die eine unter Marradas von Mailand her nach Böhmen, die andere unter Spinola von den Niederlanden nach der Pfalz vorrückte. Der eingeborene Ehrgeiz der damaligen Spanier regte sich in seinen vollsten Impulsen; sie unternahmen es selbst, ihre alte Oberherrschaft über Holland herzustellen.

Aber das wichtigste war doch, daß die angesehensten deutschen Fürsten für den Kaiser Partei nahmen: der Kurfürst von Sachsen aus dynastischer Sympathie, der Herzog von Bayern und seine Liga zugleich aus religiösem Eifer. Ein mächtiges Bündnis bildete sich wider den ständischen König von Böhmen, welcher vollkommen vereinzelt bei dem ersten Zusammentreffen unterlag.

Bei welthistorischen Ereignissen treten Persönlichkeiten, die nicht gerade zur Führung berufen sind, notwendig zurück. Wallenstein war nicht in der Schlacht am Weißen Berg, aber sein Regiment; man findet, daß ein Bericht seines Stellvertreters Lamotte über die feindliche Stellung, die er rekognosziert hatte, den Anlaß zu dem unmittelbaren Angriff gab, den die kaiserlichen Generale nicht billigten. Erst bei der Abwehr neuer Anfälle Bethlen Gabors und des Fürsten von Jägerndorf auf Mähren erscheinen die Wallensteinschen Heerhaufen mit einer gewissen Selbständigkeit. Sie erfochten Vorteile und schickten erbeutete Standarten nach Wien.

Der Sieg des Kaisers war nun aber zugleich der Sieg der Getreuen, die sich ihm angeschlossen, über die Gegner, welche den ständischen König anerkannt hatten, und die nun sämtlich als Hochverräter betrachtet und mit dem Verlust ihrer Güter bestraft wurden. Wem anders aber sollten diese zuteil werden, als eben den Getreuen?

Ein Fürst wie Wilhelm der Eroberer würde ein neues Lehensystem darauf gegründet haben. Wie weit in der Ferne aber lagen Ideen dieser Art. Die Güter wurden von der kaiserlichen Kammer als an sie heimgefallen betrachtet und verkauft, das heißt verschleudert. Man klagt besonders den Statthalter Fürsten von Liechtenstein an, daß er dies Verfahren zu seinem eigenen Vorteil in Gang gebracht und durch eine absichtlich herbeigeführte Münzkonfusion begünstigt habe. Da konnte nun ein Mann, der unleugbare Verdienste besaß, in hoher Gnade war und immer im Besitz baren Geldes zu sein wußte, große Geschäfte machen. Wallenstein, der beides, Leidenschaft und Talent für Landerwerbung besaß, bediente sich der Gelegenheit mit Habgier und Einsicht. Die ansehnlichen Güter eines seiner nahen Verwandten, der als einer der Rebellionsrektoren galt, wurden ihm ohne weiteres zuteil. Der wirkliche Ankauf begann im Herbst 1621 mit einigen minder bedeutenden Gütern der mächtigen Berka von Duba, dann brachte er die Herrschaften Friedland und Reichenberg an sich, deren bisherige Besitzer die Waffen für den ständischen König getragen hatten – sie umfaßten 11.000 Dominial- und ebensoviel Rustikalgüter – für 150.000 Gulden. Stadt und Schloß Friedland gehörten einst auch dem mächtigen Berka von Duba. Der Platz war vor Zeiten empörerischen Magnaten entrissen und einem deutschen Geschlecht übertragen worden. Jetzt sollte er wieder an eine einheimische, ursprünglich tschechische Familie zurückkommen; im September 1622 erhielt ihn Wallenstein als Erblehen und ewiges Fideikommiß. Im Jahre 1623 wurden große Wutowitzische Güter im Bunzlauer Kreis und mehrere andere hinzugefügt, so daß man ihrer bald mehr als sechzig zählte. Die niedrigen Preise und die Gegenforderungen, welche Wallenstein für seine Vorschüsse aufzustellen hatte, der Einfluß seiner Freunde bei Hof und das Ansehen, das er durch seine Haltung und seine Erfolge allmählich in Böhmen sich errungen, wirkten zusammen, daß ihm niemand mit Erfolg in den Weg trat. In kurzem der reichste Besitzer im Lande, wurde er im September 1623 zum Fürsten von Friedland erhoben.

Wenn man fragt, wie sich Wallenstein zu der Rekatholisierung Böhmens verhielt, die damals mit unerhörtem Nachdruck durchgeführt wurde, so ist kein Zweifel, daß er sie insoweit unterstützte, als es auf die Entfernung der Prediger und Lehrer in Böhmen ankam. Aus der Herrschaft Friedland wurden die lutherischen Pastoren samt ihrem Superintendenten ausgewiesen, und ein katholischer Dechant trat an seine Stelle. In dem Bericht des päpstlichen Nuntius findet sich sogar, daß Wallenstein daran dachte, in seinen Besitzungen, also auch auf seine Kosten, ein Bistum zu gründen. Denn die ständische Erhebung, welche als Hochverrat bestraft wurde, hing mit dem evangelischen Bekenntnis auf das genaueste zusammen. Die Institutionen der katholischen Kirche schienen ganz dazu angetan, die bereits eingetretene politische Umwandlung zu befestigen. Ein besonderes Bistum in dem erworbenen Gebiet würde dem Fürsten, der in dem Entwurf der Stiftungsurkunde sich selbst und seinen Nachfolgern, Fürsten von Friedland, das Recht den Bischof und die demselben beizugebenden vier Prälaten zu ernennen ausdrücklich vorbehielt, eine besondere Selbständigkeit gegeben haben. Zu dieser Begründung eines isolierten erbländischen Fürstentums ist es jedoch nicht gekommen. In der wachsenden Verwirrung von Europa nahm der Ehrgeiz und die Tätigkeit Wallensteins eine umfassendere Richtung.

KAPITEL 2

Anteil Wallensteins an den Ereignissen der Jahre 1625 und 1626

UM ZU VERSTEHEN, was er unternahm, und zu würdigen, was er leistete, müssen wir uns den größeren Schauplatz vergegenwärtigen, auf welchen sein Schicksal ihn rief, und an die allgemeine politische Verwicklung erinnern, welche von dem in Böhmen gegebenen Anstoß aus die Welt ergriff.

Europäische Opposition gegen Österreich-Spanien, 1624 und 1625

Unter den Motiven, mit welchen einst Klesl die Berücksichtigung der Ansprüche der deutschen Protestanten, auch der anstößigsten, auf die Session der reformierten Stifter, befürwortete, war eines der vornehmsten die allgemeine Teilnahme, die sie in Europa finden würden, wenn man mit ihnen breche; sie würden die erbländischen Stände und die Osmanen, die Holländer und großenteils die Schweizer, selbst England auf ihrer Seite haben, welchen allen zu widerstehen dem Kaiser die Kräfte fehlten.

So war es nun nicht gekommen. Der große Streit war in den Erblanden ausgebrochen und durch ein paar glückliche Ereignisse zu einem raschen Ausschlag gediehen; aber verwandte Folgen knüpften sich doch daran.

Vor allem traten die Verhältnisse zu dem östlichen Europa in den Vordergrund.

Der Verbündete des pfälzischen Königs von Böhmen aus der Türkei, dem selbst die ungarische Krone zuteil geworden war, Bethlen Gabor von Siebenbürgen, war nie bezwungen worden. Eben ihm vielmehr war der Sieger von Tein, der den böhmischen Aufruhr hauptsächlich niedergeworfen hatte, erlegen, in jenem großen Scharmützel vor Neuhäusel, an welchem auch der junge Cartesius teilnahm. Wohl hatte nun Bethlen seitdem, im Oktober 1621, seinen Frieden in Nikolsburg geschlossen und infolge desselben die Krone herausgegeben, die er vorsichtig genug gewesen war niemals zu tragen; dabei aber behauptete er sieben ungarische Komitate und hielt die Religionsfreiheit nicht allein in diesen aufrecht, sondern sicherte sie auch in allen anderen. Man hat ihn wohl den siebenbürgischen Mithridates genannt, er bewegte sich immer in neuen weitausgreifenden Entwürfen. Damals trug er sich mit dem Plan, mit Hilfe der Protestanten, denen er sich anschloß, die Krone von Polen zu erwerben. In Konstantinopel, wo man seinen Frieden mißbilligte, erklärte er unumwunden, daß er ihn nicht zu halten gedenke: Mit seinem Gesandten traf der Graf von Thurn daselbst ein, der sich als der Bevollmächtigte sämtlicher Protestanten in den erbländischen Provinzen darstellte, welche gesonnen seien, trotz des Unglücks, das über sie gekommen, ihre alte Gesinnung und ihre alten Verbindungen, vor allem mit Bethlen und dem Divan selbst, aufrechtzuhalten.

Im Jahre 1623 ward der Krieg mit türkischer Hilfe erneuert. Bethlen hoffte auf die Mitwirkung des verjagten Friedrich von Böhmen; schon damals war davon die Rede, daß Mansfeld in Schlesien einfallen solle; der Graf von Thurn meinte wohl, die Mähren würden sich rühren, und erklärte sich entschlossen, in dem Kampf zu einem früheren Besitz zu gelangen oder darüber umzukommen. Unter den Feldobersten, die mit ihren in aller Eile aus den Garnisonen zusammengebrachten Regimentern dem vordringenden Feind entgegentraten, finden wir auch Wallenstein. Zu wirklichem Kampf kam es jedoch auch diesmal nicht. Denn von den europäischen Freunden – mit denen kein bindendes Verständnis getroffen war – erhielt Bethlen keine Unterstützung, und seine türkischen Bundesgenossen verließen ihn. Er bot die Hand zu einem Stillstand, in welchem er seine Position nicht allein behauptete, sondern verstärkte. Sehr wahr ist es dennoch, daß seine Annäherung einen unbeschreiblichen Eindruck auch in Böhmen machte. Schon erlebte man, daß manche den Mut faßten, zu dem soeben abgeschworenen Protestantismus zurückzukehren. Und die Gesandten Bethlens gaben zu vernehmen, daß er die Unterhandlung über den Frieden hinziehen werde, bis er erfahre, ob er nicht wirklich Hilfe erlangen werde; wenn es geschehe, wolle er keinen Frieden machen, es wäre denn, daß alle seine Freunde mit ihm befriedigt würden. Unaufhörlich wiederholte der englische Gesandte in Konstantinopel der verjagten

Königin von Böhmen, wie nützlich er für ihre Sache werden könne. Seine Stellung und Macht bildete an sich eine Gefahr für die Konservation der in den österreichischen Erblanden getroffenen Einrichtungen.

Indessen hatten diese den Böhmen allenthalben auch die Sympathien wieder verschafft, die ihnen durch ihre politische Haltung verlorengegangen waren. Die gewaltsame Restauration des Katholizismus in dem Land, das seit Jahrhunderten als die Geburtsstätte der Abweichungen vom Papsttum betrachtet wurde, erschien den Protestanten aller Länder als ein eigenes Unglück, als ein allen gemeinschaftlicher Verlust. Die Vertriebenen bildeten nun ihrerseits eine nationale und religiöse Emigration, welche zu großer Bedeutung gelangte. Auch an dem sächsischen Hof, der an dem Unglück Mitschuld hatte, fanden sie eine so lebendige Teilnahme, daß man in Österreich davon betroffen wurde und die Sachsen die Gunst verloren, die sie bisher genossen hatten.

So waren die Elemente der erbländischen Opposition wieder in steigender Gärung, als in Deutschland ein Schritt gewagt wurde, der das Reich in seiner Gesamtheit und seinen tiefsten Anliegen aufregte.

Gleich bei der ersten Vereinbarung mit Herzog Maximilian von Bayern, ohne dessen Beihilfe an die Eroberung Böhmens nicht zu denken gewesen wäre, waren demselben Verheißungen von umfassendem Belang gemacht worden, die nun erfüllt werden mußten. Ferdinand II. hielt sich für berechtigt, den Angriff, den er als König von Böhmen erfahren hatte, mit der Autorität zu rächen, die ihm als deutscher Kaiser zustand.

Friedrich V. ward nicht allein aus seinem Erbland durch Waffengewalt entfernt gehalten: der Kaiser übertrug die Kurwürde, die er besaß, auf seinen Verbündeten Maximilian von Bayern. Eine Maßregel, bei der man sich auf das Beispiel Karls V. in dem schmalkaldischen Krieg bezog; sie war aber bei weitem durchgreifender. Denn Karl V. übertrug den Kurhut auf einen Fürsten, welcher am evangelischen Bekenntnis festhielt, Ferdinand II. auf den Vorkämpfer des Katholizismus, der schon bisher der Führer der auf eine allgemeine Herstellung desselben dringenden Majorität im Fürstenrat gewesen war und nun durch seinen Eintritt in den Kurfürstenrat auch in diesem eine Majorität hierfür zustande brachte. Auf einem aus beiden Parteien zusammengesetzten Kurfürstenrat hatte aber unter den drei vorangegangenen Kaisern die Regierung von Deutschland beruht. Nur unter Zustimmung der drei katholischen Kurfürsten war die Übertragung geschehen; die beiden evangelischen waren weit entfernt, sie zu billigen: wieviel weniger die evangelische Bevölkerung überhaupt! Statt den Frieden zu befördern, bildete diese Erhebung den Streitpunkt, in welchem der Gegensatz der beiden Religionsparteien sich konzentrierte.

In der Besorgnis, von einem ähnlichen Schicksal betroffen zu werden, trennten sich die Unierten; sie waren leicht zersprengt worden. Die Liga stand allein im Feld und behauptete die durch Niederwerfung ihrer Feinde in Oberdeutschland errungene Stellung.

Mit ihrem Übergewicht ging die Herstellung des Katholizismus Hand in Hand. Der Kurfürst von Mainz schritt zur Gegenreformation an der Bergstraße. Würzburg, Augsburg, Ellwangen, Kempten empfingen in ihren Streitsachen gegen die weltlichen Herren günstige Urteile, in deren Vollstreckung man langsam vorschritt, die aber keinen Zweifel darüber ließen, daß die Ansicht der Mehrheit des Fürstenrats, wie sie bei der Vierklosterfrage emporgetaucht war, zur gesetzlichen Geltung gebracht werden sollte. Bei der Besetzung einer Propstei im Stift Halberstadt nahm der Römische Stuhl zum Schutz seiner konkordatmäßigen Rechte die Hilfe des weltlichen Armes in Anspruch. Der ganze protestantische Name geriet in Aufregung.

Und wenn die dynastischen Verbindungen Friedrichs V. ihm für die Behauptung der böhmischen Krone nichts geholfen hatten, so traten sie in voller Wirksamkeit hervor, als sein Haus die Kurwürde und selbst die alten Erblande verlieren sollte. Der König von Dänemark, Oheim der Gemahlin Friedrichs, war mit den böhmischen Unternehmungen desselben sehr unzufrieden gewesen. Aber das Übergewicht des Kaisertums in Deutschland und auch der ligistischen Waffen, die seinen Neffen entfernt hielten, und bereits Niederdeutschland erreichten, erweckten seine Eifersucht und seinen Ehrgeiz.

Im östlichen Europa wurde ein analoger Kampf zwischen Schweden und Polen ausgefochten. Gustav Adolf, durch Religion und wenigstens entfernte Verwandtschaft mit dem Kurfürsten von der Pfalz verbunden, meinte wohl imstande zu sein, wenn er der Polen Meister werde, ihn in Böhmen wiederherzustellen. Er würde dann in beiderlei Beziehung den Fürsten von Siebenbürgen zu seinem Verbündeten gehabt haben. Er trug sich mit der Idee, während der König von Dänemark von der Weser nach dem Rhein vordringe, seinerseits einen Einfall in die Erblande zu unternehmen.

Es ist nicht dieses Ortes, die Fäden der Unterhandlungen, die nun über ganz Europa hin gepflogen wurden, auseinanderzulegen; das Verhältnis, durch welches sie Charakter und unmittelbare Wirksamkeit bekamen, lag in der Verbindung des erstarkenden deutschen Kaisertums mit den traditionellen Tendenzen der spanischen Monarchie.

Denn von jener Abkunft zwischen dem damaligen Erzherzog Ferdinand und dem spanischen Gesandten über die gegenseitigen Ansprüche war doch alles ausgegangen; wie das Gold von Westindien zu allen Erfolgen mitgewirkt hatte, so stand jetzt die Abtretung der Niederlande und des Elsasses an die spanische Linie in Aussicht: wodurch nun die Erwerbung der Pässe vom Veltlin und die Besetzung der Unterpfalz eine universale Bedeutung bekamen. Die rheinischen Kurfürsten gehörten dem vorwaltenden System an. Und soeben hatte Spanien den Krieg gegen die vereinigten Niederlande wieder erneuert. Sollten diese nicht erliegen müssen, wenn der Kaiser und der König ihre Kräfte dazu vereinigten? Unter einem ehrgeizigen Minister und einem jungen König, der etwas zu tun wünschte, strebte die spanische Monarchie empor.

Mochte nun in Frankreich ein Vieuville oder ein Richelieu am Ruder sitzen, auf die Länge konnte keine französische Regierung diesem Beginnen ruhig zusehen. Die Dinge lagen jedoch in Frankreich nicht so, daß es die Initiative hätte ergreifen können. Dagegen ward England durch seine eigensten inneren Zustände dazu eingeladen.

Ebendeshalb weil Spanien seine Politik aufs neue mit der deutsch-österreichischen identifizierte, hatten die Unterhandlungen über die Vermählung des Prinzen von Wales mit einer spanischen Infantin nicht zum Ziel geführt. Der Prinz nahm ein Gefühl der Indignation und des Hasses, mit dem er sich in Spanien erfüllt hatte, auf den Thron mit, den er bald darauf bestieg. In dieser Beziehung hatte er das Parlament vollkommen auf seiner Seite; was man an der letzten Regierung am meisten tadelte, war eben die Rücksicht, die sie auf Spanien genommen, die Lauheit, mit der König Jakob die ihm so naheliegenden Interessen des pfälzischen Hauses und des Protestantismus überhaupt behandelt hatte. Karl I. schloß ein Schutz- und Trutzbündnis mit der Republik Holland, vornehmlich zum Seekrieg gegen Spanien, und einen Subsidientraktat mit Dänemark, welches den Krieg in Deutschland zur Herstellung der Pfalz unternehmen sollte. Die Absicht war, durch die Aufstellung eines stattlichen Heeres an der Elbe und Weser den deutschen Fürsten und Ständen den Mut ihres Bekenntnisses zurückzugeben und sie zu einem allgemeinen Bündnis zur Herstellung des alten Zustandes zu vereinigen. Die drei Alliierten traten auf der einen Seite mit Frankreich, Savoyen, Venedig, auf der anderen auch mit dem Fürsten von Siebenbürgen in Verbindung. Jakob I. hatte eine Abneigung, die Osmanen auch nur indirekt in die allgemeinen Angelegenheiten der Christenheit zu verflechten; unter Karl I. fiel diese Rücksicht weg. Der englische Gesandte trug wesentlich dazu bei, daß der Großherr dem Fürsten die Erlaubnis gab, sich mit anderen christlichen Mächten gegen Österreich, mit dem man gleichwohl in Unterhandlung blieb, zu verbinden ...

Der Moment ist einer der wichtigsten in der europäischen Geschichte, in welchem der große Kampf zwischen Österreich-Spanien, das nochmals die Idee der Wiederherstellung des Katholizismus vor sich hertrug, und den Mächten der europäischen Opposition, die den Protestantismus erhalten wollten, zum Ausbruch kam. Was Frankreich und Schweden später ausgeführt haben, das unternahmen damals England und Dänemark in einer dem protestantischen Gemeingefühl noch mehr entsprechenden Tendenz als die danach festgehaltene ist; die Erneuerung des maritimen Krieges gegen die Seeherrschaft der spanischen Monarchie, welche noch Portugal umfaßte, die Bewegungen in Italien, wo die Gegner derselben zuweilen selbst an dem Papsttum Rückhalt gewannen, zugleich die Aufrechthaltung der Republik der Niederlande und des europäischen Gleichgewichts überhaupt hängen damit zusammen. Doch war es nicht bloß ein einseitiger Angriff; die Bedrohungen waren gegenseitig. Man darf nie vergessen, daß Österreich-Spanien, nach einer Reihe von Jahren, in denen der allgemeine Friede und das Gleichgewicht der Mächte und der Religionen bestanden hatte, wieder eine aggressive

Haltung annahm, nicht geradehin mit den Weltherrschaftsplänen Philipps II., aber doch in einer gewissen Analogie damit. Philipp IV. und Olivarez, Ferdinand II. und seine Staatsmänner hatten die Feststellung eines allgemeinen Übergewichts der spanisch-österreichischen Dynastie im Auge. Diese Tendenz und der Widerstand, den sie hervorrief, begegneten einander. In Wien ward eine Anzahl aufgefangener Schreiben eingebracht, die von den Regungen einer weitverzweigten Opposition Kunde gaben, welche vom Haag nach Venedig und Konstantinopel reichte, und die Absicht verriet, den in den Erblanden eingerichteten Zuständen ein Ende zu machen. Es war die natürliche Folge der Ereignisse und erschien den Beteiligten vor allem als Verteidigung der einmal eingelebten Zustände; in Wien hielt man es für einen unberechtigten Angriff, den man zurückweisen müsse und mit neuen Machterweiterungen erwidern könne.

In dieser Krisis der Angelegenheiten hat nun Wallenstein die Sache des Hauses Österreich in Deutschland zu führen unternommen.

Wallenstein in Niedersachsen, Verhandlungen des Kreistages

Der Kaiser durfte jetzt auf die Hilfe nicht mehr rechnen, die ihm im böhmisch-deutschen Krieg von den Spaniern und der Liga geleistet worden war. Denn jene waren selbst in den Niederlanden vollauf beschäftigt, wo die Eroberung von Breda, die ihnen gelang, um so größere Anstrengungen der Republik, die jetzt durch halb Europa unterstützt wurde, hervorrief; das Heer der Liga unter Anführung Tillys hatte alle Mühe, die mansfeldisch-braunschweigischen Truppen, die von Westen, und die dänischen, die von Osten heranrückten, auseinanderzuhalten und sich ihnen gegenüber zu behaupten. Und bei dem letzten Versuch, die erbländischen Garnisonen einem andringenden Feind entgegenzustellen, hatte man empfunden, wie wenig, wenn es in der bisherigen Weise geschah, darauf zu bauen sei. Wie leicht in der Tat, daß ein glücklicher Anfall von Ungarn her die kaum unterdrückte Empörung wieder ins Leben rief.

Da erschien nun Wallenstein in Wien, mit dem Antrag, wie einst ein Regiment so jetzt eine ganze Armee auf seine Kosten aufzubringen und ins Feld zu stellen. Sie sollte 15.000 Mann zu Fuß, 5.000 zu Pferd zählen; er wollte sie führen, wohin man befehle, nach Ungarn oder Italien oder ins Deutsche Reich. Man soll ihn gefragt haben, ob er 20.000 Mann im Feld zu halten sich anheischig machen könne, worauf seine Antwort gewesen sei, nicht 20.000, wohl aber 50.000; er soll das Beispiel Mansfelds vor Augen gehabt haben. Ich wage nicht, dies zu wiederholen. Denn die beglaubigte Nachricht ist, daß doch eben nur von 20.000 Mann die Rede gewesen ist, und für die Erhaltung einer Armee ohne Kosten des Kriegsherrn hatte er das beste Beispiel selbst gegeben. Als Generalquartiermeister in Böhmen hatte er schon bewiesen, wie ein Land einer überlegenen Mannschaft dienstbar zu machen sei; er hatte die fremden Truppen entfernt und ein System der Kontribution eingerichtet, bei der die kaiserliche Armee sich behaupten konnte.

Lange bedachte man sich in Wien, denn das Unternehmen enthielt viele große Neuerungen; es konnte selbst bedenkliche Folgen nach sich ziehen. Noch schmeichelte man sich, auf einem Deputationstag, der nach Ulm ausgeschrieben war, die Ruhe in Deutschland zu befestigen, so daß das wiedergeeinigte Reich keinen fremden Einbruch zu befürchten haben würde. Da liefen Briefe der Kurfürsten von Sachsen und Brandenburg ein, aus denen so viel erhellte, daß diese Versammlung nicht zustande kommen würde.

Mit doppelter Stärke und Berechtigung erhob sich nun im geheimen Rat die Meinung, daß der Kaiser sich selbst besser als bisher bewaffnen müsse. Der erste Minister Eggenberg, nunmehr auch Fürst, war noch immer gegen die Anträge Wallensteins, so sehr er ihn sonst beschützte; aber die meisten Mitglieder erklärten ihre Annahme für notwendig. Wallenstein war im voraus zum Feldhauptmann für die kaiserliche Armee bestimmt; jetzt wurden seine Anträge angenommen; er bekam ein Patent zu seiner Werbung. Man wußte, daß er hinreichend mit barem Geld versehen sei, um sogleich ans Werk zu schreiten. Die im Dienst befindlichen Obersten erhielten Befehl, ihre Regimenter zu verstärken, jedes bis zur Zahl von 3.000 Mann*.

---

* Die Regimenter zu Fuß sollten auf 3.000 Mann Stärke gebracht werden, die berittenen dagegen auf 1.000 Pferde.

Anfangs hat man noch einen Augenblick darüber geschwankt, wohin Wallenstein seine Richtung nehmen solle, ob nicht vielleicht eben doch gegen Bethlen, der eine die Erblande bedrohende Stellung innehatte; aber diese waren viel zu erschöpft, um daselbst eine neue Armee erhalten zu können, und die große Entscheidung lag doch zunächst auf einer anderen Seite. An der unteren Weser und Elbe trat die europäische Kombination von Dänemark, Holland und England der bisher infolge der Schlacht am Weißen Berg vollzogenen Umgestaltung der deutschen Angelegenheiten entgegen: Hier mußte sie zurückgewiesen oder gebrochen werden.

Eben aber in Norddeutschland war der kaiserlichen Macht noch eine große Einwirkung möglich. Die mächtigen Häuser, Hessen und Braunschweig-Lüneburg, waren durch die wichtigsten Territorialfragen in sich selbst entzweit. Indem der Kaiser in dem Streit zwischen Kassel und Darmstadt, welcher Marburg betraf, zugunsten des letzteren, in dem Streit zwischen Lüneburg und Braunschweig-Wolfenbüttel, über Grubenhagen, zugunsten Lüneburgs entschied, geschah es, daß zwar Kassel und Braunschweig dem Kaiser entfremdet, Lüneburg und Darmstadt aber um so mehr für ihn gewonnen wurden. Zwischen dem Landgrafen Ludwig V. von Darmstadt, welcher mit Vorbehalt des evangelischen Glaubens übrigens eine sehr rührige Beflissenheit zugunsten der kaiserlichen Autorität entwickelte, und dem Herzog Georg von Lüneburg-Celle, der, ein Schüler Spinolas, in mannigfaltigen Diensten den Ruf eines guten Kriegsmannes erworben hatte, war die engste Familienverbindung geschlossen worden: Georg, zum Stammhalter seiner Linie bestimmt, hatte sich mit der Tochter des Landgrafen vermählt. Das Zerwürfnis der hessischen Fürsten hatte dem General der Liga bereits den Weg nach Hessen geebnet: Die Entzweiung zwischen Lüneburg-Celle und Braunschweig-Wolfenbüttel lud Wallenstein nach Niedersachsen ein. Soeben hatte Georg sein Verhältnis zu dem niedersächsischen Kreis, dessen Truppen er anführte, aufgelöst und dem König von Dänemark, dem er als Oberst verpflichtet war, seinen Dienst gekündigt. Der Kreis wählte hierauf den Herzog von Wolfenbüttel zum Befehlshaber seiner Truppen und ernannte den König von Dänemark, Herzog von Holstein, zum Kreisobersten. Damit war noch nicht ausgesprochen, daß sich der Kreis nun auch der Politik des Königs und seinem Einverständnis mit England anschließen würde; wenn es aber dahin kam, so konnte der Kaiser allemal auf die Unterstützung von Lüneburg rechnen. Auch zwischen den beiden Linien des Hauses Oldenburg war ein heftiger Hader ausgebrochen, der damals hauptsächlich daher rührte, daß der König von Dänemark den Prinzen Johann Adolf von Holstein-Gottorp von dem Erzstift Bremen ausschloß; er hatte dort in Konkurrenz mit demselben seinen eigenen zweiten Sohn zum Koadjutor wählen lassen. Johann Adolf war in kaiserliche Kriegsdienste gegangen und gehörte zu den Obersten, welche Truppen für die neue Armee Wallensteins aufbrachten. In den Häusern Brandenburg und Sachsen gab es in diesem Augenblick einen ähnlichen offenen Zwiespalt nicht. Aber die jüngeren Linien verfolgten doch eine andere Politik, als die Häupter der Häuser, die sich vom Kaiser nicht trennen mochten ...

Die von verschiedenen Seiten her angeregte Frage über die Stifte war nun aber die wichtigste, die es in dem Reich überhaupt gab. In den Zeiten der Reformation protestantisch geworden, von einer durch und durch evangelischen Bevölkerung gebildet und umgeben, hatten die norddeutschen Stifte, weit entfernt, zu Sitz und Stimme am Reich wie vor alters zugelassen zu werden, nicht einmal die persönliche Zusicherung der regierenden Kaiser, sie in ihren Schutz nehmen zu wollen, erlangen können. Seit mehr als einem Jahrzehnt dem Kaiser weder durch Lehen noch durch Indult noch auch durch Huldigung verwandt und dem Angriff der eifrigen Katholiken, die prinzipiell von reformierten Bistümern und Erzbistümern nichts hören wollten, ausgesetzt, suchten sie ihren Schutz in der Bewaffnung des niedersächsischen Kreises, dem sie großenteils angehörten, und in der großen politischen Kombination, die sich infolge der pfälzischen Verwicklung in Europa gegen das Haus Österreich bildete.

Wenn vor allem hierdurch der Kaiser veranlaßt wurde, sein Heer nach Norddeutschland zu schicken, so tauchte doch auch von Anfang an ein dynastisches Interesse auf; namentlich die Absicht, an die Stelle des kriegerischen Administrators von Halberstadt, Christian von Braunschweig, der auf sein Stift schon von selbst Verzicht geleistet hatte, einen Erzherzog zu befördern. Ein ausführliches Gutachten liegt vor, in welchem dem Domkapitel geraten wird, bei der bevorstehenden Wahl von dem Prinzen von Dänemark, an den man dachte, abzusehen, zumal da er als Ausländer betrachtet werde, und dagegen einen Sohn des Kaisers zu wählen, was ja mit Vorbehalt des religiösen Bekenntnisses geschehen könne.

In diese aus einer weit zurückliegenden Vergangenheit entsprungenen und für die Zukunft des Reiches entscheidungsvollen Verhältnisse sollte nun Wallenstein, an der Spitze des neuen Heeres, maßgebend eingreifen. Man hoffte noch ohne Anwendung der Waffen zum Ziel zu kommen. Der Feldhauptmann erhielt das Recht, nach seinem Ermessen, jedoch mit Zuziehung von Tilly, die Bedingungen einer Abkunft festzusetzen. Vornehmlich soll Niedersachsen entwaffnen, das fremde Kriegsvolk von dem Boden des Reichs weichen, zugleich aber soll man dafür sorgen, daß die Armee ohne Kosten des Kaisers vollständig bezahlt und dann abgedankt werde.

Als Wallenstein diese Weisung empfing, hatte er bereits in dem niedersächsischen Kreis eine feste Stellung genommen. Nicht durch Sachsen, was der Kurfürst schwerlich geduldet haben würde, sondern durch Franken und Hessen rückte er dahin vor und besetzte zunächst Halberstadt und alsdann den größten Teil des Erzstiftes Magdeburg mit seinem Heer. Die noch in den Gemütern lebendige Verehrung gegen die kaiserliche Autorität erwachte umso stärker, je unerwarteter und nachdrücklicher sie auftrat: Nirgends fand er Widerstand. Welch ein Ereignis aber war es für den Kreis, der sich in seiner Autonomie zu behaupten vermeinte, daß dem ligistischen Heer, dem er kaum zu widerstehen vermochte, ein zweites kaiserliches zur Seite trat.

Wallensteins Armee befand sich, als sie einrückte, in einem wenig schlagfertigen Zustand; ihr Aufzug hatte ein zigeunerhaftes Aussehen, ihre Bewaffnung verriet die tumultuarische Art und Weise, in der sie zusammengebracht worden war; es fehlte bei ihrem Einrücken nicht an mannigfaltigen Gewaltsamkeiten, welche in den landschaftlichen Chroniken und in den gewechselten Schriften mit gerechtem Unwillen verzeichnet sind. Dabei erhellt aber doch, daß eine gewisse Ordnung gehalten wurde. Friedlands Absicht war es wenigstens, daß Bürger und Bauern neben den Soldaten sollten bestehen können. Man traf Anstalt, daß die Aussaat geschah und für das künftige Jahr vorgesorgt wurde.

Darin liegt das Originale in dem Auftreten Wallensteins: Aufstellung einer Armee hauptsächlich durch seine Vorschüsse, Ernährung derselben durch die Kontributionsverfassung, bei der das Land allenfalls bestehen konnte, beides auf den Grund des kaiserlichen Namens und Gebotes. Die Verbindung der militärischen Zucht, die er gewaltig handhabe, mit ökonomischer Fürsorge gibt seiner Okkupation ein eigentümliches Gepräge, sie hat einen landesfürstlichen Zug in sich.

Zugleich lag ihm nun die Unterhandlung ob, die über Krieg und Frieden entscheiden sollte.

Nicht gewöhnliche Besprechungen waren es, die auf dem Kreistag zu Braunschweig vom Dezember 1625 bis in die ersten Monate des Jahres 1626 gepflogen wurden; sie hatten die größte Tragweite für das Reich und für Europa.

Man hielt noch für möglich, daß sich der Kreis der kaiserlichen Autorität fügen würde; dafür ließen die beiden benachbarten Kurfürsten ihre Vermittlung eintreten; es war der Gesichtspunkt, den Wallenstein bei den Verhandlungen hervorhob. Er forderte, daß die Postulate des Kaisers erwogen und nicht versucht werden solle, gegen die Erbietungen kaiserlicher Autorität Maß und Ordnung festzusetzen. Dagegen bestanden die Stände auf der Konstitution der Reichskreise, durch welche sie ermächtigt seien in den Waffen zu bleiben. Wenn die Generale zuerst die Entwaffnung des Kreises, so forderten dagegen die Kreisstände zuerst die Entfernung der Generale. Vielleicht hätte man sich darüber verständigen können. Aber es kamen noch andere in der Sache liegende Differenzen zur Sprache, über die das nicht zu hoffen war.

Die Generale stellten eine Bestätigung des Religionsfriedens in Aussicht, behielten sich aber die kaiserliche Jurisdiktion dabei vor. Aber man hatte bereits erfahren, daß diese Reichsjurisdiktion, von dem Kammergericht im Sinne der katholischen Mehrheit ausgeübt, zu einem Umsturz der protestantischen Religionsverfassung führte; hiergegen verlangte der niedersächsische Kreis gesichert zu sein. Die Stände sollten nicht allein in ihren Erbländern, sondern auch in den Stiften und Erzstiften bei der eingeführten Gerichtsbarkeit in geistlichen und weltlichen Sachen verbleiben, die Kapitel bei ihren Wahlen gelassen werden, man sollte in Religionssachen auf keine Pönalmandate gegen sie erkennen. Weit entfernt die geistlichen Güter in Frage stellen zu lassen, forderten sie vielmehr, daß Fürsten und Stände auch in bezug auf diesen Besitz in kaiserlichen Schutz und Schirm genommen würden.

Was der Kreis in Anspruch nahm, war eben die politische und religiöse Autonomie, welche der Kaiser nicht dulden wollte. Wallenstein fügte noch eine andere Forderung hinzu. Seiner Instruktion gemäß bestand er auf den Ersatz der Kriegskosten des Kaisers. Darauf aber konnte der Kreis nun vollends nicht eingehen; er würde sich dadurch bei seiner Erschöpfung einer ferneren Okkupation ausgesetzt haben.

Man könnte auch wohl hier meinen, ein Ausgleich wäre doch vielleicht möglich, weil im höchsten Grade wünschenswert gewesen, um das bevorstehende Unheil zu vermeiden; aber es gibt Momente, in denen Rücksichten dieser Art alle Wirksamkeit verlieren. Die Generale repräsentierten die großen Interessen des Katholizismus, die mit der Reichsgewalt noch verbunden erscheinen; aber dieser überhandnehmenden Gewalt freien Lauf zu lassen, hätten die Stände für eine Gefährdung ihres zeitlichen und ewigen Heiles gehalten; den Reichskonstitutionen zufolge meinten sie mit ihrem Widerstand vollkommen im Recht zu sein. Und noch konnte der eine und der andere Teil hoffen, den Sieg davonzutragen. In Situationen, wo es keine denkbare Ausgleichung gibt, hat man noch allezeit und allenthalben die Waffen ergriffen.

Feldzug von 1626 in Norddeutschland

Was im Jahre 1626 im Feld erschien, war nicht die ganze weltumfassende Kombination gegen das Haus Österreich, mit deren Bildung man umgegangen war, aber doch ein guter Teil derselben. Die engsten Bundesgenossen der Pfalz, England und Holland, setzten den König von Dänemark in den Stand, mit einer sehr stattlichen Macht den Versuch einer Herstellung der alten Zustände in Deutschland zu unternehmen. Er hatte nicht allein über seine eigene Armee, sondern über die Heerhaufen Mansfelds, Braunschweigs und Johann Ernsts von Sachsen-Weimar zu gebieten; er stand an der Spitze des niedersächsischen Kreises; in Hessen und Thüringen erwartete man seine Ankunft, um sich für ihn zu erheben; seine Gesandten waren wohl aufgenommen in Magdeburg; ein einziger glücklicher Schlag würde Oberdeutschland und die österreichischen Erblande in Feuer und Flamme versetzt haben. In Oberösterreich war ein Bauernaufruhr ausgebrochen, der den Kurfürsten von Bayern abhielt, Tilly nach Wunsch zu unterstützen; über die Gesinnungen der Schlesier konnte kein Zweifel sein, obwohl sie an sich hielten; und in der Ferne setzte sich Bethlen Gabor in Bereitschaft, in Ungarn, wo er eifrige Anhänger hatte, vorzudringen und die alten Unternehmungen gegen Böhmen und Österreich zu erneuern.

Wäre Tilly allein im Feld gewesen, und hätte ihn Christian IV. zugleich von der Elbe und Weser her mit englischer, und worauf man eine Zeitlang rechnete, mit brandenburgischer Hilfe angegriffen, so würde es mit dem Ausgang sehr zweifelhaft gestanden haben.

Natürlich hätte der König von Dänemark nichts mehr gewünscht, als eine Trennung der beiden Armeen; die Bedrohung von Ungarn und Schlesien schien einen unmittelbaren Abzug Wallensteins nach den Erblanden herbeiführen zu müssen. Aber Wallenstein hielt dafür, daß dort auch ohne ihn Widerstand geleistet, hier aber seine Anwesenheit nicht entbehrt werden könne. Denn sonst würden alle widerwärtig Gesinnten Mut fassen, sich offen zu erklären, und die übrigen genötigt werden, ihnen beizutreten. Alles was er sah und hörte, hielt ihm die Notwendigkeit, dort die aufwogenden Gegensätze durch überlegene Waffen niederzuhalten, im Bewußtsein.

Der König seinerseits ebenfalls davon durchdrungen, daß er militärisch im Vorteil sein müsse, wenn er etwas erreichen wolle, hatte den Mut, auf die Gesamtstellung des kaiserlichen und des ligistischen Heeres anzugehen. Zu seiner Rechten rückte Johann Ernst von Weimar nach Westfalen, um den Holländern die Hand zu bieten; zu seiner Linken übernahm es Graf von Mansfeld, Wallenstein zu beschäftigen. Zwischen diesen kam es zum ersten Zusammentreffen.

Mansfeld hatte die Elbe überschritten, und von den Landesherrschaften wenn nicht unterstützt, doch auch nicht ernstlich verhindert, die Pässe an der Havel eingenommen: Auch Brandenburg war in seine Hände gefallen; dagegen aber hatte Wallenstein mit treffendem, strategischem Takt den Elbpaß an der Dessauer

Brücke besetzt, wodurch das jenseitige Gebiet für seine Streifzüge eröffnet wurde. Die für die Aufstellung eines eigenen Heeres von dem Administrator Christian Wilhelm bestimmten Sammelplätze konnten überfallen und wüste gelegt werden. Hierdurch veranlaßt unternahm Mansfeld, den Feind aus jener Stellung zu vertreiben, in der er seine Freunde beschützte und alle benachbarten Gebiete gefährdete. Die Kaiserlichen wiesen seinen ersten Anlauf zurück, aber sie sahen, daß er sich in den eingenommenen und im Halbkreis um den Brückenkopf errichteten Verschanzungen zu behaupten gesonnen war. Einer über den Fluß geschickten Abteilung zu Fuß gegenüber hielt er sich in voller Schlachtordnung. Hierauf beschloß man im versammelten Kriegsrat, auch eine starke Reiterschar über die Brücke zu führen und ihn aus seiner noch immer für die Kaiserlichen bedrohenden Position zu verjagen. Es war am 25. April 1626, daß die beiden Heere handgemein wurden. Das entscheidende Ereignis ist, daß ein niederländisches Regiment, auf welches Mansfeld am meisten Vertrauen gesetzt hatte, von den Kaiserlichen über den Haufen geworfen wurde. Beim Anblick der gräßlichen Metzelei, die nun erfolgte, warf sich die gesamte Kavallerie von panischem Schrecken ergriffen in die Flucht. Die Kaiserlichen machten viele Gefangene, erbeuteten viele Geschütze und behaupteten sich fortan im ganzen Vorteil ihrer Stellungen.

Der Erfolg war insofern von Bedeutung, als der allgemeine Plan Christians IV. dadurch unausführbar wurde, zumal gleich darauf der alte Kriegsgefährte Mansfelds, der Administrator von Halberstadt, der in das Eichsfeld eingebrochen war, einem frühen Tod erlag.

Das Übergewicht, das Wallenstein an der Elbe errungen, nötigte den König, die Unternehmung in Westfalen, von der er eine Diversion erwartete, aufzugeben; die beiden Flügelbewegungen waren ihm mißlungen; er bedurfte seiner ganzen Macht im Zentrum gegen Tilly, der nun wieder, von dem kaiserlichen General mit einigen Regimentern unterstützt, siegreich vorrückte; eben ein Wallensteinischer Oberst, de Fours, schlug die dänische Reiterei bei Kahlenberg aus dem Felde, so daß der Platz selbst behauptet werden konnte.

Die einzige Aussicht für den König, seinen Feldzug dennoch mit Erfolg durchzuführen, lag dann in der Schilderhebung des entfernten Verbündeten, des Fürsten von Siebenbürgen. Dem war durch einen im April 1626 im Haag zustande gekommenen Vertrag außer monatlichen Subsidien auch eine Beihilfe von kriegsgeübten Truppen, namentlich von Fußvölkern, versprochen worden. Eine Summe Geldes wurde abgesendet, freilich auf weitem Umweg: Der König von Dänemark ließ es durch Vermittlung der Holländer nach Konstantinopel anweisen. Dringender noch war es, daß die Truppen, die man ihm zugesagt hatte, bei ihm eintrafen. Nicht ohne große Mühe wurden die Mannschaften zusammengebracht und instandgesetzt. Ernst von Mansfeld und Johann Ernst von Weimar wurden bestimmt, von einem dänischen Kriegskommissar − Stellvertreter des Königs − begleitet, sie ihm zuzuführen; die Absicht war, dabei zugleich in Schlesien Fuß zu fassen und die beiden Kriege in Niederdeutschland und in Ungarn zu kombinieren.

Durch den Einbruch der dänisch-deutschen Truppen in Schlesien sah sich Wallenstein doch in der Tat genötigt, den Erblanden zu Hilfe zu kommen, wie er denn zu diesem Zweck einen Teil seines Heeres vorausschickte und Ende Juli sich selbst auf den Weg machte. Am 13. August finden wir ihn in Cottbus, wo ihn die brandenburgische Regierung, schwach und furchtsam wie sie war, mit der größten Rücksicht behandelte.

Und nun schöpfte Christian IV. freien Atem. Durch einen Vorteil, den er über Tilly davontrug − er entsetzte Northeim − ermutigt, verlor er keine Zeit, zur Ausführung eines Vorhabens zu schreiten, das ihm immer vorgeschwebt hatte. Am 12. August finden wir ihn in Duderstadt. Er dachte durch das Eichsfeld nach Thüringen vorzudringen, wo eben von dem ernestinischen Herzog eine stattliche Rüstung unter dem Namen einer Landesverteidigung ins Werk gesetzt wurde, und alsdann von dem mittleren Deutschland in die fränkischen Bistümer einzubrechen. Wie der Kaiser, so würde auch die Liga in ihrem eigenen Gebiet angegriffen worden sein. Dahin wollte es aber Tilly nicht kommen lassen. Er zog soeben aufs neue einen Wallensteinischen Heerhaufen an sich, so daß die Entfernung Wallensteins dem König zu keinem Vorteil gereichte, wegen der Einheit im Oberbefehl eher zum Nachteil. Auf die Nachricht von der geschehenen Verbindung fand sich der König in der Unmöglichkeit vorzurücken. Nicht gesonnen, dort am Ort zu schlagen, entschloß er sich, sein in die

Ferne angelegtes Unternehmen aufzugeben und zurückzugehen. Aber indem er sein altes Lager zu Wolfenbüttel wiederzugewinnen trachtete, ward er festgehalten und nun doch in ungünstiger Stellung in dem Tal bei Lutter am Barenberg zur Schlacht genötigt (27. August 1626). Eben die Wallensteinischen Reiter hielten ihn fest. Sie haben dann, als der Kampf einen Augenblick sich zu seinen Gunsten zu neigen schien, denselben zu seinem Nachteil entschieden. Nur mit schwerem Verlust unter persönlichen Gefahren konnte er sich zurückziehen.

Christian IV. war ein gebildeter, einsichtsvoller Mann, den Dänen gilt er fast für den besten ihrer Könige; aber den deutschen Krieg durchzuführen war er nicht geboren. Sein Zug nach Duderstadt muß fast als ein Abenteuer im Stil der Zeit betrachtet werden. Denn wie hätte ein König von Dänemark und Herzog von Holstein die eigenen Gebiete einem starken Feind, der hinter ihm stand, zur Beute lassen können? Überdies aber: Der dynastische Ehrgeiz, dem er Raum gab, brachte ihn in Verwicklung mit den mächtigsten Ständen des niedersächsischen Kreises, die er beschützen sollte. Obgleich einem deutschen Fürstenhaus angehörig, wurde er doch als fremder König betrachtet.

Indessen ward durch die Schlacht weder sein Mut gebrochen, noch seine Machtstellung vernichtet. Sein Angriff war abgeschlagen, aber unter den Verbündeten machte es einen guten Eindruck, wie rasch er seine Truppen wieder sammelte und eine gute defensive Stellung, deren Mittelpunkt Stade war, einnahm. Auch Wolfenbüttel wußte er zu behaupten. König Karl I. fühlte sich bewogen, ihm das englische Truppenkorps, das in den Niederlanden stand, unverzüglich zuzusenden; er ließ ihn auch alle andere Unterstützung hoffen, deren er bedürfen werde.

Feldzug in Ungarn

Während der zurückgelassene Teil der Wallensteinischen Truppen doch recht viel zum Sieg über den König von Dänemark in Norddeutschland beitrug, war der General selbst mit dem einzigen Verbündeten desselben, der im Feld stand, im Kampf begriffen. Es war der Fürst von Siebenbürgen, dessen Art und Natur zugleich in ihrer inneren Energie und durch die Verhältnisse herbeigeführten Beschränkung auf das eigentümlichste hervortritt.

Bethlen hatte durchgesetzt, daß die siebenbürgischen Stände seine junge brandenburgische Gemahlin als seine Nachfolgerin anerkannten, und erreichte, daß auch die Pforte diese Bestimmung sanktionierte. Die europäischen Gesandten, die sich dafür verwendeten, zogen in Betracht, daß mit der Dynastie zugleich die Religion im Land festgestellt, der österreichische Einfluß ausgeschlossen und wahrscheinlich auch Brandenburg bewogen werde, sich der großen Allianz anzuschließen.

Um den Krieg, den man vorhatte, mit Erfolg zu führen, schien es aber nötig, die Beistimmung und womöglich auch die Teilnahme der Pforte zu erlangen. Die Form der Verhandlung war, daß Bethlen seine Wünsche zuerst den drei Gesandten von England, Holland und Venedig vortrug, welche sie prüften und dann insoweit einen Antrag bei der Pforte darauf begründeten, als sie damit einverstanden waren.

In diesem Augenblick ging nun der Wunsch Bethlens auf eine Ermächtigung der Pforte, mit seinen türkischen Hilfsvölkern in das kaiserliche Gebiet vorzurücken und daselbst Winterquartiere zu nehmen; zugleich sollten die Tataren in Podolien eindringen, um die Polen zu beschäftigen.

Wären diese Maßregeln ergriffen worden, so würden sie dem Krieg wohl eine neue Wendung gegeben haben. Wallenstein wäre genötigt gewesen, seine ganze Macht zur Wiedereroberung der besetzten österreichischen Gebiete zu verwenden, und der König von Schweden in den Stand gesetzt worden, an dem allgemeinen Krieg, ungehindert von Polen, teilzunehmen.

Einmal aber: Sollte die Pforte eine so entschlossene Politik beobachten? Sie war noch in einem gefährlichen Krieg mit Persien begriffen. Und selbst die drei Gesandten wollten so weit nicht gehen; sie wollten den Tadel nicht auf sich laden, christliche Gebiete der Invasion der Türken unmittelbar preisgegeben zu haben. Am leichtesten hätte sich der holländische in den Antrag geschickt; denn die Republik, sagte er, sei schon ohnehin schwarz angeschrieben, und sie kämpfe überdies um ihre Existenz; aber weder der Bailo noch Sir Thomas Roe mochten sich so entschieden in Widerspruch mit dem Gemeingefühl der Christenheit setzen.

Es schien ihnen genug, wenn die Pforte die noch schweben-den Unterhandlungen mit dem Kaiser und den Abschluß eines neuen Friedens an die Einwilligung Gabors und selbst der euro-päischen Fürsten knüpfte ...

Man ließ demnach dem Fürsten von Siebenbürgen freie Hand und unterstützte ihn selbst bei seinem Unternehmen mit dem Gewicht einer beschützenden Autorität; jede eigentliche Teilnahme sollte vermieden bleiben: und insofern war denn von den Osmanen das gute Vernehmen mit dem Kaiser und von den Gesandten die Idee der Christenheit als einer Gesamtheit gewahrt ...

Wenn es die Absicht Bethlens war, den Krieg gegen Öster-reich und das spanisch-katholische System in großem Stil zu unternehmen, so wurde das durch die allgemeine Lage der Welt und die Bedenklichkeit seiner Verbündeten selbst gehindert; aber dahin kam es doch, daß die Pforte ein enger begrenztes Unterneh-men gegen den Kaiser nicht allein billigte, sondern eventuell mit ihren eigenen Waffen zu unterstützen bereit war. Es erschien als eine glückverheißende Kombination, daß Mansfeld und Johann Ernst von Weimar von den Küsten der Nordsee heranrückten, um sich mit ihm zu verbünden. Die Vorliebe der Schlesier für den Protestantismus kam ihnen nicht wenig zustatten. Hätte sich die niederschlesische Landmiliz den Heranziehenden entgegenge-stellt, so würden diese, da sie zugleich von den Wallensteinischen Reitern verfolgt wurden, wahrscheinlich zugrundegegangen sein; aber niemand regte sich; die großen Städte glaubten genug zu tun, wenn sie ihnen nur keine Hilfe gewährten; inmitten einer Art von Wagenburg, die gegen einen plötzlichen Reiteranfall sicherstellte, durchzog Mansfeld Niederschlesien; in den Gebir-gen angelangt fand er Zulauf von allen Seiten. In Mähren schien man sehr geneigt, ihm die Hand zu bieten. Die Proklamationen des Mansfelders und des Herzogs von Weimar machten größeren Eindruck, als die Befehle der Regierung, ihnen Widerstand zu leisten. In Böhmen setzte sich an mehr als einer Stelle, wie in Leitmeritz und Joachimstal, der fortschreitenden Antireformation selbst ein offener Widerstand entgegen. Indes waren die Bauern von Oberösterreich im vollen Aufstand; sie stellten einen Herzog aus ihrer Mitte auf. In Unterösterreich trug man Bedenken die Landmiliz zu bewaffnen, weil man ihren Abfall fürchtete.

Was hätte daraus werden müssen, wenn sich dort an den Konfinien der verschiedenen Erbländer eine Kriegsmacht von Bedeutung behauptet, oder wenn sie gar einen namhaften Vorteil davongetragen hätte.

Einen Augenblick war Mansfeld in Gefahr, von den kaiserlichen Reiterscharen unter Pechmann und Isolani, die ihm immer auf der Ferse waren, eingeschlossen, und bei der Ankunft des Generals vollends zugrunde gerichtet zu werden. Aber indem er sich bald nach der einen, bald nach der anderen Seite wandte, gelang es ihm, über die Waag, über welche er eilends eine Brükke schlug, zu entkommen; er verbrannte sie hinter sich und war schon in die schützende Waldung und dann nach den Bergstädten entkommen, ehe die Kaiserlichen ihrerseits eine Brücke geschlagen hatten.

Indem erschienen nun auch Bethlen und Murtesa-Pascha im Feld: »Ich muß mich gefaßt machen«, sagte Wallenstein, »mit Bethlen, Mansfeld und dem Türken zugleich zu raufen; es graust mir aber vor ihnen allen nicht.«

Noch eine andere Schwierigkeit aber, die er nicht voraussah, sollte sich ihm entgegensetzen: Sie lag in der Stimmung der Ungarn, die allerdings Mansfeld nicht gern in den Bergstädten sahen, von den Verwüstungen, mit welchen Murtesa seine Schritte bezeichnete, zu leiden hatten, aber ebensowenig auch unter die militärische Gewalt des deutschen Kaisertums, welche Wallenstein repräsentierte, geraten wollten.

Sonderbare Szenen, die man dann erlebte. In den Scharmützeln trafen die Ungarn beider Seiten aufeinander; aber sie hielten die gezückten Waffen an; die, welche bei Bethlen waren, riefen den kaiserlichen und diese jenen zu, daß sie nicht miteinander schlagen wollten, die kaiserlichen verweigerten selbst die Türken anzugreifen.

Am 30. September standen die beiden Armeen am Granfluß einander schlagfertig gegenüber; aber schon waren vom Palatin friedliche Eröffnungen an Bethlen ergangen*: Man kam überein, denn bereits war es Abend geworden, in der Nacht nicht zu schlagen, sondern zu unterhandeln – Aurora sollte, wie Wallenstein

---

* Die Friedensgespräche waren – umgekehrt – durch Bethlen Gabor eingeleitet worden.

sagt, alle Traktationes abschneiden –, allein auf der Stelle, noch in der Nacht, zog sich Bethlen in eine vorteilhaftere Position. Am anderen Morgen wich auch Wallenstein nach Neuhäusel zurück, von wo er ausgezogen war, mehr um sein Glück zu versuchen, als gerüstet und mit dem Notwendigen dazu versehen einen Feldzug regelmäßig durchzuführen.

Bethlen vereinigte sich nun mit Mansfeld; er konnte sich einiger Vorteile rühmen, welche er der Tapferkeit desselben zuschrieb; allein da die Türken doch nicht abgehalten werden konnten, ihren Demetriustag zu beobachten und nach demselben nach Hause zu gehen, so fühlte er sich nicht imstande, das Feld zu behaupten.

Seinerseits verzweifelte auch Wallenstein, etwas Entscheidendes auszurichten. Eine infolge des Mangels an Lebensmitteln in seiner Armee ausgebrochene pestartige Krankheit machte seine Lage bedenklich, und überdies, er hielt nicht für ratsam, die Feindseligkeiten an dieser Stelle in Gang zu halten. Denn das leuchtete doch ein, daß der deutsche Krieg in dem ungarischen seinen besten Rückhalt fand. Wie Karl V. und Ferdinand I. hielt er für nötig, diese Unruhen beizulegen, um etwas in Deutschland auszurichten. So nachteilig der Friede von Sitvatörök für den Umfang des kaiserlichen Gebietes war, so hatte doch der Abschluß desselben dem katholischen Deutschland die Möglichkeit gegeben, seine Kräfte gegen die Protestanten zu richten. War dieser innere Hader auf eine oder die andere Weise beigelegt, so konnte man sich auch wieder gegen die Osmanen wenden. Die beiden Kriege zugleich zu führen, war für den Kaiser, wie die Sachen damals standen, unmöglich.

Zuerst kam es darauf an, sich der Feindseligkeit oder vielmehr der Verbindung derselben mit den deutschen Irrungen zu entledigen.

So viel bewirkte das Auftreten Wallensteins doch, daß Bethlen unter Vermittlung des Palatins den Stillstand und die Abkunft annahm, die man ihm anbot. Noch einmal ward ihm die territoriale Stellung, die er in den früheren Friedensschlüssen erlangt hatte, mit geringen Abwandlungen bestätigt; doch versprach er sich von seinen Bundesgenossen zu sondern und namentlich die deutschen Völker, die ihm zugezogen waren, aus Ungarn zu entfernen.

So sagte er dem Kaiser zu. Wenn man aber die Eröffnungen seines Bevollmächtigten an den englischen Gesandten von Konstantinopel hört, so hielt er die Absicht fest, im nächsten Jahr den Krieg zu erneuern, und zwar in einer noch größeren Bundesgenossenschaft, die er mit den deutschen Führern und den Bevollmächtigten des Königs von Dänemark verabredet; es war dabei von einem neuen Anfall auf das österreichische Gebiet von Dalmatien her, für den man Venedig zu gewinnen hoffte, die Rede.

Alles zusammengefaßt, führte der Feldzug von 1626 noch keinen entscheidenden Erfolg herbei. Der König von Dänemark hatte eine Schlacht verloren; aber er hielt sich überaus mächtig im Feld. Bethlen war zum Frieden gedrängt worden; aber von seinem Besitz hatte er nichts aufgegeben, und er bereitete sich zur Erneuerung seiner Angriffe. Wallenstein gewann eine großartige Stellung, indem er den Krieg nach beiden Seiten hin führte: an dem dänischen selbst abwesend durch seine Truppen teilnahm und durch sein Vordringen in Ungarn einen neuen Umsturz in den Erblanden verhütete.

Werfen wir noch einen Blick auf die Männer, die ihm gegenüberstanden.

Kriegsführer der Zeit

Einst in Kaschau hatte sich Bethlen wohl um ein Anlehen geringsten Umfangs – von 100 Rtlr. – vergebens bemüht: jetzt war er ein mächtiges Oberhaupt der Weltbewegungen geworden. Bethlen verdankte sein Fürstentum der Gunst der Pforte, und er schloß sich ihr mehr an, als seine Vorgänger pflegten; aber er war doch durch die ungarischen Gespannschaften, die er Österreich abgerungen, zugleich unabhängig von ihr. An dieses doppelseitige Verhältnis knüpfte sich seine Verbindung mit den erbländischen Ständen, den deutschen Fürsten, den europäischen Mächten. Daß er eine große Position hatte, die den Westen bedrohte, und ihrer doch nicht ganz mächtig, zugleich auf die Politik der Osmanen angewiesen blieb, gab seinem Tun und Lassen eine Färbung von Unzuverlässigkeit. Sein Gesichtspunkt war, in dem Kampf der Religionen und Völkerstämme eine selbständige, gleichsam internationale Dynastie zu gründen. Daß er die Krone des heiligen Stephan einst in seinem Besitz gehabt, ohne sie doch behaupten zu können, ließ ihn nicht schlafen: In dem Verfolg der allgemeinen Irrungen hoffte er sie wiederzuerwerben. Mit ganzer Seele gehörte er dem evangelischen Bekenntnis an. Er hat selbst ein Kirchenlied gedichtet: sechsundzwanzigmal hat er die Bibel durchgelesen, er versäumte nie die Predigt; von dem Grund seines Glaubens wußte er treffend Rede und Antwort zu geben. Nachdem er viele junge Leute auf deutschen Universitäten erhalten hatte, stiftete er selbst in seinem Gebiet eine hohe Schule für die Protestanten, an der unter anderen Martin Opitz eine Zeitlang eine Stelle gefunden hat. Inmitten des wilden Treibens der Soldaten zeigte Bethlen einen Begriff von Manneszucht: er unterstützte den Pascha von Ofen zur Unterdrückung der unbotmäßigen Aghas und forderte Mansfeld auf, keine Plünderungen zuzulassen. Bei den Ungarn erscheint er als ihr großer Fürst, voll von heroischem Mut, dem sie enthusiastische Bewunderung zollen. Aber selbst im Getümmel der Schlacht bewahrte er Bedachtsamkeit und Umsicht. Und den Verhältnissen gemäß war er im Feldlager fortwährend zugleich mit seinen Negotiationen beschäftigt: Er pflegte den Gesandten in ihrem Vortrag Einhalt zu tun, um die vorgetragenen Punkte zu beantworten, dann hieß er sie fortfahren. Jeden Augenblick war er bereit, das Schwert in die Scheide zu stecken, unter dem Vorbehalt jedoch, es wieder zu ziehen, sobald sein Vorteil es erheischt. Nachhaltige Erfolge erwartete er nur von der Überlegenheit seiner Waffen. Eines Tages hat ihm sein Schwager Christian Wilhelm ein schönes venezianisches Glasgefäß zum Geschenk gemacht; er ließ es absichtlich fallen. Über den klirrenden Scherben machte er dem Administrator ein schönes Schwert zum Geschenk: Das, sagte er, bricht nicht, wenn es fällt. Ein guter Rat für das Haus Brandenburg, den er selber befolgte. Auf den Konfinien der Barbarei und der Kulturwelt war er eine emporstrebende gewaltige Natur. Er wollte, in weitestem Umfang, ein evangelisches Dacien gründen.

Indem man von Bethlen noch alles erwartete, erlag Mansfeld auf seinem Weg nach Venedig, wo die Mittel und Wege für die Ausführung der neuen Pläne gesucht werden sollten, einer Krankheit, die er schon lange in sich trug. Sein Vater, Peter Ernst von Mansfeld, hatte ein langes, tatenerfülltes Leben dem Dienst des Hauses Österreich gewidmet; an der Gründung der katholischen

Niederlande den lebendigsten Anteil genommen und sie einst als Statthalter verwaltet. Der Sohn Ernst, aus einer von dem Gesetz nicht anerkannten Verbindung entsprungen, und zwar von dem Vater legitimiert, aber doch den übrigen Kindern nicht gleichgestellt, fand in dieser zweifelhaften Position, die ihm Ansprüche gab, welche sich doch nie erreichen ließen, den Stachel zu einer exzentrischen Tätigkeit. Als er im Dienste des Erzherzogs Leopold, dessen Unternehmungen ja selbst von sehr zweifelhafter Berechtigung waren, nicht mehr fortkommen konnte – man versagte ihm selbst das Lösegeld, das er, aus einer Gefangenschaft, in die er geraten war, losgelassen, zu zahlen hatte, wenn er seinen Namen nicht an den Galgen angeschlagen sehen wollte –, ging er mit der Truppe, die ihm folgte, zu dem Feind über. Es war ein anderes Grenzgebiet der Gesinnung und der Lebensstellung als das Bethlenische, auf dem sich Mansfeld entwickelte: zwischen den beiden politisch-religiösen Systemen, Spanien-Österreich und dessen Gegnern. Zurückgestoßen von dem ersten schloß er sich dem zweiten an: wir finden ihn im Dienste des Herzogs von Savoyen, der böhmischen Stände, des Pfalzgrafen Friedrich, der Generalstaaten, des Königs von England und zuletzt Dänemarks. Nicht selten sind Versuche gemacht worden, ihn wieder auf die andere Seite zu ziehen, und man hielt es für möglich, denn ein entscheidendes Motiv bildete die Religion für ihn nicht, aber er blieb doch der einmal ergriffenen Partei getreu, in deren Dienst er sich den alten Gegnern furchtbar machte. In der spanisch-niederländischen Armee war es nicht selten, daß sich Regimenter, denen man ihren Sold nicht zahlte, auf eigene Hand in den Besitz einer Landschaft setzten, um sich bezahlt zu machen. Ernst von Mansfeld nahm eine ähnliche gewaltsam selbständige Stellung ein; es gab ihm Bedeutung, daß er auch sonst Sinn und Art der spanisch-niederländischen Kriegführung auf die entgegengesetzte Seite herüberführte. In höchst unregelmäßigen Bahnen bewegte er sich mit unvergleichlicher Gewandtheit und unverwüstlichem Unternehmungsgeist: nach allen den Niederlagen, die er erlitten, immer wieder auf den Füßen und zur Stelle. Durch seine Erscheinung oder durch sein moralisches Verhalten konnte er keinen Eindruck machen. Er war klein von Person und mißgestaltet. Auf seinen Feldzügen pflegte er von verdächtigen Weibspersonen begleitet zu werden. Sein Degen allein, seine immer geschickte, kecke Heerführung gab ihm Ansehen. In Venedig glaubte man selbst an sein Glück, das ihn bei allen Unfällen doch begleitet habe. Ehe Wallenstein emporkam, behauptete er den größten Namen unter den Kondottieren dieses Zeitalters. Es ist wohl nur ein Scherz, wenn man gesagt hat, der Mufti von Ofen habe ihm einen Paßport zu dem islamitischen Paradies versprochen, dagegen ist glaubwürdig überliefert, daß er sich zuletzt katholisch erklärt habe. Doch das waren die Gedanken nicht, in denen er sich bewegte: er wollte sterben, wie er gelebt hatte, als Soldat. Als er sein Ende nahe fühlte, so erzählt man, ließ er sich möglichst gut ankleiden und den Degen anschnallen: Zwischen zweien seiner Diener, auf ihre Arme gelehnt, aber in Waffen, so erwartete er den Tod. Sein Kredit in der Welt, seine bewegliche und doch auf ein bestimmtes Ziel gerichtete Tätigkeit, welche immer neue Mittel fand und neue Wege einschlug, machte seinen Abgang zu einem Verlust für seine Partei. Ohne ihn war Venedig zu keiner entscheidenden Leistung zu bewegen.

Während der Abwesenheit Mansfelds dachte Johann Ernst von Weimar, was auch immer mit Bethlen verabredet sein mochte, die deutschen Truppen in den ungarischen Bergstädten so gut wie in Oberschlesien zu behaupten; er hatte seine Winterquartiere in der Gespannschaft Thuroz genommen. Johann Ernst war ein Protestant ohne Wanken oder Fragen, durch Herkunft und Erziehung: ein Schüler Hortleders, des Mannes, der, indem er die Aktenstücke über den schmalkaldischen Krieg sammelte, zugleich in den Protestanten den Sinn erweckte, welcher sie fähig machte, den noch gewaltigeren Kampf zu bestehen, der sich damals für sie eröffnete. In den ernestinischen Prinzen erweckte Hortleder das lebendigste Bewußtsein des Unrechts, das ihre Familie damals von dem Haus Österreich, dem sie doch vollkommen ebenbürtig sei, erduldet habe. Sie hielten an dem Wesen der lutherischen Lehre fest, die unter dem Schutz ihres Stammvaters emporgekommen war; bei der gelehrten Erziehung, die sich auf dasselbe basiert, bilden dann die Kernsprüche der Heiligen Schrift und die Beispiele aus dem Altertum, welche die eigene Lektüre dem Gemüt nahebringt, das wirksamste Moment. Auch gute Sitte und moralische Führung gehört dazu. Aus dieser Schule ging Johann Ernst hervor. Und welche Stellung hatte doch sein an sich noch machtloserer Oheim, Bruder seiner Mutter, Fürst Christian von

Anhalt, durch freudiges Ergreifen der protestantischen Tendenzen erworben. So erkannte nun auch Johann Ernst den Pfalzgrafen Friedrich als den wahren König von Böhmen an, dem er sogar als Inhaber böhmischer Lehen Dienste zu leisten verpflichtet sei; er war mit in der Schlacht am Weißen Berg; die widerwärtigen Folgen voraussehend, welche deren unglücklicher Ausschlag für ihn selbst und sein Land herbeiführen könne, mochte er nicht dahin zurückkehren, denn er wolle nicht durch Unterwerfung für recht erklären, was er in seinem Gewissen für unrecht halte; er wolle als Reichsfürst die Reichsfreiheit verteidigen. Er nahm also an den Wechselfällen des Krieges, von niederer Stelle zu den höheren aufsteigend, weiteren Anteil. Ihm und seinen Leuten war damals die Besetzung von Troppau, Oppeln, Jägerndorf zu danken, welche er alle sogleich auf die soeben aufgekommene Weise mit Erdwällen befestigen ließ; er zeigte Festigkeit und kaltes Blut, Einsicht und Energie und schien sich noch zu einem großen Feldherrn ausbilden zu können. Zunächst würde er mit Wallenstein über Oberschlesien haben kämpfen müssen, aber schon war seine Lebenskraft durch die Anstrengungen des Krieges erschöpft. Er hatte bereits vierzehn Tage an einem Fieber gelitten, als er die Nachricht vom Tode Mansfelds bekam: Er liebte ihn, soviel man weiß, nicht, aber ihre Sache war unauflöslich verbunden. Ein apoplektischer Schlag machte gleich darauf seinem Leben ein Ende.

Noch einen anderen Verlust hatte, wie oben angedeutet, die protestantische Sache ein paar Monate vorher in dem Administrator von Halberstadt, Herzog Christian von Braunschweig, erlitten. An ihm sah man recht eigen, wie unnatürlich die Verbindung der bischöflichen Würde mit dem Wesen und der Natur eines jungen Reichsfürsten war. Wenn auf der anderen Seite selbst ein Erzherzog und Bischof, wie Leopold von Passau, den Chorrock von sich warf, um sich mit den Waffen den Weg zur weltlichen Macht zu bahnen, so kann es so großes Erstaunen nicht erregen, daß der Administrator eines protestantischen Stiftes in dem allgemeinen religiösen Kampf eine militärische Rolle zu spielen unternahm. Sein Wahlspruch: Gottes Freund und der Pfaffen Feind hat insofern einen Sinn, als man in der Zerstörung der erneuerten Institute des Katholizismus einen der wahren Religion geleisteten Dienst erblickte. Gelehrt war er nicht, wie Johann Ernst, obgleich er Universitäten besucht hatte; noch auch hielt er

auf Manneszucht wie Bethlen, er ließ Gewaltsamkeiten geschehen und rühmte sich ihrer noch; dennoch war etwas Großartiges
in ihm, was ihm, durch seine Bizarrerien noch gehoben, einst,
als er in England erschien, die Aufmerksamkeit und persönliche
Bewunderung des Hofes verschaffte. Er war freigebig ohnegleichen und schien sein Leben so viel oder so wenig zu achten wie
sein Geld. Sein Tun und Treiben gewann durch seine Hingebung
für die verjagte Königin von Böhmen eine Art von romanti-
schem Anflug. Sie war seine nahe Verwandte – ihre Mütter waren
Schwestern –, schön und unglücklich: Sie sagt selbst einmal, daß
ihr tapferer Vetter nur um ihretwillen in diese Sache sich eingelassen habe. Nicht ganz gefiel ihr seine Waffengenossenschaft
mit Mansfeld, zu dessen religiöser Festigkeit sie kein Zutrauen
hatte; diese Verbindung hat aber dem jungen Fürsten Gelegenheit
zu seiner glänzenden Waffentat, dem glücklichen Durchbrechen
der spanischen Aufstellung bei Fleurus, gegeben. Ein Lied rühmt
die Freudigkeit, mit der er das Schwert in der einen, die Pistole
in der anderen Hand auf den Feind losgegangen sei, und den
Nachdruck, mit dem er die Seinen zusammengehalten habe. An
der Sache, die er einmal ergriffen, hielt er, voll von unnachgiebi-
gem welfischem Ehrgeiz, auch dann fest, als sie anderen verloren
schien. Er erklärte, seinen Pardon nur annehmen zu wollen, wenn
zuvor auch der König und die Königin von Böhmen den ihren
empfangen haben und in ihre Länder zurückgekehrt sein würden. Für sich selbst konnte er sein Bistum aufgeben, aber niemals
die Rechte der Familie, der er angehörte. Immer tiefer in die
Wirren des niederdeutschen Krieges verflochten, schlug er sich
um den Besitz von Grubenhagen, den er dem Stammesvetter,
dem kaiserlichen Urteil zum Trotz, bestritt, auf das tapferste, als
ihn ein Fieber heimsuchte, das in wenigen Tagen, im Juni 1626,
seinem Leben ein Ende machte.

Bei aller Beziehung zu den großen europäischen und religiösen Fragen oder vielmehr gerade infolge derselben mischen
sich noch einmal individuelle Antriebe und Beziehungen in die
Kriegführung der Zeit.

KAPITEL 3

Reichsverhältnisse. Überwältigung Dänemarks

EIN VERWANDTES Moment lag noch in der Stellung Wallensteins. Denn wie von Anfang an, so hatte er auch jetzt, durch keine Pflicht verbunden, sondern freiwillig, auf eigene Kosten und seine eigene Rechnung, dem Kaiser Hilfe geleistet, und zwar im großen Maßstab. Er war der Unternehmer einer Kriegsbewaffnung, welche insofern einen privaten Charakter an sich trug, als sie neue Ansprüche begründete, zu neuen Forderungen berechtigte, die nicht abgelehnt werden konnten und die Einwirkung des Kaisers auf die Armee notwendig beschränkte. Daß er nun aber oberster Feldhauptmann des Kaisers war, gab ihm doch wieder eine große öffentliche Stellung, an die kein anderer reichte. Er repräsentierte die kaiserliche Autorität, die er nach tiefem Verfall plötzlich wieder durch ein Kriegsheer zur Geltung brachte, und zwar in Regionen von Norddeutschland, in welche selbst die Macht Karls V. nie gereicht hatte. Wir berührten, wie der kaiserliche Name den Protestanten imponierte, selbst mehr als den Katholiken der Zeit. Denn diese hatten den Krieg bisher hauptsächlich mit eigenen Kräften, nach eigenem Ermessen geführt. Es konnte ihnen nicht durchaus willkommen sein, daß nun auch ihnen gegenüber das Recht der kaiserlichen Oberherrlichkeit so mächtig emporkam, ohne daß man sah, wie es sich mit der damaligen Lage der Reichsgeschäfte vertragen würde.

Die deutsche Verfassung beruhte, solange kein Reichstag berufen wurde, auf dem Zusammenwirken der kaiserlichen und der kurfürstlichen Autorität. Das Einverständnis der drei geistlichen und der drei weltlichen Kurfürsten oder das Gleichgewicht, das sie einander hielten, hatte lange Zeit den Frieden in Deutschland erhalten. Durch die Ausschließung des rührigsten Protestanten, des Kurfürsten von der Pfalz, aus dem Kollegium und die Ersetzung desselben durch den eifrigsten Katholiken, Maximilian von Bayern, war eine katholische Majorität, welche nun durch die politischen und religiösen Interessen auf das engste vereinigt blieb, im Kurfürstenrat gebildet worden. Sachsen und

Brandenburg hatten sich bei dem Akt der Belehnung ferngehalten, aber zu einem nachhaltigen Widerspruch ermannten sie sich doch nicht: Die Autorität des kurfürstlichen Kollegiums erhielt sich auch unter der neuen Gestalt der Dinge und kam nun den katholischen Tendenzen mächtig zustatten.

Lange Zeit wurde sie durch das Heer der Liga vertreten, an dessen Spitze der Wallone Tilly stand, der sich von den übrigen Kriegsführern dadurch unterschied, daß er wirklich eben nichts als General war und den ihm vorgeschriebenen Anordnungen keinen eigenen Willen entgegensetzte. Die katholischen Fürsten und die Liga erschienen als die Meister der deutschen Geschicke.

Wie nun aber, wenn das Kaisertum, das bisher zurückgetreten war, eine von ihnen unabhängige Wirksamkeit in Anspruch nahm? Obwohl davon nicht ausdrücklich die Rede ist, so darf man doch voraussetzen, daß der Wunsch und das Bedürfnis, der kaiserlichen Autorität eine selbständige Repräsentation im Reich zu geben, in Wien ein Motiv für die Annahme der Wallensteinischen Erbietungen gebildet hat.

Fürs erste konnte es den Kurfürsten und der Liga nicht anders als erwünscht sein, daß ein kaiserliches Heer im Feld erschien, welches viel dazu beitrug, daß den dänischen Angriffen ein nachhaltiger Widerstand geleistet wurde. Allein wenn es auf die Benutzung der gewonnenen Erfolge, die Fortsetzung des Krieges zu bestimmten Zwecken ankam, so stellte sich ein Zwiespalt heraus, der der damaligen Verfassung des Reiches entsprach.

Eine der gewaltigsten Äußerungen der kaiserlichen Machtvollkommenheit war die Erhebung des Kurfürsten Maximilian zur Kurwürde; eben in ihm fand nun das Kaisertum den eifrigsten Verfechter der ihm entgegengesetzten Prärogative des kurfürstlichen Kollegiums.

Der erste Widerstreit knüpfte sich, wie im Deutschen Reich gewöhnlich, an eine Territorialfrage.

Noch vor dem Tode Christians und der Schlacht von Lutter waren die Gebiete von Braunschweig-Wolfenbüttel dazu bestimmt, durch eine Achtserklärung dem bisherigen Fürsten abgesprochen und anderweitig verliehen zu werden. Wallenstein, dem alles darauf ankam, die Verbindungen zu pflegen, die ihm den Weg nach Norddeutschland eröffnet hatten, trug kein

Bedenken, dem nächsten Stammesvetter aus dem Hause Lüneburg die Belehnung mit den einzuziehenden Landschaften im allgemeinen, besonders aber dem Herzog Georg die Erwerbung des Fürstentums Göttingen in Aussicht zu stellen ... Wallenstein ließ eine sehr eifrige Verwendung dafür an den Hof abgehen.

Dagegen aber erhob sich eine andere unerwartete Prätention von einer anderen Seite.

Kurfürst Schweickardt von Mainz, der damals infolge der Gegenreformation in höherem Grad Herr und Meister des Eichsfeldes geworden war als seine Vorfahren, forderte zur Sicherung und Verstärkung dieser Besitzungen die Städte Göttingen, Northeim und Münden für sein Erzstift. Er selbst konnte Verdienste geltend machen. Er hatte bei der Umwandlung der deutschen Zustände, der Wahl Ferdinands II. und der Übertragung der pfälzischen Kur auf Bayern, eine entscheidende Wirksamkeit ausgeübt. Überdies aber unterstützte Kurfürst Maximilian sein Gesuch auf das dringendste.

Zunächst hier stieß das kaiserliche Interesse, wie es Wallenstein verstand und vertrat, mit dem ligistischen unmittelbar zusammen. Der General hatte einen Fürsten von Bedeutung (Herzog Georg) in den kaiserlichen Kriegsdienst gezogen, indem er ihm die Anwartschaft auf ein Land versprach, welches ein um das kaiserliche Haus sehr verdienter Fürst, unter Unterstützung eines anderen, der in noch höherer Gnade war, für sich selbst in Anspruch nahm. Die Natur der Menschen und der Dinge brachte es mit sich, daß daraus die mannigfaltigsten Zwistigkeiten folgten.

Erst durch diesen Gegensatz versteht man, weshalb Wallenstein dem jungen Georg, welcher ohne Zweifel damit sehr einverstanden war, verbot, die kaiserlichen Völker zur Verteidigung des Eichsfeldes zu verwenden: »Denn die Katholischen«, sagte er, »müssen ihre Länder selbst beschützen«; was man ihm auf der anderen Seite sehr übelnahm und auch am Hof zu Wien verargte.

Es sah fast wie eine Feindseligkeit und Bedrohung aus, wenn Wallenstein den Herzog Georg nach der Wetterau schickte, um die Werbung einiger neu zu errichtenden Regimenter, zu der er diesen Sammelplatz bestimmte, zu leiten. Er meinte als Vertreter der kaiserlichen Autorität dazu berechtigt zu sein, mochten die territorialen Gewalten damit einverstanden sein oder nicht. Es war in unmittelbarer Nähe des Kurfürstentums Mainz. Alles war der Liga verhaßt, die Anmaßung des Generals, die Aufstellung der Truppen in jenen Gegenden, die Werbung selbst ...

Die Fürsten erinnerten den Kaiser, welche Dankbarkeit er ihnen für das Übernehmen der schweren Kriegslasten zugunsten seines Hauses überhaupt schuldig sei: Wolle er dafür diese treu assistierenden Stände, »die katholischen vereinten«, dem Raub einer ungebändigten Soldateska preisgeben? Sie forderten Bestrafung der Obersten, über die man sich beschwere und Einstellung der Werbungen. Sie hätten bereits damals gern gesehen, daß der General selbst seines Amtes entlassen worden wäre. Dafür lag ein anderer Beweggrund, der von dem kaiserlichen Interesse ausging, in Wallensteins letztem militärischen Verhalten. Man machte es ihm zum Vorwurf, daß er den Einfall Mansfelds in Schlesien nicht überhaupt verhindert, und schrieb es seinem bösen Willen zu, daß er in Ungarn mit Türken und Siebenbürgern nicht ernstlich geschlagen hatte; er hätte sie vernichten können. Oder sei er zu einem Krieg in großem Stil unfähig? Er sammle nur immer Truppen und liebe, große Heere unter sich zu haben; aber den Feind anzugreifen, dazu könne ihn bloß der Zufall veranlassen. Wirklichen Widerstand wisse er nicht zu bezwingen. Wo würde man in Niedersachsen geblieben sein, wenn man nicht Tilly gehabt hätte? Auch der spanische Gesandte versicherte, er habe seinem Hof geschrieben, daß sich Spanien nur von dem katholischen Bund, nicht aber von Wallenstein nachhaltige Vorteile versprechen könne.

Wallenstein, durch alle die Beschwerden, die man gegen ihn erhob, und die zwar bei Hof nicht alle den Anklang fanden, den die Gegner erwarteten, aber doch einen gewissen Eindruck machten, gekränkt – denn auch er glaubte ein großes Verdienst selbst in Niedersachsen, um wieviel mehr in den österreichischen Erblanden und in Ungarn, erworben zu haben –, sprach von seiner Abdankung. Man erfährt, daß zuerst sein Schwiegervater Harrach mit ihm darüber unterhandelt hat, aber wegen der Bedingungen, die er aufstellte, nicht zum Schluß gekommen ist.

Der kaiserliche Hof befand sich zwischen den beiden Heeren, gleichsam Mächten, die sich nach und nach für ihn erhoben hatten, in einer widerwärtigen Verlegenheit; beide machten unleugbare Verdienste geltend, aber ihre Ansprüche liefen einander geradezu entgegen.

Ein Zustand, der um so bedenklicher war, da die allgemeinen Angelegenheiten durch den letzten Feldzug keineswegs zur Entscheidung gebracht waren. Der erste Minister des Kaisers, Fürst Eggenberg, hielt für notwendig, mit dem General, auf dem die Kriegführung beruhte, persönlich Rücksprache zu nehmen – was zu Bruck an der Leitha den 25. (und 26.) November 1626 geschah.

Dem Minister eröffnete Wallenstein seine Gedanken systematischer, als er zu tun pflegte. Er ging davon aus, daß der kaiserliche Hof die europäischen Fürsten so gut wie alle gegen sich habe, wenige ausgenommen, welche für sich selbst beschäftigt seien. Der Kaiser und seine Erblande seien aber außerstande, die erforderlichen Mittel aufzubringen, um den Krieg zu bestehen; diese Mittel müsse ihm das Deutsche Reich gewähren. Um sich zu verteidigen, bleibe ihm nichts übrig, als in dem Innern Deutschlands ein zahlreiches und mächtiges Heer aufzustellen, vor dem die Feinde weichen müßten, das man aber nie in die Gefahr bringen dürfe, in großen Schlachten oder langwierigen Belagerungen zugrunde gerichtet zu werden. Mit dieser Armee dürfe das Haus Österreich nicht etwa Eroberung machen wollen. Nur dann werde sie beisammen bleiben, da die Obersten, deren man sich bedienen könne, größtenteils Lutheraner seien. Darauf müsse man denken, das Reich in Frieden zu setzen und darin zu erhalten; dann werde der Kaiser allen Seiten furchtbar werden.

Man sieht, alles griff ineinander: die große Menge der Truppen, die Ausdehnung ihrer Quartiere, die Kontribution, womöglich ohne Gewaltsamkeit, die Aufnahme von Protestanten, die Rücksichtslosigkeit gegen die Katholiken, selbst die Vermeidung gefährlicher Schlachten. Wallenstein verhehlte nicht, daß er deshalb auch in Ungarn an sich gehalten habe; er meinte, daß man sich dort mit der Verteidigung der Grenzen begnügen und einen Angriffskrieg unter allen Umständen vermeiden müsse.

Wer aber – fuhr er fort – könne es dem Kaiser verdenken, wenn er die Quartiere seiner Armee über ganz Deutschland ausdehne? Er sei dazu vollkommen berechtigt. Ohne Mühe könne er 70.000 Mann regelmäßig im Feld halten. Wenn das ein paar Jahre geschehe, würden die Feinde selbst um Frieden bitten; er werde seine oberste Würde unter den Fürsten der Christenheit wieder zur Geltung bringen. Und indessen würden auch die Erblande wieder zu Kräften kommen. Er werde beliebig nach allen Seiten hin Krieg zu führen imstande sein.

Eggenberg wurde von diesen Gründen überzeugt. Er billigte, was in Ungarn geschehen war, und ging – wir werden sogleich darauf zurückkommen – auf die weiteren Ideen Wallensteins darüber ein; man wollte vor allem darauf denken, die Erbstaaten vollends zu pazifizieren, die dann zunächst noch die Last der Winterquartiere zu tragen hätten; aber indes könnten die Werbungen fortgehen und danach der Aufbau der kaiserlichen Macht in dem Innern Deutschlands vor sich gehen.

Alle den mächtigen Autonomien, die der kaiserlichen Macht bisher widerstanden hatten, sollte dadurch ein Zügel angelegt werden: nicht allein den protestantischen, sondern auch, wenn es nötig sei, den katholischen. Nicht der Krieg allein war der Zweck der Aufstellung des Heeres, sondern diese war selbst der Zweck. Man hoffte ohne große Kriegshandlungen darauf den Frieden und eine dauernde Macht gründen zu können.

Der Erfolg von alledem war, daß die Liga mit ihren Beschwerden kein Gehör fand. Der bayerische Resident bei Hofe beklagt sich, daß man wohl Befehle in seinem Sinn erlasse; allein sie auszuführen oder auch nicht, stehe bei Wallenstein. Die über ihn einlaufenden Beschwerden gebe man an ihn zurück, der gleichsam über die Reichsfürsten zu Gericht sitze; er zeige sich sehr ungehalten gegen seine Ankläger und drohe, sich an ihnen zu rächen.

Auf den Gesandten selbst machte das so vielen Eindruck, daß er in den Extrakten aus den ihm zugehenden Beschwerdeschriften die Stellen fortließ, in denen von Verdiensten des ligistischen Heeres und von der schlechten Behandlung, die es erfahre, in hochtönenden Worten die Rede war, denn man werde dadurch das Gegenteil bewirken; Wallenstein sei sehr empfindlich und müsse geschont werden.

Damit aber erreichte er doch nicht, was er beabsichtigte: Wallenstein versagte dem ligistischen General die Zufuhr von Getreide aus dem Halberstädtischen Gebiet, denn nur für sein eigenes Heer meinte er die Hilfsquellen der von ihm eingenommenen Landschaften zu verwerten. Tilly wurde schließlich angewiesen, was er brauche, sich von Böhmen her gegen Bezahlung zu verschaffen ...

Man meint, Wallenstein habe durch Bestechungen oder Familienverbindungen oder auch geistlichen Einfluß bei Kaiser Ferdinand seine Absichten durchgeführt. Um dem entgegenzuarbeiten, wurden von seiten der Liga andere angesehene Geistliche, die bei dem Kaiser Einfluß hatten, verwendet. Doch hing die Entscheidung von diesen persönlichen Einwirkungen nicht mehr ab. Beschwerden konnten vorgebracht und vielleicht auch gehoben werden: In dem Hauptziel der Politik waren die kaiserliche Regierung und der General einverstanden.

In den ersten Monaten des Jahres 1627 erneuerten sich die Klagen der vier Kurfürsten und der geistlichen Herren aus Franken; sie wurden durch die aus den Erblanden erschallenden Wehklagen verstärkt.

In der Hoffnung, eine Abhilfe zu erlangen, sandte die Liga eine eigene Gesandtschaft nach Wien, die zu einer Zeit eintraf, wo Wallenstein, auf dessen Ankunft man die Erörterung der großen Fragen verschoben hatte, bereits selbst anwesend war.

Er versprach die Abstellung aller Mißbräuche, jedoch nicht der Werbungen. In den Verhandlungen darüber ist der Gegensatz der beiden Direktionen eines Tages zu voller Erscheinung gekommen. Friedland bestand auf die Prärogative des Kaisers; er fragte, ob der Kaiser eine bloße Bildsäule sein solle? Sie antworteten: Das Reich sei nicht allein dem Kaiser verpflichtet, sondern dieser habe auch dem Reich geschworen.

Wallenstein wollte dem Kaiser eine Gewalt verschaffen, die im Reich nicht des Herkommens war. Die Fürsten bestanden auf eine Beschränkung der kaiserlichen Macht, die ihnen ihre Selbständigkeit sicherte. Es waren dieselben, welche die Mehrheit im Fürstenrat bildeten und die katholische Liga ausmachten. In den Angelegenheiten, die ein gemeinschaftliches Interesse bildeten, hatten sie die kaiserliche Autorität selbst über die Grenzen hinaus, welche ihr die alten Gesetze zogen, unterstützt; sie schien eine Zeitlang nur da zu sein, um ihre Wünsche zu vollziehen. Anders aber war es jetzt geworden. Von dem bewaffneten Kaiser und seinem General waren sie selbst eingeengt und bedroht. Sie waren entschlossen, ihm, so viel nur immer möglich, zu widerstreben.

Fürs erste suchte Wallenstein den Bruch zu vermeiden; er wollte versprechen, daß fortan keine Truppen auf das Gebiet der Kurfürsten und der Liga überhaupt gelegt werden sollten; dagegen sollte aber auch ihr Kriegsvolk sich nicht auf eine Weise ausdehnen, daß die kaiserlichen Quartiere dadurch beengt würden. Er riet dem Kaiser, der Liga Satisfaktion zu geben; nur möge er ihr beweisen, daß er Kaiser sei und daß er sich nichts Unbilliges werde zumuten lassen.

Auf einer ihrer Versammlungen im März 1627 hatte die Liga beschlossen, ihren Beschwerden durch einen Kollegialtag der Kurfürsten größeren Nachdruck zu geben, der auf der Stelle erst nach Nürnberg angekündigt, aber dann, weil man dort in den Bereich der friedländischen Soldateska zu geraten fürchtete, nach Mühlhausen verlegt, im September und Oktober daselbst wirklich zustande kam. Die katholische Majorität erschien da zum erstenmal in ihrer Überlegenheit. Der bayerische Bevollmächtigte ward als faktisch berechtigt betrachtet, obwohl die anderen noch entfernt waren, die pfälzischen Rechte aufzugeben.

Es hat ein gewisses Interesse, wie sich auch unter den veränderten Umständen die beiden Parteien gegeneinanderstellten.

Die Proposition betraf die Abstellung der Gewalttaten, welche die undisziplinierte Soldateska im Reich allenthalben verübe; Bayern trug darauf an, daß man die Ausschreitungen, die von derselben begangen würden, dem Kaiser durch eine Sendung vorstellen und um eine Remedur derselben bitten solle. Dabei äußerte der kölnische Gesandte, der Kaiser verdanke seine Herstellung in Böhmen der Unterstützung der unierten katholischen Fürsten. Der Kurfürst von Sachsen wollte jedoch seinen Anteil an dem Ereignis nicht so ganz in Vergessenheit stellen lassen. Der Gesandte mußte jenen Ausdruck dahin berichtigen, daß der Kaiser von den getreuen Ständen überhaupt hergestellt sei. Eine ausschließliche Verpflichtung des Kaisers für die Liga wäre ihm höchst anstößig gewesen.

Über die Hauptfrage ergriff dann der Kurfürst von Sachsen – neben Mainz der einzige, der persönlich gekommen war – das Wort. Mit einer gewissen Beredsamkeit beklagte er, daß der Krieg, den man durch Unterstützung des Kaisers zu dämpfen gemeint, Deutschland dennoch ergriffen habe und es ganz und gar zu veröden drohe. Denn allenthalben eröffne man Werbungen und nehme Durchzüge vor, ohne die Landesherren zu begrüßen, und verhänge schwere Kontributionen. Schon sei es dahin gekommen, daß mancher Fürst nicht mehr zu leben habe; die Reichsverfassung werde nicht geachtet. Von der Präeminenz der Kurfürsten, die billig bei einem neuen Kriegsunternehmen hätten gefragt werden sollen, rede man verächtlich. Man sieht, wie allgemein dies lautet. Johann Georg von Sachsen hütete sich sehr, bloß von Wallenstein und den kaiserlichen Völkern zu sprechen; denn gegen den General der Liga liefen nicht weniger laute und begründete Beschwerden ein, als gegen den kaiserlichen. Vollkommen kam die Liga in Mühlhausen nicht zu ihrem Zweck ...

Feldzug von 1627

Im Frühjahr 1627 bewegte sich König Christian IV. noch einmal in großen und glänzenden Aussichten. Er kündigte den Verbündeten, sowohl den Republiken Venedig und Holland, wie den Königen von England und Frankreich, seinen Entschluß an, den Krieg mit aller Macht fortzusetzen. Von den verschiedensten Seiten her zogen ihm kriegslustige Gehilfen zu. Aus Venedig kamen der Graf von Thurn, der seit einigen Jahren daselbst Dienst getan hatte, und der Markgraf von Baden-Durlach, die als gute Kriegsleute und zuverlässige Protestanten galten. Französische Hugenotten fanden ihren Weg zu ihm. Den Engländern, die unter Sir Charles Morgan an der Weser erschienen, zur Seite, aber unabhängig von demselben kämpften ein paar tausend tapfere Schotten: für ihren König war der deutsche Feldzug ein Teil des großen Angriffs auf Spanien, zu welchem ihn die pfälzische Verwicklung veranlaßte. Unter den deutschen Fürsten, die in dem Heer Christians fochten, finden wir den Herzog Bernhard von Weimar, jüngerer Bruder Johann Ernsts. In Niedersachsen wehten seine Fahnen noch einmal in den festen Plätzen: Wolfenbüttel, Northeim und Nienburg; sie trugen bei, den protestantischen Geist und Widerstand in Bürgern und Bauern, zum Beispiel den Bürgern in Braunschweig und den Bauern im Harz, zu erhalten. Man meinte, der Dänenkönig werde über die Weser vordringend Osnabrück besetzen, was dann der allenthalben gärenden populären Bewegung erst Bestand gegeben hätte. Den größten Wert legte er auf die Stellung, welche die Obersten in seinem Dienst unter einem seiner Kommissare – denn so bezeichnete man damals die mit den unmittelbaren Befehlen der Fürsten betrauten Adjutanten –, des Namens Mitzlaff, in Oberschlesien innehatten. Sie befestigten Kosel und Troppau und meinten imstande zu sein, nicht allein diese Plätze zu behaupten, sondern weite Streifzüge nach den inneren Erblanden auszuführen und dadurch die protestantische Gesinnung zu beleben; dann werde Bethlen Gabor aufs neue aus Ungarn hervorbrechen und Wien bedrohen. Christian IV. rechnete noch auf Bethlen, der mit den deutschen Protestanten in einem Bündnis stehe, das ihm selbst den größten Nutzen bringe. Wirklich lagen damals Gelder in Venedig und in Konstantinopel in Bereitschaft, die ihm bei einer entsprechenden Bewegung ausgezahlt werden sollten.

Und gewiß, wäre diese Kombination im Gang geblieben, so würde Christian, wenn nicht, wie er erwarten ließ, noch einmal die Offensive ergriffen haben, wenigstens die defensive Stellung, die er eingenommen, würde er verteidigt und einen für ihn ehrenvollen und für die protestantische Sache rettenden Frieden haben schließen können.

Da trat aber im Orient eine entscheidende Veränderung der politischen Lage ein.

Vor einigen Jahren hatten die Osmanen Bagdad verloren; ein Versuch, es wiederzuerobern, führte im Frühjahr 1627 zu blutigen und zweifelhaften Kämpfen, Unruhen und Verlusten, die einer Niederlage gleichkamen; der mächtige Wesir von Erzurum drohte mit Abfall. Unmöglich konnte dem der Divan zusehen; der junge osmanische Großherr, der sich als Kalif betrachtete, fühlte sich von religiösem Eifer zum Kampf für seine Glaubensgenossen angetrieben. Sollte er auf Erfolge rechnen können, so durfte er nicht zugleich an der ungarischen Grenze Krieg zu führen haben ...

Im Sommer 1627 kamen nun die Bevollmächtigten des Kaisers und des Großherrn in der Gespanschaft von Komorn auf dem Feld von Szöny zusammen, beide des ernsten Willens, die Streitigkeiten zu schlichten, welche bisher den letzten Frieden unterbrochen hatten.

Den Osmanen mußte es leichter sein als den Kaiserlichen. Denn es galt die Erneuerung der für sie so überaus vorteilhaften

Abkunft von Sitvatörök (aus dem Jahre 1606). Kaiser Rudolf hatte sich dadurch, daß er dieselbe nicht annehmen wollte, in jene Irrungen mit seinem Bruder und seinen Landschaften gestürzt, die das Unglück seiner letzten Jahre über ihn herbeizogen. Kaiser Ferdinand setzte nun die damals im Gegensatz mit Rudolf von den Erzherzogen ergriffene Politik fort, wenn er sich bequemte, den Frieden zu erneuern. Im September 1627 gelangte man zum Abschluß eines Vertrages, der noch der gegenseitigen Ratifikation bedurfte, aber den schon vor demselben durch die Verhandlungen herbeigeführten Zustand friedlichen Einvernehmens bestätigte.

Davon wurde nun auch Bethlen, der selbst einen Bevollmächtigten bei den Verhandlungen gehabt hatte, betroffen. Er wäre zwischen den beiden großen Potenzen zermalmt worden, hätten sie gemeinschaftliche Sache gemacht. Die Könige und Staaten des Westens, seine protestantischen Freunde hätten ihn dagegen nicht schützen können. Wie er sich auch erklären, welche Hoffnungen er geben werde, er konnte sie nicht erfüllen ...

Das hatte nun aber die unmittelbarste Rückwirkung auf die deutschen Angelegenheiten. Denn von Bethlen durfte man nichts erwarten. Nachdem man viel auf seine Zweizüngigkeit gescholten, beschied man sich doch, daß es nicht ratsam sei, ihn zu einem Losbrechen zu veranlassen, was seinen Ruin, den man nicht wünschen könne, herbeiführen werde. Die nächste Folge war dann, daß die dänisch-deutschen Truppen in Schlesien, weit entfernt von Bethlen unterstützt zu werden, vielmehr von Wallenstein, der nicht von Bethlen beschäftigt war und seine Armee allmählich wiederhergestellt hatte, mit überlegener Macht angegriffen werden konnten.

Immer voll allseitiger Umsicht, traf er Veranstaltung, daß die Polen imstande blieben, den König von Schweden zu bestehen, und dieser nicht versuchen konnte, wie er vorhatte, von Polen her nach den Erblanden vorzudringen. Wallenstein schickte schon damals einige kaiserliche Regimenter* nach Polen. Auf der anderen Seite waren Oberösterreich und Mähren – denn der beabsichtigte Streifzug unterblieb – dem Kaiser unterworfen. Und wenn die dänischen Befehlshaber in Schlesien die Bedeutung ihrer Anwesenheit für die Religion hervorhoben und Buß- und

---

* Es handelte sich lediglich um *ein* Regiment.

Bettage in der strengen protestantischen Form anordneten, so konnte das doch eine so große Wirkung nicht haben, da Wallenstein von aller religiösen Verfolgung sich fernhielt und sein Heer großenteils aus Protestanten zusammensetzte.

Die vornehmste Sorge war alsdann, daß es dem König Christian gelingen dürfte, die Masse des in Schlesien stehenden Kriegsvolks an sich zu ziehen, und sich mit derselben, etwa in der Mark Brandenburg, zu verbinden. Wallenstein meinte, die dänischen Führer würden die neugeworbenen Truppen in den schlesischen Besatzungen lassen und mit ihrer Reiterei, sowie dem beritten gemachten besseren Fußvolk, davonziehen, um sich mit dem König zu vereinigen.

Den Dienst, dies unmöglich zu machen, leistete dem General vornehmlich der Herzog Georg von Lüneburg, der in die Mark Brandenburg eindrang und die Pässe über die Havel in seine Hände brachte, deren man zu dieser Verbindung bedurft hätte. Der Kurfürst von Brandenburg beklagte sich vergeblich über das gewaltsame Eindringen eines so nahe befreundeten Verwandten aus dem Hause Lüneburg. Herzog Georg antwortete, er könne darauf keine Rücksicht nehmen, denn er müsse die Order der beiden Generale, Tillys und des Herzogs von Friedland, ausführen. Mit ihm wirkten Aldringen und besonders der Oberst Hans Georg von Arnim zusammen. Die Mark diente zum Kriegstheater der miteinander kämpfenden Weltmächte; nicht einmal zu einer bewaffneten Neutralität konnten sie sich ermannen.

Wenn man in Wien und in München bisher darüber gescholten hatte, daß Wallenstein nicht geradezu auf Oberschlesien losging, gleich als wolle er nur eben immer große Heere kommandieren ohne doch dem Feind auf den Leib zu gehen, so stellte sich nunmehr heraus, daß die dänisch-deutschen Truppen sich nicht allein nicht gegen ihn zu behaupten, daß sie nicht einmal sich durchzuschlagen vermögen würden. So gut waren alle Maßregeln getroffen. Als Wallenstein im Juli 1627 mit einer beinahe dreifach überlegenen Macht auf sie losging, wichen sie allenthalben zurück: sobald sie dann einen empfindlichen Nachteil erlitten, traten die gemeinen Soldaten in Haufen zu ihm über. Hauptsächlich den persönlichen Rücksichten der vornehmsten Führer, welche keine Begnadigung vom Kaiser erwarten durften, oder wofern sie geschlagen nach Dänemark kamen, ihr Leben zu verlieren in Gefahr gerieten, schrieb man es zu, wenn sie nicht ohne weiteres zur Kapitulation schritten.

Noch einmal versuchten sie ihr Glück. Bei der alten Grenzfeste zwischen Mähren und Polen, bei Kosel, dessen militärische Wichtigkeit auch damals beide Teile würdigten, machten die dänisch-deutschen Truppen einen Versuch, zu widerstehen, der sich anfangs selbst glücklich anließ. Die dänische Reiterei behielt im ersten Zusammentreffen die Oberhand. Aber indes hatte Wallenstein, der mit trefflichen Geschützmeistern versehen war, eine Schanze erobert, von der aus er ihre Stellung beschoß. Als er sie dann zugleich in der Front mit überlegenen Truppen angriff, fühlten die Führer und der Kriegskommissar selbst, daß ihre Sache in Schlesien verloren war und suchten in eiligem Rückzug das Weite. Nach kurzer Gegenwehr mußte die Besatzung der Stadt, der es an Schießbedarf fehlte, kapitulieren. Die dänische Reiterei, die sich zuerst nach den ungarischen Pässen wandte, fand den Rückhalt nicht, den sie daselbst erwartete; sie suchte nun doch auf weitem Umweg zu ihrem König durchzudringen. Wallenstein sandte ihr seinen besten Obersten Pechmann nach, der ihnen große Verluste beibrachte; er selbst kam dabei um; die Dänen wurden nahezu aufgerieben.

Indessen nahm Wallenstein die schlesischen Schlösser und Städte, die in feindlichen Händen gewesen, ohne Widerstand ein; er verfuhr dabei auf seine Weise. In Troppau hat er die Ratsherren so lange festhalten lassen, bis sie ihm eine Brandschatzung von 10.000 Talern erlegt hatten. Im Monat August war alles beendigt. Wallenstein schickte die eroberten Fahnen nach Wien; man zählte ihrer, größere und kleinere, fünfundsechzig. Auch eine Leibfahne des Königs von Dänemark war dabei, die der dänische Kommissarius geführt hatte.

In lautem Triumph wurden die Fahnen durch die Straßen von Wien getragen an dem Haus vorüber, welches der türkische Defterdar und Kiaja bewohnten. Der Anblick sollte sie von der Macht des Kaisers überzeugen und bei ihrer friedlichen Gesinnung festhalten.

Nun aber stand dem General nichts mehr im Wege, gegen den König von Dänemark selbst anzugehen, wie er vernehmen ließ, die Fremden, die den Frieden und Wohlstand des Reiches stören, von dem Boden desselben zu verjagen. Das Glück wollte ihm so wohl, daß ihn dabei die politischen Verhältnisse des westlichen Europa unerwartet begünstigten.

Wem hätte mehr daran zu liegen scheinen sollen, daß in Norddeutschland eine ungebrochene Kriegsmacht im Gegensatz gegen Österreich aufrechterhalten würde, als dem Kardinal Richelieu, der damals in Frankreich an das Ruder gelangt war und bei seinen ersten Schritten vor allem anderen die Beschränkung der spanisch-österreichischen Macht zu seinem Gesichtspunkt gemacht hatte? Und niemals lagen für König Karl I. triftigere Gründe vor, zur Aufrechthaltung des Königs von Dänemark neue Anstrengungen zu machen, nachdem alle anderen, welche die Sache der Pfalz zu führen unternommen hatten, zugrunde gerichtet waren. Damals waren aber England und Frankreich durch Irrungen, die in den religiösen Ansprüchen der Königin von England, einer französischen Prinzessin, ihren Grund hatten, in Krieg miteinander geraten. Im Juli 1627 setzte Buckingham einen Angriff gegen die Insel Rhe ins Werk, bei der es auf die Unterstützung der französischen Reformierten und auf eine maritime Besitzergreifung im Gegensatz zugleich gegen Spanien und gegen Frankreich abgesehen war. Die dänischen und norddeutschen Verhältnisse blieben dabei unberücksichtigt. Vergebens unternahm der Administrator von Magdeburg eine Reise nach England und Frankreich, um die dringende Gefahr, in welcher sich Christian IV. befand, und die Notwendigkeit, ihn zu unterstützen, vor Augen zu legen. Eine englische Flotte, die an den Mündungen der Elbe oder der Weser erschienen wäre, würde der protestantischen Sache einen wichtigen Rückhalt verschafft haben. Aber seine Anmahnungen brachten keine Wirkung hervor und konnten nach den Umständen keine hervorbringen.

In welche Lage geriet nun der König Christian, als sich, indem er das Heer der Liga nur mit Mühe zu bestehen vermochte, nun auch das kaiserliche in einem durch seine Siege angewachsenen neuen Bestand gegen ihn heranwälzte.

Christian IV. hatte ein sehr ausgedehntes Gebiet zu verteidigen, das Erzbistum Bremen, das Herzogtum Mecklenburg und vor allem die niedere Elbe, die den Weg nach seinen Erblanden eröffnete. Ohne Zweifel hätte er seine Macht vornehmlich an dieser Stelle konzentrieren sollen, um einen nachdrücklichen Widerstand zu leisten. Aber er war weder seiner Truppen noch seiner Landschaft mächtig. An der Weser hat der Generalkommissar Narpracht seinem Befehl, an die Elbe abzurücken, zweimal den Gehorsam versagt. In Holstein wie in Mecklenburg war der Adel geneigt, dem Kaiser beizutreten. Der König war für die Kriegsmittel auf seine eigenen Ersparnisse oder den Verkauf seiner Kleinode angewiesen, was doch nicht so viel austrug, um die Soldaten zu befriedigen. Seine Heerführer waren Volontäre, die ihre eigene Sache in ihrer Weise verfochten, wie wir sie kennen, oder Fremde, von denen sich keiner unter den anderen fügen mochte.

Wie ganz anders der General der Liga, dem soeben eine sehr bedeutende Bewilligung gemacht worden, und der General des Kaisers, der durch seinen letzten Sieg zu voller Autorität wie an dem Hof, so in dem Heer gelangt war.

Unmittelbar nach der in Schlesien erfolgten Entscheidung überschritten Georg von Lüneburg die Havel, Tilly die Elbe (6. bis 9. August); vor ihnen wichen die dänisch-deutschen Truppen von Boitzenburg und Lauenburg; früher tapfer und zuzeiten glücklich, leisteten sie jetzt keinen Widerstand. Es war als ob das Gefühl der feindlichen Übermacht ihre Kräfte lähme.

Ende August trafen Herzog Georg, Tilly und Wallenstein in Lauenburg zusammen. Wallenstein führte achtzehntausend Mann zu Fuß, sechseinhalbtausend Dragoner und Arkebusiere, gegen achteinhalbtausend Kürassiere heran. Herzog Georg ordnete seine Regimenter dem General unter, dem sie früher angehörten. Tilly entschloß sich, ihm einen Teil seines Geschützes zu überlassen und an der Unternehmung auf Holstein zugleich selbst teilzunehmen.

Als der Repräsentant der höchsten Autorität nahm Wallenstein in jeder Beziehung die erste Stelle ein; er war prächtig und anmaßend.

König Christian IV., von dem Vorgefühl des nahenden Verderbens ergriffen, trug dringender und eingehender als je auf eine Abkunft an; aber ebenso waren die Generale von dem Bewußtsein ihrer Übermacht durchdrungen: Sie muteten die härtesten Bedingungen an, Verzichtleistung nicht allein auf seine Stellung im niedersächsischen Kreis, sondern selbst auf sein Herzogtum Holstein, das er durch Felonie verwirkt habe. Sie wußten recht wohl, daß er solche Bedingungen nicht annehmen könne. »Aber«, so sagen sie, »nachdem wir unsere Kräfte vereinigt, hoffen wir sie mit Gewalt durchzusetzen.«

Von vieler Bedeutung für die Verteidigung von Holstein würde es gewesen sein, wenn der Markgraf von Baden-Durlach, der die dänischen Truppen an dem rechten Elbufer befehligte, sich mit dem König hätte vereinigen können. Noch beschäftigt, in der Mark Brandenburg die Überreste der dänisch-schlesischen Armee an sich zu ziehen, sah er sich jedoch plötzlich von ihm abgeschnitten. In der Hoffnung, was zu Lande unmöglich war, zur See auszurichten, nahm er seinen Weg durch das mecklenburgische Gebiet nach Wismar und die Halbinsel Poel. Es dauerte aber mehrere Wochen, ehe die zu dem ferneren Transport erforderlichen Fahrzeuge herbeigeschafft wurden. Als es endlich soweit war und die Truppen, noch immer eine stattliche Schar, nach Heiligenhafen übergesetzt wurden, mußte er sehen, daß auch die kaiserlichen Kriegsvölker ihm hier bereits gegenüberstanden. Es war der kaiserliche Feldmarschall Graf Schlick, der dann, zur rechten Stunde eingetroffen, keinen Augenblick zögerte, die markgräflichen Truppen anzugreifen, und zwar ehe sie noch sämtlich ausgeschifft waren. Der tapfere Widerstand, den sie dennoch leisteten, bewirkte doch nichts weiter, als daß der Markgraf und die vornehmsten Führer Zeit behielten, sich mit den übrigen zur See zu retten. Bei diesem Anblick wollten aber auch die gelandeten und im Kampf begriffenen Truppen nicht mehr fechten. Die kaiserlichen Kürassiere, an die Seite reitend, ließen ihnen die Wahl, ob sie wieder zu dem König gehen oder zu dem Kaiser übertreten wollten. Sie gaben zu vernehmen, man habe sie betrogen, was sie nicht länger leiden werden; in großen Trupps herüberkommend, stellten sie sich unter die kaiserliche Fahne. Es waren drei Regimenter zu Pferd, vier Regimenter zu Fuß, fast die besten Truppen des Königs, auf die er sich am meisten verließ. Die kaiserlichen Obersten meinten, das Fundament einer gerechten Sache verschaffe ihnen den Sieg.

Indessen war nun aber auch der unmittelbare Angriff auf den König ausgeführt.

Da Tilly gleich im Anfang bei Pinneberg verwundet wurde, und als er geheilt war, seine Waffen gegen die festen Plätze in Niedersachsen wandte, so blieb der Feldzug gegen Dänemark ausschließlich in Wallensteins Händen.

Er war dadurch unterstützt, daß der Herzog von Holstein sowie die Stadt Hamburg auf die Seite des Kaisers traten und der König auch in seinen eigenen deutschen Gebieten keine nachhaltige Unterstützung fand. Da nun die Dänen überhaupt mit dem Krieg nichts zu schaffen haben wollten, so blieb Christian IV. hauptsächlich auf die Fremden angewiesen, deren Kraft aber in diesem Unglück versagte: sie zerstäubten vor seinen Augen.

Die sämtlichen Franzosen in seinem Dienst fühlten sich beleidigt, daß der König die französischen Obersten bei der Verteidigung von Pinneberg unter einen deutschen Hauptmann stellte. Graf Thurn konnte sich in den Marschen nicht behaupten; wohl ließ er die Schleusen eröffnen, aber die herrschenden Südwinde verhinderten, daß das Wasser eindrang. Auf das tapferste wehrten sich die Schotten in Breitenburg unter dem Major Dunbar, der seine Waffen durch Gottesfurcht adelte; man sah ihn wohl seinem Haufen mit entblößtem Haupt betend vorangehen. Als er erschossen war, hätten sich die übrigen Offiziere gescheut, seinem Beispiel nicht zu folgen. Die Stadt wurde mit Sturm erobert, dabei alles niedergemacht, was die Waffen tragen konnte.

Wie später Cromwell in Irland und Monk in Schottland, so verfuhr Wallenstein damals in Schleswig mit ähnlichem Erfolg. Ein heftiger Schrecken ergriff die Truppen, welche noch Widerstand hätten leisten können. In Kolding hatten sie sich nochmals vereinigt; aber sie waren bald so entmutigt, daß sie auch hier nicht standhielten, sondern sich zerstreuten.

Graf Schlick, der den glücklichen Schlag bei Heiligenhafen ausgeführt, war indes über Kiel und Eckernförde nach Schleswig und Jütland vorgedrungen; er traf den Rest der dänischen Truppen, die überall vor ihm wichen, in Vendsyssel* und nötigte sie, sich auf Gnade und Ungnade zu ergeben. Ihre Pferde wurden nun von den kaiserlichen Reitern bestiegen: Jütland sowie Schleswig brachte man in eine für besiegte Länder erträglich gute Ordnung. Dem Grafen Schlick, der allerdings den Weisungen seines Generals folgte, gebührt für die resolute und rasche Ausführung derselben bei dem Feldzug fast das meiste Lob.

---

*   Diese abschließenden Gefechte fanden bereits im Süden Vendsyssels, bei Hobro und Aalborg statt; die letzten Truppen, etwa 3.000 Reiter und zwei Fähnlein zu Fuß, ergaben sich am 20. Oktober 1627.

Es war kein eigentlicher Krieg, sondern ein allgemeiner Abfall. Wallensteins Truppen waren Ende des Jahres 1627 Meister des ganzen kimbrischen Chersones ...

Aussichten und Entwürfe

Die stolzesten, weit über die ursprüngliche Absicht, einer Entfernung des Feindes von dem Boden des Reiches, hinausgehenden Hoffnungen erwachten in dem Haus Österreich.

Wie man die Sache am kaiserlichen Hof auffaßte, zeigt ein Gutachten Stralendorfs, der daran erinnert, daß die eroberten Gebiete eben die seien, von denen aus die Normannen ganz Europa überzogen; erst nachdem der gefährliche Feind niedergeworfen sei, habe man wieder freie Hand für Religion und Reich; man werde jetzt, was die Spanier gewünscht hatten, Meister der Elbe und Weser und ihrer Gebiete, um von da aus den rebellischen Feind, die Holländer, im Zaum zu halten. Man könne sie zugleich von dem Norden trennen, von wo das Holz zu ihren Schiffsbauten komme, der Kaiser könne sich des einträglichsten Zolles, den es auf Erden gebe, bemächtigen.

Wer weiß nicht, daß auf der Stelle Unterhandlungen mit den Hansestädten eröffnet wurden, um einen unmittelbaren Handelsverkehr zwischen Spanien und Deutschland ohne Dazwischenkunft von England und Holland zu begründen. Nur zögernd gingen die Städte darauf ein; ihr Sinn war dagegen. Denn welchen Vorteil konnten sie sich aus der Störung der gewohnten Wege des Verkehrs versprechen? Sie erinnerten – und so meinte jedermann –, dem Hause Österreich-Spanien liege nur daran, bewaffnete Fahrzeuge in der Nähe zu gewinnen, um auch von dort her Holland angreifen und womöglich auf den Kopf schlagen zu können.

Wenn die Spanier ihr Augenmerk schon seit einiger Zeit auf die Okkupation eines Seehafens an der Ostsee, der für ihre Schiffe offenbleiben solle, gerichtet hatten, so dachten sie auf diese Weise zugleich zu einer unmittelbaren Verbindung mit dem polnischen Reich zu gelangen, dem sie durch religiöse Sympathien besonders nahestanden. Man hatte den Gedanken gefaßt, Polen durch Vermittlung einer Pazifikation mit Schweden nicht allein zu sichern, sondern diese Macht selbst für den Kaiser zu gewinnen. Wallenstein knüpfte daran an, daß der letzte Friede mit Dänemark für Schweden sehr ungünstig ausgefallen war: Er stellte dem König Gustav die Erwerbung der streitigen Landschaften, selbst die Eroberung von Norwegen in Aussicht, wenn er mit dem Kaiser und den Spaniern gemeinschaftliche Sache machen wollte. Man bot ihm überhaupt eine grandiose Stellung an: der Besitz von Dänemark würde ihm unter kaiserlicher Lehnsherrlichkeit zugefallen sein. Der König von Polen würde seinen Anspruch auf die schwedische Krone haben fallenlassen; das vornehmste der zwischen den nordischen Potentaten streitigen Lande, Livland, wäre bei Schweden geblieben. Unter den Motiven, die Wallenstein anführt, ist auch das, daß man den Krieg zwischen Polen und Schweden, in den man auch die Ungläubigen, Türken und Tataren, hineinziehe, nicht länger fortsetzen lassen dürfe. Der Kaiser, als das höchste Haupt der Christenheit, dürfe das nicht dulden. Diese Idee der abendländischen Christenheit unter dem Kaiser erhob sich noch einmal in aller ihrer Macht und zugleich ihrer Beschränktheit. Zu den Feinden der Christenheit rechnete Wallenstein auch die Moskowiten; er brachte die Prätention des Römischen Reiches auf das Ordensland Preußen in Erinnerung, wiewohl davon noch nicht die Rede sein dürfe; er hat das Land, soviel wir wissen, zugleich auch dem König von Schweden angeboten: Widersprüche dieser Art nahm er sich nicht übel. In die große nordische Allianz sollte, wie sich versteht, Spanien aufgenommen werden, doch nicht etwa Holland. Wallenstein teilte noch gegen die Republikaner die volle Antipathie des Erzhauses, er bezeichnete sie als Feinde und Vertilger der Könige und Fürsten.

Wie mächtig erhob sich da die Idee des Kaisertums, als einer universalen Autorität! Sie fiel mit dem Gedanken der spanisch-österreichischen Weltmacht, die nun ihren Schwerpunkt in Deutschland gefunden haben würde, zusammen.

Noch ein weiteres großes Ziel faßte wenigstens Wallenstein ins Auge.

Der Friede mit den Osmanen, von dem wir wissen, wie sehr er das österreichische Gebiet in Ungarn eingeschränkt hatte, war noch keineswegs befestigt. Alle Tage erfuhr man durch Unruhen an der Grenze, wie wenig man auf die Freundschaft der Türken zählen durfte. Nach dem großen Umschwung der Dinge faßte Wallenstein den Gedanken, daß man von der Abkunft, zu der er selbst geraten, absehen und die im Westen siegreich geführten Waffen zu einem großen Angriff auf die Osmanen nach dem Orient wenden möge.

Es ist wohl der Mühe wert, bei diesem Plan, dessen in den Korrespondenzen Wallensteins von Zeit zu Zeit gedacht wird, einen Augenblick zu verweilen. Was es damit für eine Bewandtnis hatte, erfahren wir aus den Berichten des Nuntius Caraffa, dem Wallenstein Eröffnungen darüber machte, denn er rechnete dabei am meisten auf die Teilnahme des Papstes.

Wallenstein ging bei seinem Plan, wie er pflegte, von dem finanziellen Moment aus. Er schlug die zu dem Unternehmen erforderlichen Kosten auf sieben Millionen Taler an. Diese für jene Zeit ungeheure Summe dachte er auf eigene Hand aufzubringen, durch Verkauf von Gütern, Beiträge der Obersten, hauptsächlich durch die Geldsummen, die ihm die deutschen Fürsten und Städte schon deshalb zahlen würden, um sich seiner Soldateska zu entledigen. Er meinte damit 100.000 Mann ins Feld stellen und in nicht ferner Zeit zu der großen Expedition schreiten zu können. Von dem Papst erwartete er vor allem, daß er Entzweiungen, durch die man gestört werden könnte, namentlich zwischen Spanien und Frankreich verhüten, und sodann, daß er durch seine Mitwirkung den Osmanen die Hilfe der Tataren entziehen werde. Er sollte die Polen bestimmen, den Tataren keinen Durchzug zu gestatten; überdies aber Geld genug geben, um damit die Tataren in Entzweiung und in Untätigkeit zu erhalten.

Wallenstein hatte vor kurzer Zeit diesen Feind gesehen, aber vor ihm zurückweichen müssen. Mit besserer Kraft, auf den Rückhalt des Deutschen Reiches gelehnt und vor allem mit dem Papst verbündet, hoffte er, ihn jetzt über den Haufen zu werfen.

Das Reich der Osmanen befand sich in ziemlich aufgelöster Verfassung; noch war kein Köprülü unter ihnen erschienen. Damals war auch Bagdad noch nicht wieder erobert, und der Krieg gegen Persien wurde mit voller Heftigkeit geführt. Gerade deshalb, weil die Tataren nicht soviel als man erwartete, gegen die Perser leisteten, war es zu einem Ausbruch von Feindseligkeiten in der Krim gekommen, in der das Haus der Girai mit seinen Ansprüchen hervortrat. Im Jahre 1629, in welchem man frühestens an eine Ausführung des Unternehmens denken konnte, ist Bethlen Gabor gestorben; diese bedeutende nach Ost und West gerichtete Gestalt verschwand; von seiner Gemahlin setzte man voraus, daß sie sich an den Kaiser anschließen würde.

Wallenstein meinte, wenn er in der Nähe von Konstantinopel sei, solle eine Flotte von Spanien, Venedig und dem Papst im Archipelagus erscheinen, um ihn zu unterstützen. Er dachte binnen drei Jahren den ganzen Krieg auszuführen: die Eroberungen werde man nach Maßgabe der Beiträge verteilen, doch sollten sie alle unter dem Kaiser stehen, wie die Landschaften des Reiches. Wallenstein dachte, das System, das er in Deutschland angewandt hatte, auch im Orient zur Geltung zu bringen.

Ein Plan, mit dem es doch mehr ernst war, als man annimmt und der dem Gesamtgefühl des christlichen Europa entsprach. Tilly ist bei einem Besuch, den er Wallenstein in Güstrow abstattete, sehr darauf eingegangen; er nannte es eine heilige, leichte und nützliche Impresa. Man hatte vor, mit Albanien zu beginnen, was damals unverzüglich möglich schien. Wallenstein und Collalto hatten einen Entwurf dazu gemacht, dem Tilly vollen Beifall schenkte. Höchlich erfreut war Wallenstein, daß die Gewalttätigkeiten der Osmanen dem Kaiser gerechte Ursache zum Krieg gaben.

Wenn er der großartigen Hoffnung Raum gab, sich Konstantinopel wiederzuerobern: Vasall seines Kaisers wollte er dennoch bleiben.

Caraffa empfahl den Plan des tatkräftigen Führers dem Papst, der denn auch einen eingehenden Brief an Wallenstein schrieb, in dem er ihn vor einer Mitteilung des Vorhabens an die Venetianer warnte und gegen die Abhängigkeit aller Eroberungen von dem Kaiser Einwendungen machte.

KAPITEL 4

Feldzug von 1628. Politische Umwandlung in Norddeutschland

MIT DIESEN GROSSEN Entwürfen sich beschäftigend, welche Okzident und Orient, den Norden und den Westen von Europa umfaßten und hauptsächlich die Erhebung des Hauses Österreich zu einer dominierenden Stellung in der Welt bezweckten, verlor Wallenstein – er hätte sonst nicht er selbst sein müssen – doch auch die Förderung des eigenen persönlichen Vorteils niemals aus den Augen. Er war von dem ökonomischen Gesichtspunkt eines Gutsherrn, der seine Geldkräfte mit kluger Berechnung verwendet, ausgegangen; durch entschlossene Teilnahme an den Parteikämpfen der Zeit, militärische Dienste und Aufwendungen, vor allem durch die Ansprüche, die sich daran knüpfen ließen, war er zu einer territorialen Magnatenstellung, wie es noch kaum jemals eine umfassendere gegeben hatte, gelangt: Er suchte sie zu einer selbständigen fürstlichen auszubilden. Indem er den Kaiser zum mächtigsten Herrn der Welt zu machen trachtete, wollte er doch von dessen Regierung nicht so ganz abhängig bleiben, wie andere Landsassen und Untertanen.

Infolge der böhmischen Unruhen war er mit dem ausgedehnten Gebiet, das er zu einem Fürstentum Friedland vereinigte, ausgestattet worden. Daß er nun im Jahre 1626, wie es in dem Diplom heißt, eine ansehnliche Armee auf die Beine gebracht hatte zur Dämpfung der in dem niedersächsischen Kreis hervorgebrochenen Kriegsbereitschaften, ward ihm durch die Erhebung des Fürstentums in ein erbliches Herzogtum gelohnt[*], welches zugleich mit Rechten ausgestattet wurde, wie sie kein anderes böhmisches Lehen besaß.

Wallenstein durfte den Adel erteilen, Münzen schlagen und war so weit Souverän, als es sich mit dem Lehensnexus vertrug,

---

[*] Am 7. September 1623 war Wallenstein in den Fürstenstand erhoben worden; zum »regierenden Herrn des Herzogtums Friedland«, also zum Herzog, wurde er bereits am 13. Juni 1625 ernannt.

ungefähr wie ein deutscher Fürst. Er legte mit dem organisatorischen Talent, das ihm eigen war, sogleich Hand an eine Verbesserung der Verwaltung und der Gerichte. Durch die im böhmischen Landrecht vorgenommenen Abänderungen meinte er das Volk wieder »zu gebührendem Respekt« gegen die Obrigkeit zu führen. Der Kaiser trug kein Bedenken, die neue Rechtsverfassung zu bestätigen, nur für einige wenige Fälle behielt er sich die Appellation vor.

Sehr auffallend lautet ein Privilegium, das sich Wallenstein damals verschafft hat. Sollte ein Besitzer dieser Herrschaften sich des Hochverrats schuldig machen, so dürfe ein solcher zwar am Leben gestraft werden, aber nicht mit Konfiskation. Man hat angenommen, daß er im voraus den Folgen verräterischer Anschläge, mit denen er sich trug, habe begegnen wollen. Gleich als hätte nicht die leiseste Andeutung dieser Art ihn zugrunde richten müssen. Nur das liegt darin, daß er für seine Familie ein Besitztum schaffen wollte, das den Wechselfällen, wie sie in Böhmen oft genug zum Vorschein gekommen waren, nicht ausgesetzt sein sollte.

Sein glücklicher Feldzug in Schlesien, durch welchen er das kaiserliche Ansehen in dieser Provinz wiederherstellte, trug ihm eine große Erwerbung in derselben ein. Unmittelbar nach den entscheidenden Erfolgen – 1. September 1627 – ist ihm das einst piastische Fürstentum Sagan übertragen worden. Die Kammer hatte den Wert des Fürstentums nach Abzug der darauf haftenden Schulden auf 150.850 Gulden taxiert. Dem General war es leicht eine Rechnung aufzustellen, der gemäß ihm bezeugt wurde, er habe eben diesen Preis erlegt.

Zuerst war es nur ein Kaufbrief, durch den er in den Besitz von Sagan gelangte; nach einigen Monaten knüpfte sich eine umfassende Lehenserteilung daran. Wallenstein gewann damit zugleich eine Stelle in dem schlesischen Fürstenkollegium, auf dessen Versammlungen seine Bevollmächtigten den Vortritt vor den geborenen Fürsten und einen maßgebenden Einfluß in Anspruch nahmen.

Aber noch höher standen seine Gedanken. Durch den dänischen Feldzug waren ihm noch andere große Aufwendungen – man schätzte sie auf drei Millionen Gulden – erwachsen; überdies aber erschien sein Sieg als ein Verdienst, das ein hochherziger

Kaiser glänzend belohnen müsse. Im Bewußtsein seiner Stellung warf Wallenstein sein Augenmerk auf ein großes Reichsfürstentum: Er forderte Mecklenburg von dem Kaiser.

Die Doktrin des kaiserlichen Hofes war es nun einmal, daß es ihm nach alten Kaiserrechten zustehe, über die durch Majestätsbeleidigung verwirkten Regalien und Lehen nach seinem Gutdünken weiter zu verfügen. Durch keine Rücksicht auf Agnaten und eine früher erteilte Simultanbelehnung achtete er sich für gebunden. Darauf hatte man sich von Anfang an bei der Behandlung der pfälzischen Angelegenheit bezogen. Soeben wurde die Oberpfalz auf diesen Grund, jedoch nicht ohne daß damit eine Art von Kaufgeschäft verbunden gewesen wäre, an den Kurfürsten von Bayern übertragen. Man brachte es in den eroberten Ländern allenthalben in Anwendung. In Holstein erklärte der Herzog von Friedland unumwunden, die Renten konfiszierter adeliger Güter seien zur Bezahlung der kaiserlichen Offiziere bestimmt. Das Verfahren erhellt aus einer Forderung des Herzogs Adolf von Holstein. Seine Vorschüsse und Auslagen wurden von seinem Feldmarschall beglaubigt und von dem Obergeneral anerkannt. Eine Konfiskationskommission, aus Walmerode und einigen anderen Hofkammerräten bestehend, war im Lande. Dieser überwies der General die Forderung, indem er bemerkte: Sie sollte eigentlich aus dem Kriegszahlamt befriedigt werden, da das aber keine Mittel dazu habe, so bleibe nichts übrig, als sie auf die Konfiskationsgüter anzuweisen. Als ein solches bezeichnete er die Herrschaft des verstorbenen Statthalters, Breitenburg und Pertinentien, und schon stellten sich Kaufleute dar, welche auf eine so ansehnliche Hypothek das Geld vorzustrecken willig waren. So wurde das Amt Hadersleben für Herzog Franz Albrecht von Sachsen-Lauenburg bestimmt. Zuweilen war der Gedanke, die Güter zu verkaufen, um die Kriegsobersten im allgemeinen bezahlen zu können: meistens war die Vergabung ein Gemisch von Gnade und Zahlung. Der Kurfürst von Mainz ergriff den günstigen Augenblick, den Hardenberg, dessen Besitzer in die Reichsacht verfallen war, sich selbst zuzueignen; andere Gerechtsame desselben überließ er dem kaiserlichen Rat Questenberg. Die Herrschaften des verstorbenen Administrators von Halberstadt verteilte man an eine Anzahl namhafter kaiserlicher Kriegsführer. Johann von Merode bekam Blankenburg; Graf Thun Hohenstein; der Vetter des Generals,

Graf Maximilian von Wallenstein, die Grafschaft Reinstein. Mit einem der abgesonderten Bezirke des Erzbistums Magdeburg, Stadt und Schloß Querfurt, ward der Sieger von Heiligenhafen, Graf Schlick, ausgestattet.

Wenn man die Teilnahme der Edelleute an dem Krieg, den ihre Landesfürsten unternommen hatten, wie dort in Holstein geschah, als Majestätsverbrechen ahndete: wie viele anderen waren in demselben Fall; eine vollkommene Umwandlung des Landbesitzes im nördlichen Deutschland trat in Aussicht.

Ein ähnliches Schicksal schwebte über dem Herzog von Braunschweig-Wolfenbüttel; doch hatte dieser noch in dem letzten Augenblick der Entscheidung, vier Tage vor der Schlacht am Barenberg, eine Abkunft mit Tilly geschlossen, welche den Reichshofrat in seiner Entscheidung wenigstens zweifelhaft machte. Die ganze Härte des Verfahrens dagegen ergoß sich über das Herzogtum Mecklenburg.

Die beiden Herzöge von Mecklenburg, Adolf Friedrich zu Schwerin und Johann Albrecht zu Güstrow, konnten keine Transaktion dieser Art für sich anführen; man machte ihnen zum Verbrechen, daß sie allezeit halsstarrig an dem König von Dänemark festgehalten, dessen Absichten doch weit über die Kreisdefension hinausgegangen seien. Vergebens sei ihnen von ihren Landständen angeboten worden, die Dänen aus den Festungen und Pässen, die sie eingenommen, herauszuwerfen. Man gab ihnen Schuld, die Besetzung des Bistums Schwerin durch die Dänen genehmigt zu haben, und maß ihnen selbst Teilnahme an jenen Verbindungen mit Bethlen und den Osmanen bei, die für die kaiserlichen Erblande so höchst gefährlich geworden waren. So verhält es sich auch ohne Zweifel. Die beiden Herzöge, der eine feuriger, der andere zurückhaltender, hatten sich doch der protestantischen Partei mit vollem Herzen angeschlossen und die Unternehmungen des Königs von Dänemark gebilligt nicht allein, sondern auch unterstützt. Wer wollte ihnen noch heute daraus einen Vorwurf machen? Doch hatten sie sich nicht vollkommen bloßgegeben; sie konnten für jede ihrer Handlungen Entschuldigungen, die sich hören ließen, vorbringen. Bis zur Evidenz ließ sich ihre Schuld nicht nachweisen. Aber der Kaiser nahm hierauf keine Rücksicht. Durch die offenkundigen Vorgänge hielt er sich für befugt, über ihre Gebiete als heimgefallene Lehen zu verfügen.

Wenn man nun am Hof dem General, der, wie man sagte, den Kaiser vom adriatischen bis zum deutschen Meer zum Herrn gemacht hatte, eine große Belohnung schuldig zu sein bekannte, so wäre man sogar geneigt gewesen, ihn in Erinnerung an die alte Oberherrlichkeit des Deutschen Reichs über den Norden, zum König von Dänemark zu erheben. Nicht unmöglich schien das in dem ersten Augenblick der Niederlage König Christians, welche von den dänischen Reichsräten ihm selbst Schuld gegeben und fast zum Verbrechen gemacht wurde, da der Krieg ohne ihren Anteil unternommen und dann so schlecht geführt worden sei, daß er ihnen zum größten Nachteil an ihren Besitztümern gereiche. Ihr Unwille und die Besorgnis, die sie wegen einer Fortsetzung des Krieges für sich selber hegten, erweckten am kaiserlichen Hof die Meinung, sie würden dahin gebracht werden können, ihre Krone, wie es schon hundert Jahre im Werk gewesen war, von dem Haus Oldenburg auf das Haus Österreich zu übertragen, unter erneuter Festsetzung ihrer Freiheiten. Für den Kaiser hätte das Wallenstein in jener Zeit gewünscht; denn damit wäre man auf einmal des Sundes Meister geworden, und an die Verfügung über die Krone hätten sich andere Kombinationen knüpfen lassen: Für sich selbst die Hand nach dieser Krone auszustrecken, lag jedoch nicht in seinem Sinne. Eine der Rede werte Alternative ist es doch, die dem böhmischen Edelmann vorlag, entweder König von Dänemark oder Herzog von Mecklenburg zu werden. Er sagte, die Krone werde er nicht behaupten können, er wolle mit dem, was sicherer sei, vorliebnehmen.

Seinem Ehrgeiz wurde die hohe Befriedigung zuteil, daß ihn der Kaiser bei einer Zusammenkunft zu Brandeis aufforderte, sich zu bedecken. Das war das Vorrecht der deutschen Fürsten in Gegenwart des Kaisers.

Bei der Übertragung unterschied man das Fürstentum an sich und das Einkommen. Die landesfürstliche Würde, die Jurisdiktion und die Regalien wurden unter Betonung des hohen Wertes, der ihnen zukomme, dem Herzog von Friedland zur Belohnung der Dienste, die er geleistet habe, als freie Gabe übertragen: aus römisch-kaiserlicher Machtvollkommenheit. Die Einkünfte sollten abgeschätzt und davon die Schulden des Landes bezahlt, vornehmlich die Ansprüche Wallensteins nach seiner zu justifizierenden Liquidation, mit Einrechnung eines Gnadengeschenks von

700.000 Gulden, das ihm der Kaiser verwillige, befriedigt werden; was dann übrigbleibe, wolle man zur Bezahlung des Kriegsheeres verwenden. Hierzu sollte auch die Konfiskation der Güter der Rebellen dienen, die sich der Kaiser ausdrücklich vorbehielt.

Man hat dem Kaiser vorgestellt, wieviel sich gegen diesen Beschluß einwenden lasse: Die Schuld der Herzöge sei nicht eigentlich erwiesen, die Haltung des Generals nicht so ganz ohne Tadel noch Bedenken; man werde eine Aufregung der Reichsfürsten und selbst einiger europäischer Mächte hervorrufen, deren Folgen niemand absehen könne. Aber das verschwand alles vor dem Eindruck der letzten erfolgreichen Kriegstaten des Generals und vor der Erwartung der anderweitigen Dienste, die er noch leisten werde und solle.

Wenn man den Schritt in Erinnerung an das Herkommen im Reich überlegt, so schloß er eine unermeßliche Tragweite in sich. Wem verdankte der Kaiser seine Krone, als den der alten Verfassung gemäß mit der Wahl beauftragten vornehmsten Fürsten? Die Prätention der deutschen Fürsten war, daß das Reich in ihnen beruhe. Der Kaiser, den sie mit der höchsten Macht bekleidet, verlor jetzt nicht allein die Gesetze, die seine Kapitulation ihm vorschrieb, aus den Augen: Er durchbrach selbst bei der Ersetzung der Verurteilten den Kreis des erblichen Fürstentums und griff weit über denselben hinaus. Einen Edelmann seiner Erblande belehnte er mit den Spolien eines alten reichsfürstlichen Hauses, einem großen Herzogtum, und erhob ihn zu einer Territorialmacht, die ihm eine überwiegende Stellung im Reich verhieß.

Auch trat man nicht sogleich mit dem ganzen Vorhaben hervor. Zunächst wurde dem General das Herzogtum, zwar zugleich mit herrschaftlichen Rechten, doch nur als Unterpfand für seine Geldforderungen übertragen, auf so lange, bis seine Kriegskosten ihm erstattet seien.

Die Landstände, die durch eine kaiserliche Kommission gegen Ende März 1628 in Güstrow versammelt wurden, hatten den natürlichen Gedanken, die Summe, welche Wallenstein zu fordern habe, wenn sie geprüft sei, selbst zu übernehmen. Aber sie wurden damit in herben Worten zurückgewiesen. Man sagte ihnen, der Kaiser habe sie ihres Eides an die frühere Herrschaft entlassen und das Land dem Herzog von Friedland angewiesen. Würden sie sich weigern, dem zu gehorchen, so würden sie nur beweisen, daß sie an den Verbrechen ihrer Fürsten mitschuldig seien, während man es ihnen hoch anrechnete, daß sie dieselben zur Treue gegen den Kaiser angemahnt hatten. Ausschließlich auf die beiden Fürsten sollte die Strafe fallen. Das Recht der Regierung, so wie es diese besessen, sollte fortan dem Herzog von Friedland zustehen; man sagte ihnen, er werde das Land bei seiner jetzigen Verfassung lassen. Bei Gott und seinem Evangelium schwuren hierauf die Anwesenden mit aufgereckten Fingern dem Herzog von Friedland, denn noch war Wallenstein nicht zum Herzog von Mecklenburg erklärt, hold, treu und gehorsam zu sein. Den beiden Herzögen ging das Gebot zu, sich aus dem Land zu entfernen. Sie wünschten wenigstens ihre Gemahlinnen auf ihrem Leibgedinge zurückzulassen; bei schwerer Strafe wurde ihnen auferlegt, sie mit sich zu nehmen.

Der erste Akt der neuen Regierung war die Bestimmung der Truppenzahl, welche das Land zum Krieg gegen die Dänen zu unterhalten hatte. Man trug Sorge, daß die stärksten Quartiere nach dem Strand hin gelegt wurden, um die Häfen gegen die nordische Macht zu behaupten. Denn nicht allein darauf war es abgesehen, Wallenstein wegen seiner Forderungen zufriedenzustellen. Der Generaloberst der kaiserlichen Armee sollte zugleich ein ansehnliches deutsches Land zum Behuf der Kriegsleistungen in seinem eigenen Namen einrichten und verwalten. Man verband damit noch eine weitere große Absicht.

Im Angesicht der Mißachtung, welche die deutschen Seefahrer von den anderen Nationen erfuhren, und in Erinnerung an die alten Rechte der deutschen Kaiser auf die das Reich umspülenden Meere, hatte schon Kaiser Rudolf II. im Anfang seiner Regierung an die Aufstellung eines Reichsadmirals gedacht, zur Behauptung der Gerechtsame des Reichs und den Schutz der Seefahrt. Darauf kam Ferdinand II. in diesem Augenblick zurück. Wallenstein empfing den Titel eines Generals des baltischen und des ozeanischen Meeres im geraden Gegensatz zu Dänemark, welches die Herrschaft über die deutschen Meere in Anspruch nahm. Wallenstein sollte über die Leitung des Seekriegs auf beiden Meeren ebensogut die oberste Entscheidung zu geben haben, wie über die Landarmee. In der Tat konnte sich niemand verbergen, daß ihm ein Krieg bevorstand, für den das eine und das andere erforderlich gewesen wäre.

Nach den ersten Tagen eines verzweifelten Unmutes hatten sich die dänischen Reichsräte doch entschlossen, gemeinschaftlich mit dem König, an dem sie festhielten, Anstalten zur Verteidigung des dänischen Gebietes zu machen. Sie empfanden es als eine Beleidigung, daß es verletzt worden war, da sie sich doch von jedem Anteil an dem Krieg ferngehalten hatten. Der Ertrag einer neuen Schatzung und die erhöhte Akzise, freiwillige Beiträge des dänischen Adels und der Norweger, verdoppelte Anstrengungen des Königs und seiner Familie machten es möglich, eine wohlüberlegte Küstenverteidigung zu organisieren und eine kleine Flotte instand zu setzen. Der brave König, schreibt hierauf der englische Resident von Hamburg im Januar 1628, hat sich wieder ein Herz gefaßt.

Was dazu das meiste beitrug, war ohne Zweifel der Rückhalt, den er an der Bundesgenossenschaft fand, die ihm Gustav Adolf von Schweden antrug.

In dem Augenblick des großen Umsturzes in Norddeutschland hatte Gustav Adolf die Anwandlung, auf alle Einmischung in die deutschen Angelegenheiten Verzicht zu leisten. Aber das Emportauchen der maritimen Pläne weckte ihn auf. Er hörte, das Haus Österreich habe dem König von Dänemark, wenn er den Sund aufgebe, die Admiralität des Römischen Reiches versprochen. Ihm selbst machte man Hoffnung auf Belehnung mit der dänischen Krone, wenn er sich anschließe; er hätte dann Livland und Preußen, um das er so lange gekämpft, im Einverständnis mit Polen zu behaupten sich schmeicheln können. Ist aber nicht zugleich verlautet, man denke Dänemark an Wallenstein und die Krone von Schweden dem Grafen Schlick einzuräumen? Dem kaiserlichen General würde es doch noch lieber gewesen sein, wenn die schwedische Flotte in ihren Häfen verbrannt worden wäre, denn dann hätte er vom Norden her nichts mehr zu fürchten gehabt, die Hansestädte hätten sich fügen müssen; die großen Entwürfe der katholischen Welt, in denen Liga und Kaiser noch vereinigt waren, hätten sich höchstwahrscheinlich ausführen lassen. Das Gefühl der allgemeinen großen Sache, der es galt, hatte auf der anderen Seite wohl niemand mehr, als der König von Schweden. Ihm schwebte jeden Augenblick der universale Zusammenhang der Angelegenheiten vor Augen. Er behauptete den Krieg gegen die Polen hauptsächlich deshalb zu führen, um die Teilnahme derselben an den Kriegen des Kaisers und der Liga unmöglich zu machen. Statt auf die Anträge Wallensteins einzugehen, bot er seinem alten Gegner, dem König von Dänemark, in der äußersten Bedrängnis desselben die Hand zum Bunde. Die Streitigkeiten der protestantischen Staaten untereinander erschienen ihm als Privatangelegenheiten. Alle Ratschläge müsse man dahin richten, das gemeine Wesen zu retten. Er erklärte sich bei der ersten Annäherung Christians IV. bereit, nicht allein zur Verteidigung des Königreichs, sondern auch der Ostsee, gemeinschaftliche Sache mit Dänemark zu machen.

Der Gedanke war, daß Holländer und Engländer zugleich mit den Dänen die Nordsee und den Sund, die Schweden und die Dänen die Ostsee gegen das Eindringen der kaiserlich-spanischen Seemacht zu beschützen haben sollten. Denn auf der Herrschaft auf der Ostsee beruhte großenteils die Konservation der beiden Reiche.

Indem nun hierüber mit sicherer Voraussicht des Gelingens verhandelt wurde – schon die Annäherung erschien dem König als ein Bund –, trug ein spanisch-niederländischer Bevollmächtigter den versammelten Seestädten seinen Antrag auf eine Verbindung mit Spanien vor. Welchen Erfolg konnte er damit haben? Wenn zugleich der König von Dänemark den Städten drohte, im Bund mit Schweden, England und den Generalstaaten, ihren Handel zu zerstören, wofern sie auf den Antrag eingingen, wie hätten sie nur einen Augenblick zweifeln können, denselben zurückzuweisen. Man mutete ihnen an, sich einer Macht anzuschließen, die ihnen keine Hilfe leisten konnte und doch die ihre zu Zwecken benutzen wollte, die ihrer Religion zuwiderliefen. So erblickten die entfernten Städte, wie Danzig, in der beabsichtigten Verbindung zwischen Polen und Spanien vor allem ihre eigene Gefahr, denn nur auf eine Verstärkung der katholischen Gewaltsamkeiten gegen die evangelische Religion, der sie sämtlich anhingen, sei dabei abgesehen. Der Entwurf einer Allianz mit den Seestädten war ein Schloß in Spanien, wie die Franzosen sagen; Wallenstein ließ ihn baldigst fallen und forderte die Abberufung des Bevollmächtigten.

Was von der Hansa durch Unterhandlung unter spanischer Dazwischenkunft nicht zu erreichen war, suchte er – denn einen

Genossen der Herrschaft wollte er niemals dulden – auf eigene Hand in den Küstenstädten, die direkt oder indirekt in seine Gewalt gekommen waren, durchzusetzen. Noch unter einer gewissen Teilnahme der Herzöge von Mecklenburg war Wismar mit einer kaiserlichen Besatzung belegt worden: Im März 1628 erschien ein des Seewesens kundiger niederländischer Kriegsmann, Graf Philipp von Mansfeld, daselbst, um an die Armatur der Schiffe Hand anzulegen; auch die Halbinsel Poel war in Besitz genommen. Rostock hatte eine förmliche Einquartierung durch die Zahlung einer ansehnlichen Geldsumme zunächst abgekauft, ohne jedoch mehr als eine mündliche Versicherung, daß es von derselben befreit sein solle, erlangt zu haben. Aber der Hafen wurde durch versenkte Schiffe gesperrt; am Ausfluß der Warne wurde ein Fort angelegt. Schon längst war auch der Herzog von Pommern – es war Boguslav XIV., der Letzte seines Stammes – zu wachsamer Verteidigung seiner Seehäfen aufgefordert, dann aber, indem er dazu Anstalt traf, genötigt worden, eine ansehnliche kaiserliche Einquartierung in sein Land aufzunehmen, die vor allem bestimmt war, sich der pommerschen Küsten und Häfen allenthalben zu versichern. Der Herzog, der für seine Autorität im Lande der Unterstützung des Kaisers bedurfte, zeigte sich bereitwillig, dazu mitzuwirken.

Hiergegen trat nun aber in Stralsund – der Stadt, an der das meiste gelegen war, und die sich, obwohl erbuntertänig, doch solcher Privilegien erfreute, die ihr einen hohen Grad von Autonomie sicherten – ein Widerstand hervor, der von Tag zu Tag weitaussehender wurde und so wichtige Folgen gehabt hat, daß wir seinen Ursprung und Fortgang näher erörtern müssen.

Eigentlich dort an dem kleinen niedrigen Eiland zwischen der Stadt und der Insel Rügen, dem Dänholm, ist das Glück der kaiserlichen Waffen rückgängig geworden.

Gegen Übernahme einer Rate der dem Land durch die Einquartierung erwachsenden Kosten, hatte die Stadt von dem Herzog die Versicherung bekommen, daß sie mit einer kaiserlichen Besatzung verschont bleiben solle. Die Worte derselben zeigen, daß der Herzog seiner eigenen Macht dabei nicht recht traute: Er verspricht eigentlich nur seine guten Dienste.

Wenn nun dennoch die heranrückenden kaiserlichen Feldobersten auch ihrerseits eine bedeutende Summe Geldes – ebensoviel wie Rostock zahlte – für die Befreiung von der Einquartierung forderten, so sträubte sich die Stadt dagegen, weil sie dann doppelt beschwert sein würde. Die Verhandlungen reizten die Gemüter, doch ist ein offener Streit darüber nicht ausgebrochen; die Stralsunder haben sich zuletzt verstanden, wenigstens einen Teil der geforderten Summe zu erlegen. Auch wenn die Kaiserlichen die Insel Rügen einnahmen, so konnte die Stadt nicht viel dagegen einwenden, da es der Herzog bewilligte.

Nun aber hatten die kaiserlichen Obersten, Arnim, Sparr und Götz, es ratsam gefunden, jenes kleine Eiland zu besetzen, ein unbestrittenes Eigentum der Stadt, durch welches ihre Reede beherrscht werden konnte: Um keinen Preis wollten die Bürger die Nachteile und die Gefahr ertragen, welche sie von dort bedrohe; es gelang ihnen im Anfang des März 1628, die kleine Besatzung, der man die Zufuhr abgeschnitten hatte, zum Abzug unter Kapitulation zu nötigen.

Was sie vermochte, ohne Weile noch Rücksicht zur Besitznahme zu schreiten, war vor allem die Kunde, die ihnen zukam, daß von den kaiserlichen Obersten alles zu einer förmlichen Belagerung von Stralsund vorbereitet werde. »Habt den Hafen in acht«, schrieb man ihnen, »nach wie vor, daß kein frisches Volk mit Geschütz darauf komme«.

Ohne die dabei mitgeteilten Umstände zu verbürgen, kann man doch nicht bezweifeln, daß die Absicht des kaiserlichen Generals auf eine gewaltsame Unterwerfung Stralsunds gerichtet war. Sein Befehl an Arnim, der jetzt zum Feldmarschall befördert wurde, lautet, daß er die Stralsundischen angreifen und nicht wegziehen solle, bis sie eine starke Garnison aufgenommen hätten: Denn würden sie etwas gegen den Kaiser erhalten, so würden alle anderen Mut fassen und Ungebührlichkeiten begehen. Von seinen den Norden umfassenden Plänen und seinen monarchischen Prinzipien einen Schritt zurückweichend, hegte Friedland damals den dringenden Wunsch, mit Dänemark Frieden zu schließen, und selbst die Hoffnung, mit den Holländern eine erträgliche Abkunft zu treffen. Eben in dieser Zeit trug er sich mit jenem Entwurf gegen die Osmanen. Aber dazu war es Bedingung, der vornehmsten Städte und ihrer Häfen mächtig zu bleiben; sich Stralsunds zu versichern, schien unerläßlich. Noch meinte Arnim die Stadt wenigstens dahin zu bringen, daß sie eine Garnison des

Herzogs von Pommern aufnähme. Wallenstein hielt eine kaiserliche Besatzung für besser, wenigstens müßte die herzogliche mit kaiserlichen Offizieren versehen werden: Wolle sie sich nicht dazu verstehen – so fügte er später, durch fernere Weigerungen aufgebracht, hinzu –, so möge Arnim nur zu der Belagerung schreiten.

War nun dergestalt die Unterwerfung von Stralsund, mit welcher der dänische Krieg beschlossen und gleichsam besiegelt werden sollte, der Schlußstein des ganzen Systems, so sammelte sich, wie durch einen Zug der Natur, auch die ganze Widerstandskraft der Gegner dort am Ort. Unter den Truppen, welche die Stadt in Sold genommen, fanden sich viele, die im dänischen Krieg gedient hatten. Sie waren von der kaiserlichen Acht betroffen und sahen ihr Heil einzig in der Abwehr der kaiserlichen Garnison. Eine Menge von Flüchtlingen hatte in der Stadt ihre Rettung vor den Gewalttaten der Soldateska gesucht und gab einen abschreckenden Bericht davon, was jedermann von derselben zu erwarten habe. Seit der Besetzung des Dänholms durch die Kaiserlichen war in der Stadt ein Kriegsrat errichtet worden. Die Bürger, die an demselben teilnahmen und bei wichtigen Fragen nach ihren vier Quartieren versammelt und mit ihrem Gutachten gehört werden mußten, verwarfen alle weiteren Nachgiebigkeiten; wiewohl widerstrebend folgte der Rat doch zuletzt in der Regel ihrem Begehren. Sie waren damals durch ihren Handel zu einem gewissen Wohlstand und durch ihre auswärtigen Beziehungen zu einem nicht geringen Selbstgefühl gelangt: Die Aufnahme einer Besatzung erschien ihnen überdies als eine Gefährdung ihrer Religion. Welch ein Geist unter ihnen herrschte, sieht man aus ihrer Drohung, sich mit Hab und Gut auf die Schiffe zurückzuziehen und das Beispiel der Meergeusen nachzuahmen.

Die Wiedereinnahme des Dänholms war hauptsächlich das Werk der erregten Bürger. Sie verbargen sich nicht, daß sie dadurch die Feindseligkeit der Kaiserlichen verdoppeln würden, aber sie wagten es darauf. Wenige Tage nachher, im April 1628, vereinigten sich Rat, Bestallte der Stadt, Kapitäne und Aldermannen und die ganze Gemeinde auf das feierlichste untereinander, die wahre Religion augsburgischer Konfession und der Stadt Freiheit bis auf den letzten Blutstropfen zu verteidigen, und keine Besatzung, von wem sie ihnen auch angemutet werde, innerhalb ihrer Ringmauern und Schlagbäume aufzunehmen.

War es aber nicht die höchste Gewalt im Reich und ihr eigener Landesfürst, von denen sie sich damit losrissen?

Noch im Februar hatten sie bei der ersten Annäherung des Königs von Dänemark geantwortet: Sie seien der Zuversicht, daß der Kaiser den hochbeteuerten Religionsfrieden beobachten und seine Armee ihnen nicht beschwerlich fallen werde. Nunmehr aber waren sie von dem Gegenteil überzeugt. Und das war nun einmal das Schicksal des Deutschen Reiches, das Schicksal der Welt, daß der religiöse Gedanke die politische Gemeinschaft, die auf ewig geschlossen schien, wenn nicht zerstörte, aber doch lockerte und in Zweifel setzte. Des Kaisers erwähnen die Bürger bei ihrer Verbindung nicht, nur des Reiches gedenken sie; sie wollen ihm getreu bleiben, sich auf keine Weise von ihm absondern lassen; jedoch auch das nur insoweit es vor Gott und der Nachkommenschaft zu verantworten ist: ähnlich wie einst die ersten Vorfechter der kirchlichen Reformation. Die Gemüter wurden durch die Prediger, die man einen Tag um den anderen zu hören pflegte, in religiöser Stimmung gehalten.

Was aber den Landesfürsten anbetrifft, so hielt die Stadt auf Grund eines alten Privilegiums der Herzöge für erlaubt, mit den nordischen Fürsten in Beziehung zu treten, obwohl deren antikaiserliche Tendenz alle Tage mehr hervortrat.

Im Mai erschien eine dänische Gesandtschaft, welche der Stadt nicht allein dänische, sondern auch schwedische Hilfe verhieß, wenn sie festhalte, und ihr zugleich eine Anzahl Schiffe mit Munition und Kriegsgerätschaft zur Verfügung stellte. Die Stadt erklärte, die Kaiserlichen standhaft von ihren Wällen und dem Dänholm abwehren zu wollen. Ein förmliches Bündnis ging sie nicht ein; doch war es nicht weit davon entfernt, wenn sie versprach, keinen Frieden zum Nachteil von Dänemark zu schließen.

Bald darauf schickte der König von Schweden unaufgefordert eine Last Pulvers und leitete Verhandlungen ein, die nach einiger Zeit zu einer engen Verbindung führten.

Die beiden Könige säumten nicht, als es nun zu ernstlichen Angriffen Arnims auf die Stadt kam – im Mai und Juni –, ihr Hilfstruppen zuzuschicken, die sich bei der Gegenwehr sehr nützlich erwiesen.

Wie sehr aber änderte sich hierdurch die Lage der Dinge. Wallenstein hatte gemeint, durch eine rasche Tat sich der Stadt zu bemeistern und dann seinen Frieden mit Dänemark zu schließen, um seine anderen Entwürfe vor die Hand zu nehmen. Jetzt bildete diese Stadt das Außenwerk eines neuen nordischen Bundes, der sich der Übermacht des Hauses Österreich mit erneuter Energie entgegensetzte.

Um so dringender war es, ihrem Widerstand mit allen Mitteln ein Ende zu machen. Als sich Wallenstein im Mai 1628 aus Böhmen erhob, um von seinem neuen Herzogtum Besitz zu ergreifen, lag ihm doch nicht weniger daran, die Stadt zu unterwerfen. Er erklärte sich entschlossen, keinen Akkord mit ihr zu treffen, es wäre denn, daß sie sich zur Aufnahme einer kaiserlichen Garnison bequemte. Er bezeichnete es als offene Verschwörung gegen die kaiserliche Majestät, daß sie sich mit dem Feind des Kaisers und des Reichs, dem König von Dänemark, verbunden habe. Indem er dagegen anging, rechnete er auf die Unterstützung der Reichsgewalten.

Er trat hierbei insofern in einem neuen Charakter auf, als er den Krieg nicht allein für die katholische und kaiserliche Sache, sondern zugleich für seine eigene, für das erworbene Landesfürstentum und dessen Behauptung, zu führen hatte. Neben der allgemeinen wurde ihm dadurch jetzt eine umsichtige territoriale Politik zur Pflicht; vor allem mußte er in ein gutes Verhältnis zu dem angesehensten unter den Nachbarn, dem Kurfürsten von Brandenburg, zu kommen suchen.

Brandenburg war noch bei weitem mehr in die europäischen Verwicklungen verflochten als Mecklenburg; wie oft hatte man in Wien wenigstens unter der Hand davon geredet, daß Georg Wilhelm seinen Kurhut zu verlieren nicht minder verdiene, als selbst Friedrich von der Pfalz. Aber auch eine andere Richtung ließ sich in der brandenburgischen Politik wahrnehmen. Der Gegensatz der beiden Parteien, welche die Welt spalteten, versetzte sich hier in das Kabinett selbst: Das Übergewicht der einen oder der anderen Richtung entsprach dem momentanen Zustand der großen Angelegenheiten, so daß unter stetem innerem Streit eine Anknüpfung mit der entgegengesetzten Partei allezeit möglich blieb.

Mit dem Vertreter der Hinneigung zu dem Kaiser und der alten Unterordnung unter die Reichsgewalt, selbst einem guten

Katholiken, dem brandenburgischen Minister Graf Adam von Schwarzenberg, kam nun Wallenstein auf der Reise nach seinem Herzogtum in Frankfurt a. O. zusammen. Die Konferenz sollte zur Vorbereitung einer Sendung des Grafen nach Wien dienen, die demnächst bevorstand. Wir dürfen wohl aus den Berichten Schwarzenbergs einige die Menschen und die Situation bezeichnende Züge wiederholen.

Wallenstein war den ersten Tag nicht zugänglich; er war in einer seiner bizarrsten Aufwallungen, in der er nicht nur keinen Lärm, sondern keinen Laut vernehmen wollte. Man durfte die Glocken nicht ziehen; die Hunde, deren Gebell ihm besonders verhaßt war, mußten von der Straße geschafft werden; und wehe denen, die auch dann mit ihm in Berührung kommen mußten: Das geringste Versehen bestrafte er mit Schlägen.

Den anderen Tag erschien er um so leutseliger und angenehmer. Früh am Morgen ließ er den Grafen zu Wagen zur Audienz abholen, empfing ihn, wie dieser bemerkt, sehr gnädig an der Treppe, behielt ihn später an seiner Tafel, bei der er dann sehr aufgeräumt war. Trotz der Anwesenheit einiger Gäste von fürstlichem Rang gab er dem Grafen den höheren Platz; er besuchte ihn am Abend in seiner Wohnung und fuhr den anderen Tag nach Tisch wieder ein paar Stunden lang mit ihm spazieren.

Vor allem verlangte Schwarzenberg in seinen Anträgen eine Erleichterung der Einquartierung, über die er sehr ins einzelne einging. Wallenstein hörte ihn, ohne ihn zu unterbrechen, vollständig aus und versprach ihm dann, die Neumark vor Montecuccoli, über den viel Klage war, sicherzustellen, diesem lieber sein Regiment zu nehmen, als sein gewaltsames Gebaren zu dulden. Dann kam man auf die allgemeinen Verhältnisse zu reden. Friedland sprach sich besonders über den König von Schweden aus: Das sei ein Fürst, bei dem man mehr auf das, was er tue, sehen müsse, als auf das, was er sage. Der Kaiser könne ihn nicht in Polen dulden; sollte er dort weitere Fortschritte machen, so werde er, Friedland, selbst wenn es die Polen nicht zulassen wollten, mit 100.000 Mann gegen ihn vorrücken und ihn mit Gottes Hilfe vertreiben.

Er bemerkte, der Kurfürst sei von den Dänen angeklagt, alles angestiftet zu haben; Schwarzenberg erwiderte, die Antwort sei leicht: Wären die Dänen Freunde von Brandenburg, so würden sie das nicht sagen.

Sie besprachen die brandenburgischen Angelegenheiten. In bezug auf Jülich verhieß Wallenstein in Wien dahin zu wirken, daß dem Prozeß ein Ende gemacht werde. Schwarzenberg hatte keinen Zweifel, daß dies in seiner Macht stehe. Dagegen riet er dem Kurfürsten, auf Jägerndorf Verzicht zu leisten, das ohnehin kein Fürstentum sei, sondern ein Landgut und nur wenig eintrage: Er möge sich dafür etwas anderes außerhalb erbitten. Den Anspruch Brandenburgs auf Pommern erkannte Wallenstein unbedingt an; er meinte, es würde besser sein, wenn der Herzog auf der Stelle mit Tod abginge; dann würde sich alles einrichten, und auf Mecklenburg mache er nur für sein Haus Anspruch. Das werde eher abgehen, als das der mecklenburgischen Fürsten; dann würde auch Mecklenburg an Brandenburg kommen.

Welch eine Förderung würde es für Wallenstein gewesen sein, sein Haus mit dem brandenburgischen so eng zu verbinden, wie er vorhatte.

Einverstanden mit Brandenburg und Pommern und Herr und Meister von Mecklenburg, schickte sich der Herzog von Friedland an, die Belagerung von Stralsund, die bisher noch keinen Erfolg gehabt, zum Ziele zu führen. Man schreibt ihm das Wort zu: es müsse herunter und wenn es mit eisernen Ketten an den Himmel gebunden wäre; doch findet sich dafür kein glaubwürdiges Zeugnis. Wohl hat er einst in einer Audienz den stralsundischen Gesandten, indem er mit der Hand über den Tisch fuhr, gesagt, so wolle er auch ihrer Stadt tun, gleich als denke er sie vom Boden zu vertilgen – ein Drohwort, wie er es in momentaner Aufwallung nicht selten vernehmen ließ; mit aller Bestimmtheit aber darf man sagen, daß seine wohlbedachte Absicht damals nicht so weit ging. »Ich will mit den Stralsundern unterhandeln«, sagt er in einem Brief an Arnim. »Wenn ich ihnen einen Schlag beibringen kann«, fügt er hinzu, »so will ich es nicht unterlassen, denn sie sind Schelme.« Die Hauptsache war doch die durch die Gewaltmittel zu fördernde Unterhandlung. Indem er gegen Ende Juni wider die Stadt heranrückte, mit einer Heeresmacht, die man auf 20.000 Mann schätzte, und einem trefflichen Geschütz, das ihm aus brandenburgischen und pommerschen Zeughäusern geliefert worden war und auf dessen Wirkung er hauptsächlich zählte, erklärte er sich doch zu allem, was recht und billig sei, bereit, wenn die Stadt dem Kaiser gehorsam bleiben wolle. Seine Ankunft vor den Mauern bezeichnete er mit einem heftigen Sturm gegen das Frankentor, welches durch zwei Reihen von Verschanzungen gedeckt war; die äußeren wurden genommen. Von einem plötzlichen Schrecken ergriffen, wichen die Bürger auch von den inneren nach dem Tor zurück: Sie können sich ihre Rettung nur dadurch erklären, daß Gott für sie ins Mittel getreten sei. Das Ereignis ist, daß die eingetroffenen dänischen und schwedischen Hilfsvölker, besonders die Schotten unter den ersteren, den Kaiserlichen einen Widerstand leisteten, vor dem diese, auch ihrerseits nicht gemeint alles an alles zu setzen und des Stürmens müde, zurückwichen. Die zwar glücklich bestandene, aber noch immer obschwebende Gefahr des Untergangs und der Zerstörung brachte in der Stadt einen erschreckenden Eindruck hervor. Viele flüchteten ihre beste Habe auf die Schiffe; andere, namentlich eine Anzahl Frauen, fuhren nach Schweden davon. Es gewann nun doch das Ansehen, als ob Wallenstein auf diese Weise zu seinem vornehmsten Zweck gelangen würde. Die Stadt schickte dem »christlichen hochtapferen Reichsfürsten, auf dessen Gerechtigkeit und Billigkeit, Gnade und Huld sie vertraue« ihre Abgeordneten in sein Lager im Hainholz. Er machte ihnen dann Vorschläge, die alles enthielten, was nur erwartet werden konnte; er versprach Vergessenheit alles Vergangenen und bestand weder auf den Dänholm noch auf die Aufnahme einer kaiserlichen Besatzung; er verlangte nur eine Besatzung mit herzoglichem Volk, welches zugleich dem Kaiser, dem Landesfürsten sowie dessen Erben und der Stadt verpflichtet sein solle. Denn nicht auf Zerstörung der Stadt war sein Sinn gerichtet, er wollte sie nur von den fremden Königen losreißen und sich des Vorteils ihrer geographischen Lage im Sinne der kaiserlichen Politik bedienen.

Seine Anwesenheit, das Vorrücken der Belagerungsarbeiten, die Wirkung der Geschütze bewirkten in der Tat, daß der Rat und ein Teil der Bürgerschaft, welche die Stadt nicht zugrunde gehen lassen wollten, doch noch zu dem Entschluß kamen, die Bedingungen anzunehmen, die ihnen Friedland setzte. Sie erklärten sich bereit, eine herzogliche Garnison von 2.000 bis 3.000 Mann aufzunehmen und nichts zu begehen, wodurch die Landesobrigkeit verletzt werden könne. Am 14. Juli ist eine Punktation darüber aufgenommen und bereits ein Schreiben abgefaßt worden, um bei den beiden Königen diesen Schritt mit der äußersten Not und Gefahr, in der man schwebe, zu entschuldigen.

Lief nicht aber auch dies der einmal eingegangenen, feierlichen Vereinbarung entgegen? Man begreift es, daß, als die Punktation der Bürgerschaft vorgelegt wurde, von den vier Quartieren derselben nur ein einziges sie ohne Einschränkung annahm.

Die Bürger hatten zwei Einwendungen dagegen. Sie meinten, daß die herzogliche Besatzung bei der ungeheuren Übermacht, welche der Kaiser und sein General im Land besaßen, wie man sich auch anstelle, doch immer eine kaiserliche sein werde; die andere, daß man damit das eben eingegangene Bundesverhältnis mit den beiden Königen brechen würde. Unmittelbar vor der Ankunft Wallensteins, im Gedränge der Befürchtungen und Hoffnungen war ein Traktat mit Schweden verabredet worden, zum gemeinschaftlichen Schutz der Ostsee und der Kommerzien, in welchem zwar die Verwandtnis der Stadt zu Kaiser und Reich sowie zum Landesfürsten vorbehalten, aber doch zugleich eine beständige Verbindung mit der Krone Schwedens zugesagt wurde. Wie ließ sich die Reichsangehörigkeit und ein dauerndes Verhältnis mit Schweden zugleich behaupten? Darin lag die große Streitfrage: Devotion gegen den Kaiser oder Allianz mit den benachbarten Königen. Noch war der Vertrag mit Schweden nicht ratifiziert; die Verhandlungen mit dem kaiserlichen General konnten dem zum Trotz ihren Fortgang haben. Der Rat und ein Teil der Bürgerschaft neigten sich zu einer wenn auch sehr bedingten Unterwerfung unter den Kaiser; denn es war das Altherkömmliche, entsprach einem tiefen nationalen Gefühl, das noch immer in den Gemütern lebte, und sicherte jetzt zugleich vor den friedländischen Geschützen, deren drohender Donner alle Tage zu vernehmen war. Andere aber, und zwar die meisten, waren dagegen. Sie sahen in Friedland den Repräsentanten einer ihnen prinzipiell feindseligen Gewalt. Wohin würde man wohl ohne die Hilfe der fremden Truppen bei den letzten Stürmen gekommen sein; man war den Königen dankbar und fühlte sich ihnen durch das kommerzielle Interesse und die Gemeinschaft der Religion auf das engste verbunden.

Unter mannigfachen Unterhandlungen schwankte noch alles hin und her, als Wallenstein innewurde, daß die nordischen Könige in diesem Augenblick ihm auf der Ostsee überlegen geworden waren.

Am 20. Juli erschien der König von Dänemark mit 200 Fahrzeugen und einer Mannschaft von 8.000 Mann an Bord, in den Gewässern von Rügen. Er traf Veranstaltung, den Kaiserlichen den Übergang dahin zu sperren: Man hörte seine Kartaunen die Schanzen beschießen. So war Gustav Adolf, durchdrungen davon, daß der Fall von Stralsund unmittelbar einen Angriff auf die schwedischen Küsten zur Folge haben werde, zu dem Entschluß gelangt, einen ansehnlichen Teil seines Heeres dahin abgehen zu lassen, um es zu entsetzen. Eine Abteilung war bereits unterwegs. Der See nicht mächtig, was konnte Wallenstein gegen die Könige ausrichten? Er besorgte sogar, wenn er sich weiter in die Fortsetzung der Belagerung verwickelte, so würden die Schweden vielleicht zu einem Unternehmen auf Kolberg schreiten, die Dänen sich gegen Warnemünde wenden, ohne daß er Truppen frei habe, um sie abzuwehren.

Noch hielten die Stralsunder stand und faßten sogar Mut zu Ausfällen, bei denen sie wieder Erfolg hatten. Vor ihnen allein wäre aber Wallenstein wohl nie zurückgewichen. Was ihn dazu bewog, war die Gefahr, daß, während er Stralsund zu nehmen trachte, der rührige Feind einen oder den anderen Seeplatz angreifen und in seine Hände bringen oder selbst ihm in den Rücken kommen könne.

Als die dänische Flotte bei Rügen anlegte, scheint er sofort seinen Entschluß gefaßt zu haben. Am 24. Juli traf er eine Verabredung mit dem Herzog von Pommern; am 25. verließ er sein Lager vor Stralsund, um sich nach seiner mecklenburgischen Hauptstadt Güstrow zu begeben.

Einige Tage darauf hatten die Stralsunder das Vergnügen, die Kaiserlichen ihre Schanzen eine nach der anderen verlassen zu sehen. Anfang August konnte die Belagerung, an welche das Schicksal der nordischen Welt geknüpft war, als aufgehoben betrachtet werden.

In derselben Zeit ist noch eine andere Stadt unter ähnlichen Umständen belagert worden: Rochelle. Wie in Deutschland, so erreichte die vordringende katholische Reaktion auch in Frankreich die äußersten Spitzen des Landes; Rochelle wehrte sich mit demselben Heldenmut wie Stralsund. Wie dies von den nordischen Mächten, so erhielt jenes Hilfe von England, und an sich konnte Karl I. nicht für minder tatkräftig gehalten werden, als Christian IV.; aber bei weitem großartigere Anstrengungen machte Richelieu gegen Rochelle, als Wallenstein und die kaiserliche Armee. Diese konnte den Dänholm nicht behaupten, die Reede von Stralsund blieb allezeit für dänische und schwedische Hilfe offen; dagegen schloß Richelieu den Hafen von Rochelle, so daß die Versuche der Engländer es zu unterstützen, scheiterten; er fesselte, wie man sagen durfte, den Ozean. Der Protestantismus in Frankreich wurde des großen Bollwerkes seiner Unabhängigkeit beraubt: Rochelle dem König unbedingt unterworfen. Dagegen behauptete sich Stralsund ungebeugt in seiner Widersetzlichkeit gegen den Kaiser, obgleich er mit der territorialen Autorität des Landes vereinigt war; es ließ die Fahnen des europäischen Protestantismus von seinen Zinnen fliegen.

Der spätere Charakter der politischen Gewalt in Deutschland und in Frankreich wurde großenteils durch die Verschiedenheit dieses Ausgangs bestimmt.

Aber dabei wirkte noch ein anderes Motiv mit. Wenn die Katholiken sich wie ein Mann um den König von Frankreich scharten, so war das in Deutschland nicht der Fall. In dem Gefühl, daß er zur Eroberung der Stadt nicht stark genug sei, hatte sich Wallenstein an Tilly gewandt, der kurz zuvor Stade genommen und dann von allen weiteren Unternehmungen absehend zur Pflege seiner Gesundheit nach Wiesbaden gegangen war, und ihn um Überlassung einiger Regimenter ersucht, deren er auf das dringendste bedurfte; dieser fragte darüber bei seinen Oberen, den Kurfürsten von Bayern und von Mainz an. Maximilian war nicht geradezu dagegen, weil er noch immer ein gutes Verhältnis zu dem Kaiser sowohl wie Spanien aufrechtzuerhalten für nützlich hielt. Aber wenn er doch auch die Besorgnis aussprach, daß das Kriegsvolk zugrunde gerichtet und Friedland in seinen bösen Absichten gegen die gehorsamen Reichsstände gestärkt werden würde, so waren dies Betrachtungen, welche den Kurfürsten von Mainz bewogen, sich mit Entschiedenheit dagegen zu erklären. Der General möge erst seine Werbungen einstellen und in bezug auf die Quartiere nachgeben, sonst würde die Hilfeleistung ihn stärken und die Liga schwächen.

So versagte das Oberhaupt der katholischen Hierarchie in Deutschland dem Feldhauptmann des Reiches seine Mitwirkung, die damals hätte entscheidend werden können zur Unterwerfung des letzten Bollwerkes des Protestantismus im Reich, das den Widerstand aufrechterhielt. Denn so stark auch der Religionshaß gegen die gemeinschaftlichen Gegner wirkte, so war doch die Sorge, welche die katholischen Stände für ihr eigenes unangetastetes Bestehen trugen, noch stärker.

Wollte man die Macht der Geister wägen, die damals in Pommern über die Geschicke Deutschlands und des nördlichen Europa miteinander kämpften, so dürfte man der Energie des protestantischen Widerstandes, der dort wenn nicht geradezu obsiegte, aber endlich doch noch einmal standhielt, den Preis zuerkennen. Jene stralsundischen Bürgermeister und Worthalter, Steinwig, Gosen, Hasert, Koch haben sich eine Stelle in der allgemeinen Geschichte verdient, zur Seite der nordischen Könige und ihrer Minister.

Auf der Stelle zeigte sich, wie vollkommen recht Wallenstein gehabt hatte, die Belagerung in eine Blockade von ein paar Schanzen hier zu verwandeln und sich für seine Hauptmacht die Hände freizumachen.

In den ersten Tagen des August landete Christian IV. im Rükken derselben in Usedom. Er hatte nur die Ankunft der Schweden vor Stralsund abgewartet, um von Rügen aufzubrechen. Sein Landheer bestand auch jetzt hauptsächlich aus Schotten und Franzosen. Er nahm die Schanzen von Peenemünde ein und bald darauf das Schloß zu Wolgast, wohin der Herzog von Pommern seine Geschütze und seine beste Habe in Sicherheit gebracht hatte.

Wallenstein war eben in Güstrow damit beschäftigt, die Verhältnisse in Mecklenburg fester zu bestimmen; noch immer als Pfandträger – er unterzeichnete noch immer: H. z. F., Herzog zu Friedland –, verhandelte er mit den Ständen über die für die Soldaten aufzubringende monatliche Steuer, als er diese Nachricht empfing.

In welche Lage wäre er geraten, wenn Christian IV. sich in Wolgast behauptet hätte. Selbst des Herzogs von Pommern war er nicht sicher, wieviel weniger seiner Untertanen, auch seiner Truppen. Den Befehlshaber in Wolgast hielt man für fähig, den Ort ohne Not aufgegeben zu haben. Der Erfolg von Stralsund hatte einen Geist der Opposition im Land erweckt, den man allenthalben spürte. In Mecklenburg regte sich die Sympathie für die verjagten Fürsten, die im niedersächsischen Kreis, in Magdeburg, waren. Wallenstein klagte über die »Impertinenzen« der Städte.

Da war kein Augenblick zu versäumen. Wallenstein zog das verfügbare, auch das in jenen Schanzen entbehrliche Kriegsvolk bei Greifswald zusammen und ging unverzüglich auf Wolgast los, ehe es noch durch neue Verschanzungen befestigt und unzugänglich geworden. An dem vornehmsten Paß, bei Moor und Wald, fand er jedoch die dänische Armee, unter der persönlichen Führung des Königs und seines Prinzen, so gut und so stark aufgestellt, daß er zum Angriff zu schreiten Bedenken trug. Er begnügte sich den Feind durch seine Geschütze, deren er neun bei sich führte, zu beschäftigen. Und indes ward ein anderer Paß über den Morast gesucht und glücklich gefunden, welchen etwa zehn Mann auf einmal passieren konnten; das Wasser ging ihnen bis an die Knie. Wallenstein ließ ein paar hundert Mann hindurchgehen, die imstande waren, ihn zu behaupten. Eigentlich war seine Absicht, erst den folgenden Tag zu einer vollen, wohlvorbereiteten Aktion zu schreiten. Aber indem nahm man wahr, daß das dänische Fußvolk, durch die Auffindung und Besetzung des zweiten Passes erschreckt, an der Stelle, wo es den Kaiserlichen gegenüberstand, zu weichen anfing. Hierauf ließ Wallenstein seine Kavallerie, in der seine Überlegenheit bestand, angreifen. Sie durchbrach die angefangenen Verschanzungen, wurde zwar einmal zurückgeworfen, sammelte sich aber wieder und drang aufs neue mit verdoppelter Heftigkeit vor, so daß Fußvolk und Reiterei des Königs vollkommen zersprengt wurden. Christian IV. suchte seine Rettung auf dem Schloß. Da aber Wallenstein unverweilt die Stadt besetzen ließ und mit seiner Hauptmacht auf einer nahen Höhe die Nacht hindurch eine drohende Haltung annahm, hielt es Christian IV. für ratsam, sich auf seine Schiffe zurückzuziehen; Kanonen und Munition, die besten Schätze des Schlosses, auch die archivalischen, führte er mit sich davon. Nach kurzer Zeit kapitulierte die Besatzung, die er auf dem Schloß zurückgelassen.

Für Wallenstein eine charakteristische Waffentat, in welcher er, mit Raschheit und Umsicht, die drei Waffen aufs beste verwendet hat: und zugleich eine der bedeutendsten in ihren Folgen.

Denn dadurch wurde die Herrschaft des Kaisers, mit Ausnahme Stralsunds, über das gesamte diesseitige und jenseitige Pommern behauptet und Mecklenburg zu vollem Gehorsam genötigt; die Stände mußten sich nun der angeordneten Kontributions-ordonnanz fügen, wenn sie nicht, wie Wallenstein sagte, ihm zu etwas anderem Anlaß geben wollten. Denn er werde sich nicht behandeln lassen, wie die Herzöge bisher behandelt worden. Er werde es nicht leiden. Rostock, das die Rechte einer freien Stadt zu behaupten suchte, konnte sich nicht länger weigern, eine kaiserliche Besatzung aufzunehmen. Wie war da Brandenburg, in der Mitte zwischen diesen beiden Herzogtümern und Schlesien, und selbst mit Einquartierungen heimgesucht, so ganz gefesselt.

Ob man aber, selbst in dieser Lage, den Krieg mit Dänemark weiterführen könne, war doch sehr zweifelhaft.

Friede zu Lübeck

Wohl hatte Tilly schon im März 1628 Stade eingenommen, und als nun im Spätjahr Wallenstein Mecklenburg verließ und wieder in Holstein erschien, gelang es ihm Krempe zu nehmen; indem er sich zum Sturm anschickte, ergab sich der Platz, dem alle Zufuhr abgeschnitten war. Aber weder das eine noch das andere konnte als entscheidend betrachtet werden. Der Widerstand der Dänen an dieser Seite konzentrierte sich in Glückstadt, das in ungehin-derter Verbindung mit Holland und England durch die Nähe der eigenen Marine noch besonders unterstützt wurde. In dem allge-meinen Ruin hatte dort Marquard Rantzau den Ruf eines tüch-tigen Kapitäns erworben. Er hatte die Deiche und Außenwerke erneuert und die Mittel herbeigeschafft, auch die Soldaten immer munter und unternehmend zu erhalten: Im Sommer 1628 waren die Angriffe der Kaiserlichen wie dort an Stralsund, so hier an Glückstadt gescheitert; auch Wallenstein konnte nichts gegen den Platz ausrichten. In den Marschen war bei eintretenden Spring-fluten und Überschwemmungen seines Bleibens nicht. Im Januar 1629 erlebte man vielmehr, daß die Besatzung die Quartiere der Kaiserlichen auf der Geest überfiel und ihre Werke zerstörte.

Es trifft sehr in die allgemeinen europäischen Verwicklungen, daß die Spanier mit oder ohne die Kaiserlichen die Insel Sylt zu einem Stapelplatz ihres Handels zu machen dachten, und die englischen Hilfsvölker, die noch in Glückstadt waren, von daher kommend an Sylt anlegten und dann die in Nordstrand errichtete kaiserliche Schanze zerstörten, worauf sie sich nach Schleswig wandten und Tondern einnahmen.

Was ließ sich überhaupt gegen Dänemark ausrichten ohne Seemacht?

Wie die Sachen standen, mußte man eher einen gefährlichen Angriff zugleich von Dänemark und Schweden auf die an der deutschen Küste eingenommenen Positionen erwarten.

Der König von Schweden, der durch Übereinkunft mit Dänemark die Behauptung von Stralsund allein übernommen, ging mit dem Plan um, sich als Protektor der Seestädte aufzustellen und ihre gesamte Macht unter seiner Führung zu vereinigen. Ein Glück war es noch, daß diese aus Rücksicht auf die Übermacht der Kaiserlichen zu Land nicht darauf eingingen. Aber ebensowenig mochten sie dem Kaiser Hilfe leisten; sie verweigerten es auf das bestimmteste. Wir werden der Umstände noch gedenken, die es auch für die Spanier zu einer Sache der Unmöglichkeit machten, gegen die Dänen Hilfe zu leisten.

In dieser Lage bildete sich unter Kaiserlichen und Ligisten die Meinung aus, daß man den Krieg nicht länger fortsetzen könne. Denn an Offensive könne man nicht denken, da man keine Schiffe habe, um den König auf seinen Inseln heimzusuchen, und die Verteidigung der Küste, die sich längs der Ostsee dritthalbhundert Meilen hin erstreckte, sei unmöglich, wenn der König etwas vom Krieg verstehe. Er könne sie, wo ihm beliebe, anfallen: Würden die Kaiserlichen sich irgendwo zusammenziehen, so würden sie ihm das Land an den übrigen Stellen offenlassen; würden sie sich über die ganze Küste ausdehnen, so würden sie an jedem einzelnen Punkt zu schwach sein. Was man auch versuche und veranstalte, binnen zehn Jahren werde man der dänischen Seemacht nicht gewachsen sein.

Man kam zu dem Ergebnis, da man bei fernerem Krieg nicht gewinnen, sondern nur verlieren könne, so müsse man Frieden schließen. Um die Bedingungen zu vereinbaren, versammelte sich zu Anfang des Jahres 1629 ein Kongreß in Lübeck, an welchem auch die Bevollmächtigten der Liga teilnahmen.

Anfangs ist man hier einander noch einmal mit den alten Forderungen entgegengetreten. Von deutscher Seite drang man auf die Abtretung der Landschaften, die der Kaiser in Besitz genommen, von dänisch-holsteinischer auf die Herstellung der Freiheit der Religionsübung in Deutschland und die Beobachtung der Reichskonstitution nach Maßgabe der kaiserlichen Kapitulation. In diesem Sinne instruierte auch Gustav Adolf seine Gesandten, die er für den Kongreß abordnete, und zwar noch unumwundener: Ober- und Niedersachsen sollten in den Zustand, in welchem sie im Jahre 1620 gewesen, hergestellt, die Fürsten von Mecklenburg, wenn sie ja eine Schuld treffe, höchstens zu einer Geldbuße verurteilt werden.

Hätten sich Schweden und Dänemark in diesem Sinne verständigt – und an Hilfe zur See würde es ihnen nicht gefehlt haben, die Emissare der fremden Höfe drängten dazu hin –, so würden die deutschen Küsten nicht verteidigt, in dem Innern des Reiches schwerlich ein Umschlag haben vermieden werden können; ein einziger Sieg der Schweden über die Polen würde dann auch die erbländischen Unruhen wieder erweckt und eine neue Kriegsbewegung im Osten hervorgebracht haben. Der ganze Erfolg der bisherigen Siege würde in Frage gestellt worden sein.

Großes Aufsehen machte es, daß die beiden Könige im Februar 1629 eine Zusammenkunft in Schonen hielten. Sie fand auf einem Pfarrhof in altnordischer Einfachheit statt: Es gab wenig zu essen; man trank um so mehr schlechten Wein, der noch dazu gefroren gewesen war. Die Verhandlung war jedoch von der höchsten Wichtigkeit. Gustav Adolf trug auf eine Festsetzung der Friedensbedingungen an, auf denen man gemeinschaftlich bestehen wolle, und brachte dann Art und Weise, wie der deutsche Krieg zu führen sei, zur Sprache. So weit aber wollte sich König Christian nicht einlassen. Er hatte sich mit den Schweden zur Behauptung des gemeinschaftlichen baltischen Interesses verbunden; in dem Innern des deutschen Reiches wollte er sie nicht sehen. In ihm schlug noch die Ader eines deutschen Reichsfürsten; er fragte mit einiger Hastigkeit, was Gustav Adolf mit Kaiser und Reich zu schaffen habe. Der König von Schweden, der die Antipathie des Nachbars nicht erwecken wollte, zog es vor zu schweigen. Von einem Einverständnis blieb man weit entfernt: Aber Christian IV. hatte insofern seinen Zweck erreicht, als man in Deutschland ein solches befürchtete.

Den dringenden und doch zugleich mehr als man wußte günstigen Moment ergriff nun Wallenstein mit entscheidendem

Entschluß. Seine Meinung und sein Rat war, dem König Christian Holstein, Schleswig und Jütland zurückzugeben, und zwar unentgeltlich, ohne eine Forderung der Kriegskosten, wie sie die Liga aufstellte. Um keinen Preis wollte er die schwedischen Abgeordneten, welche alles gestört haben würden, bei den Unterhandlungen zulassen: Er versagte ihnen ihre Pässe nach Lübeck; aber auch die ligistischen Delegierten, von denen sich neue Weiterungen erwarten ließen, die eine sehr gefährliche Folge haben könnten, schloß er von den eigentlichen Unterhandlungen aus. Nicht allein auf eine Pazifikation mit Dänemark kam es ihm an, sondern auf eine enge Verbindung zwischen König und Kaiser.

Für Dänemark war es gewiß eines der wirksamsten Motive, daß es ohne Schweden gegen Deutschland nicht viel ausrichten und Schweden doch unmöglich ins Reich eingreifen lassen konnte; für die Stellung, die der Kaiser im nördlichen Deutschland und dem östlichen Europa einnahm, konnte ebenfalls nichts wichtiger sein, als Dänemark von Schweden nun loszureißen.

Eine große Konzession bildete es von seiten des Kaisers, daß er sich entschloß, die eroberten Länder zurückzugeben; aber einen fast nicht minderen Gewinn, daß Christian IV. seinerseits alle Einwirkung, außer der, die ihm als Territorialfürsten zustehe, aufgab. Er verzichtete auf die niedersächsischen Stifte, für sich selbst und seine Söhne; von seinem Kreisoberstenamt war nicht mehr die Rede. Er verpflichtete sich ausdrücklich dem Kaiser in seiner kaiserlichen Regierung nicht zuwider zu sein, was doch nichts anderes heißt, als daß er sich gefallen lassen werde, was der Kaiser in Deutschland verfüge. Bisher hatte er seine Bundesgenossen durch einen Artikel, in welchem der Kaiser verspräche, niemand gegen ordentliche Rechte zu beschweren, wenigstens einigermaßen zu sichern gesucht; auf die Antwort, das sei ja auch der Sinn des Kaisers nicht, gab er die Einschaltung dieses Artikels auf.

Soviel wir hören, hat er in bezug auf die Herzöge von Mecklenburg, die wegen des Eifers, mit dem sie sich ihm angeschlossen, aus ihrem Land verwiesen waren, einen Skrupel gehabt; man hat ihm aber denselben ausgeredet, denn er sei von ihnen zuerst verlassen worden.

Vornehmlich dadurch wurde die Politik Wallensteins bestimmt, daß Dänemark ihm den Besitz von Mecklenburg zugestand, Schweden bestritt. Zuweilen haben damals die wallenstein-mecklenburgischen und die schwedischen Schiffe vor den Häfen von Wismar und Rostock miteinander geschlagen.

Der König hat sich später noch einmal für seine Vettern, die Herzöge, verwandt, aber unter der ausdrücklichen Beschränkung, daß er damit dem getroffenen Vergleich nicht entgegenhandeln wolle. Wohlmeinende Worte, aber ohne Bedeutung. Denn indes war die Sache unter Einfluß seines Vergleiches selbst am kaiserlichen Hof entschieden.

Der Kaiser versichert, er habe die von den Herzögen beigebrachten Entschuldigungen reiflich erwägen lassen, aber aus ihrem Inhalt und den Landtagsakten sei, was er früher nur als bekannt angenommen, erst recht gründlich bestätigt worden: indem sie sich mit Dänemark wider den römischen Kaiser in Kriegsverfassung setzten und darin bis zur Entscheidung der Waffen verharrten. Und nicht um Sieg allein sei es zu tun gewesen: Er hätte darüber selbst von Land und Leuten kommen können. Man hat in Wien noch einmal erinnert, daß er sich darüber mit dem König von Schweden in offenen Krieg verwickeln könne. Die Antwort war, von dem wäre nichts zu fürchten, da er in Preußen den Krieg gegen Polen führen müsse.

Unmittelbar, nachdem der Lübecker Friede zum Abschluß gekommen war, sprach der Kaiser die Entsetzung der beiden Herzöge und ihrer Nachkommenschaft von dem gehabten Land und Leuten zu ewigen Tagen aus und übertrug das Herzogtum Mecklenburg, Fürstentum Wenden, Grafschaft Schwerin, die Herrschaft der Lande Rostock und Stargard dem Herzog von Friedland, wegen der Dienste, die er mit heroischem Valor geleistet habe und noch zu leisten vermöge, mit allen ihren Hoheiten, Ehren, Rechten und Gerechtigkeiten. Er erklärte ihn und seine Erben durch feierliche Belehnung zu Vasallen des heiligen Reichs und Herzogen von Mecklenburg und wies die Stände an, sich gegen ihn zu verhalten, wie es getreuen Untertanen zukommt.

Das erste Edikt, in welchem sich Wallenstein »Herzog von Mecklenburg« schreibt, ist vom 20. Juni 1629; es betrifft die Kontribution. Wie den Friedländischen Engel und den Saganschen Adler, nahm er nun auch den Mecklenburgischen Stierkopf, den Rostockschen Greif in sein Wappen. So erscheint es bereits auf einer Münze von 1629, mit dem Goldenen Vlies umgeben.

Welche prächtigen Gebiete: in Böhmen, Schlesien und Norddeutschland, vom hohen Gebirge bis zur See. Wallenstein legte Hand an, sie in eine administrative Verbindung zu bringen; für ihr Emporkommen trug er sich mit den großartigsten Entwürfen. Der ozeanisch-baltischen Admiralschaft, von der jetzt nicht mehr die Rede war, hatte es entsprochen, wenn er einmal die Absicht ankündigte, die Ostsee, wie er sich hochtrabend ausdrückte, in den Ozean abzuleiten; in seinen mecklenburgischen Kammern hat man sich aber in der Tat mit dem Gedanken der alten mecklenburgischen Fürsten beschäftigt, einen Kanal von Wismar durch die Schwerinschen Seen nach der Elbe zu führen; ein Werk, das einen unbeschreiblichen Vorteil verhieß.

Wallenstein hatte keinen Sohn; aber bereits war eine Disposition getroffen, nach welcher sein Vetter Maximilian des Geschlechtes derer von Waldstein, zweiter Sohn des Oberstburggrafen Adam, und dessen Nachkommen nach dem Recht der Erstgeburt ihn beerben sollten. In diese Bestimmung schloß er jetzt die mecklenburgischen Lande ein: Er verordnete »als ein Herzog und Fürst des Heiligen Römischen Reiches, im Namen des Allerhöchsten«. Von dem Ehrgeiz großer Emporkömmlinge, eine Dynastie auf immer zu gründen, gleich den großen Fürsten der Welt, war auch Wallenstein erfüllt.

Daß er aber dafür weiter werde kämpfen müssen, darüber konnte er sich nicht täuschen. Denn noch war sein Besitz nicht anerkannt, nicht einmal im Reich, noch viel weniger in Europa.

KAPITEL 5

Epoche des Restitutionsediktes

Wallenstein und die Kurfürsten

VON ANFANG WAR es die politische Stellung von Österreich, zu deren Verteidigung Wallenstein die Waffen ergriffen hatte. Er akzeptierte die intime Vereinigung des deutschen Österreich mit Spanien, durch die er selbst emporgekommen war, und verfocht sie, obwohl nicht gleichmäßig in jeder Form, die sie annahm, an seiner Stelle. Seine eigene Macht und fürstliche Würde war damit identifiziert und repräsentierte das gewonnene Übergewicht.

Eigentümlich bedeutend war die Stellung, die er schon seit einem Jahr im Reich einnahm, und konnte es noch mehr werden.

Wallenstein setzte sich zum Ziel, vor allem die Macht des Kaisertums herzustellen, auf die er seine eigene Tätigkeit basierte. Denn nur auf eine oberste Autorität gestützt, konnte er sein Heer aufbringen, im Reich erhalten, über die weitesten Gebiete ausdehnen, zugleich die Gegner als Rebellen behandeln, und die große Waffe des Kaisertums anwenden, das Recht der Konfiskation; die Aussicht, an diesem ungeheuren Erwerb Anteil zu nehmen, hielt sein Heer zusammen; es war, obwohl durch seine persönlichen Anstrengungen und seine Vorschüsse zusammengebracht, doch auf den Namen des Kaisers geworben.

Der Gedanke der Religion, der einst bei der Dämpfung der böhmischen Rebellion, in der sich Protestantismus und ständische Rechte verbanden, eine so große Rolle gespielt hatte, trat hierbei weit zurück. Bei jener Abkunft mit Eggenberg nach dem türkischen Feldzug, deren wir gedacht, hatte sich Wallenstein ausdrücklich ausbedungen, daß er sein Heer so gut aus Protestanten zusammensetzen könne, wie aus Katholiken. Eine Anzahl von Fürstensöhnen aus protestantischen Häusern, Lüneburg, Lauenburg, Holstein, dienten in seinem Heer. Einer seiner damaligen vornehmsten Kriegsgehilfen, Hans Georg von Arnim, war ein unerschütterlicher Protestant. Man bemerkte, daß die Regimenter, die sie befehligten, großenteils in protestantischen Landschaften einquartiert wurden und sich mit der Population in erträglich gutem Verhältnis hielten. Wie hätte der General an ihrer Spitze die Wiederherstellung und Ausbreitung des Katholizismus zu seinem besonderen Zweck machen können?

Bei ihm beherrschte die Idee der militärischen Autorität alles andere. Wir kennen die Konflikte, in die er wegen seiner Werbungen und Durchzüge mit den Fürsten der Liga und ihrem Heer geriet. Wenn dieselben im Jahre 1627 noch so leidlich vermittelt wurden, so daß Tilly selbst an dem Feldzug nach Holstein anfangs teilnahm, so brachen sie gleich darauf, sobald man keinen mächtigen Feind im Feld gegenüber hatte und die Vorteile des Sieges zu verteilen waren, in vollen Hader aus. Mit scharfem Befehl hatte Wallenstein, schon voll von seinem Erwerbungsplan, das Heer der Liga von den Quartieren in Mecklenburg ausgeschlossen, was diese, die auch ihrerseits nicht ohne Absicht auf das Land war, auf das empfindlichste verletzte.

Das Verhältnis mag daran ermessen werden, daß die katholischen Kurfürsten schon gegen Ende des Jahres 1627 in wenig verhüllten Worten auf die Enthebung Wallensteins vom Generalat antrugen und dieser dagegen die Meinung kundgab, nur dem Kaiser stehe es zu, Garnisonen in den eingenommenen Plätzen zu haben, nicht der Liga.

Und ohne alle Rücksicht auf die erhobenen Klagen, gemachten Erinnerungen, wurden die Regimenter Wallensteins unaufhörlich verstärkt. Man hatte gemeint, die schwachen würden aufgelöst und ihr Bestand den übrigen hinzugefügt werden; aber die Werbungen gingen vielmehr mit so vielem Erfolg fort, daß auch jene zu einer regelmäßigen Stärke gebracht wurden. Die Kaiserlichen behaupteten nicht allein ihre alten Quartiere, sondern erweiterten sie unaufhörlich. Der Unwille, den die Ligisten hierüber faßten, war der Grund, weshalb sich im Sommer 1628 Wallenstein vor Stralsund so ganz vergeblich um eine Hilfe bemühte, die dort hätte entscheidend werden können. Ganz im Gegenteil, man ging darüber zu Rate, wie die Bundesarmee zur Abwehr der Bedrückungen der friedländischen Soldateska verwendet werden könne.

Der Generalfeldhauptmann versäumte nichts, um die Exzesse der Truppen zu verhindern. Aber das meiste mußte dabei doch den unteren Befehlshabern überlassen werden. Und in der Natur dieses durch freie Beteiligung und Hoffnung auf Genuß und Gewinn zusammengebrachten Heeres lag es, daß eine strenge Manneszucht doch nicht gehandhabt werden konnte. Dies war von jeher die unglückliche Eigenschaft deutscher Landsknechtshaufen gewesen. Bei dem Übergang der Kriegführung in größere militärische Körper trat sie noch einmal auf das stärkste hervor. Die Bewegungen der Regimenter waren mit Gewaltsamkeiten und Verwüstungen bezeichnet. Und an eine allgemeine Ordnung war um so weniger zu denken, da die oberste Leitung selbst gespalten war. Einander gegenüber suchten die beiden Armeen sich wechselseitig die besseren Quartiere abzugewinnen. Es war nahe daran, daß sie gegeneinander die Waffen ergriffen hätten.

Die alten Ordnungen und Institute, durch welche die Landschaften sich zu schützen gedacht hatten, wurden nicht mehr beobachtet. Die Durchzüge wurden unternommen, ohne bei den Landesobrigkeiten anzufragen; denn diese selber wurden mehr oder minder als Feinde angesehen. Die Gewalt mit Gewalt zurückzutreiben waren sie bei weitem zu schwach.

Die ganze bestehende Verfassung, aus anderen Zuständen hervorgegangen und den militärischen Einrichtungen früherer Zeiten entsprechend, geriet dadurch in Frage.

Und widersprach nicht die Aufstellung eines Heeres mit der absoluten Autorität, wie sie Wallenstein ausübte, der Reichsverfassung selbst? Eben darauf war diese berechnet gewesen, die höchste Gewalt in enge Schranken einzuschließen, die nun nach allen Seiten durchbrochen wurden. Die Aufstellung einer kaiserlichen Armee, in dem Umfang wie sie geschah, unter einem Führer mit den ausgedehntesten Rechten, welcher sich vom Hof her nicht viel gebieten ließ: Denn er selbst wisse am besten, was zur Herstellung der kaiserlichen Autorität gehöre; – mit dem System der Kontributionen, von welchen die Landschaften, und der Konfiskationen, von welchen die Fürsten und Herren heimgesucht wurden, bildete den größten Eingriff in die Reichsverfassung, den man seit Jahrhunderten erlebt hatte.

Da war nun aber nichts so wichtig, als die Übertragung Mecklenburgs an den kaiserlichen Feldhauptmann.

Wiewohl man ein Vorbild dafür in der Übertragung der pfälzischen Kur an Bayern sah, so waltete doch der große Unterschied ob, daß die geistlichen Kurfürsten – in jenem Augenblick die Mehrheit des Kollegiums, an dessen Beistimmung der Kaiser bei Handlungen dieser Art gebunden war – dafür gewesen waren, die Übertragung von Mecklenburg dagegen samt und sonders verwarfen. In dringenden Anschreiben nahmen sie sich der verjagten Herzöge an.

Aber schon war es dahin gekommen, daß sie hierbei auf ihrer Hut sein mußten. Wallenstein hatte seine Truppen in der Wetterau und der Eifel; von dort konnte er jeden Augenblick den Kurfürsten von Mainz, von hier aus den Kurfürsten von Trier überwältigen; Köln war ohnehin unbewehrt. Den Kurfürsten von Brandenburg hatte er durch die Besatzungen in der Mark in Fesseln gelegt. Der Kurfürst von Sachsen ward im Besitz der Lausitz bedroht.

Der einzige, der auf eigenen Füßen stand, war der nunmehrige Träger der pfälzischen Kur, Maximilian von Bayern. Er nahm sich der verjagten Herzöge, die an ihm ihre vornehmste Stütze zu haben meinten, mit besonderem Eifer an. Wie die kurfürstliche Prärogative, so verfocht er auch die Erbrechte der Fürstenhäuser mit lebendiger Sympathie. Die Absicht, aus den Spolien des Hauses Braunschweig Tilly und Pappenheim mit reicher Dotation auszustatten, wies er, obgleich diese Offiziere der Liga waren, ebenso energisch zurück wie die Erhebung Wallensteins zum Herzog von Mecklenburg.

Es war nicht so sehr ein persönlicher Streit, nicht einmal zwischen Friedland und Maximilian, noch viel weniger zwischen den beiden Generalen, der die katholische Welt in Deutschland zersetzte, als der natürliche Gegensatz der großen Stellungen, welche im Kampf ergriffen worden waren: der kaiserlichen, die in ihrer militärischen Repräsentation aller alten Schranken spottete, und der kurfürstlichen, welche, durch die erstere neu konstituiert, doch nun die Befugnisse der alten reichsständischen Opposition für sich in Anspruch nahm.

Wallenstein, der sich auf jedem Schritte durch die Kurfürsten gehemmt und selbst gefährdet sah, ließ sich in seiner hochfahrenden Weise gegen sie vernehmen. Er hatte noch keinen andern Begriff, als den, daß vor der höchsten Gewalt jede andere Berechtigung weichen oder von ihr zugrunde gerichtet werden müsse, wie das vor kurzem die mächtigen Stände in Böhmen erfahren hatten. Waren die Kurfürsten und Fürsten des Reiches nicht ebenfalls Stände? Man hörte ihn sagen: es bedürfe ihrer nicht mehr;

der Kaiser müsse Herr in Deutschland werden, so gut wie die Könige von Frankreich und Spanien in ihren Gebieten das seien. Man sprach damals viel von einer bevorstehenden Kaiserwahl. Man meinte, Wallenstein denke dabei den engen Verpflichtungen, die dem Kaiser bei seiner Wahlkapitulation aufgelegt zu werden pflegten, ein Ende zu machen. Er wollte nichts von den Rücksichten hören, die deshalb auf die Kurfürsten genommen zu werden pflegten. Er ließ verlauten, es bedürfe keiner Wahl; dem Sohne des Kaisers stehe das Recht der Sukzession auch ohne Wahl zu.

An den kurfürstlichen Höfen sammelte man alle Nachrichten aus der Umgebung Wallensteins, die sein hoffärtiges, von großen und weit aussehenden Entwürfen erfülltes Wesen kennzeichneten. Man schloß daraus, er habe die Vernichtung der kurfürstlichen Macht und allgemeine Unterwerfung der Reichsstände beschlossen. Dort in Bingen sprachen sie dem Kaiser die Besorgnis aus, »daß ein neuer unhergekommener Dominat zu endlicher Eversion der löblichen uralten Reichsverfassung eingeführt werden wolle«.

Um es dahin nicht kommen zu lassen, haben sie ihre religiösen Antipathien so weit überwunden, daß sie den beiden protestantischen Kurfürsten eine Vereinigung der Waffen zu diesem Zweck, die Aufstellung einer aus beiden Parteien zusammengesetzten Armee, der kaiserlichen gegenüber, in Vorschlag gebracht haben.

Wohin würden aber Sachsen und vollends Brandenburg geraten sein, wenn sie das Ansehen des Kurfürstentums, soweit es an ihnen haftete, und ihre Truppen der überwiegenden Macht der Liga zur Verfügung gestellt hätten?

Aus der Mitte der kurfürstlichen Mehrheit ging infolge des Einflusses, den sie als die Präeminenz der Kurfürsten repräsentierend ausübte, ein Beschluß hervor, welcher die Gesamtverfassung des Reiches auf ständischer Grundlage und das Fortbestehen der Religion, die sie bekannten, sehr gefährdete.

Das Restitutionsedikt und Kaiser Ferdinand II.

Von allen Fragen, welche die Zukunft der deutschen Nation bestimmen mußten, bei weitem die wichtigste war damals doch die, welche den Protestantismus der geistlichen Stifte in Norddeutschland betraf: große Gebiete, in denen die dem Genius der Nation entsprechende, durch dessen eigenste Anstrengungen ins Leben gerufene Form der Religion die tiefsten Wurzeln geschlagen hatte, die reichsten Früchte hervorzubringen verhieß. Die Übertragung der Stifte an protestantische Administratoren, die man sich bei dem Eingehen des Religionsfriedens und der Annahme des geistlichen Vorbehaltes durch den Sinn, in welchem man diesen auslegte, offengehalten hatte, knüpfte die Fürsten, den Adel, die Städte und die Einwohner der benachbarten Gebiete aneinander und gab ihnen ein Gemeingefühl von einer Größe und Bedeutung, die selbst als ein nationales erscheinen konnte, solange das Gesamtbewußtsein der Nation als solcher unentwickelt oder durch den geistlichen Einfluß zurückgedrängt wurde. Dennoch war hauptsächlich durch die klerikalen Mitglieder der Reichsversammlung der Beschluß gefaßt worden, infolge der alten Satzungen des Reiches und der Kirche, die sie nie aufgegeben hatten, jene Stifte zurückzufordern. Die Majorität des Reichsfürstenrates war dafür gewonnen: Sie meinte sich dadurch im Besitz der Reichsgewalt, die konstitutionell großenteils eine ständische war, zu behaupten oder vielmehr erst vollkommen dazu zu gelangen.

Durch den Gegensatz, welchen diese Tendenzen hervorriefen, war der letzte Reichstag zersprengt worden. Alle Versuche, einen Ausgleich herbeizuführen, waren an ihrer Stärke gescheitert. Sie hatten zur Wahl Kaiser Ferdinands II. vornehmlich beigetragen und zu den Diensten angefeuert, die ihm dann im Feld geleistet wurden. Doch hatte der Kaiser noch immer nicht das letzte Wort gesprochen. Die Entscheidung, welche in einer authentischen Interpretation des geistlichen Vorbehalts im antiprotestantischen Sinne bestehen sollte, hatte er noch nicht gegeben. Ehe man mit voller Entschiedenheit darauf drang, mußte es sich doch erst möglich zeigen.

Die Niederlage Christians IV., der das entgegengesetzte Prinzip verfocht, eröffnete die erste gegründete Aussicht. Wir erfahren, daß auf die erste Nachricht von dem Ereignis in einer Zusammenkunft des kaiserlichen und des bayerischen Gesandten mit dem päpstlichen Nuntius die Rede davon gewesen ist. In der Sache selbst waren sie einverstanden, aber über die Anwendung der eingezogenen Güter gingen die Meinungen auseinander. Der kaiserliche Gesandte war der Ansicht, daß sie zur Belohnung der wohlverdientesten Großen des Hofes, der bayerische, daß die Einkünfte wenigstens fürs erste zur Befriedigung der Soldaten, der Nuntius, daß sie unmittelbar zum Unterhalt rechtgläubiger Bischöfe und zur Herstellung der katholischen Kirche verwendet werden sollten.

An anderer Stelle hat man den Gedanken gefaßt, die Verfügung über die geistlichen Güter zu einem Mittel der Reduktion lutherischer Fürsten, z. B. des Kurfürsten von Sachsen, dem man zugleich das Patronat über die von ihm eingezogenen Stifte lassen dürfte, zu machen. Aber der geschäftliche Weg, auf dem die Sache sich bereits bewegte, war nicht der der Unterhandlung, sondern der Beschlußnahme der Reichsgewalt.

Auf das ernstlichste kam sie auf dem Kurfürstentag in Mühlhausen zur Sprache. Die katholischen Kurfürsten erklärten in einem besonderen Gutachten, daß der Kaiser als oberster Richter im Reich die Befugnis habe, die Herausgabe der von den protestantischen Ständen eingezogenen Güter zu befehlen. Sie erinnerten ihn, daß ihm als dem Vogt der katholischen Kirche auch die Verpflichtung dazu obliege. Die Verhältnisse seien nunmehr so angetan, daß er ohne alle weitere Besorgnis dazu schreiten könne. Es war nicht eine neue Verfügung, zu der sie ihn aufforderten, sie verlangten nur eine Deklaration über den Sinn des Religionsfriedens, namentlich des geistlichen Vorbehaltes.

Die protestantischen Reichsstände hatten von jeher dem Kaiser ein solches Recht bestritten. Sie hatten weder dem Kammergericht noch auch dem Reichshofrat das Recht zuerkennen wollen, irgendeine maßgebende Bestimmung über die Frage zu treffen. Denn nur der Versammlung aller Stände auf einem Reichstag könne es geziemen, eine Satzung zu interpretieren, die unter ihrer Teilnahme gefaßt worden sei.

Wohl willigten nun in Mühlhausen die protestantischen Kurfürsten ein, daß der Kaiser zur Erörterung der von den Ständen eingebrachten Beschwerden nach Maßgabe des Religions- und Profanfriedens aufgefordert werden sollte. Sie taten es in einem Gedanken des Friedens, damit das Mißtrauen behoben werde. Sie fügten ausdrücklich hinzu, es solle nur insoweit geschehen, als es dem Kaiser anheimgestellt sei.

Diese Worte »so viel und so weit darin submittiert« bilden, man möchte sagen, die Zunge in der Waage der allgemeinen deutschen Verhältnisse. Sie waren in den Gesamtbeschluß der Kurfürsten aufgenommen und enthielten eine sehr bestimmte Beschränkung des kaiserlichen Willens; in dem Wortlaut waren auch die protestantischen Beschwerden mitbegriffen, sie wurden ebenfalls einer Erörterung durch gemeinschaftliche Beratung vorbehalten. In dem besonderen katholischen Gutachten ist von einem Bedenken dieser Art nicht die Rede; die Voraussetzung herrscht darin vor, daß die Entscheidung unbedingt in der oberst-richterlichen Befugnis des Kaisers liege. Die Ausübung derselben erschien als eine Abstellung der Beschwerden der Katholiken, die eben durch die Vorenthaltung des obersten Richterspruchs beeinträchtigt seien.

Es war, wie man sieht, zugleich eine Frage über die kaiser-liche Autorität überhaupt. Kaum läßt sich denken, daß man in den kaiserlichen Räten dieser formellen Schwierigkeit besonde-re Beachtung gewidmet haben wird; anders verhielt es sich mit der Entscheidung in der Sache selbst. Niemand konnte sich ihre Tragweite verhehlen. Sie enthielt die Summe dessen, was für die Herstellung des Katholizismus geschehen sollte; aber auch des-sen, wogegen die Protestanten immer angekämpft hatten. Daß der Krieg, der bisher noch immer als Unterdrückung der Belei-digung der kaiserlichen Majestät, Züchtigung der Rebellen und ihrer Anhänger betrachtet worden war, namentlich da, wo Fried-land mit seinen Truppen waltete, durch Aktion und Reaktion das Gepräge eines Religionskrieges erhalten mußte, lag am Tage.

Es war der letzte Schritt in der Abweichung von der Politik, die bei dem Religionsfrieden und seit demselben eingehalten worden war. Sollte Ferdinand II. sich dazu entschließen?

Zeitgenossen und Spätere haben in Ferdinand gleichsam das Ideal eines katholisch-religiösen Fürsten zu erblicken gemeint. Dabei ist jedoch viel Übertreibung. Er hatte eine Vorliebe für Musik, die weit über das hinausging, was das Bedürfnis der Kapel-le erfordert hätte, und eine Leidenschaft für Beizen und Pirschen. Man besitzt noch seine Schreibkalender, in denen er die Erfolge seiner Jagden aufgezeichnet hat, die Zahl der Tiere, die er jedesmal erlegt hatte, ihr Gewicht, die Enden der Hirsche. Mit scherzhaftem Behagen schreibt er einmal an Collalto, daß er nun auch einen Bären gefällt habe, von der Gattung, die man Ameisbären nennt – d. h. einen Myrmekophagen –; er habe ihn bei siebzig Schritt aufs Korn genommen und so gut getroffen, daß das Tier sogleich verendete. Auch auf den Jagden begleitete ihn die junge, schöne Gemahlin, die sich immer in einem sehr zärtlichen Verhältnis zu ihm hielt. In späteren Jahren fanden seine Ärzte die Jagden nicht mehr ratsam; aber er ließ sich darin nicht stören. In seiner Diät hielt er nicht viel besser Maß, als einst Karl V. Der Impuls der Natur war auch in ihm meistens stärker, als die Erwägung. Er war leutselig von Natur und liebte es so zu erscheinen. Nach seiner Kapelle kommend und gehend nahm er Bittschriften entgegen, die dann meistens Rückstände betrafen, die man von seiner Hofkammer zu fordern hatte. Er las sie durch und sprach wohl mit einem Petenten von der Sache, wenn er ihm auf der Straße begegnete. Daß ihm aber Abhilfe seiner Beschwerde zuteil geworden wäre, war damit keineswegs gesagt. Man fand es unverantwortlich, daß er seine Jäger und Musiker beschenkte, aber seine Gläubiger unbezahlt ließ. Böser Wille lag dabei nicht zugrunde. Das Geld verschwand, sowie es in seine Hände kam. Wie er den Genuß des Lebens liebte, so war es ihm ein Bedürfnis, seine Umgebung zu beschenken: Er liebte, seine Minister und Generale großzumachen, wenn es auch auf fremde Kosten, mit zweifelhaftem Recht oder infolge der Kriegsentscheidungen geschah. Man zweifelte selbst an der Echtheit seiner kirchlichen Gesinnung, wenn man sah, daß er seinen zweiten Sohn, Leopold Wilhelm, mit Pfründen überhäufte und dann doch zögerte, ihm die Weihen erteilen zu lassen, weil es ratsam schien, damit zu warten, bis die Nachkommenschaft des älteren Bruders gesichert wäre. Seine Kirchlichkeit ging immer mit den Interessen der Familie und des großen Hauses, dem er angehörte, Hand in Hand.

Nicht als ob seine Religiosität erheuchelt gewesen wäre: Sie war ohne Zweifel von echtester Farbe, nach dem Sinne der Zeit. Ferdinand hat Pferde zu Tode jagen lassen, um nicht zu spät bei der Vesper zu erscheinen. Einer Prozession aus der Hofkirche nach St. Stephan in Wien wohnte er in einem jener Regengüsse bei, die dort sonst jedermann ins Haus treiben. Man mußte Bretter über die entgegenströmenden Bäche legen. So überschritt er sie mit niedergeschlagenen Augen, die Hände unter dem durchnäßten Mantel; die Stulpen seines Hutes hingen ihm ins Angesicht, das Wasser lief ihm den Hals hinunter. Dafür, sagte man damals, sei einer seiner gefährlichsten Feinde in derselben Stunde geschlagen worden. Denn das war überhaupt die herrschende Gesinnung. Die mancherlei Rettungen und unerwarteten Sukzesse, die dem Kaiser begegneten, führte man auf Gelübde, die dann gelöst wurden, zurück. Man hat ihm gesagt, selbst seine Kaiserwahl habe er einer Erscheinung der Jungfrau Maria, die dem Kurfürsten von Mainz in seinen Besorgnissen Mut eingesprochen habe, zu verdanken. Er selbst gab zu vernehmen, es gebe keine bessere Bastion für eine Festung, als eine Kirche unserer lieben Frauen. Er hat ihr Bild in die Hauptfahnen seines Kriegsheeres aufnehmen lassen. Er betrachtete sich selbst wohl als den Kriegsherrn: Für das alleroberste Kriegshaupt erklärte er die allerseligste Jungfrau und Mutter Gottes.

Nicht mit Unrecht, da diese Verehrung die Summe des Dienstes in sich schloß, von dem sich die Protestanten abgewendet hatten, und zu dem sie zurückgebracht werden sollten.

Die Religiosität hat insofern eine sehr individuelle, man möchte sagen, egoistische Ader, als sie zugleich als das vornehmste Mittel zur Herstellung und Ausbreitung der Macht betrachtet wird.

Nun war Ferdinand in seiner Jugend, zu Ingolstadt, mit den Doktrinen durchdrungen worden, die dem Protestantismus weder eine theologische noch eine politische Berechtigung zugestanden. Die große Rolle an der Universität zu Ingolstadt spielte damals Gregor von Valencia, der die Unentbehrlichkeit einer infalliblen Autorität in der Kirche in der Weise behauptete, die später immer in Geltung geblieben ist, und diese Autorität dem römischen Stuhle vindizierte; er wurde von Canisius mit kirchenrechtlichen, von Gretser mit reichsgeschichtlichen Argumenten unterstützt. Man betrachtete den Protestantismus als eine Wiederholung früherer Ketzereien, welche, wie diese, nicht allein ohne jede Berechtigung sei, sondern mit allen Mitteln vernichtet werden müsse.

Welchen Eindruck mußte es nun auf den Kaiser hervorbringen, daß ihm das vornehmste Kollegium im Reich, auf dessen Rat er durch die Verfassung angewiesen war, die Pflicht vorstellte, hierin eine Entscheidung zu geben, der niemand zu widerstreben die Macht haben werde.

Nach den großen Ereignissen des Jahres 1627, bei der Anwesenheit des Hofes in Prag, kam die Sache in ernstliche Erwägung.

Man begründete die Aufforderung dazu auf das zwiefache Motiv, daß es das Seelenheil so vieler Hunderttausender gelte und Gott die kaiserlichen Waffen gesegnet habe. Der Kaiser erwiderte, alle seine Intentionen seien auf die Wohlfahrt der katholischen Kirche gerichtet, wie er das wegen der göttlichen Wohltaten, die er empfangen, schuldig sei. Noch einmal belebte ihn der politisch-theologische Begriff des Mittelalters, in dem die weltlichen Interessen mit denen der Kirche als einer Sache Gottes identifiziert erscheinen. Der päpstliche Nuntius unterstützte die Anmutung mit dem Gewicht seiner Autorität.

Bei der Lage der allgemeinen Angelegenheiten und dem fortdauernden Schwanken der Kriegsgeschicke verwundert man sich nicht, wenn die Entscheidung noch verschoben ward. Erst als Wallenstein in Norddeutschland festen Fuß gefaßt, und wenngleich Stralsund nicht erobert, aber doch durch den Sieg von Wolgast das Übergewicht der kaiserlichen Waffen aufs neue befestigt hatte, schritt man dazu. Aus den Berichten des Nuntius ergibt sich, daß der göttliche Segen in dem Glück der Waffen mit der definitiven Entschließung in Verbindung gebracht wurde.

Am 13. September 1628 ist dann einer Deputation von geheimen Räten und Reichshofräten der kaiserliche Befehl zugegangen, zu einer Erörterung der Reichsbeschwerden – d. h. eben der von den katholischen Kurfürsten angeregten – und ihrer Dezision zu schreiten.

Wohin es führen würde, war gleichsam ein öffentliches Geheimnis.

Eines Tages hörte der brandenburgische Minister Schwarzenberg, der infolge jenes Gespräches mit Wallenstein nach Wien gegangen war, die Messe bei den Jesuiten. Nach der Feier kam er mit dem Pater, der sie gelesen hatte, zu reden. Dieser drückte ihm sein Bedauern aus, daß nicht auch der Kurfürst, sein Herr, katholisch sei, wie der Minister. »Wie dem aber auch immer sei«, fuhr er fort, »die Katholiken müssen wieder bekommen, was ihnen entrissen ist, im Brandenburgischen z. B. Havelberg, aber überhaupt alle Stifte, welche ihnen nach dem Religionsfrieden entzogen worden sind; sie müssen alle mit katholischen Bischöfen besetzt werden.« Schwarzenberg erschrak vor diesem Gedanken; er bemerkte, man habe ohnehin Lärm und Unruhe genug, ein solches Beginnen werde zu neuen Empörungen führen.

Am Hof war die Sache bald entschieden. Man trat mit den katholischen Kurfürsten in nähere Beratung und ward mit ihnen einig, die vor dem Passauer Vertrag eingezogenen Güter noch unangefochten zu lassen, aber alle die zu reklamieren, welche nach demselben in den Besitz der Protestanten übergegangen waren. Man wollte erst sehen, wie weit man mit diesen kommen würde; über die andern sei ohnehin noch keine Rechtsbeschwerde formuliert.

Alles ging in den reichsrechtlichen Formen, die seit der Wiedererstarkung der katholischen Majorität an den Reichstagen eingeleitet worden waren, vor sich. Der geistliche Vorbehalt ward in ihrem Sinne ausgelegt, die alte Ferdinandeische Deklaration als nicht vorhanden betrachtet; die Beschwerden über die Vertreibung der Protestanten aus den geistlichen Gebieten, sowie über die Ausschließung der protestantischen Administratoren von Sitz und Stimme auf den Reichstagen wurden für null und nichtig erklärt und die Verfügung ausgesprochen, daß die seit dem Passauer Vertrag von diesen eingezogenen Stifte den Katholischen zurückgegeben werden sollten. Was die Majorität des Fürstenrates von jeher gefordert, ward von der nunmehr gebildeten Mehrheit des Kurfürstenrates in Antrag gebracht. Der Kaiser sprach sich als höchster Richter dafür aus.

Jene Einrede der Protestanten, daß weder dem Kaiser und seinen Gerichten, die ja selbst Partei genommen, noch der Majorität der Reichsstände, die eben durch die Exklusion der reformierten Stifte und ihrer Inhaber gebildet war, ein Recht der Entscheidung in Fragen zustehe, welche über die Auslegung des Friedens entstanden waren; daß zu einer Interpretation der Gesetze dieselbe Autorität gehöre, welche sie gegeben habe, nämlich eine Versammlung der Reichsstände, fand keine Rücksicht weiter. Der böhmische Krieg und was damit zusammenhing, hatte an sich auf diese Frage keine unmittelbare Beziehung. Aber in dem Kampf der Waffen waren die Protestanten niedergeworfen und besiegt worden. Nichts verhinderte, daß man nun den Streit in einem ihnen entgegengesetzten Sinne entschied.

Eine Kommission, aus einem Reichshofrat und dem in dem Geschäft der Herstellung des Katholizismus schon geübten Bischof von Osnabrück bestehend, wurde ernannt, um das kaiserliche Dekret zunächst in Niedersachsen in Vollziehung zu setzen.

General Tilly erklärte sich bereit, mit allen seinen Kräften dazu mitzuwirken.

Damit wurde nun der Protestantismus nicht geradezu verpönt oder aufgehoben; aber man hatte vorlängst bemerkt, daß die Veränderung in den Bistümern einen durchgreifenden Einfluß auf alle Stände in ihren Gebieten sowie in den Nachbarlanden ausüben werde und müsse. Durch das Edikt wurde die Axt an die Wurzeln der Reformation gelegt. Es war die ganze Form des norddeutschen Glaubens, Denkens und Lebens, der man den Krieg ankündigte.

Wie dann, wenn die beiden Kommissionen, die weltliche der Konfiskation und die geistliche der Restitution, zusammenwirkten? Wir erinnern uns, daß auch die Entsetzung der Herzöge von Mecklenburg aus dem Grund, daß der Kaiser durch Ungehorsam berechtigt werde, die erteilten Lehen einzuziehen, verfügt wurde. Die kaiserliche Autorität entfaltete alle ihre Ansprüche auf einmal nach allen ihren Seiten. Nicht sowohl auf ein waffenstarkes und geistesmächtiges Deutschland war es abgesehen, als auf ein untertäniges und wesentlich katholisches.

Innere Gärung und äußere Gefahr

Ob man in der kaiserlichen Umgebung die Ausführbarkeit dieser Entwürfe recht überlegte, ob man sie zusammengedacht hatte, obwohl sie zusammenwirken sollten, mag noch bezweifelt werden. Wie sie auftraten, widersprachen sie einander. Der eine war der Ausdruck jener Idee der katholischen Mehrheit, die seit sechzig Jahren, gar oft im Widerspruch mit dem Kaiser, emporgestrebt hatte; der andere realisierte noch einmal die kaiserliche Machtvollkommenheit, welche die katholischen Stände selbst nicht wollten.

Und wie wollte man dabei dem Ausland gegenüber bestehen, wenn man in dem Innern alles in volle Verwirrung brachte?

Gegen das Vorhaben des Restitutionsediktes sprach sich unter anderen vornehmlich der Hofkriegsratspräsident aus: In einem besonderen Gutachten setzte er auseinander, daß ein Religionskrieg in aller Form, dessen Ausgang sich nicht absehen lasse, daraus entstehen könne.

Und wie hätte der Herzog von Friedland nicht von ganzer Seele dagegen sein sollen? Der Antrag kam eben von den vier Kurfürsten, in denen er seine vornehmsten Gegner sah; er ging auf eine Erneuerung der weltlichen Autorität des Klerus, die ihm prinzipiell verhaßt war. Bei seinem Aufenthalt in Italien hatte er die Ansicht gefaßt, daß es auch in Deutschland so sein sollte, wie dort; die Bischöfe sollten keine weltliche Administration noch Autorität besitzen. Mit den meisten Bischöfen, mit denen er in Kontakt kam, war er in Hader geraten: namentlich auch mit den fränkischen. Von ihrem Widerstand gegen die weltliche Macht, von ihren ständischen Bevorrechtungen wollte er nichts hören; er soll gesagt haben, es werde nicht gut im Reich, als bis man einem von ihnen den Kopf vor die Füße gelegt habe.

Und ganz außer der Zeit schien es ihm, zu geistlichen Reformen, welche die Wiederherstellung des Katholizismus betrafen, zu schreiten; er sagte, der Kaiser brauche keine Reformen, sondern Rekruten.

Schon im Sommer meinte er in dem stärkeren Widerstand, den er fand, die Wirkungen des Edikts zu bemerken. Es war abermals, wie zu Karls V. Zeiten, die Stadt Magdeburg, die denselben leistete; er stand wenigstens in indirektem Zusammenhang mit den Differenzen über die Besetzung des Erzbistums.

Dem Kaiser war es gelungen, die Halberstädter Domherren so weit zu bringen, daß sie seinen zweiten Sohn, Erzherzog Leopold Wilhelm, zu ihrem Bischof erwählten; denn auf das bloße Eroberungsrecht wollte er es nicht ankommen lassen, und lieb war es ihm zugleich, nicht genötigt zu sein, die päpstliche Autorität anzurufen.

Aber Halberstadt bedeutete ohne Magdeburg nur wenig, und hier gingen die Dinge nicht so erwünscht. Das Domkapitel entschloß sich freilich, den Administrator Christian Wilhelm aus dem Hause Brandenburg zu entsetzen, weil er das Stift eigenmächtig in Krieg verwickelt und in Beziehung auf den Gehorsam gegen den Kaiser seine Kapitulationsartikel gebrochen habe; aber es war doch weit entfernt, indem es von Brandenburg, von dem es keinen Schutz erwarten durfte, zurücktrat, sich an Österreich zu wenden. Das Kapitel postulierte vielmehr den sächsischen Prinzen August zu seinem Administrator – eine Kombination von allgemeiner Bedeutung, durch die das dynastische Interesse von

Sachsen, des einzigen protestantischen Fürstentums, das noch auf festen Füßen stand, mit dem österreichischen in Konflikt geriet.

Die kaiserlichen Einwendungen gegen die Wahl kamen zu spät: Der Kurfürst erklärte, die sehr berechtigte Wahl seines Sohnes behaupten zu wollen.

An sich war nun der Sitz des Erzbistums, die Stadt Magdeburg, mit dem Stift nicht einverstanden. Es geschah im Widerstreit mit den stiftischen Rechten, wenn Wallenstein die Stadt gleich bei seiner ersten Ankunft ermächtigte, ihre Mauern und Wälle zu erweitern. Wie viel hätte es unter den damaligen Umständen ausgetragen, wenn die Stadt hätte vermocht werden können, eine kaiserliche Garnison aufzunehmen. Er stellte ihr vor, die Kosten werde das Erzstift tragen.

Allein indessen war die Stimmung der Zeit verändert, das Werk der Herstellung schon überall in der Nachbarschaft begonnen und an vielen Stellen ausgeführt worden. Magdeburg war nicht weniger als Stralsund von dem Geist des protestantischen Widerstandes durchdrungen. Es wollte den unter Karl V. erfochtenen Ruhm behaupten, das Bollwerk der evangelischen Kirche zu sein; bei der ersten Begegnung mit den kaiserlichen Truppen trat der volle Gegensatz hervor.

Die Bürger wurden als lutherische Buben von den Andringenden begrüßt. Sie dagegen erklärten, daß ihr Gewissen, die Rücksicht auf ihre Nachkommen sie verhindere, kaiserliche Besatzung aufzunehmen. Nur zu einer geringen Kontribution wollten sie sich verstehen, welche die kaiserlichen Obersten ihrerseits nicht annahmen. Wallenstein selbst kam herbei; aber er sollte innewerden, daß seine Streitkräfte nicht hinreichten, die Stadt zu überwältigen. Alle benachbarten Städte verwandten sich für Magdeburg, und Wallenstein mußte Bedenken tragen, sie zu entfremden.

Er behauptete, der Grund ihres Widerstandes sei allein das Edikt, das man in Wien wohl hätte aufschieben können: Wie habe man dadurch Bremen, wo die ernstlichsten Versuche der Rekatholisierung gemacht würden, gleichsam zur Verzweiflung gebracht.

Er traf eine Abkunft mit Magdeburg, so gut sie eben möglich war; denn er empfand jeden Augenblick, daß die ganze Bevölkerung bereit sei, sich zu erheben. Darin lag das welthistorische

Moment, daß, indem ein umfassender Plan gemacht wurde, durch eine katholische Universität und eine Anzahl jesuitischer Kollegien das Reich von Grund aus zu katholisieren, der General, der das Schwert in den Händen hatte, des Landes und des Volkes nicht mehr Meister war und selbst von diesen Versuchen nichts hören wollte.

Wallenstein war als Katholik emporgekommen und hielt an diesem Glauben fest; er hätte, es ist kein Zweifel daran, das Übergewicht des Katholizismus, insofern es nicht zum Vorteil der großen Bischöfe und der Liga diente, unter kaiserlicher Autorität gern gesehen: aber von aller Verfolgung war er weit entfernt. Den mecklenburgischen Ständen versprach er bei ihrer Erbhuldigung, sie bei ihrer Religion augsburgischer Konfession, wie hergebracht, auch ferner zu belassen: Denn immer sei es seine Regel gewesen, niemand in seiner Religion und seinem Gewissen zu beunruhigen. Das habe er in allen seinen Herrschaften und Landen, in der Armee und in seinem Hofhalt beobachtet. So hatte er vor kurzem seinen Landeshauptmann von Sagan, der religiöse Reformen ins Werk setzen wollte, seiner Stelle entsetzt. Der Statthalter, den er in Mecklenburg einsetzte, war ein Protestant; und hier hatte er selbst in seiner landesfürstlichen Eigenschaft ein Motiv, dem Edikt zu widerstreben. Wenigstens ist in seiner Erbdisposition das Anrecht an das ihm verpfändete Bistum Schwerin und andere geistliche Güter eingeschlossen. Noch viel widerwärtiger aber war es ihm als Vorkämpfer und Repräsentanten der kaiserlichen Macht. Daß man durch das Edikt voreilig die Antipathien der mächtigen Städte, die Feindseligkeit des ganzen protestantischen Namens in Norddeutschland erweckte, gereichte ihm zu Verdruß und Besorgnis.

Er erinnerte auf das dringendste, mit den Restitutionsversuchen nun nicht auch in Schlesien die Gemüter zu verwirren, wie das damals in Breslau und Brieg erfolgte. Sei das System einmal befestigt, so werde sich alles ohnehin geben.

Indem aber in Germanien, das man hatte pazifieren wollen, um den auswärtigen Feinden gewachsen zu sein, der große Zwiespalt erst recht hervorgerufen wurde, und zwar nicht allein der tiefste und vornehmste zwischen den beiden Religionen, sondern ein anderer unter den Führern der Katholiken, über die geistliche und weltliche Macht, das Kaisertum und ständische

Rechte, erhob sich die Feindseligkeit gegen das Haus Österreich in etwas anderer Form als bisher, aber noch nachhaltiger und umfassender. Werfen wir einen Blick auf die Veränderung der politischen Lage.

Alles hängt von der erwähnten Eroberung von Rochelle ab, nach welcher die französische Politik freie Hand nach außen bekam. Bald darauf wurde der Krieg zwischen England und Frankreich durch die Vermittlung der Venezianer beendigt. Denn eben die italienischen Staaten, und besonders Venedig, sahen ihre einzige Rettung vor dem drückenden Übergewicht der Spanier in einer freien Bewegung von Frankreich. Kardinal Richelieu war nunmehr imstande, ihnen die Hand zu bieten. In den ersten Monaten des Jahres 1629 zogen die Franzosen über die Alpen; eine Konföderation der italienischen Staaten unter seinem Schutz kam zustande, die zugleich gegen Spanien und den Kaiser gerichtet war, der seine oberherrlichen Gerechtsame zugunsten von Spanien ausübte.

Die drohende Haltung, welche Frankreich hierdurch zugleich in bezug auf die Pfalz und Oberdeutschland überhaupt annahm, gehört mit zu den Motiven des Friedens von Lübeck, gegen den deshalb auch die Spanier nichts einzuwenden hatten.

Vergebens hatten sie dennoch gehofft, durch die Aufstellung einer maritimen Macht im Norden und Osten Holland zu beeinträchtigen; das Vorhaben rief die Feindseligkeit erst recht wach. Auf das gewaltigste regte sie sich infolge eines Ereignisses, das in eine andere Reihe von Begebenheiten gehört, aber hier wegen seiner Einwirkung doch erwähnt werden mag.

Auf die Erneuerung des Krieges von seiten der Spanier hatten die Generalstaaten dadurch geantwortet, daß sie, was lange gewünscht, aber aus politischer Rücksicht noch immer verzögert worden war, eine westindische Kompanie errichtet, von der man sagt, sie habe zwar für sich selbst nicht gar viel erreicht, aber übrigens ihre Rolle sehr wohl gespielt. Eine Eingabe von ihr liegt vor, in welcher sie den Generalstaaten ausführlich vorstellt, wie viel sie aufgewendet, wie viel Nutzen sie dem Land gebracht und welchen Abbruch sie, denn dazu war sie eigentlich gestiftet, der spanischen Monarchie zugefügt habe ... Was sie aber, und ohne Zweifel mit Recht, am höchsten anschlug, war ein Sieg, den ihr Admiral Peter Hein, ein Mann, der sich vom Matrosen bis zur höchsten Stelle in der Marine aufgeschwungen, in den westindischen Gewässern über die spanischen Galeeren, die dort noch für unbesiegbar galten, davontrug. Es war eine mit Waren und Silber reich beladene Flotte, die auf ihrem Weg von Veracruz nach Havanna, ohne von der Nähe des gefährlichen Feindes eine Ahnung zu haben, plötzlich auf die Holländer stieß, welche ihrer warteten. Den Spaniern gelang es noch, die Küste von Kuba zu gewinnen; sie liefen in die Bai von Matanzas ein. Hier aber konnten sie sich der Holländer, die ihnen nacheilten, nicht erwehren. Die sämtlichen Schiffe mit ihrer Ladung fielen in deren Hände. Es war eine ungeheure Beute: so groß, sagt jener Bericht, wie noch nie eine nach Holland gekommen war; man kann denken, mit welchem Jubel sie empfangen wurde. Auch der König von Böhmen machte in seiner Freude sich auf, sie zu besehen. Denn auf der Stelle fühlte ein jeder, welchen Zusammenhang der westindische Sieg mit allen europäischen Angelegenheiten habe. Die spanischen Truppen blieben nun vollends unbezahlt und wurden wie vor alters meuterisch. Die Spanier konnten zunächst die gewohnten Subsidien nicht mehr aufbringen; den Holländern ward es möglich, ihre Freunde mit Geld zu unterstützen, und vor allem sie wurden freudig zum Krieg. Die Eroberungen von Herzogenbusch und von Wesel, die ihnen gelangen, gaben ihnen ihr fast verlorenes Ansehen im nördlichen Deutschland wieder zurück.

Zwischen der spanischen Regierung und der Republik war eine Zeitlang sehr ernstlich von der Erneuerung des Stillstandes die Rede gewesen. Aber mit dem lebendigsten Interesse, dem maritimen, verband sich der durch die religiöse Krisis aufgeregte Eifer der Prediger. Man beschloß vielmehr, die Sache der Pfalz auf das ernstlichste in die Hand zu nehmen. Indem man Tilly von Ostfriesland her an den Ausflüssen der Weser mit einer Übermacht begegnete, die er kaum bestehen zu können meinte, wurde noch ein anderes Heer, 40.000 Mann stark, am Niederrhein aufgestellt, um den Kurfürsten Friedrich nach der Pfalz zurückzuführen; man wollte die Gebiete der rheinischen Kurfürsten besetzen und verwüsten, um sie zu nötigen, bei dem Kaiser die Wiederherstellung des pfälzischen in Antrag zu bringen.

Von allen Feindseligkeiten die für Wallenstein selbst gefährlichste trat noch an einer dritten Stelle in Aussicht.

Von der Notwendigkeit durchdrungen, den König von Schweden, der sich als der unversöhnliche Feind des kaiserlichen Systems und zugleich der Wallensteinischen Politik erwies, von weiterer Einwirkung auf die deutschen Angelegenheiten fernzuhalten, hatte der General als das hierfür dienlichste Mittel angesehen, ihn in dem preußischen Kriege zu beschäftigen, und sich entschlossen, den Polen eine ansehnliche Hilfe gegen die Schweden zuzuschicken. Sie sollten imstande bleiben, denselben die Spitze zu bieten und sie zu beschäftigen. Mit 10 000 Mann seiner besten Truppen rückte der Feldmarschall Hans Georg von Arnim im Mai 1629 im polnischen Gebiet vor; vergebens versuchte der König seine Verbindung mit den Polen zu verhindern. Indem er von Marienwerder nach Marienburg zurückzog, um auch seinerseits Verstärkungen an sich zu ziehen, konnte er doch nicht ein Zusammentreffen mit dem überlegenen Feind vermeiden – bei Stuhm –, in welchem er persönlich in Gefahr geriet, gleichwohl nur unbedeutende Verluste erlitt und an der Fortsetzung seines Marsches nicht gehindert wurde. In dem festen Lager bei Marienburg, wo er seine Verstärkungen an sich zog, war er den Kaiserlichen und Polen, welche schlecht bezahlt waren, vollkommen gewachsen. Es scheint sogar, als sei dem Feldmarschall an einem Sieg des kaiserlichen Systems, wie es sich jetzt durch das Restitutionsedikt entwickelte, nichts gelegen gewesen. Er hatte dadurch den trefflichen Besitz der Klostergüter zu Boitzenburg selbst zu verlieren gefürchtet. Unmittelbar auf die Nachricht von seinem Sieg folgte sein Abschiedsgesuch.

Eine der Absicht ganz entgegengesetzte Folge hatte nun aber das Vordringen der kaiserlichen Völker auf polnischem Gebiet bei den Polen. Den polnischen Magnaten erschien die enge Verbindung ihres Königs mit dem kaiserlichen Hofe, bei der sie nicht zu Rate gezogen waren, als eine Gefahr für ihre Freiheit. Das Übergewicht der Deutschen war ihnen nicht minder verhaßt, als das der Schweden, und noch war auch hier der Protestantismus stark vertreten. Viele hätten lieber mit den Schweden gegen die Kaiserlichen gemeinschaftliche Sache gemacht, als mit den letzteren gegen die Schweden.

Auf den König von Schweden mußte es Eindruck machen, daß der Feind, dessen er vor kurzem Meister zu werden hatte hoffen dürfen, sich ihm kräftiger als jemals entgegenstellte; wie einer seiner Gesandten sagt, es sei so klar wie das Licht der Sonne, daß es nur durch den Vorschub der Kaiserlichen geschehe.

Aus diesen Gründen hielt man zu beiden Seiten einen Stillstand der Waffen für ratsam, der unter der Vermittlung eines eben eintreffenden französischen Gesandten am 16. September zustande kam, und zwar auf die Zeit von sechs Jahren, welche Raum zu weiteren Entwicklungen bot. Der König von Polen ward durch seine Magnaten dazu genötigt. Gustav Adolf fühlte sich von seinem Geschick auf einen anderen Schauplatz berufen ...

Es war im Anfang des Oktober, daß Wallenstein diese Nachricht empfing; er fühlte vielleicht unter allen Lebenden am meisten, was sie bedeute, denn um sich her nahm er die freudige Erregung wahr, welche sich allenthalben in Norddeutschland kundgab. Er bemerkte, daß der geringste Anlaß eine allgemeine Rebellion hervorrufen werde.

Die Protestanten legten die bitterste Feindseligkeit an den Tag. Man sprach davon, einen allgemeinen Bauernaufstand zu veranlassen, das heißt, die gesamte Bevölkerung, Mann bei Mann, in den Kampf zu berufen. Das Wort ist verlautet, man wolle Germanien eher der alten Barbarei und Wildnis zurückgeben, als die Sache so fortgehen lassen. Wallenstein sagt, die norddeutschen Protestanten seien in einer so verzweifelten Stimmung, daß sie sich dem Teufel in der Hölle anschließen würden, wenn er sie rette; und dürfe man etwa auf die Katholiken trauen? Er bemerkt, man dürfe sich nicht einbilden, daß es nicht die Absicht der Franzosen sei, im Reich vorzudringen, oder daß sie keine gute Aufnahme in Deutschland finden würden; mit den Katholiken seien sie schon verbündet.

In diesem Zustand hatte nun der kaiserliche Feldhauptmann die Aufgabe, nach allen Seiten Front zu machen, und schickte sich dazu an. Doch fand er allenthalben in den eigenen militärischpolitischen Zuständen Schwierigkeiten.

In Pommern standen 17.000 Mann; doch bat ihr General Torquato Conti um Versetzung. Arnim war auf sein Gesuch entlassen worden, und zwar auf der Stelle; denn man müsse ihn nicht zu der Einbildung verleiten, als könne der Kaiser seinen Krieg nicht ohne ihn führen.

Am Niederrhein standen der Graf von Nassau und Montecuccoli; doch waren sie untereinander nicht einverstanden, und überdies beklagten sich die Obersten über die schlechte Behandlung, die ihnen seitens der Spanier widerfahre.

Dieselbe Klage hörte man aus Italien: Nichts sei dort vorbereitet; selbst das Geschütz, das man vortrefflich imstande zu finden gehofft, sei unbrauchbar. Allerdings meinte man selbst am kaiserlichen Hof, man könne sich bei diesem Anlaß der venezianischen Gebiete bemächtigen; auch Wallenstein war dieser Meinung. Aber die Venezianer hüteten sich im Feld zu erscheinen, wo sie hätten geschlagen werden können, und setzten ihre Plätze so gut instand, daß man sie schwerlich erobern würde.

Trotz des gewaltigen Kriegsheeres, das er aufgestellt hatte, fühlte er sich doch zu schwach, alle Feinde auf einmal zu bekämpfen. Aus seinem Briefwechsel mit dem Hofkriegsratpräsidenten Collalto, seinem damals vertrautesten und einverstandensten Freund, lernt man die Besorgnisse kennen, welche vom militärischen Standpunkt aus in den Gesichtskreis traten. Man hielt selbst einen feindseligen Anfall von der Türkei her für möglich. Vor allem fürchtete man für das Elsaß, wo man ohne Zweifel einen Einfall der Franzosen zu erwarten habe.

Indem man sich nun nach neuen Truppen und Kriegsvorräten umsah, schien es das notwendigste, dem inneren Zwist zwischen Kaiserlichen und Ligisten ein Ende zu machen.

Im Januar 1630 empfing Wallenstein in Halberstadt den Besuch Tillys, Pappenheims und des Bischofs von Osnabrück; denn vor allem darauf kam es an, indem man nach allen Seiten hin zu kämpfen hatte, nicht die innere Entzweiung zum Ausbruch kommen zu lassen. In der Hauptstreitfrage selbst gab er keinen Schrittbreit nach, die Quartiere konnte er sich nicht streitig machen lassen. Wenn Tilly sich über die Unzulänglichkeit der seinen beklagte, so riet er ihm, sie ebenfalls über die katholischen Landschaften auszudehnen. Für sich bewies er durch eine und die andere Exekution aufs neue, daß er Ordnung halten wolle. Er wußte den Bischof zu überzeugen, daß die neuen Werbungen, zu denen er schritt, gegen die auswärtigen Feinde unbedingt notwendig und außer Beziehung zu den inneren Streitigkeiten seien; er wußte auch ihm die Befürchtungen auszureden, die durch die Äußerungen jenes Agenten, die gleichwohl ihre Wahrheit hatten, entstanden waren.

Indem er die katholischen Kurfürsten zu versöhnen hoffte, richtete er sein Augenmerk auch auf die Beruhigung der protestantischen. Er hätte den Kurfürsten von Sachsen zu besuchen gewünscht; doch wurde er durch den Ausbruch eines Anfalles von Gicht hieran gehindert. In der Absicht, sobald wie es möglich würde, nach Karlsbad zu gehen, begab er sich, in einer Sänfte getragen, durch die Lausitz und Schlesien nach seiner Hauptresidenz Gitschin. Wohin aber seine Absichten in bezug auf die protestantischen Kurfürsten gerichtet waren, erkennt man aus einer Verhandlung mit dem brandenburgischen Minister Schwarzenberg, unmittelbar vor seiner Abreise von Halberstadt. Er sagte demselben alles Gute für Pommern und Preußen und Schonung für den Kurfürsten zu, wenn derselbe dem Kaiser nur treu bleibe. Schwarzenberg forderte eine Assekuration für Innebehaltung der märkischen Bistümer und Klöster. Wallenstein antwortete, es sei schwer, mit den Geistlichen – wie er sagt, den Pfaffen – zu verhandeln; doch hoffe er die Mittel zu treffen, um diese Assekuration auszuwirken.

Und niemals fürwahr wäre eine Versicherung aller deutschen Interessen, eine Vereinigung nicht allein, sondern verdoppelte Anstrengung aller Kräfte notwendiger gewesen, als in diesem Augenblick. Es war der, in welchem Richelieu, der in einem ähnlichen Gesundheitszustand sich befand wie Wallenstein, aber sich ebenso in dringenden Momenten wieder zusammenraffte, seinen zweiten Zug nach Savoyen unternahm, bei welchem er sich Pinerolos bemächtigte.

Wallensteins vornehmste Absicht war gegen diese Invasion gerichtet. Er meinte, man müsse dem Herzog von Savoyen unter allen Umständen zu Hilfe eilen, und klagte nur, daß sich der kaiserliche Hof vorzugsweise nur mit kirchlichen Dingen beschäftige; dort glaube man, was man wünsche glauben zu dürfen; man werde bald sehen, wie man dabei bestehen könne.

Durch einen Brief, den er über die italienische Sache an den Beichtvater Lamormaini, der bisher auf seiner Seite, geschrieben hatte, und den dieser indiskreterweise dem päpstlichen Nuntius mitteilte, geriet sein Beschützer Eggenberg in nicht geringe Verlegenheit und Wallenstein selbst in Mißkredit. Aber seine Ansicht drang noch einmal durch.

Collalto begab sich selbst nach Italien; Wallenstein, der von demselben immer als sein Kommandeur betrachtet wurde, beabsichtigte ihm in Person nachzufolgen; eine stattliche Verstärkung zog bereits über Graubünden und Como den Piemontesen zu Hilfe. Wallenstein war mißvergnügt über Spinola, der die mit seinem König getroffenen Verabredungen nicht beobachtete. Er schickte einen Vertrauten nach Spanien, um Olivarez zur Leistung der versprochenen Geldmittel zu bewegen. Dann, sagte er, wolle er hineinziehen, ohne eine Stunde zu verlieren. Er schätze den Herzog, der sich jetzt ehrlicherweise an den Kaiser schließen wolle; man solle ihm unmittelbar zu Hilfe kommen, ohne sich mit der Belagerung von Casale, die Spinola unternommen, aufzuhalten. Man dürfe ihn von den Franzosen nicht unterdrücken lassen.

Einer seiner Obersten war nach Nancy zu dem Herzog von Lothringen gegangen, um ihn zu einer Diversion in Frankreich selbst zu veranlassen, und kein Zweifel ist, daß Wallenstein den Venezianern zu Leibe gehen wollte. Es war schon lange im Werk gewesen; doch hatte man noch keine Gelegenheit dazu gefunden. Jetzt meinte Wallenstein dennoch, wie er sagt, ihnen »etwas auf den Kopf zu geben«. Darauf bezieht sich ohne Zweifel, wenn er die Ankunft spanischer Galeeren an einen Ort, den man wisse, erwartet, um eine Landschaft, die man kenne, anzugreifen. Er meinte die Rechte des Reichs in Italien wiederherzustellen, was zuzeiten selbst den Spaniern bedenklich vorkam.

Er lebte und webte in imperialistischen Entwürfen. Daß der Papst mit den italienischen Fürsten und mit Frankreich verbunden war, hielt ihn in denselben keineswegs zurück. Er hat wohl einmal das drohende Wort verlauten lassen: »Es seien schon hundert Jahre, daß man Rom nicht geplündert habe; und jetzt sei es noch viel reicher als damals.«

Weit ausgreifende Worte, wie sie er liebt, die mehr die äußerste Grenze des in einer bestimmten Richtung liegenden Möglichen bezeichnen, als ein Beschlossenes oder vollends Ausführbares.

Wie weit sollte man von einem solchen Ziel entfernt bleiben!

KAPITEL 6

Kurfürstentag von 1630. Abdankung Wallensteins

INDEM SICH DER Herzog von Friedland – vorzugsweise mit diesem Titel ward Wallenstein auch nach seiner Belehnung mit Mecklenburg bezeichnet – in all dem Wirrwarr entgegengesetzter Bestrebungen, bei dem ihm nicht wohl war, doch noch mit der Idee kriegerischer Unternehmungen trug, welche die Weltherrschaft seines Kaisers behaupten oder erweitern sollten, schwankte der Boden unter seinen Füßen.

Einzelnen äußeren Annäherungen zum Trotz wuchsen die Feindseligkeiten der Liga gegen ihn alle Tage stärker an. Im Frühjahr 1630 hielten die vornehmsten Stände dieser Verbindung einen Konvent in Mergentheim, in welchem sie ihre Beschwerden auf das nachdrücklichste wiederholten. Hatten sie aber bisher auf eine Gleichstellung des »viktoriösen« Heeres der Liga mit den kaiserlichen Truppen in bezug auf die Quartiere gedrungen – wie denn auch jetzt die Anwerbung ligistischer Offiziere für den kaiserlichen Dienst ernstlich verboten wurde –, so blieben sie dabei nicht mehr stehen: Sie forderten eine durchgreifende Reform des kaiserlichen Heeres, die sie in den beiden Punkten zusammenfaßten: die protestantischen Obersten sollten abgeschafft, zugleich aber auch die Direktion der Armee geändert werden. Das heißt, sie wollten den General, der seine eignen Wege ging, verdrängen und die nichtkatholischen Obersten, die er mit gutem Bedacht aufgenommen hatte, ausstoßen, da sich von ihnen in den Restitutionsbestrebungen kein Gehorsam erwarten ließ. Die Ligisten klagten, an sich nicht mit Unrecht, daß das Reich allenthalben aus den Fugen gewichen sei, keine Konstitution berücksichtigt, namentlich Recht und Würde der Kurfürsten nicht mehr geachtet werde; doch gingen die Folgerungen, die sie daraus zogen, und die Anträge, die sie darauf gründeten, weit über eine Abstellung der hervorgetretenen Übelstände hinaus. Statt des verhaßten Feldhauptmannes sollte der Kaiser selbst die Heerführung übernehmen, wenn nicht in Person oder vielleicht durch ein Mitglied seines Hauses, dann durch einen angesehenen Reichsfürsten. Sie meinten den Kurfürsten Maximilian von Bayern, den weltlichen

Führer der Liga; dieser würde dadurch die volle Direktion der nunmehr in vornehmlich religiöser Zusammensetzung konstituierten bewaffneten Macht im Reich in die Hand bekommen haben. Überhaupt hielten sie mit dem Gedanken nicht zurück, dem kurfürstlichen Kollegium, das ist seiner katholischen Mehrheit, die entscheidende Autorität im Reich zu verschaffen. So weit wollte jedoch der kaiserliche Kommissar, Anton Abt von Kremsmünster, später Bischof von Wien, die Hand nicht bieten. Man konnte dort zu keinem Verständnis gelangen. Die weiteren Erörterungen wurden auf die bevorstehende Zusammenkunft, den nach Regensburg ausgeschriebenen kurfürstlichen Kollegialtag, verschoben, von welchem dann – so baten sie im voraus – der Kaiser »passionierte Gemüter« fernbleiben lassen möge.

Den Kollegialtag hatte der Kaiser vornehmlich in der Absicht berufen, um die Nachfolge seines ältesten Sohnes Ferdinand, der bereits zum König von Ungarn erhoben worden war, auch im Kaisertum noch bei seinen Lebzeiten zu sichern. Es war sein dringendstes Anliegen; aber es leuchtet ein: Da er dabei von dem guten Willen der Kurfürsten abhängig war, so mußten ihre Gegenforderungen um so größeres Gewicht bei ihm erlangen.

Die in Mühlhausen von den katholischen Kurfürsten formulierten Anträge waren auf die Restitution der geistlichen Güter und die Entfernung des Herzogs von Friedland von dem Oberbefehl der Armee gegangen. Der Kaiser hatte das erstere angenommen, und zwar durch eine eigentümliche innere Regung seiner Religiosität bewogen. Sollte er aber auch den General fallenlassen, der ihn erst zu einem selbständigen Kriegsherrn gemacht hatte? Für diesen sprachen, abgesehen von persönlicher Gunst, andere Gemütsregungen, die dem Kaiser fast nicht minder tief gingen; es waren seine dynastischen Gefühle.

Bei weitem mehr als Maximilian und seine Linie, lebte Ferdinand II. in der Idee des Gesamthauses Österreich-Spanien. Schon Matthias hatte sich derselben mehr genähert als Rudolf; Ferdinand aber verdankte sein Emporkommen in den Erblanden und im Reich ursprünglich einem noch engeren Einverständnis mit den Spaniern gegen Matthias selbst. Wenn die spanischen Subsidien auch nicht sehr reichlich flossen, so gewährten sie doch bei allen Unternehmungen eine wesentliche Beihilfe. Die Idee des Gesamthauses beherrschte die Politik in Madrid wie in Wien. Wie der spanische Minister Olivarez die Verbindung mit dem deutschen Österreich jeder andern vorzog, namentlich, selbst zum großen Nachteil des spanischen Handels, der Allianz mit England, so hielten hier die vorwaltenden Minister Ferdinands an der Verbindung mit Spanien fest, durch welche sie selbst emporgekommen waren. Der spanische Gesandte in Wien, der die Angelegenheiten der beiden Linien vereinbarte, war einer der mächtigsten Männer von Europa.

Meistenteils gingen nun die kirchlichen und die spanisch-österreichischen Interessen Hand in Hand miteinander; jedoch nicht immer.

In der pfälzischen Sache hätte Spanien, um mit den Stuarts in England nicht geradezu in Feindseligkeit zu geraten, Konzessionen von seiten des Kaisers gewünscht, zu denen sich dieser wegen der Verpflichtungen, die er gegen die Liga und Bayern eingegangen war, nicht verstehen konnte. Wenn dagegen Ferdinand den Spaniern die österreichischen Besitzungen im Elsaß und die Unterpfalz einräumte, so regte er damit den Antagonismus der Macht zwischen Frankreich und Spanien auf, welcher die größte Schwierigkeit bildete, die der Erneuerung der Weltherrschaft des Katholizismus überhaupt im Wege stand und nun in die deutschen Angelegenheiten eingriff.

Denn indem Kardinal Richelieu die große europäische Opposition gegen das Haus Österreich wiederbelebte, fand er auch Eingang bei den Fürsten der Liga. Daß das kaiserliche Zepter in Ferdinands II. Hand mächtiger geworden war, als einst selbst in der Hand Karls V., war den Spaniern sehr willkommen, aber den Franzosen unerträglich. Wir wissen, welch ein nachhaltiger Widerstand sich in den Fürsten der Liga, vor allem in den vier Kurfürsten darüber regte. Frankreich und die Liga begegneten einander in dem Wunsch, die kaiserliche Macht einzuschränken. Wenn dann Frankreich dem Kurfürsten von Bayern die Behauptung seines Kurfürstentums in seinem Hause zu ewigen Zeiten zusagte, so versprachen die Kurfürsten dem König die Entwaffnung des Reiches und den Frieden in Italien; dem Kardinal fiel es auf, mit welcher ungewöhnlichen Entschiedenheit sie sich darüber ausdrückten.

Demgegenüber erschien Wallenstein als der vornehmste Repräsentant und Vorfechter des kaiserlichen Ansehens. Er hätte, wenn es möglich gewesen wäre, den Frieden mit Frankreich zu erhalten, die europäischen Waffen nach dem Orient zu tragen gewünscht. Als nun der Streit mit Frankreich wieder losbrach, so lag es nicht an ihm, wenn der Krieg nicht in großem Stil in Italien geführt und durch eine Invasion in Frankreich unterstützt wurde. Er trug sich mit dem Gedanken, den Ausbruch der großen religiösen Feindseligkeit zwischen Katholiken und Protestanten durch Schonung der letzteren vermeiden, und zugleich den Zwiespalt zwischen Liga und Kaiser durch persönliche Einwirkung auf die Führer zurückhalten zu können. Der Anfall der Schweden schien ihm für den Anfang nicht gefährlich, solange er nicht von den Protestanten unterstützt werde. Vor allem mußte Frankreich selbst genötigt werden, die Waffen niederzulegen. Darin beruhte die großartige, in der deutschen Geschichte unvergleichliche Stellung, welche er noch in den letzten Monaten des Jahres 1629 und den ersten des Jahres 1630 einnahm, daß er die für das Reichsoberhaupt errungene Macht, die Parteiung zurückdrängend, nach allen Seiten hin aufrechtzuhalten den Entschluß gefaßt und eigentlich auch den Beruf, selbst einen egoistischen Antrieb dazu hatte. In dem Übergewicht seiner Armee im Norden und Süden von Deutschland lag zugleich die Autorität des Kaisertums. Seine hochfahrenden Worte scheinen anzudeuten, als habe er eine Veränderung der Reichsverfassung beabsichtigt. Und wenigstens so viel ergibt sich mit Sicherheit, daß er die weltliche Macht der Klerikalen überhaupt verwarf und sie zu verringern suchte, und daß er namentlich dem Kurfürstenrat die Prärogative, die ihn über das Kaisertum erhoben hätte, nicht zugestand. Die Summe der militärischen und politischen Gewalt vindizierte er dem Kaiser, der ihm durch eine rücksichtslose Ausübung derselben ein großes Reichsfürstentum verschafft hatte. In der Hauptsache waren die Spanier, wiewohl es in den Nebendingen mancherlei Mißverständnisse gab, sehr mit ihm einverstanden. Sie wollten einen bewaffneten Kaiser in Deutschland, der sie in Italien unterstützen könne. Und auch am Hof hatte man recht wohl das Bewußtsein, daß kein andrer ein solches Heer im Feld zu halten fähig sei, als Wallenstein. Noch bestand allen Zwischenfällen zum Trotz jene Kombination, die einst in dem Feldlager von Gradisca geschlossen worden, vor der Kaiser Matthias und Kardinal Klesl erlegen waren. Noch hielt sich Eggenberg in vollem Ansehen. Wenn er sich, was nicht selten geschah, seiner Gesundheit wegen nach seinen Gütern in Steiermark begab, ersetzte ein unaufhörlicher Kurierwechsel die persönlichen Konferenzen. Keine Entscheidung von einiger Bedeutung ward gefaßt, ohne daß man seinen Rat eingeholt. Erfahrung und politischer Takt machten denselben unentbehrlich, und in der Regel wurde er befolgt. Von den inneren Reibungen der Großen des Hofes erfährt man, daß Trauttmansdorff und Meggau dem vorwaltenden Minister nicht selten widerstrebten; er setzte ihnen Männer von Geist und Talent entgegen, wie Anton Wolfrath Abt von Kremsmünster und Verda Freiherr von Werdenberg, ihm vollkommen ergeben, die für die geschicktesten Mitglieder des geheimen Rates galten. Werdenberg erschien als ein Günstling des Glückes: Seit kurzem waren ihm anderthalb Millionen Gulden zuteil geworden. Die Familienverbindung der Harrachs, welcher Wallenstein von Anfang angehörte, übte noch ihren Einfluß aus; seine Kriegshandlungen und deren Erfolg, die Erwerbungen, die er möglich machte, die Geschenke, die er nicht sparte, verschafften ihm allezeit mächtige Fürsprache.

Man kann kaum von einer andern Partei sprechen; aber eine andere von einflußreichen Persönlichkeiten verfochtene Direktion der Politik gab es am Hof. Sie beruhte auf den Reichshofräten, welche die Reichsverfassung nur mit dem vollen Übergewicht des katholischen Elementes suchten, den päpstlichen Nuntien, die ihr kirchliches Ansehen dem politischen der Spanier entgegensetzten, und den Beichtvätern, die in der Gelehrsamkeit und dem Eifer der Kontroverse mit der Ingolstädter Schule wetteiferten und den Kaiser bei seinen in der Jugend empfangenen Eindrücken festhielten. Der damalige Pater Konfessor Lamormaini, ein geborener Luxemburger, war von Rom aus noch besonders angewiesen worden, sich mit dem Nuntius einzuverstehen.

Die wichtigste Frage nun, über welche damals die Meinungen auseinandergingen, bildete die mantuanische Sukzession. Denn das ganze spanisch-österreichische System beruhte auf der Fernhaltung des französischen Interesses an Oberitalien, wo die Spanier Mailand besaßen und die kleinen Fürsten in Unterordnung hielten. Es erschien als eine Gefahr desselben, daß ein in Frankreich erzogener Prinz, Gonzaga Nevers, zum Besitz von Mantua, wozu die herkömmliche Erbfolge ihn berief, gelangen sollte. Die Spanier benutzten ihren ganzen Einfluß, um den Kaiser zu vermögen, seine kaiserliche Autorität, denn Mantua war Reichslehn, dawider einzusetzen.

Dagegen waren die Bevollmächtigten des römischen Papstes und die angesehensten Geistlichen am Hof, welche die Sache des Nevers nicht allein für die gerechte hielten – was sie, denke ich, war –, sondern die Entzweiung mit Frankreich, weil sie die Interessen der Kirche gefährden werde, mißbilligten. In den vorläufigen Verabredungen der Liga mit Frankreich waren auch allerdings religiöse Momente begriffen, z. B. die Aufrechthaltung des Katholizismus auch in den Gebieten, die man den protestantischen Fürsten zurückgeben dürfte. Pater Lamormaini sagte jedem, der es hören wollte, daß er dem Kaiser die Gefahr seiner Seele, in die er sich durch den Krieg stürze, vorgestellt habe, und man wunderte sich, daß er nicht aus seinem Amt geschieden sei, da er nicht durchdrang. Auch jener Domenico, der in der Prager Schlacht die katholischen Soldaten mit vorgetragenem Kruzifix angefeuert hatte, und der für einen Heiligen galt, hatte sich mit freimütigem Eifer dagegen ausgesprochen. Aber in dem Kaiser überwogen die politisch-dynastischen Betrachtungen, denn zuletzt sah er in der Übermacht seiner Dynastie selbst eine Angelegenheit der Religion.

Noch einmal werden bei diesem Konflikt die Briefe von Bedeutung, die Collalto, der das kaiserliche Heer in Italien kommandierte, und Wallenstein, der noch in Deutschland verweilte, miteinander wechselten.

Sie waren beide Gegner des Restitutionsedikts gewesen und verbargen sich um so weniger die allgemeine Aufregung, welche dadurch entstanden war. Collalto war dennoch oder vielmehr ebendeshalb der Meinung, daß man den Krieg in Italien fortsetzen müsse. Denn dadurch beschäftige man Venedig, so daß es den Mißvergnügten in Deutschland kein Geld zukommen lassen, und Frankreich, so daß es keine Truppen nach Deutschland schicken könne; in Italien setzte man die kaiserliche Gewalt über allen Zweifel hinaus fest. Er meinte, die Truppen der Liga und des Kaisers zusammen seien so stark, daß man sie in Deutschland nicht alle brauche; er wollte sie zu einem Angriff auf Frankreich verwendet sehen.

Wallenstein sah die Sachen nicht in so günstigem Licht an. Auf den Gehorsam der Untertanen in den Erblanden, auf den Collalto zählte, meinte er sich nicht verlassen zu können. In Norddeutschland, und wo er damals war, in Schlesien, empfing er den Eindruck, daß nicht allein die deutschen Protestanten, sondern auch die Neubekehrten in den Erblanden in wachsender Erbitterung die Ankunft des Königs von Schweden auf das sehnlichste erwarteten, mit dem sie sich selbst auf die Gefahr des äußersten Verderbens verbinden würden. Die kaiserlichen Truppen, sagt er, dürfen keinen Ort verlassen, sonst lasse man dieselben gewiß nicht wieder ein. Die ligistischen seien gegen die Holländer unentbehrlich; der König von Frankreich ein mächtiger Monarch, der das Vertrauen von allen Katholiken in Italien, der Schweiz, vielleicht auch in Deutschland genieße.

Im Gefühl der äußeren Verwicklungen und ihrer Beziehung zu den inneren änderte Wallenstein von Zeit zu Zeit seine Ansicht über das unmittelbar Vorliegende. Er tritt in Unterhandlung mit den Holländern ein und verspricht doch gleich darauf dem König von Spanien eine stattliche Kriegshilfe gegen die Republik. Einmal hat er sogar eine friedliche Abkunft mit Frankreich für ratsam und durchführbar gehalten. Aber bald darauf müssen alle diese Gedanken schwinden. Richelieu hat durch eine abermalige Invasion in Italien Piemont in die äußere Bedrängnis versetzt und dadurch die Autorität des Hauses Österreich in der Lombardei in augenscheinliche Gefahr gebracht. Wiewohl unzufrieden mit dem spanischen Feldhauptmann Spinola, der seinen in bezug auf die Verpflegung der kaiserlichen Truppen gegebenen Zusicherungen nicht nachgekommen war, spricht Wallenstein im Mai 1630 seine Meinung dahin aus, daß derselbe gegen Casale, und der Herzog von Savoyen gegen die Franzosen unterstützt, und den italienischen Fürsten die Überzeugung gegeben werden müsse, der Kaiser verlange nichts, als was gerecht sei. Jene Invasion brachte auch eine für den Kaiser vorteilhafte Wirkung hervor. Daß sich Richelieu Pinerolos bemächtigt hatte, machte die italienischen Fürsten aufmerksam, wie gefährlich das Eingreifen der Franzosen in Italien selbst ihnen werden könne. Wallenstein hatte früher die Venezianer und den Papst bedroht; jetzt hielt er es für besser, alle Feindseligkeiten selbst gegen Venedig zu vermeiden. Sein Sinn wäre dahin gegangen, die Franzosen durch eine Diversion vom Elsaß her, zu der die Spanier von der anderen Seite mit Freuden mitgewirkt haben würden, in ihrem eigenen Gebiet zu beschäftigen.

Dem aber widersetzten sich die katholischen Kurfürsten, die ja dem König von Frankreich ihr Wort verpfändet hatten, daß er vom Reich nicht angegriffen werden würde. Sie erklärten unverhohlen, daß man den König von Frankreich zu keinen weiteren Feindseligkeiten reizen sollte, und machten damit Eindruck auf den kaiserlichen Hof. Richelieu hat dem Kurfürsten von Bayern ausdrücklich danken lassen, daß er die Ausführung jener Absicht verhindert habe. Bei dem Schwanken der Verhältnisse und den entgegengesetzten Einflüssen konnte am kaiserlichen Hof kein fester Plan ergriffen werden. Wallenstein klagt, der eine ziehe her, der andere hin, die größte Konfusion trete ein; er habe mit den kaiserlichen Ministern mehr zu streiten, als mit allen Feinden; Eggenberg könne nicht allen widerstehen, und schon mache man ihm den italienischen Krieg überhaupt zum Vorwurf; in ein paar Monaten aber werde man sehen, wohin man gerate. Es gehört zu den kriegerischen Tendenzen gegen Frankreich, daß damals Unterhandlungen mit dem König von Schweden eröffnet wurden; es geschah zu Danzig unter dänischer Vermittlung. Wenn aber die Dänen dort selbst den Schweden mitteilten, der Kaiser habe in seiner Instruktion es vermieden, den König von Schweden zu nennen, ohne Zweifel, weil er das Recht Sigismunds III. auf den schwedischen Thron noch anerkannte: Wie wäre da an eine Vereinbarung zu denken gewesen. Und doch wäre die Verständigung nach dieser Seite hin entscheidend gewesen. Wallenstein fürchtete nicht so sehr den König selbst, als sein Einverständnis mit den norddeutschen Städten und den Mißvergnügten überhaupt, die mit ihm unter einer Decke liegen; das, sagt er, mache ihm Gedanken. Da trat die Rücksicht, die der kaiserliche Hof auf die persönliche Freundschaft des Königs von Polen nehmen mußte, ihm beim ersten Schritt entgegen. Aber so war seine Stellung nun einmal. Noch an der Spitze des kaiserlichen Heeres, der vornehmste Repräsentant der kaiserlichen Autorität im Reich, und an sich gewillt, sie geltend zu machen, muß er jedoch jeden Augenblick empfinden, daß er die Situation nicht beherrscht. Seine Gedanken, über denen immer die große Idee schwebt, können doch nicht maßgebend sein; sie bewegen sich im einzelnen den Umständen gemäß in verschiedener Richtung, finden jedoch infolge anderer Beziehungen allenthalben Hindernisse. Im Mai 1630 beabsichtigte er nach München zu gehen, um noch einen letzten Versuch zu machen, sich mit Kurfürst Maximilian zu verständigen; dann wollte er sich nach Memmingen begeben, von wo er seine Augen am besten nach allen Seiten richten könne.

Da traf ihn nun aber von eben der reichsständischen Potenz, der er sich zu nähern suchte, der längst vorbereitete, auf seinen Sturz angelegte Angriff.

Die katholischen Kurfürsten in Person und die Bevollmächtigten der protestantischen versammelten sich Ende Juni 1630 in Regensburg, wo dann auch der Kaiser mit seinem ganzen Hof eintraf.

Anfangs war noch viel von einer Fortsetzung des italienischen Krieges die Rede. Der Herzog von Guastalla war erschienen, um seine Ansprüche gegen Nevers geltend zu machen, wodurch die alten Gerechtsame des Deutschen Reiches in Italien aufrechterhalten werden würden. Den deutschen Fürsten stellte er vor, daß sie sich auf diese Weise am sichersten der überlästigen Soldateska entledigen würden. In diesem Sinne erklärten sich auch die Spanier. Ein spanischer Oberst Ajaza, der viel mit den brandenburgischen Gesandten verkehrte, wiederholte ihnen von seiten seines Königs, daß derselbe als Reichsstand (im burgundischen Kreis) die Versuche der Franzosen sich in die Reichsgeschäfte, denen sie fremd bleiben sollten, zu mischen, nicht zugeben könne. Von Wallenstein, der nun nach Memmingen gekommen war und von dort seine militärischen Befehle ergehen ließ, erzählt man, er habe auf die Aufforderung selbst nach Regensburg zu kommen, mit einem jener weitausgreifenden stolzen Worte geantwortet: Er habe dort nichts zu suchen, sein wahres Quartier würde er in der Hauptstadt von Frankreich zu nehmen haben.

Das war aber nicht im entferntesten die Stimmung in der kurfürstlichen Versammlung zu Regensburg.

Die Kurfürsten fürchteten mehr von den spanischen, als von den französischen Eingriffen. Der Kurfürst von Trier befand sich in offenem Zerwürfnis mit der spanischen Regierung und galt bereits damals für französisch gesinnt. Der neue Kurfürst von Mainz, Anselm Kasimir Wambold von Umstädt, war gegen den Wunsch des Hauses Österreich gewählt worden und wurde als ein entschiedener Gegner der spanischen Entwürfe betrachtet. Die Verhandlungen der Liga leitete er in einem der kaiserlichen Politik entgegengesetzten Sinn. Der Kurfürst von Köln war übrigens gut kaiserlich, doch stand ihm das Interesse seines Hauses, des bayerischen, und die kurfürstliche Autorität allezeit höher. Wahrhaftes Erstaunen erweckt die Tiefe und Macht der Antipathie gegen Österreich, welche sich in den Kurfürsten regte. Sie wollten jetzt keinen Kaiser wieder, der zugleich König von Ungarn: So viele Gewaltsamkeiten seien ihnen von dem Kaiser begegnet. In dem Sinne der Kurfürsten des dreizehnten und vierzehnten Jahrhunderts ist davon gesprochen worden, daß man, wenn der Kaiser nicht nachgebe, nach den Reichskonstitutionen befugt sein würde, ihn abzusetzen; und wenigstens auf die Wahl eines römischen Königs, wie sie der Kaiser für seinen Sohn wünschte, einzugehen, hatten sie großes Bedenken. Was soll man sagen, wenn man erfährt, daß sie die Absicht aussprachen, lieber den König Ludwig XIII. zum römischen König zu wählen, denn er habe keinen Sohn und werde nicht daran denken, das Reich erblich zu machen; er könne wenigstens dazu dienen, um die Krone dem Haus Österreich zu entreißen und sie für andere deutsche Fürsten zu retten. Louis XIII. sei mutvoll, wohlberaten und unternehmend. Der Segen Gottes begleite ihn. Sie haben den alten Sleidan aufgeschlagen und die Rede, durch welche nach ihm der Kurfürst von Trier die Wahl eines Königs von Frankreich empfohlen haben soll, dem französischen Gesandten mitgeteilt. Es geschah auf ihren ausdrücklichen Wunsch und Willen, daß der König eine Gesandtschaft an den Kurfürstentag abordnete, um den Frieden mit dem Kaiser zustande zu bringen, die dann in die engsten Beziehungen zu den Kurfürsten trat. In ihrer Mitte erschien der vielgewandte, mächtige, geheimnisvolle Kapuziner Pater Joseph, der mit dem Abschluß eines besonderen geheimen Vertrags mit den Kurfürsten betraut war, welcher die Grundlage von allem, was man verhandelte, sein müsse. Die beiden Hauptpunkte, die dabei zur Sprache kamen, waren auf der einen Seite Sicherung der Pfalz für Bayern, auf der anderen der drei Bistümer für Frankreich; man suchte nach einem Ausdruck, der sie beide begriff. Bayern sollte sich nicht gegen die Franzosen erklären, wenn sie mit Spanien brechen würden; Frankreich genehmigte, daß dabei der Kaiser nicht erwähnt zu werden brauche, wofern man nur die Neutralität gegen Holland aufrechthalte. Diese Verhandlung, von welcher der eigentliche Gesandte Leon Brulart nichts erfuhr, hatte für Richelieu noch mehr Wert, als der Friede mit dem Kaiser; er erklärte, jede Konzession, die er in dem Frieden mache, geschehe nur aus Rücksicht auf Bayern. Man kannte diese Verhältnisse nicht: Wie würde sonst Wallenstein gehofft haben, Maximilian zur Teilnahme an seinen antifranzösischen Entwürfen fortzuziehen; aber man empfand die Wirkung. Die Liga, ohne deren Mitwirkung der Krieg nicht weiter geführt werden konnte, drang auf den Frieden mit Frankreich.

Daß in diesen Tagen den Kaiserlichen die Eroberung von Mantua gelang, bildete eher ein Motiv dafür, als dagegen. Denn einmal wurde die kaiserliche Autorität dadurch so gewaltig erneuert, daß sie auch dann unerschütterlich bestand, wenn der Fürst, dem die Belehnung bisher versagt worden war, dieselbe nunmehr erhielt: unter Bedingungen, wie sie schon früher angeboten worden. Und zugleich mußte etwas geschehen, um die wegen der dabei vorgekommenen Gewaltsamkeiten aufgeregten italienischen Fürsten zu beruhigen. Man hätte sonst fürchten müssen, ihre Eifersucht gegen die spanisch-österreichische Macht könne noch einmal in helle Flammen ausbrechen.

Aber das wichtigste Moment für den Frieden lag doch auf einer anderen Seite. In dem Augenblick, als die kaiserlichen Truppen in einer großen militärischen Bewegung nach Italien und Frankreich beschäftigt waren, und der Kurfürstentag zusammentrat, welcher das Zerwürfnis zwischen dem Kaiser und den Ständen an den Tag brachte, landete der König von Schweden an der pommerschen Küste. Eben da setzte er an, wo es zwei Jahre früher der König von Dänemark versucht hatte, den Inseln Ruden und Usedom vorüber bei Peenemünde, indem er sich ebenfalls auf den Rückhalt an Rügen, das bereits in seine Hände gebracht war, und an Stralsund stützte, sowie im Vertrauen auf die Unterstützung der norddeutschen Population. Mit äußerster Anstrengung aller Kräfte hatte Wallenstein damals bei Wolgast die Dänen zurückgewiesen. Den Schweden stand nur eine mäßige Heeresmacht gegenüber, die jeden Augenblick empfand, daß sie des Landes nicht mächtig war. An dem Kurfürstentag selbst erschienen Gesandte des Herzogs von Pommern, welche die Hilfe des Reiches gegen den König, zugleich aber Erleichterung des Landes und Sicherung des Stiftes von Cammin verlangten. Eine eingehende Resolution hierauf wäre bei den dortigen Stimmungen nicht einmal möglich gewesen. Man sieht, daß die veränderte Lage im Lande selbst das Gefühl der alten Selbständigkeit unter dem Schutz des Reiches und seiner auf den Religionsfrieden begründeten Ansprüche erneuerte. Was aber in

Regensburg nicht zu erreichen war, das bot der waffenmächtige König, immer unter ausdrücklichem Vorbehalt der Rechte des Reiches, von freien Stücken an: die Behauptung von Cammin im Gegensatz mit dem Restitutionsedikt, selbst die Herstellung der landesfürstlichen Autorität in Stralsund und militärischen Schutz. Im Gedränge zwischen der ohnmächtigen und doch drohenden, innerlich feindseligen kaiserlichen Macht, und der vordringenden religiös-befreundeten schwedischen entschloß sich der Herzog, »nun denn in Gottes Namen« die Truppen des Königs in Stettin aufzunehmen, das sie sogleich in Verteidigungsstand setzten. Das Ereignis machte den größten Eindruck auch auf Wallenstein, der in diesen Landschaften halbwegs zu Hause war; er sah mit Recht darin nur eben den Beginn einer allgemeinen Erhebung, die er immer vorausgesagt hatte. Aber auch noch eine andere Betrachtung regte sich in ihm. Was der Herzog von Pommern tat, war bei weitem mehr, als was die Herzöge von Mecklenburg verbrochen hatten. Er erblickte darin eine Felonie, welche ein gleiches Verfahren begründe. Er ließ den Kaiser wissen, er denke ihm ein Herzogtum zu verschaffen, das sich über siebzig Meilen hin ausdehne. Seine imperialistischen Tendenzen erwachten noch einmal. Er meinte jetzt selbst, man müsse den italienischen Frieden schließen: Collalto werde sich ein Verdienst erwerben, wenn er ihn baldmöglichst zustande bringe.

Wollte der Kaiser die Waffen zur Verteidigung oder zur Weiterentwicklung der Macht nach Nordosten wenden, so mußte man im Süden und Westen Frieden haben. Die Parteien, die den Hof teilten, stimmten hierin zusammen. Die Gründe dafür waren die Unmöglichkeit den Krieg ohne Teilnahme der Kurfürsten zu führen, das Vorrücken der Schweden und die wachsende Macht der Holländer. Es kam nur darauf an, Bedingungen zu finden. Die Absicht regte sich, mit dem italienischen Frieden zugleich den Austrag der zwischen Spanien und Frankreich schwebenden Irrungen zustande zu bringen. Die vornehmsten Bevollmächtigten, der Kapuzinerpater Joseph und der Abt von Kremsmünster, stellten beide die Idee der Union der katholischen Mächte, zu deren Durchführung auch die Beihilfe des Papstes in Anspruch genommen wurde, in den Vordergrund. Wäre aber so viel nicht zu erreichen, so wollte man wenigstens vermittelst der italienischen Pazifikation den Zustand des Reiches sichern und nicht etwa die

Besorgnis aufkommen lassen, daß der König von Frankreich später doch direkt oder indirekt die Feinde des Kaisers in Deutschland unterstützen dürfte. Pater Joseph ging mit Eifer darauf ein; er forderte nur, obgleich sich seine Vollmacht nicht so weit erstreckte, daß man doch ohne Verzug zu näheren Verhandlungen schreiten möge. Er wolle, samt dem Gesandten, mit Leib und Leben dafür haften, daß der König alles approbieren werde, worüber man hier übereinkomme. Kardinal Richelieu hat sich damals allerdings bewogen gefunden, dem Gesandten, dem sein vertrautester Rat zur Seite stand, eine unbedingte Vollmacht zu erteilen.

Waren nun aber die ersten Schritte, welche in jedem Geschäft die entscheidenden sind, zur Herstellung des Friedens in Italien im Sinne der Kurfürsten geschehen, so erhoben diese in wachsendem Selbstgefühl auch ihre anderweiten Forderungen, den Beschlüssen von Mergentheim gemäß, auf das nachdrücklichste.

Sie verlangten vor allem, bei ihren von dem Reich in seiner Machtfülle herrührenden Rechten und Hoheiten geschützt zu werden gegen jedermann, der sie beleidige, wer es auch sei. Sie brachten in Erinnerung, daß der Kaiser die von seinem Heer eingenommenen Länder nicht versetzen noch veräußern dürfe: Das Reich werde dadurch in Kriege verwickelt, von denen ihm nichts bewußt sei. Hauptsächlich drangen sie auf die Abstellung der Gewaltsamkeiten, durch welche alle Reichsordnungen über den Haufen geworfen würden, namentlich der Kontributionen, wie man sie bis jetzt eintrieb, und auf die Einrichtung regelmäßiger auf die Kreise zu verteilender Leistungen, wozu dann ein einheitliches Kriegsdirektorium notwendig sei. Wallenstein, gegen den alle ihre Klagen zielten, sollte schlechterdings von dem Kriegsdirektorium entfernt werden. Der Kaiser hatte sich bisher dagegen gesträubt. Er hatte nur einmal, als ihm die Sache besonders dringend vorgestellt wurde, geäußert: auf Kavalierparole, er werde dem Übel abhelfen. Mit dieser Art von Ehrenwort aber ließen sich die Kurfürsten nicht befriedigen. Sie gaben zu vernehmen, daß sie vor der Gewährung ihres Ansuchens zu keinen weiteren Verhandlungen schreiten würden. Der Kaiser, welcher gekommen war, um die Wahl seines Sohnes zum römischen König wenn nicht durchzuführen, doch in den herkömmlichen Weg einzuleiten, mußte nun die ihm geschehene Anmutung ernstlich ins Auge fassen. Am 5. August ist dann darüber in einer geheimen Ratssitzung, welcher der Kaiser beiwohnte, Beratung gepflogen worden. Die Räte waren der Meinung, daß die Vorwürfe, die man gegen Wallenstein erhob, ohne Mühe abzulehnen wären, wie denn derselbe immer zur Zufriedenheit des Kaisers gehandelt habe.

Einige Äußerungen über die Mängel der kaiserlichen Politik verwarfen sie mit Empfindlichkeit und Unwillen. Aber den Kurfürsten in der Forderung, auf welche sie den größten Nachdruck legten, entgegenzutreten, hielten sie doch nicht für ratsam. Denn dann würde in der Körperschaft des Reiches kein weiteres Einverständnis zu erhalten, und hauptsächlich es würde unmöglich sein, das Sukzessionswerk, an welchem in diesen schwierigen Zeiten um so mehr liege, in Gang zu bringen und zu fördern. Mit der Entschließung meinten sie noch so lange zurückzuhalten, bis man mit dem Kurfürsten von Mainz über die zu erwartenden Gegenleistungen gesprächsweise übereingekommen sei. Es scheint aber nicht, als ob man damit etwas erreicht hätte. Nachdem der italienische Frieden auf eine Weise begründet worden war, daß man dort freie Hand zu behalten nicht zweifelte, hielten die Kurfürsten den Augenblick für gekommen, ihre Forderung mit doppeltem Nachdruck zu wiederholen. Am 13. August fuhren die geistlichen Herren persönlich bei dem Kaiser vor, um ihm diesen Antrag zu machen. Sie überreichten ihm eine Denkschrift darüber. Persönlich gedrängt, sagte der Kaiser endlich: Ja, er wolle das Kriegsdirektorium bei seiner Armada ändern.

Bald hernach ließ er den Kurfürsten eine schriftliche Resolution nach ihrem Sinne zugehen; er forderte sie zugleich auf, ihm Mittel anzugeben, um den General mit Glimpf und Ehre und mit Versicherungen in persönlicher und sachlicher Beziehung zu entlassen.

Freier von persönlicher Ungnade war wohl nie eine Demission, als diese Entlassung Wallensteins aus dem Dienst. Zwei seiner besten Freunde am Hof, die kaiserlichen Räte Werdenberg und Questenberg, wurden an ihn abgefertigt, um ihm die Unvermeidlichkeit des gefaßten Entschlusses vorzustellen. Denn der Kaiser könne nun einmal die Assistenz der Kurfürsten nicht entbehren; bei der neuen Einrichtung, die man dem Kriegswesen gebe, würde der General das Direktorium nicht führen wollen.

Ganz so weit aber, wie die katholischen Kurfürsten wollten,

war der Kaiser nicht zu bringen. Eines Tages sagte einer ihrer Räte den Brandenburgischen, es sei beschlossen, den Oberbefehl dem Kurfürsten von Bayern zu übertragen. Diese, die an dem Verfahren gegen Wallenstein niemals teilgenommen hatten und die neue Kombination viel mehr fürchteten als wünschten, fragten nur, ob sich die kaiserliche Majestät gern dazu verstehen werde. Die Antwort war: Der Kaiser werde sich dazu verstehen; wie gerne, das könne man nicht sagen. Es wurde aber doch nicht durchgesetzt. Die Räte des Kaisers machten die nachdrücklichsten und triftigsten Einwendungen dawider. Sie haben selbst aus der römischen Geschichte in Erinnerung gebracht, daß immer derjenige, welcher die Waffen in den Händen gehabt, auch das Kaisertum an sich gerissen habe; sie machten so viel Vorbehalte zur Behauptung der kaiserlichen Machtfülle über Krieg und Frieden, daß der Kurfürst, der nicht schlechter gestellt sein wollte als Wallenstein gewesen war, auf das Generalat Verzicht leistete. Man kam überein, daß Tilly dasselbe zugleich im Namen des Kaisers und der Liga führen sollte.

Noch immer fuhr Wallenstein fort, nach allen Seiten hin militärische Befehle zu erlassen, denn noch war der Frieden in Italien nicht gesichert; er sagte wohl, wenn man den Frieden wolle, müsse man sich zum Krieg gerüstet halten. Mit dem größten Nachdruck drangen die Kurfürsten darauf, daß ihm seine Autorität definitiv entzogen würde. Sie wiederholten ihre Drohung, keine Geschäfte zu verhandeln, bevor das geschehen sei; so wenigstens versichert der päpstliche Nuntius.

Es gab einen Gesichtspunkt, unter welchem der Herzog von Friedland sogar zufrieden damit war. Bei der ersten Nachricht von den in Regensburg gefaßten Beschlüssen sagte er, er werde dadurch von den Wirrsalen im Reich erlöst, er komme damit aus einem großen Labyrinth. Und wie oft war schon von seiner Abdankung die Rede gewesen; er hatte sie selber gefordert. Als er den Gesandten Audienz gab, die ihm seine definitive Abdankung ankündigten, hatte er eine lateinische Schrift neben sich, in welcher die Nativität des Kaisers und des Herzogs von Bayern, also die Konstellation, unter der sie auf die Welt kamen, verzeichnet waren. »Wie die Herren sehen«, sagte er ihnen, »die Sterne deuten an, daß der Geist des Bayern den Geist des Kaisers beherrschen wird.« Indem er sich aber in bezug auf das Generalat unterwarf, aus Mißmut über die allgemeine Verwirrung oder auch aus astrologischer Gril-le, meinte er doch nicht etwa den ihm übertragenen Landen und Leuten und seinen reichsfürstlichen Rechten zu entsagen. Die beiden Gesandten versprachen ihm im Namen des Reichs und der Kurfürsten alle Satisfaktion. Hierauf äußerte Wallenstein die Absicht, Mecklenburg gegen die Schweden zu behaupten, wie das einem jeden Reichsfürsten zukomme, sein Land zu vertei-digen. Die Abgeordneten wußten aber wohl, daß die Kurfürsten das Recht Wallensteins auf Mecklenburg in Zweifel zogen, weil die über die Herzöge ausgesprochene Achtserklärung ungültig sei; unter den Motiven gegen seine Heerführung war bemerkt worden, daß er keine anerkannte reichsfürstliche Würde habe. Sie machten den Herzog auf den schwebenden Rechtsstreit aufmerk-sam. Auch darin also, in der Handhabung seines großen Rechtes der Verfügung über die verwirkten Güter und Lande, gab Fer-dinand II. den Ansichten der Kurfürsten nach. Der General ließ ihn aufmerksam machen, wie viel er durch die neue militärische Einrichtung, durch die Verringerung seiner Armee verliere: Die Armee sei das beste Juwel in seiner Krone. Er hoffte ihn noch bei seinem eigenen Interesse festzuhalten und erwartete einen eingehenden Bescheid von ihm. Daß ein solcher nicht erfolgte, daß er überhaupt gar keine Antwort bekam, war die vornehmste Kränkung, die er erfuhr, und die ihn auf das tiefste verwundete. So sehr er dieselbe in sich zu verschließen suchte, so ließ er doch das Wort verlauten, er werde dem Haus Österreich ferner nicht dienen. Denn durch diese Dienste hatte er sich seine reichsfürstli-che Würde und seine Ausstattung mit einem großen Herzogtum erworben, welche die vornehmste Befriedigung seines Ehrgeizes ausmachte, die man nicht mehr anerkannte. Er löste den prächti-gen Hofhalt auf, der ihn umgab, und verfügte sich nach Gitschin, dem vornehmsten Platz seiner böhmischen Besitzungen.

In Italien ward nun ein Stillstand verabredet. Die kaiserlichen Befehlshaber wurden angewiesen, ihre Befehle nur unmittelbar von dem Kaiser anzunehmen. Ein Teil der Armee ward entlassen, der größere unter den Oberbefehl Tillys gestellt.

Die Kaiserlichen hatten die Hoffnung gehegt, daß die Anfüh-rung der Truppen eben dem jungen König übertragen werden würde, den sie zum Nachfolger erhoben zu sehen erwarteten: Ein solches Amt werde die römische Krone wie ein Kleinod zieren

– der Kaiser wäre dadurch für die Entlassung Wallensteins ent-
schädigt worden; aber die Kurfürsten hatten, wie berührt, ihren
Mitkurfürsten, den Herzog von Bayern empfohlen: Der Kaiser
mußte glücklich sein, daß man ihm Tilly zugestand.

Es war ein vollkommener Sieg des kurfürstlichen Interesses
über das kaiserliche. Ferdinand II. verdankte den Kurfürsten noch
mehr als den Spaniern. Sie hatten ihn seiner religiösen Haltung
wegen auf den Thron erhoben, mit Vorbehalt ihrer Prärogative; er
hatte dann durch Wallenstein einen Versuch gemacht, sich über
dieselben zu erheben und das Kaisertum im alten Sinne zu erneuern. In dem Augenblick, als von der Wahl eines Nachfolgers die
Rede war, nötigten sie ihn in der Hauptsache davon abzustehen.

Es läßt sich nicht anders erwarten, als daß die Kurfürsten
im Besitz dieses entscheidenden Übergewichts nun auch jenes
Edikt über die geistlichen Güter, zu dem sie ihn bewogen und
gedrängt hatten, zu voller Ausführung zu bringen beflissen waren.
Die Politik Wallensteins ist so eng mit dieser wichtigsten aller
Fragen verflochten, daß wir ihrer in seiner Geschichte nochmals
gedenken dürfen.

Die beiden weltlichen Kurfürsten, Sachsen und Brandenburg,
waren mit aller Entschiedenheit gegen das Edikt. Noch vor der
Eröffnung des Kurfürstentages hatte Sachsen dem Hofe zu Wien
eine Aufforderung, davon abzusehen, in so starken Ausdrücken vorlegen lassen, daß der Reichsvizekanzler sie dem Kaiser vorzutragen
Anstand nahm. Die Gesandten hatten den Befehl, keiner Deliberati-
on darüber im Kurfürstenrat beizuwohnen, damit sie nicht durch
ihre Anwesenheit die Beschlüsse der Majorität zu bekräftigen schienen; dem sich anzuschließen, hielten auch die brandenburgischen
Gesandten für ratsam, denn würden sie erscheinen und dann den
Beschlüssen der übrigen widersprechen, so würde das doch nicht
die mindeste Wirkung haben. Man erkennt den damaligen Zustand
der Verfassung. Die katholischen Kurfürsten, durch die Anwesenheit der übrigen Ligisten verstärkt, hielten ihre besonderen Konferenzen mit den kaiserlichen Räten, über deren Ergebnis den protestantischen späterhin Mitteilung geschah. An den Verhandlungen
mit Wallenstein hatten diese keinerlei Anteil; sie empfingen selbst,
wie die Protokolle ausweisen, keine rechte Kunde davon. Wäre es
auf sie angekommen, so würden beide Armeen aufgelöst und mit
dem König von Schweden ein Friede vereinbart worden sein, wie

namentlich der Kurfürst von Brandenburg beantragte, unter der Bedingung der Herstellung des alten Zustandes der Dinge in den Kreisen Obersachsen und Niedersachsen, d. h. in Norddeutschland überhaupt. Damit würde auch der König von Schweden zufriedengestellt worden sein.

Wie wäre aber bei dem Übergewicht der katholischen Fürsten daran zu denken gewesen, daß sie so nahe an dem Ziel, das sie seit einem halben Jahrhundert verfolgt hatten, davon zurückgewichen wären.

Indem der Kaiser den Kurfürsten von Sachsen zur Teilnahme an den Rüstungen gegen Schweden einlud, fand er ratsam, auch dieser Frage zu gedenken; er erklärte sich bereit, den gütlichen Mitteln, die ihm von dem Kurfürsten vorgeschlagen werden würden, stattzugeben. Zu einer eigentlich kollegialen Erörterung ist es auch dann nicht gekommen, wohl aber zu einer vermittelnden Verhandlung. Der Schwiegersohn des Kurfürsten, Landgraf von Darmstadt, und einige andere Stände, aus verschiedenen Kreisen, haben der mainzischen Kanzlei eine Reihe von Punkten eingereicht, deren Gewährung für die Erhaltung des inneren Friedens notwendig sei; nach einiger Zeit erfolgte eine Antwort aus der mainzischen Kanzlei darauf – allerdings mit dem ausdrücklichen Vorbehalt der Unverbindlichkeit –, doch ist es der Mühe wert, der Momente zu gedenken, von denen die Entscheidung abhing.

Über die Mediatstifte schien eine Vereinbarung, so schwer sie sonst sein mochte, noch im Bereich der Möglichkeit zu liegen; dagegen nicht in bezug auf die reichsunmittelbaren Stifte, auf die doch den reichsfürstlichen Häusern das meiste ankam.

Die Protestanten, die sich überhaupt nicht auf den Passauischen Vertrag verweisen lassen, sondern an dem Datum des Religionsfriedens festhalten wollten, waren nicht abgeneigt, alle die Stifte, die erst nach demselben eingezogen worden, zurückzugeben; nicht aber die, welche vorher eingezogen worden seien. Für die, in welchen damals ein gemischter Zustand obgewaltet, verlangten sie die Herstellung eines solchen. Brandenburg und Sachsen machten überdies auf eine Ausnahme Anspruch: die volle Herstellung des Zustandes von 1621 und eine Versicherung des Besitzes, wie er damals stattgehabt hatte, auf fünfzig Jahre; sollte dann eine Klage gegen sie erhoben werden, die Erörterung derselben vor dem paritätisch eingerichteten Kammergericht.

Die Konzession zugunsten der beiden Kurfürsten, auf die für den Augenblick das meiste ankam, verwarfen die Katholischen nicht schlechthin, und es hat wenig zu bedeuten, wenn sie die Zeit beschränkten; aber sie behielten sich ihren Begriff von der Reichsverfassung vor. Die Erörterung sollte auch alsdann vor dem Reichshofrat und dem Kammergericht nach der herkömmlichen Form stattfinden. Von einem paritätischen Gericht wollten sie nichts hören. Die Herstellung der Immediatstifte forderten sie aber unbedingt, gleichviel ob sie vor dem Passauischen Vertrag (von 1552 zwischen Kurfürst Moritz von Sachsen und König Ferdinand I., der den Augsburger Religionsfrieden von 1555 vorbereitete) oder nach demselben eingezogen worden, und ob damals zum Teil schon die kirchliche Reformation daselbst eingedrungen gewesen oder nicht.

In diesem Anspruch liegt der vornehmste Moment. Darauf beruhte die Herstellung des katholischen Bekenntnisses in den norddeutschen Gebieten überhaupt, sowie das Interesse der fürstlichen Häuser. Man hat wohl gesagt, diesen würden die Stifte in ihrer Nachbarschaft wie vor alters wieder zuteil werden, wenn Gott sie erleuchte, d. h. wenn sie zum Katholizismus zurückkehren würden.

Was wäre in dem Augenblick des schwedischen Einfalles notwendiger gewesen, als die beiden nordischen Kurfürsten sicherzustellen und sie zu eifriger Teilnahme gegen denselben zu vermögen.

Wohl wäre der Kaiser, wenn Sachsen und Brandenburg ihm in seinen stiftischen Prätentionen nicht mehr widerstrebt hätten, auch seinerseits geneigt gewesen, sie in ihren besonderen Forderungen zu begünstigen. Richelieu behauptet zu wissen, daß der leitende Minister des kaiserlichen Hofes daran gedacht habe; allein schon war man in Wien nicht mehr mächtig genug dazu.

Der päpstliche Nuntius Pallotta setzte sich der Suspension der Wiederherstellung der Güter und der vermittelnden Auskunft, welche in bezug auf Sachsen und Brandenburg im Werke war, eifrig entgegen. Er verwarf die Erneuerung des Vertrags von Passau, welchen der römische Stuhl nie anerkannt habe. Und wenn dann in Deutschland von der Verwendung des Einkommens der eingezogenen Güter zu anderen als kirchlichen Zwecken die Rede war, so wollte er auch davon nichts hören. Wie man damals von Staatsräson redete, so sprach man auch von einer *Ragione della Chiesa* als der allgemeinen Regel des kirchlichen Verhaltens, die den Ansprüchen des Kaisertums und der weltlichen Gewalt nicht viel weniger entgegenlief, als dem Protestantismus. Der Nuntius verwarf eine gemischte Kommission aus Kirchlichen und Weltlichen, die zur Prüfung der bereits geschehenen Provisionen des römischen Stuhls errichtet war. Und wenn am Kurfürstentag zwar nicht von der Wahl eines römischen Königs, aber doch von der Vorbereitung einer solchen die Rede sein sollte: So brachte der Nuntius die Ansprüche, die der römische Stuhl von jeher auf Bestätigung einer solchen Wahl machte, mit allem Nachdruck in Erinnerung.

Die Herstellung der kirchlichen Autorität in dem beabsichtigten Umfang wäre mit der Herstellung der geistlichen Güter und der alten Hierarchie verbunden gewesen.

Der päpstliche Stuhl hielt auch die geringste Konzession für verderblich und übte auf die Beschlüsse der katholischen Kurfürsten allezeit einen maßgebenden Einfluß aus. Der Nuntius rühmte sich seines Verständnisses mit dem Kurfürsten von Bayern und der guten Wirkung, die dadurch erzielt worden sei. Sämtliche Kurfürsten haben ihm zugesagt, in allen Dingen, betreffend die Autorität des römischen Stuhls, die kirchliche Gerichtsbarkeit und die Ausbreitung der katholischen Religion, mit ihm zusammenzuhalten.

Zu weiterer Erörterung des oben gedachten Vermittelungsvorschlags war eine Zusammenkunft in Frankfurt am Main angesetzt, bei der zugleich der Wahl halber auch die Kurfürsten von Sachsen und von Brandenburg erscheinen sollten. Papst Urban hörte mit Mißbehagen von einer Konferenz zwischen Katholiken und Protestanten und nahm sich vor, sie mit allen ihm zu Gebote stehenden Mitteln zu hintertreiben.

Die Protestanten, die von den Verhandlungen innerhalb der katholischen Kreise keine Ahnung hatten, fühlten doch, daß alle Konzessionen, die man ihnen etwa zugestände, durch den Einfluß des päpstlichen Stuhles rückgängig gemacht werden könnten.

Wohl vernahmen sie noch von dem kaiserlichen Vizekanzler, daß man einen Unterschied zwischen den Immediat- und den Mediatstiften machen werde: bei den ersten könne der Passauer Vertrag nicht beobachtet werden, wohl aber bei den letzten. Es wäre eine sehr ungenügende Abkunft gewesen, aber zugleich eine höchst unsichere. Die an Württemberg gemachten Eröffnungen bewiesen, daß man auch bei den Mediatstiften nicht darauf Rücksicht nehmen werde, ob sie vor dem Vertrag eingezogen worden oder nicht. Man sagte gerade heraus, dieser Vertrag sei durch Waffengewalt erzwungen, und man habe nicht die Verpflichtung ihn zu halten. Auch die exzeptionelle Stellung, die für Brandenburg und Sachsen in Aussicht gestellt worden war, würde keine Haltbarkeit gewonnen haben: Die herrschende Ansicht war, daß alle kirchlichen Güter wieder herausgegeben werden müßten.

In diesem Sinne predigte besonders Pater Weingarten in Regensburg in Gegenwart des Kaisers und der katholischen Fürsten. Er führte aus, daß Kaiser Karl V. für seine Konnivenz in bezug auf die Besitztümer der Kirche und den Fortschritt des Protestantismus überhaupt, durch den Umschlag seines Glückes und die Notwendigkeit, das Kaisertum schimpflich abzugeben, bestraft worden sei; in der Aufregung der Rede warf er sein Barett auf die Kanzel mit den Worten: »Werde Seine jetzt regierende kaiserliche Majestät die entwandten geistlichen Güter nicht herstellen, so werde ihn Gott strafen.«

Der Einbruch des Königs von Schweden, weit entfernt in diesen Absichten irrezumachen, bestärkte vielmehr darin. In kurzem glaubte man seiner Herr zu werden: wehe dann seinen Anhängern. Man freute sich im voraus der Konfiskationen, die über sie verhängt werden würden; denn der Beschluß sei gefaßt, keinen Frieden mit dem König von Schweden einzugehen. Daß sich dieser Mecklenburgs annehme, wäre noch zu dulden, aber nicht, daß er sich der Ausführung des Restitutionsediktes widersetzen wolle; man werde ihn schlagen, diesen angeblichen Liberator, diesen evangelischen Makkabäus; dann werde der Partei nicht weiterzuhelfen sein, man werde auf ihre Ausrottung gedenken. So ließ sich besonders der Kurfürst von Trier vernehmen. »Wenn die Schweden geschlagen seien, so würden die Evangelischen ihr Felleisen packen müssen, denn im Reich werde man sie nicht dulden.« Es erweckte Erstaunen, daß gegen die Schweden keine ernstlichen Vorkehrungen getroffen wurden; Truppenzüge, die ihre Richtung nach Osten hin genommen hatten, sah man bald nachher nach Westen hin abrücken; es scheint, als habe man Handlungen der Feindseligkeit von Holland her gefürchtet. »Indes«, so wollte man von Stralendorf gehört haben, »möge der König von Schweden nur weiter heraufkommen; möge sich zu ihm schlagen, wer da wolle: die Kaiserliche Majestät werde dadurch Gelegenheit zu neuen Konfiskationen erhalten.«

Die Gewaltmaßregeln waren in vollem Zuge. Die, welche gegen den Kaiser gedient hatten, wurden mit Konfiskation heimgesucht – damals auch solche, die einst unter der Union Dienste geleistet hatten, wie Friedrich von Mons, Kraft von Hohenlohe; man hatte ein Verzeichnis aller, die sich jemals gegen den Kaiser erklärt hatten, der Anhänger des Königs von Dänemark, des Bischofs von Halberstadt und andrer Gegner. Leute waren darin verzeichnet, die sich sehr sicher wähnten. Bei Berechnung der Kosten der Truppen und ihrer Aufbringung spielten die Erträge der zu erwartenden Gütereinziehungen immer eine große Rolle.

Was waren das für Prozeduren, die soeben im Reich über die alten Widersacher, z. B. über Braunschweig-Wolfenbüttel verhängt wurden!

Um Tillys Dienste zu belohnen, hatte der Kaiser demselben eine Schenkung von 400.000 Reichstaler gemacht, mit denen er hauptsächlich auf Grund einer von Dänemark abgetretenen Schuldforderung an Friedrich Ulrich von Braunschweig-Wolfenbüttel auf dessen Landschaft angewiesen wurde. Vergebens stellte Friedrich Ulrich die ganze Schuld in Abrede. Dem Grafen Tilly wurden dafür sieben fürstliche Ämter erblich zuerkannt, aber auch noch eine Anzahl anderer auf solange in Besitz gelassen, bis die Agnaten jene Alienation anerkannt haben würden. So lautete eine Verfügung der Hofkammer, welche anfing sich in diese Angelegenheiten zu mischen.

Die Kurfürsten waren mehr für die Restitution der geistlichen Güter, in der der Kaiser vielleicht einiges nachgegeben hätte; der Kaiser bestand auf seine Konfiskationen, welche die Kurfürsten zu beschränken wünschten: Aber im allgemeinen wirkten sie beide zusammen.

Der Kaiser konnte sich der Restitution doch niemals widersetzen, da er an der Einziehung der Erzstifte ein so großes Interesse hatte; wenn es darüber mit den Kurfürsten zu mancherlei Zerwürfnissen kam, so war das den kaiserlichen Räten nicht gerade unangenehm, weil sie dann den Kaiser um so mehr ausschließend in ihrer Hand behielten.

Immer in Geldverlegenheit, traf der kaiserliche Hof eben

Anstalt, die Reichsstädte als Hypothek seiner Anleihen einzusetzen; mit Ulm wurde der Anfang gemacht.

Die Kirchengüter zum Vorteil der Liga und des Kaisers zurückgegeben, die Besitztümer der protestantischen Fürsten konfisziert, die Lehen eingezogen, die Reichsstädte zur Hypothek der Schulden der kaiserlichen Regierung gesetzt: In dieser Gestalt erschien die Ausbreitung des Katholizismus über die evangelischen Gebiete. Es waren die Umstände, unter denen Gustav Adolf in Deutschland auftrat.

Nimmermehr konnte man erwarten, daß die protestantischen Fürsten, die bei dem Fortgang des eingeschlagenen Systems ihren Ruin vor Augen sahen, sich dem König entgegensetzen würden.

Alles überlegt, meinten die eifrig Katholischen ihrer auch nicht zu bedürfen, wenn man nur durch den französischen Frieden in den Stand kam, die ganze Gewalt der katholischen Waffen unter einem bewährten und zuverlässigen General wie Tilly gegen ihn zu wenden.

Die Unterhandlungen über den Abschluß dieses Friedens bildeten noch einmal den Mittelpunkt aller Geschäfte.

Nachdem jene Einleitungen, auf die man fußen zu können meinte, getroffen worden, hatten die Kurfürsten von weiterreichenden Forderungen abgeraten; weder auf eine allgemeine Schlichtung der Irrungen zwischen Frankreich und Spanien, noch auf eine Hineinziehung der alten Ansprüche des Deutschen Reiches auf die drei Bistümer wollten sie eingehen; sie rieten nur die mantuanische Sache zum Austrag zu bringen. Um es nicht zu einem Zusammentreffen der Armeen bei Casale kommen zu lassen, wodurch jedes Verständnis unmöglich geworden wäre, traf man in einem Moment, in welchem die kaiserlichen Truppen im Übergewicht waren, einen Stillstand; als derselbe ablief, ward dann auch der Friede geschlossen. Der vom Kaiser zurückgewiesene, von Frankreich in Schutz genommene Prätendent Nevers-Gonzaga wurde als Herzog von Mantua anerkannt; der Kaiser versprach, den französischen Forderungen gemäß, seine Truppen aus den Graubündener Pässen zurückzuziehen. Die französischen Gesandten nahmen dagegen eine Bedingung an, die allerdings von der obersten Bedeutung war: es war die Verzichtleistung auf alle Allianzen zum Nachteil des Kaisers und des Reiches. »Der allerchristlichste König«, so lautet der erste Artikel, »werde weder Kaiser und Reich, noch auch die Erblande der kaiserlichen Majestät anfeinden oder anfeinden lassen, oder sich bei ihrer Anfeindung beteiligen, weder direkt, noch indirekt, auf keinerlei Art und Weise: weder mit seinen Truppen, noch mit seinem Rat, auch nicht mit Geld, Waffen oder Munition zugunsten der Feinde des Kaisers und des heiligen Reiches, die es gegenwärtig sind, oder die sich noch als solche kundgeben werden.« In denselben Ausdrücken verpflichtete sich seinerseits der Kaiser gegen den König. Man hat ein Schreiben des Kaisers Ferdinand, in welchem er sein Verfahren mit der durch das Restitutionsedikt erweckten Aufregung der protestantischen Reichsstände entschuldigt, gegen die er jetzt die Kräfte aller Katholiken vereinigt zu haben meinte. Unmittelbar den Tag nach dem Abschluß begab sich der Kaiser nach der Kirche auf der Donauinsel am Orth, berühmt durch eine Legende der heiligen Jungfrau, und ließ eine Messe zur Danksagung für den Frieden zelebrieren. Er betrachtete denselben ganz vom religiösen Standpunkt aus und meinte nun der Ausführung des Edikts, in welchem sich religiöse und dynastische Interessen vereinigten, sicher zu sein.

Allein wie sehr täuschte er sich.

Richelieu hatte ursprünglich der Gesandtschaft unbedingte Vollmacht gegeben, und sein Vertrauter, Pater Joseph, selbst den ersten Artikel, an welchem den Deutschen alles lag, entworfen: soviel man sieht, in gutem Glauben an seine Notwendigkeit und aus katholischer Sympathie. Es dürfte bemerkenswert sein, daß in dem Schreiben des Kardinals an Pater Joseph auch die Königin, Maria Medici, als einverstanden erscheint. So war die damalige Kombination in Frankreich. Aber indem der Kaiser und die Kurfürsten, langsam und bedächtig, Worte, Umstände und alte Zwistigkeiten erwägend, auf die Vorschläge, denen sie zugrunde lag, eintraten, gerieten sie in Berührung mit den Gärungen des ewig beweglichen Frankreich. Mit einemmal veränderte sich dort die ganze Lage der Dinge. Bei einer Krankheit des Königs im September 1630, die ihn dem Tode nahe brachte, waren die alten Gegensätze der Regierung und der Persönlichkeiten wieder hervorgetreten; Richelieu bedurfte, um sich zu behaupten, der Fortsetzung des Krieges. Er fürchtete, eine Vereinbarung in der katholischen Idee würde seiner Macht Eintrag tun. Und überdies, die eingegangenen Verbindlichkeiten waren ihm zu stark. Er meinte, die Venezianer, mit denen er in gutem Vernehmen stand, die Holländer, mit denen er soeben einen Traktat geschlossen hatte, und die Schweden, mit denen er fortwährend unterhandelte, würden sich nach einem solchen Friedensschluß für verlassen und aufgegeben halten. Er selbst wollte aus der Stellung der Opposition gegen das Haus Österreich nicht weichen. Er fand auch manche andere Ausstellungen in den einzelnen Artikeln zu machen, obgleich diese im ganzen so günstig waren. Genug, er erklärte, den Frieden, so wie er vorliege, nicht annehmen zu können.

War man betrogen oder hatte man sich selbst betrogen?

Die deutschen Truppen konnten nun fürs erste Italien nicht verlassen. Die politischen Verhältnisse blieben, wie sie waren. Gegen den König von Schweden waren keine Vorkehrungen getroffen. Täglich machte er neue Fortschritte.

Weit entfernt zu einer Vereinbarung im Deutschen Reich zu führen, hatte der Kurfürstentag nur die Entzweiung in Evidenz gestellt. Wenn der Kaiser den katholischen Kurfürsten in den großen Angelegenheiten nachgegeben hatte, so war doch sein Hauptanliegen, die Vorbereitung der Wahl seines Sohnes, keinen Schrittbreit weitergediehen; nur zur Repression der Protestanten war man einverstanden. Diese sahen sich von der übermächtigen Restaurationspolitik mit dem Untergang bedroht. Da erschien der fremde Fürst, der eben durch seine Bildung und Religion ihnen angehörte, durch seine Herkunft ihnen sehr nahestand; in ihm stellte sich die europäische Opposition gegen das Haus Österreich dar, das nun nochmals in die Gestaltung der deutschen Angelegenheiten einzugreifen trachtete. Bei ihm wirkten die eigenen schwedischen Interessen bei weitem stärker mit, als bei Christian IV. die dänischen; die schwedischen Reichsstände waren zu Rate gezogen worden und mit dem Unternehmen vollkommen einverstanden. Wie aber die Dinge lagen, hatte sich die protestantische Bevölkerung seit geraumer Zeit nichts Besseres gewünscht als seine Ankunft. Ihre Lage hatte sich seit dem dänischen Krieg unendlich verschlimmert. Indem Gustav Adolf Österreich angriff, kam er ihnen unmittelbar zu Hilfe. In seinem Sukzeß, seinem Schicksal konzentrierten sich die deutschen Geschicke.

KAPITEL 7

Wiedereintritt Wallensteins

DIE ENTSCHEIDUNG lag darin, ob die protestantischen Reichsstände sich mit dem König von Schweden, obwohl er ein fremder Fürst war, vereinigen würden. Sie waren zunächst nicht dieser Meinung.

Im Angesicht der Verbindung der katholischen Stände und des Kaisers zur Durchführung des Restitutionsediktes hatte sich in den Protestanten die Absicht erhoben, eine Vereinigung dagegen zu bilden. Noch in Regensburg war sie gefaßt worden; dann waren die beiden Kurfürsten, auf die alles ankam, Johann Georg von Sachsen und Georg Wilhelm von Brandenburg, in Annaburg zusammengetreten, um sie näher in Betracht zu ziehen. Unter den Räten der beiden Fürsten gab es zwei Parteien, von denen die eine vor allen Dingen an dem Kaiser festzuhalten, die andere das evangelische Interesse unter allen Umständen zu behaupten anriet. Besonders der brandenburgische Rat Götz, der eben von Regensburg zurückgekommen war, bewirkte, daß die letzte die Oberhand gewann: Man müsse, sagte er, den Katholischen zeigen, daß man unrechte Gewalt nicht leiden wolle. Der Beschluß war, unverzüglich einen Konvent der Evangelischen zu berufen, dann erst auf jene Tagfahrt nach Frankfurt, wo über ein Kompromiß beraten werden sollte, einzugehen.

Wir untersuchen nicht, ob man sich ohne das Erscheinen des Schwedenkönigs dazu entschlossen haben würde. Die ganze Lage wäre eben eine andere gewesen. In Annaburg sagte Götz: Man müsse sich der gegenwärtigen Okkasion, die durch Schweden und die Staaten geboten werde, bedienen; als aber gleich darauf ein schwedischer Oberst in Berlin erschien, um auf eine Vereinigung anzutragen, lehnte man das doch mit Entschiedenheit ab ...

Zunächst meinten die Protestanten noch imstande zu sein, durch eine starke Haltung den Katholiken zu imponieren, und den Schwedenkönig, auf den sie sich faktisch lehnten, doch im Reich nicht mächtig werden zu lassen. Ihr Ziel war die Herstellung des Bestandes und der Sicherheit der Evangelischen in

Deutschland; der König von Schweden schien nicht mehr zu begehren.

In diesem Sinne wurde im März 1631 zu Leipzig eine zahlreich besuchte Zusammenkunft gehalten, in der doch endlich einmal der protestantische Name sich zu einem männlichen Beschluß vereinigte. Die Evangelischen erneuerten vor allen Dingen ihre Protestation gegen das Edikt, und forderten Zurücknahme desselben, sowie alles dessen, was von der Kommission für die Ausführung desselben verfügt worden sei; zugleich aber beschlossen sie, sich zu ihrem Schutz in eine militärische Verfassung zu setzen. Die ihnen aufs neue angetragene Konjunktion mit dem König von Schweden wiesen sie abermals zurück.

Mit ihrem Gesuch fanden sie bei den Katholiken, wie sich denken läßt, keinen Eingang. Die Stände der Liga beschlossen zu Dinkelsbühl, auf ihrer Auslegung des Religionsfriedens zu bestehen und sich lieber in neue Kriegsbereitschaft zu setzen, als davon zurückzutreten; der Kaiser gab über die eigenmächtige Bewaffnung der Evangelischen ein sehr lebhaftes Mißfallen kund.

Und indes wurde das Gedränge der in Kampf begriffenen Gewalten immer stärker. Der König schloß nun erst ein förmliches Bündnis mit Frankreich, zu Bärwalde, dem der Grundsatz des Gleichgewichts der beiden Bekenntnisse zugrunde lag; dagegen wandte sich der Vorfechter des Restitutionsediktes, der ihn nicht zurückzudrängen vermochte, mit aller seiner Macht gegen Magdeburg, die schon durch ihre geographische Lage unendlich wichtige Vorderstadt, wie vor alters so auch damals, für die Verteidigung der Protestanten. Es gelang ihm sie zu nehmen, ehe der König von Schweden fähig war zu ihrem Entsatz herbeizukommen.

Sehr wahrscheinlich, daß zu dem Brand von Magdeburg, der dann erfolgte, von dem militärischen Befehlshaber, einem Deutschen in schwedischem Dienst, und selbst von den entschiedenen Mitgliedern des Rates eine eventuelle Veranstaltung im voraus getroffen war. Es wäre ein früheres Moskau gewesen. Die Flamme bezeichnete den Punkt, bis zu welchem die nationale Verzweiflung getrieben war. Die wilde Wut einer ungebändigten Soldateska verwandelte die blühende Stadt vollends in einen Schutthaufen. Nur die geistlichen Gebäude wurden gerettet und der katholische Gottesdienst im Dom erneuert.

Damit hatte aber das kaiserlich-ligistische Heer doch wieder einen Sieg davongetragen. Es gedachte nun, die von den Protestanten vorgenommenen Werbungen zu unterdrücken, und wie durch eigene Werbungen, so besonders durch Heranziehung kaiserlicher Truppen aus Italien die volle Überlegenheit im Feld zu erlangen. Zu diesem Zweck war dort endlich der Friede geschlossen worden – zu Chierasco, 26. April – auf Bedingungen, durch welche den Franzosen keine weiteren politischen Verpflichtungen auferlegt wurden. Die Kaiserlichen fügten sich, weil sie nur dadurch stark genug zu werden meinten, die Empörungen im Reich niederzuschlagen und gegen den König von Schweden offensiv zu Werke zu gehen: »Dann können wir«, ruft Pappenheim in einem seiner Briefe aus, »den Feinden noch diesen Sommer den Garaus machen. Gott gebe seine Gnade dazu.«

In dieser äußersten Krisis war es nun, daß die protestantischen Fürsten sich entschlossen, die Hilfe von Schweden anzunehmen.

Indem die kaiserlichen Truppen sich zuerst gegen die Gebiete von Hessen und von Thüringen, von welchen hundert Jahre früher die ganze protestantische Bewegung ausgegangen war, wendeten, um hier allem Widerstand ein Ende zu machen, schlossen die Fürsten, die ihre alten Erbeinungen wieder erneuerten, eine Allianz mit dem König, in welcher derselbe versprach, die Waffen nicht niederzulegen, ehe ihnen und ihren Landen in geistlichen und allen anderen Dingen Satisfaktion zuteil geworden sei. Als nun auch das Kurfürstentum Sachsen überzogen wurde, wie Johann Georg sich ausdrückt, »zuwider den hochverpönten Verfassungen des Reiches, besonders dem Religions- und Profanfrieden«, schwanden in diesem Fürsten alle Bedenken: Er entschloß sich zur Konjunktion der Truppen, die indes in einer stattlichen Zahl aufgebracht waren, mit dem König.

Also in dem Augenblick, als den Restitutionsexekutionen durch ein überlegenes Heer freie Bahn gemacht, und die zum Widerstand gegen dieselben gesammelten Mannschaften auseinandergetrieben werden sollten, verbanden sich diese mit dem König von Schweden, um sich zu retten. Die Fürsten waren hierbei mit ihren Ständen und ihrem Volk einverstanden; unheilvoll erwies es sich nur, daß sie aus Rücksicht auf den Kaiser so lange gezögert hatten und auch jetzt nicht in Gesamtheit die Allianz auf wohlerwogene und allgemeine Bedingungen schlossen, sondern jeder einzelne so gut es möglich war. »Man hat uns«, sagt Johann Georg, um seinen letzten Schritt zu rechtfertigen, »gleich als mit einer Flut überschwemmen wollen, Feldmarschall Tilly von der einen, Feldmarschall Tiefenbach von der anderen Seite her; Aldringen hat uns den Rest geben und unserem so hochverdienten Hause den Garaus machen sollen; aber« – fährt er fort – »der allerhöchste Gott hat diesen Ratschlag zunichte gemacht: Mit seiner starken Hand hat er uns und unsere Glaubensgenossen gerettet.«

Tilly hatte sich nunmehr mit den frischen kaiserlichen Heerhaufen verbunden, aber dagegen die Vereinigung zwischen Schweden und Sachsen nicht zu hindern vermocht, vielmehr dieselbe veranlaßt.

Die Feldschlacht von Breitenfeld erfolgte; eine von den Bataillen, die durch ihre Folgen entscheidend geworden sind. Alles, was seit einem Jahrzehnt geschehen, war die Wirkung der Schlacht am Weißen Berg. Breitenfeld war, wenn wir so sagen dürfen, die Antwort darauf. Die beiden Heere, welche Deutschland bisher niedergehalten, dem Katholizismus und dem Kaisertum zurückzugeben versucht hatten, waren mit einem Schlag erlegen! Die beiden anderen, die den Protestantismus repräsentierten, erfochten den Sieg und wendeten sich nun in verschiedenen Richtungen, das eine gegen das Reich, das andere gegen die Erblande.

In kurzem warf der König von Schweden lothringische und spanische Heerhaufen auseinander; er beherrschte den rheinischen und fränkischen Kreis.

Überall, wo er erschien, flüchteten die Männer der katholischen Restauration, und die Evangelischen säumten nicht die ihnen entrissenen Güter in Besitz zu nehmen. Die Predigten begannen wieder, selbst die niedergedrückten Bauern in Oberösterreich regten sich. Mit der Ausführung des Ediktes war es auf einmal vorbei. Hier und da haben schwedische Geistliche an der Herstellung der Gebete der augsburgischen Konfession teilgenommen; von den geistlichen Fürsten war der, welcher die Hauptschuld an dem Gang der Dinge im letzten Jahr gehabt hatte, der Erzbischof von Mainz, der erste, der den Rückschlag fühlte; er mußte seine Hauptstadt verlassen. Wenn dann unter diesen Umständen der Gedanke an eine neue Kaiserwahl aufgenommen ward, so meinte man, Gustav Adolf werde sich von den protestantischen Kurfürsten zum römischen König wählen lassen: Die Stimmen von Sachsen und Brandenburg seien ihm wahrscheinlich sicher, Rex Fridericus von Böhmen werde ihm durch die böhmische und die pfälzische Stimme zugleich die Mehrheit in dem Kurkollegium verschaffen.

Denn wo die Kriegskräfte zugleich allgemeine Tendenzen repräsentieren, kann der Ausschlag einer Schlacht über die Zukunft der Welt entscheiden.

In der Bedrängnis, welche jetzt so unerwartet nach der anderen Seite hin eintrat, einer Gefahr nicht allein für das kaiserliche Ansehen, sondern für das Haus Österreich, wandte der Kaiser notwendig seine Augen auf Wallenstein.

Welches war nun aber dessen Haltung und persönliche Politik in der damaligen Verwicklung?

Niemand hatte außer den Nächstbeteiligten eine Ahnung davon; aber durch diese, und zwar den Zwischenträger, der dabei gebraucht wurde, selbst (sc. Rašín), erfährt man mit einer Genauigkeit über Tag und Stunde und fast den Wortlaut der Mitteilungen, die über die Tatsache keinen Zweifel übriglassen, daß Wallenstein mit dem König von Schweden selbst in Verbindung getreten war.

Die Sache wurde von Böhmen her durch Graf Adam Trčka und dessen Mutter, eine alte Dame, welche mehr Verstand und Entschluß hatte als er selbst, eingeleitet, und in dem schwedischen Lager durch Matthias Thurn gefördert. Der König, der bei der ersten Eröffnung die Augen verwundert auftat, ging doch darauf ein und ließ vernehmen, wenn Wallenstein zu ihm übertrete, so wolle er, der König, für ihn alles tun, was er begehre.

Man begreift, wie viel dem einen und dem anderen an einer Verbindung gelegen war. Wallenstein, der seinen Anspruch an Mecklenburg festhielt und seinem Nachfolger im Kommando die Hilfsmittel des Landes zur Verfügung gestellt hatte, sah doch bald, daß dieser es nicht verteidigen würde; man sagte in seiner Umgebung, der Kaiser habe kein Glück mehr, den Schweden falle ein Platz nach dem anderen in die Hand. Die ohne seine persönliche Teilnahme oder doch Gewähr vermittelte Erklärung des Königs erwiderte Wallenstein mit dem Erbieten, zu dem König zu stehen, sobald Zeit und Gelegenheit es erlaube. Darauf sprach Gustav Adolf die bestimmte Versicherung aus: da der Herzog von

Friedland dem Kaiser entfremdet sei, ihm gegen seine Feinde beizustehen, und ihn in allem zu »manutenieren«. Wenn es der König hoch anschlug, den General von großem Namen, der zugleich eine so außerordentliche Stellung in den kaiserlichen Erblanden einnahm, für sich zu gewinnen, so gelangte dagegen Wallenstein durch das Versprechen, das der siegreich vordringende König ihm gab, ihn in seinen Ansprüchen gegen seine Feinde zu behaupten, zu einer Sicherheit für alle Wechselfälle, deren er begehrte und bedurfte. Man schreibt ihm das Wort zu: Sie sei ihm so lieb wie die Welt. Eine schriftliche Erklärung hat er auch dann nicht gegeben; er wiederholte nur noch nachdrücklicher, wenn er seine Zeit ersehe, werde er von dem Kaiser und dessen Hause abfallen. Das war noch vor dem Bündnis Johann Georgs mit Schweden. Wallenstein riet dem König, sich unter allen Umständen mit dem Kurfürsten zu vergleichen, und dann auf Tilly loszugehen; würden ihm dann etwa 12.000 Schweden unter dem alten Praktikus, dem Grafen Thurn, mit dem er schon übereinkommen werde, zuziehen, so solle der König sehen, was sie für ihn tun würden.

Welch ein Ereignis war nun die Schlacht von Breitenfeld auch für Wallenstein.

Eine Konferenz sonderbarster Färbung hat darauf zwischen Adam Trčka, dem Berichterstatter und dem Herzog von Friedland in dem Gartenhaus des Grafen Maximilian Wallenstein stattgefunden. Man sah ein paar Jesuiten im Garten spazierengehen. »Wir sollten sie mit zu Rat nehmen«, sagte der Herzog, der in seiner besten Laune war. Er erging sich dann in Ausrufungen über den Ausgang der Schlacht. Wie sei da Tilly, der bisher einen guten Namen gehabt, so plötzlich um alle Reputation gekommen: »Wenn mir das begegnete, ich nähme mir selbst das Leben; aber es ist gut für uns.« Dann überließ er sich seinen antiferdinandeischen Phantasien über die Zukunft. Wenn der König ihm Truppen schicke, wolle er bald die alten Offiziere des kaiserlichen Heeres, denen er viel Gutes getan, an sich ziehen: Er werde die Güter der Jesuiten und ihrer Anhänger den Soldaten geben. Die größte Torheit, daß die Böhmen ihre Feinde Martinitz und Slavata nur aus dem Fenster geworfen: Man hätte ihnen den Degen durch den Leib rennen sollen. Er vermaß sich, den Kaiser nach Italien jagen, das Haus Österreich-Spanien von Grund aus verderben zu können. Die Rede ist davon gewesen, daß Gustav Adolf 12.000 Mann mit zwölf Stück Geschütz an Wallenstein überlassen, und dieser, zum Vizekönig von Böhmen ernannt, den Krieg in den Erblanden in seinem eigenen Namen führen sollte. Dagegen möge auch der König mit den Franzosen sich nicht zu tief einlassen; er möge die Feinde in Deutschland mit der Wurzel ausrotten, denn sonst sprösse die Weide allemal wieder auf. Wallenstein verriet die Idee, mit Gustav Adolf den Austrag der Angelegenheit ohne Rücksicht auf Österreich und Frankreich in die Hand zu nehmen, und den alten Gegnern – er nannte den Kurfürsten von Bayern ausdrücklich – seine Rache fühlen zu lassen. So die weitausgreifenden Anträge des Generals: Warum ist der König nicht darauf eingegangen? Durch sein Bündnis mit Frankreich war er nicht allein dieser Krone verpflichtet, er hatte selbst versprochen, den Katholizismus zu sichern und sich mit den Fürsten der Liga zu befreunden. Eben in seinem Zug nach den Rheinlanden begriffen, und neuen zahlreichen Feinden gegenüber, konnte er eine so starke Abteilung seines Heeres nicht entbehren und an ein Unternehmen wagen, das doch noch ein abenteuerliches Aussehen hatte. Er verwies den General auf die Sachsen und ihren Führer Arnim, der damals mit etwa 18.000 Mann noch in den sechs Städten lagerte. Wallenstein hätte gern ein paar sächsische Regimenter bei dem schwedischen Volk, das zu ihm kommen sollte, gesehen: um der Sachsen Meister zu bleiben und dann zu unternehmen, was ihm ratsam erscheine, und sich darüber mit dem König zu vertragen. Wie verschieden aber war es, wenn sie selbständig und stark unter einem Führer, von dem man wußte, daß er des Königs Freund nicht sei, nach Böhmen vorrückten. Wallenstein gab ein lebhaftes Mißvergnügen kund: Da der König, sagte er, zurücktrete, nachdem die Sache schon so weit gekommen, so müsse etwas anderes geschehen; die veränderten Umstände erweckten ihm andere Gedanken, er wünschte nun selbst, daß Arnim nur sobald wie möglich nach Böhmen käme, und bot die Hand dazu, daß die Sachsen Prag einnahmen.

Wenn jemals ein anderer, so lebte Wallenstein fortwährend in der Anschauung und dem Mitgefühl der großen politischen Gegensätze und ihres Kampfes. Sein Sinn ging von Natur dahin, in ihrer Mitte sein eigenes Interesse und seine eigenen Gedanken geltend zu machen. Wenn er sich von dem Hause Österreich, seitdem er in Regensburg den Gegnern aufgeopfert worden war, in seinem Herzen geschieden und seine Interessen selbst im Bund mit den Schweden geltend zu machen entschlossen hatte, so hinderte ihn das nicht, mit demselben auch wieder anzuknüpfen, sobald er unter Umständen, die es für ihn selber ratsam erscheinen ließen, dazu aufgefordert wurde.

Niemals war er in erklärter Ungnade gewesen. Der Kaiser bezeichnete ihn auch nach seiner Entlassung als seinen obersten Feldhauptmann; er zog ihn, wie er sich dies von Anfang an vorbehalten hatte, mehr als einmal zu Rate; eben die Fortschritte des Königs von Schweden gaben dazu schon im Laufe des Jahres mannigfachen Anlaß.

Die Kombination, welcher der Kaiser in Regensburg nachgab, hatte kaum nach Verlauf eines Jahres zu dem Ruin geführt: Wie hätte er sich nicht an den damals Gestürzten, mit dem das Glück von ihm gewichen war, zurückwenden sollen?

Noch entschiedener sahen die Spanier die Sache aus diesem Gesichtspunkt an. Die Abdankung Friedlands war ganz gegen ihren Willen geschehen; denn eben in einem Augenblick war sie erfolgt, in welchem derselbe den Krieg in Italien zu führen sich gewillt zeigte; zu wiederholten Malen versicherte ihn König Philipp IV. seiner fortdauernden Gnade. Die spanischen Staatsmänner mißbilligten die Abkunft mit Frankreich, zu der sich der Kaiser unter dem Einfluß der deutschen Kurfürsten verstand. In dem König von Schweden sahen sie, mit richtigem Gefühl, einen Verbündeten der Franzosen.

So ist auch der Friede zu Chierasco auf der Grundlage der Kapitulation von Regensburg nicht ohne den Einfluß des Beichtvaters in stetem Widerstreit mit dem spanischen Gesandten geschlossen worden. Die Ausführung desselben ward von den Spaniern bei jedem Schritt erschwert und gehindert.

Gleich damals – im Mai 1631 – forderten sie die Herstellung des Herzogs von Friedland in sein Generalat und versprachen eine Million zu zahlen, um ein neues Heer zu werben. Es war ihnen unerträglich, daß das kaiserliche Heer unter dem Oberbefehl Tillys in dem ligistischen aufzugehen schien. Die enge Verbindung des Papstes mit den Ligisten, denen er kirchliche Zugeständnisse machte, war ihnen auch deshalb widerwärtig, weil sie den Einfluß Frankreichs auf die Liga vermittelte.

Die Spanier hatten bereits wieder den Fürsten Eggenberg auf ihrer Seite, der den Franzosen ihre Nichtbestätigung der ursprünglichen Kapitulation und ihre derselben zum Trotz, nun erst recht, in Gang gesetzte Verbindung mit den Schweden zum Vorwurf machte. Man sah allmählich auch in Wien in dem Verhalten der Franzosen nur eben die bitterste und hinterlistigste Feindseligkeit.

Unter den entgegengesetzten Einreden derer, die allen Nachteil von der Abdankung Friedlands herleiteten, und der anderen, welche dieselbe befördert hatten, sozusagen der kirchlichen und dynastischen Partei, war dem Kaiser oft sehr trübe zumute; er zeigte sich melancholisch-unentschlossen, bis dann wieder neue Ereignisse ihn erweckten.

In dem Umschlag des Glückes lag auch deshalb eine große Gefahr, weil die Ligisten es dem Kaiser übelnahmen, daß er seine Truppen nach den Erblanden berief; nach alledem, was sie für ihn getan, gebe er sie dennoch den Schweden preis. Ihre einzige Rettung sahen sie in dem Schutz von Frankreich, den sie selbst ohne Einwilligung des Kaisers nachsuchten.

Welch ein Zustand war das aber für das Haus Österreich und dessen Zukunft. Wenn man den Lutheranern zutraute, Gustav Adolf zum römischen König erheben zu wollen, so regte sich jetzt die Besorgnis, von den Franzosen und der Liga sei der Kurfürst von Bayern zu dieser Würde bestimmt.

In dieser doppelseitigen Gefahr, zwischen den von verschiedenen Seiten her entgegenstrebenden Weltmächten, erschien es nun als die dringendste Notwendigkeit für das Haus Österreich, sich wieder für sich selbst zu bewaffnen.

In dem Augenblick, daß die Sachsen in Böhmen eindrangen und die Bevölkerungen im protestantischen Geist sich regten, wurde es doppelt dringend, die Reste des alten Heeres zu verstärken oder vielmehr ein neues ins Feld zu stellen. An vielen Stellen versuchte man Werbungen; aber sie gewannen keinen rechten Fortgang. Als der einzige Mann, der fähig sein würde, sie in Gang zu bringen, ein Heer zu sammeln, erschien Wallenstein. Alle seine alten Freunde regten sich für ihn; er war in diesem Augenblick wieder der Mann der spanischen und dynastisch-eifrigen Partei.

Und wenn man dann am kaiserlichen Hof zunächst den Wunsch hegte, mit dem altverbundenen Haus Sachsen, das nur so höchst ungern zu dem König von Schweden getreten war, wieder anzuknüpfen, so meinte der Kaiser, dazu werde die alte intime

Bekanntschaft Friedlands mit dem Feldmarschall der Sachsen, der früher unter demselben in kaiserlichen Diensten gestanden hatte, Arnim, am leichtesten die Gelegenheit darbieten. Arnim nahm soviel Rücksicht auf seinen alten General, daß er dessen böhmische Güter und Besitzungen gegen alle Unbill der Soldaten in seinen Schutz nahm.

Dieses Verhältnis zu ergreifen war nun Wallenstein auch aus eigenem Antrieb entschlossen. Ende November 1631 kam es zwischen ihnen zu einer Zusammenkunft im Schloß Kaunitz, auf dem halben Weg zwischen Prag, wo sich Arnim, und Pardubitz, wo sich damals Wallenstein aufhielt.

Man hat davon nur erfahren, daß da von der Beruhigung der Landbevölkerung und dem Frieden im allgemeinen die Rede gewesen sei. Dabei sind aber ohne Zweifel auch die allerwichtigsten Verhältnisse wenigstens berührt worden. Unmittelbar nach der Besprechung gab Wallenstein seine veränderte Gesinnung unumwunden kund. Bisher hatte er sich verschworen, dem Kaiser niemals wieder zu dienen, selbst nicht wenn er seine Seele dadurch aus dem Abgrund der Hölle retten könnte; jetzt erklärte er sich bereit, das Generalat anzunehmen. Denn da nicht die Schweden, sondern die Sachsen in Böhmen seien, so müsse er die Sache in anderer Art und Weise führen; er werde das Regiment in die Hand nehmen und um so besser durchführen können, was seine Intention sei.

Von den Anwandlungen, mit den Schweden gegen den Kaiser anzugehen, trat Wallenstein schroff und mit einem Mal zu der Entschließung über, die Heerführung gegen die Schweden zu übernehmen. Sezyma (Rašín) versichert, er habe seitdem keine Aufträge mehr an den König bekommen. Die einverstandenen Böhmen schlossen sich dem General auch in dieser Richtung an.

Es war keineswegs persönliche Hingebung für den Kaiser, weder dynastische noch religiöse Sympathie für das Haus Österreich, was Wallenstein bewog, den Kommandostab noch einmal zu ergreifen, sondern die bewußte Absicht, die Entscheidung der großen Angelegenheiten in seinem Sinne herbeizuführen.

Wallenstein war an sich darüber hinaus, einen Dienst anzunehmen, sei es als Vasall oder gegen Besoldung; wenn er aber das nun doch zu tun sich entschloß, und seine Sache nochmals mit der des Kaisers verband, welche Aussichten des Gelingens boten sich ihm dar?

Vor allem, wie durfte er erwarten, das österreichische Interesse, dem er sich anschloß, gegen Frankreich, welches im Bund mit Schweden und Holland stand und von einem Staatsmann ersten Ranges geleitet wurde, aufrechtzuhalten? Gerade damals schien es noch möglich. Eine Zeit trat ein, in der sich in Frankreich ein allgemeiner Mißmut gegen die Verwaltung Richelieus hervortat. Die öffentliche Meinung war für den präsumtiven Thronfolger, Gaston von Orleans, und die Königinmutter. Und noch einmal erhob sich ein Mann, der selbst den Ehrgeiz gehabt hätte, sich mit Gustav Adolf zu messen, der letzte Montmorency, an der Spitze der Stände von Languedoc, um zunächst das alte Frankreich der Privilegien zu verteidigen. Der Allianz zwischen dem Vorkämpfer der Monarchie in Frankreich, den Holländern und dem König von Schweden trat eine andere zwischen den Spaniern, den ständischen damals populären Tendenzen in Frankreich, Gaston und der Königinmutter entgegen, welche auf Erfolg rechnen konnte, wenn sie militärische Unterstützung in Deutschland fand.

Wie so ganz würde dann auch der Rückhalt weggefallen sein, den Bayern und die Liga, wie man durch interzipierte Schreiben erfuhr, an der französischen Regierung zu finden hofften. Vergebens bemühte sich der bayerische Gesandte in Wien, nicht sie in Abrede zu stellen, aber mit den Beweisen von Feindschaft zu entschuldigen, welche Bayern noch an dem letzten Kurfürstentag von Spanien erfahren habe.

In diesen Tagen war von einer Neutralität Bayerns im Kampf Schwedens und der Protestanten gegen den Kaiser die Rede, in welcher der Führer der Liga sich verpflichten sollte, das nördliche Deutschland in den Stand herzustellen, welcher vor den Unruhen stattgefunden habe. In welche Lage wäre der Kaiser geraten, wenn durch Schweden und Frankreich ohne ihn ein Austrag der wichtigsten Irrungen zwischen den deutschen Fürsten durchgeführt worden wäre. Beide Parteien würden von der großen Kombination gegen ihn und sein Haus ergriffen, er würde seiner kaiserlichen Autorität faktisch entsetzt worden sein. Schon aus dieser Rücksicht wurde es für ihn unerläßlich, auf die Beseitigung der vornehmsten Ursache des Zwiespaltes, die in der Einziehung der geistlichen Güter lag, selbst Bedacht zu nehmen. Darin lag nun aber zugleich das vornehmste oder einzige Mittel, zu der Pazifikation mit Sachsen, die man auf das sehnlichste wünschte, zu gelangen. War es doch nur das Edikt über die Rückgabe der geistlichen Güter, was den Bruch des Kurfürsten mit ihm veranlaßt hatte. Von dem Krieg ließ sich auch unter der Führung Wallensteins nichts erwarten, wofern nicht der Zwiespalt, der sich zwischen Sachsen und dem Kaiser erhoben hatte, beseitigt wurde. Man durfte mit Grund voraussetzen, daß der Kurfürst von Sachsen eine Konzession des Kaisers einer Abkunft mit Frankreich und Bayern vorziehen würde.

Als nun Fürst Eggenberg, der schon immer gemäßigte Meinungen gehegt und nur, beugsam und nachgiebig wie er war, in Regensburg einer ihm selbst feindseligen Faktion nachgegeben hatte, im Dezember 1631 nach Znaim kam, um Wallenstein zur Übernahme des Generalates zu überreden – was ihm denn auch gelang, wenngleich sich Wallenstein nur auf einige Monate verpflichtete, um zuerst nur die Armee neu zu formieren –, so hing alles davon ab und ist die vornehmste historische Frage, ob von dieser Vorbedingung die Rede gewesen ist.

Für die Forschung, welche auch hier von der Darstellung nicht abgelöst werden kann, bilden mündliche Verhandlungen eine besondere Schwierigkeit. Was Eggenberg mit dem General besprochen hatte, darüber hat er dem Kaiser auch nur mündlich referiert. Doch entnehmen wir aus einer anderen nur wenige Wochen späteren Verhandlung mit Sicherheit, was in meinem Dafürhalten jeden Zweifel hebt. Am 28. Januar 1632 hatte der Freund und Vertraute Wallensteins, Trčka, in dessen Namen eine Zusammenkunft mit Arnim in Aussig. Er versicherte ihn nicht allein der Friedensliebe des Kaisers, sondern gab ihm auch Nachricht von der Hauptkonzession, zu der sich der Kaiser verstehen würde: Sie betraf die Aufhebung des Restitutionsediktes. Eggenberg hat sie im Namen des Kaisers dort zu Znaim ohne Zweifel mündlich gegeben, und nur mündlich konnte sie mitgeteilt werden; sie ist ohne Rückhalt, von weitem Umfang. In bezug auf die geistlichen Güter sollte alles in den Zustand wiederhergestellt werden, wie es vor dem Erlaß des Ediktes gewesen war. Es war die Konzession, durch welche Wallenstein in den Stand gesetzt wurde, das Kommando mit einiger Hoffnung auf Erfolg zu übernehmen; die größte Schwierigkeit, die ihm bisher im Wege gestanden, und von der er alles eingetretene Unglück herleitete, wurde dadurch weggeräumt.

Mußte er aber nicht fürchten, daß dennoch, sobald ein Schritt in dieser Richtung geschähe, sich die geistliche und ligistische Faktion ihm abermals entgegensetzen und alles zu seinem eigenen Nachteil wenden würde?

In der Instruktion, welche Eggenberg für seine Verhandlung nach Znaim mitgegeben wurde, waren die bündigsten Versicherungen dagegen enthalten. Der Kaiser band sich für damals und für die Zukunft die Hände. Er sei und bleibe des Vertrauens, sagt er, daß der General das nämliche Verhalten, mit dem er bisher seine Zufriedenheit erworben, auch in Zukunft beobachten werde; er wolle deshalb keine besondere Instruktion aufstellen, er verlasse sich auf seine Geschicklichkeit und Treue. Weder durch den Beichtvater, dem der Kaiser darüber seinen Willen kundgeben wolle, noch durch andere solle der General in seinem Dienst und seinen Handlungen gestört und gehindert werden. Sollte demselben ja von Widerwärtigen etwas Widriges begegnen, so brauche er sich nur an den Kaiser selbst zu wenden: Der werde dafür sorgen, daß ihm von jedermann Genugtuung gegeben werde. Die Worte schienen die Ermächtigung zu enthalten, daß er sich inzwischen auch selbst helfen könne.

Vollkommener kann ein Fürst sein unbedingtes Vertrauen nicht aussprechen, noch sich zur Fortsetzung desselben stärker verpflichten. Die politische Direktion, in deren Folge Wallenstein verabschiedet worden, wurde verlassen, und eine andere eingeschlagen, die nicht mehr von geistlichen Einflüssen abhängen sollte.

Wenn Wallenstein mit der Annäherung an Schweden einen Rückhalt gegen seine Widersacher am Hof, die seinen Ansprüchen sowie seinen Ideen entgegentraten, gesucht hatte, so brauchte er denselben nach diesen durchgreifenden Erklärungen des Kaisers nicht mehr.

Nur mußte dafür gesorgt werden, daß nicht ein Bruch mit der Liga veranlaßt und diese vollends auf die Seite von Frankreich getrieben wurde. Der General hat seinerseits versprochen, mit den katholischen Fürsten ein gutes Vernehmen zu beobachten, namentlich dem Kurfürsten von Bayern den ihm gebührenden

Respekt zu beweisen. So wurde diesem ausdrücklich versichert; er war sehr zufrieden damit.

So trat Friedland nun wieder als Capo d'Armada (General en Chef) der kaiserlichen Truppen auf; die Generale wurden angewiesen, seinen Anordnungen Folge zu leisten; auch Tilly meinte nicht sich dem zu widersetzen.

Das Vertrauen der Menschen auf die Zukunft bedarf nun einmal eines großen und bewährten Namens. In der Armee ward die Wiedererhebung Wallensteins mit allgemeiner Freude begrüßt. Für ihre Ergänzung war sein Wort unentbehrlich; und er konnte wieder das ihm angeborene organisatorische Talent entwickeln, da die spanischen Subsidien jetzt wieder flüssig wurden. Bei einzelnen Posten der Ausgaben für die Armee, deren Verzeichnisse vorliegen, werden sie ausdrücklich genannt. Auch andere werden durch sie bestritten worden sein: Ohne Zweifel bildeten sie die vornehmste Hilfsquelle. Nach einigen Monaten hatte der Kaiser wieder eine ansehnliche Armee im Feld.

Nicht ganz unbedingt war sie der Verfügung des Generals anheimgegeben. Wie von den Obersten die Hauptleute angenommen wurden, so hingen die Obersten von dem Generalissimus ab. Er konnte sie nach seinem Gutdünken einsetzen: nicht so die höheren Befehlshaber. Es leuchtet ein, daß Männer wie Gallas, Aldringen, Marradas, Tiefenbach, welche unabhängig von ihm kommandiert hatten, ihm nicht in dem Grade unterworfen sein konnten, wie die Obersten, die er jetzt herbeizog. Für die Einsetzung der Generale hatte Wallenstein nur die Vorschläge zu machen; die Ernennung behielt der Kaiser sich vor.

Die strategische Führung bekam der Generalissimus vollkommen in seine Hand. Man hatte ihm angemutet, den jungen König von Ungarn mit in das Feld zu nehmen, und ihm versichert, daß dieser selbst und seine Umgebung sich in allen Fällen ihm vollkommen anschließen und ihm Folge leisten würden; der junge Fürst sollte nur den Krieg bei ihm lernen. Wallenstein hielt es jedoch für besser, dies zu vermeiden; die Anwesenheit des künftigen Thronfolgers würde immer eine Autorität neben der seinen gebildet haben. Er behielt sich vor, das Heer wohin es ihm gut schien zu führen, in welcher Stärke und zu welcher Zeit.

Und mit der Heerführung hing nun auf das engste die Direktion der Politik zusammen, die ebenfalls in seine Hände überging.

Im Januar ward jene Verhandlung mit Sachsen eingeleitet, deren Grundlage wir berührten; im Februar wurden die Anträge des Herzogs von Orleans an ihn verwiesen, um zu bestimmen, was ihm für das Erzhaus das vorteilhafteste scheinen werde. Darauf wird sich bezogen haben, was ihm der spanische Kapuziner Quiroga und ein niederländischer Rat von Lille, im tiefsten Geheimnis mitzuteilen hatten. Es war die Frage, wie man sich in jenen inneren französischen Zerwürfnissen zu verhalten habe. Wallenstein entschied, daß der Herzog mit einer stattlichen Macht zu Pferd und zu Fuß unterstützt werden solle. Denn von seinem Sukzeß hing der Friede zwischen Spanien und Frankreich ab, der dann den Frieden in Deutschland auf erträgliche Bedingungen zur Folge gehabt haben würde. Diese Bedingungen festzusetzen, den Frieden herbeizuführen, darin lag die Summe der Wallensteinischen und ohne Zweifel auch der Eggenbergischen Politik.

Noch hatte Wallenstein den Oberbefehl nur auf drei Monate übernommen; als ihn der Kaiser aufforderte, nach Ablauf derselben nicht zurückzutreten, bezog er sich auf die treue Affektion, die derselbe gegen ihn und sein Haus hege. Der König von Ungarn schrieb ihm, damit geschehe auch ihm etwas Angenehmes und ein Gefallen, er versicherte ihn seiner freundschaftlichen Zuneigung.

Doch bedurfte es noch einer neuen Verhandlung mit Eggenberg, zu der sich die beiden vom Podagra geplagten Herren nicht ohne Mühseligkeit, wie jetzt die Sitte war, auf der Mitte des Weges zwischen Znaim und Wien am 13. April zusammenfanden.

Als Eggenberg am 15. April zurückgekommen war, ließ der Kaiser darüber durch den Bischof von Wien mündlich Erkundigung einziehen, worauf alles beruhe; aus dem, was dann folgte, kann man mit Sicherheit annehmen, daß dabei auch über die persönlichen Ansprüche Wallensteins die Rede gewesen ist.

Noch an demselben Tag übernahm der Kaiser 400.000 Reichstaler, die Wallenstein aus den erkauften Konfiskationsgütern schuldete, auf die böhmische Kammer: Am folgenden bestätigte er ihm sein Recht auf Mecklenburg und gewährte ihm, da dies von den Feinden besetzt sei, interimistisch das Fürstentum Glogau. In der Urkunde wird der Assekurationsbrief, den er in Händen habe, und worin ihm zugesagt sei, ihn bei dem Besitz des Herzogtums zu schützen, als verpflichtend anerkannt. So weit geht er nicht, ihm dessen Wiedererwerbung unbedingt in Aussicht zu stellen: Die Sache lag nicht so, daß sich dies hätte erwarten, oder Friedland sich darauf hätte verweisen lassen sollen; aber der Kaiser erklärt sich schuldig, ihn dafür schadlos zu halten, zumal da Friedland zur Abtreibung des Feindes Leib und Leben treulich daransetze. Er verspricht ihm ein Äquivalent, mit verstärktem Ausdruck ein Äquipollenz, ein anderes Fürstentum gleichmäßiger Würde und Nutzens, also ein Reichsfürstentum mit dem gleichen Einkommen; während Glogau in dem alten Verband von Schlesien verbleiben sollte. Um sein Recht auch für sein Haus zu erhalten, hat Wallenstein im Jahre 1631 seinen Neffen zu seinem Erben in Mecklenburg eingesetzt, so daß diesem auch das Äquivalent zugefallen wäre. Den Ruhm, ein deutsches Reichsfürstentum erworben zu haben, wollte sich Wallenstein nicht entreißen lassen. Wir wissen es, er war nicht gewohnt sich selbst zu vergessen.

Man zählt noch außerdem eine ganze Reihe von Bedingungen auf, die er dem kaiserlichen Hof vorgeschrieben und dieser angenommen haben soll.

Sie sind nur in sehr unvollkommener Form bekannt geworden und haben so zu manchen unbegründeten Vorstellungen Anlaß gegeben. Der Kaiser würde unerhörte und unausführbare Bedingungen eingegangen sein; er würde dem General die Abtretung eines Erblandes angeboten und selbst die Oberlehnsherrschaft in den wiedereroberten Reichslanden zugesagt haben.

In den besser beglaubigten Kopien – denn ein Original ist nie zum Vorschein gekommen – ist nur im allgemeinen von einer in den Erblanden zu beschaffenden Belohnung und der Überlassung eines der Regale in den Reichslanden, das sich nur auf nutzbare Rechte, etwa das Salzregal oder das Bergregal, bezogen haben kann, die Rede.

Doch sind auch in dieser mehr gesicherten Fassung – die als eine Vorlage Wallensteins an Eggenberg angesehen werden dürfte – einige Punkte von der größten Bedeutung enthalten.

Vor allen Dingen ist darin zu lesen, daß der Herzog von Friedland zum Generalissimus der beiden Linien des Hauses Österreich auf Lebenszeit erklärt zu werden forderte; vor einer Entsetzung in einem schwierigen Augenblick wollte er auf immer gesichert sein.

Wenn von einer Teilnahme des Königs von Ungarn an dem bevorstehenden Kriegsunternehmen die Rede gewesen war, so wollte Wallenstein diese dahin beschränken, daß der junge König in Böhmen Hof halten solle, auch deshalb, um durch die ihm beizugebende Kriegsmacht jeder inneren Bewegung zuvorzukommen; er wollte sich immer dahin zurückziehen können, es sollte ihm als sichere Operationsbasis dienen.

Vornehmlich bestand er darauf, daß ihm in den Provinzen, die man erobere, das Recht der Konfiskation und der Begnadigung zur Verfügung gestellt würde. Bisher waren diese höchsten Prärogativen der kaiserlichen Gewalt nach den Gesichtspunkten der richterlichen Behörden oder der Stimmung des Kaisers, und zwar sehr willkürlich, gehandhabt worden; der Feldhauptmann wollte sie ganz zum Nutzen der Offiziere und der Soldateska ausüben.

Wir erfahren nicht, ob die Anforderungen in dieser Form genehmigt, die Punktation angenommen worden ist: Glücklicherweise liegen unbestreitbare Zeugnisse vor, welche die Hauptsache außer Zweifel setzen.

Im Sommer 1633 hat Wallenstein selbst das ihm gemachte Zugeständnis in bezug auf die Konfiskationen dem Kaiser in Erinnerung gebracht. Um dieselbe Zeit hat Trauttmansdorff in den Kontestationen mit Spanien, deren wir noch gedenken, dem spanischen Gesandten gemeldet, der Herzog von Friedland sei durch seine Kapitulation ermächtigt, keinen unabhängigen Heerführer im Reich neben sich zu dulden. Bestätigung des Generalats auf Lebenszeit hat man Friedland, wie später einmal der englische Hof dem Herzog von Marlborough, versagt; aber von größter Bedeutung waren doch die unmittelbar praktischen Zugeständnisse, welche ihm zuteil wurden: das ausschließende Recht der Heerführung im Deutschen Reich, Behandlung der eroberten Lande nach seinem Gutbefinden zur Züchtigung der Gegner und zur Belohnung der Getreuen. Da er nun dabei zugleich die Befugnis hatte, den Reichsfürsten annehmbare Friedensbedingungen anzubieten, so kam die Summe der Geschäfte allerdings in seine Hand. Wie wir von ihm selbst erfahren, hatte er sich seinen Rekompens auch für den Fall, daß er es nur zu einem guten Akkord bringe, zusichern lassen. Daß er die Behauptung des ihm zuteil gewordenen fürstlichen Ranges und fürstlichen Besitzes bei einem künftigen Frieden in Aussicht nahm, versteht sich bei ihm ohnehin. Für sich selbst ebensowohl als für den Kaiser zog er ins Feld.

KAPITEL 8

Wallenstein und Gustav Adolf

UNTER GANZ ANDEREN Umständen trat Wallenstein sein zweites Kommando an, als einst das erste. Damals konnte man die Sicherung der Erblande gegen europäische Angriffe zu einem Motiv machen, in dem nördlichen Deutschland vorzudringen. Man konnte die Absicht fassen, die kaiserliche Gewalt in einem Umfang der Autorität zu erneuern, wie sie seit vielen Jahrhunderten nicht stattgehabt, selbst über das Maß hinaus, welches Karl V. in dem Zenit seiner Macht besessen hatte. Der General, der mit seinen Vorschüssen in den Vordergrund trat und die Möglichkeit der Ausführung gab, war voll von Plänen der Erwerbung, die sich mit großen Entwürfen für die Herstellung einer allgemeinen kontinentalen und maritimen Macht paarten und durchdrangen. Jetzt aber waren die Rückschläge aller dieser Unternehmungen eingetreten. Die europäische Allianz gegen Österreich hatte das Übergewicht, und zwar vor allem eben in Deutschland davongetragen. Ein fremder König stand mitten im Reich. Er hatte die spanisch-lothringische Kombination, die den Franzosen so widerwärtig war, wirklich auseinandergeworfen. Im Bund mit ihm waren die in ihrem politischen und religiösen Dasein bis aufs äußerste bedrängten norddeutschen Protestanten in die Erblande, die sie einst geschützt hatten, nunmehr feindlich eingedrungen.

Alledem sollte nun durch die neue Schilderhebung Abhilfe geschafft werden. Man wollte Österreich schützen, in seinen alten Bestand wiederherstellen, und die kaiserliche Autorität nach der alten Reichsverfassung retten.

Der erste Auszug Wallensteins aus Böhmen war ein Unternehmen auf gutes Glück, auf erkleckliche Kriegsbeute gewesen; der zweite hatte den bestimmten Zweck der Wiederersetzung des Verlorenen.

Dieses Ziel in einigem Umfang zu erreichen, wurde aber in diesem Augenblick doppelt schwer, da Gustav Adolf – denn alle Neutralitätsunterhandlungen waren an ihrer inneren Unausführbarkeit gescheitert – die Zeit, in welcher sich das kaiserliche Heer formierte, benutzt hatte, um sich gegen das ligistische zu wenden und es zu vernichten. Tilly, der – wie sein Fürst in bezug auf Verbindung von kriegerischer Begabung und Gehorsam nicht ohne Grund sagt – seinesgleichen nicht hatte, war umgekommen; auch das Bayernland war von den Schweden zum größten Teil überschwemmt worden. Unmöglich hätte nun der kaiserliche General auf den König losgehen dürfen, um gleichsam Leib an Leib mit ihm und seinem Heer zu schlagen; ein solches Schauspiel durfte man fürs erste nicht erwarten. Wallenstein blieb bei dem noch vor seinem Wiedereintritt besprochenen und genehmigten Plan, nach der Wiedereroberung Böhmens selbst in Sachsen vorzudringen, um den König zu nötigen dem Kurfürsten zu Hilfe zu kommen, wodurch das westliche und südliche Deutschland von ihm befreit worden wäre, oder, wenn er das nicht tue, den Kurfürsten dahin zu stimmen, seinen Frieden mit dem Kaiser zu schließen. Auf das letzte war die vornehmste Absicht Wallensteins gerichtet. Seine Mission war nicht allein militärischer, sondern zugleich diplomatischer Art. Er dachte dann den Bund aufzulösen, durch welchen der Umschlag geschehen war, Sachsen und Brandenburg wieder von Schweden zu trennen: und dies, wenn es isoliert sei, zu einem erträglichen Frieden zu nötigen. In dieser Hoffnung hatte er sich, wie berührt, versprechen lassen, daß seine Entschädigung erfolgen sollte, möchte er nun den Krieg glücklich zu Ende führen, oder auch nur einen guten Akkord zustande bringen.

Als er am 26. April 1632 sein Hauptquartier zu Tabor aufschlug, so konnte wenig Zweifel darüber obwalten, daß er die Sachsen aus Böhmen vertreiben würde.

Denn den Rüstungen des Kaisers, die jedermann kannte, gegenüber, hatte sich doch der Kurfürst von Sachsen niemals dazu verstanden, wie General Arnim ihm riet, zu neuen Werbungen zu schreiten. Sein Grund war, daß er nicht Geld genug habe, auch nur die vorhandenen Truppen zu besolden. Vergebens sagte ihm Arnim, dem Verfahren der Zeit huldigend, daß die Besoldung so unbedingt notwendig nicht sei. Arnim fühlte eine Anwandlung dem Feind energisch entgegenzugehen; er hat einmal bei seinem Hof angefragt, ob er eine Feldschlacht wagen solle oder nicht. Aber er überzeugte sich bald, daß er mit seinen wenig zahlreichen, schlecht bezahlten und unbotmäßigen Truppen dazu nicht imstande sei. Und auch ihm lag bei seinem Mißverhältnis zu den

Schweden bei weitem mehr an einer Verständigung mit den Kaiserlichen, die ihr Vertrauen auf ihn setzten. Seine Haltung war ebenfalls militärisch-diplomatischer Natur. Am 17. Mai erschien Oberst Sparr in Laun bei Arnim, um ihn der friedlichen Intentionen des Herzogs und des Kaisers zu versichern, und ihn aufzufordern, sich in Rakonitz einzustellen. Friedland schrieb ihm von da: Er wolle ihn noch ein paar Tage lang erwarten, dann aber weiter vorrücken, denn er könne nicht zugeben, daß das Reich durch die Feinde des Friedens ferner in Verwirrung gebracht werde. Arnim, der in Dresden um Erlaubnis dazu gebeten hatte – denn man müsse wenigstens sehen, wie weit er herausgehe –, war am 22. Mai in Rakonitz* bei ihm. Friedland ließ ihn die Vollmacht sehen, die er in den Händen hatte, um den Frieden zu schließen. Als das vornehmste Moment dafür bezeichnete er, daß allen denen, die ihm dabei entgegenkommen würden, Land und Leute, Ehre und Hoheit, sowie Freiheit der Religion, namentlich auch der volle Besitz der geistlichen Güter, gleichviel ob die Einziehung vor oder nach dem Passauischen Vertrag geschehen sei, zugesichert werden solle. Er forderte die Mitteilung dieser Erbietungen an Brandenburg. Der Kurfürst von Bayern hatte für die Unterhandlung sein eigenes pfälzisches Interesse, das von den beiden Kurfürsten noch keineswegs anerkannt war, in Erinnerung gebracht. Daran lag nun dem kaiserlichen Heerführer an sich nicht viel; er wollte seine Unterhandlung dadurch nicht doppelt schwierig machen. Zunächst fragte er nur, ob man sein allgemeines, so großes und umfassendes Anerbieten annehmen wolle oder nicht; er verlangte schleunige Entscheidung.

Gleich den Tag darauf, den 25. Mai, ließ er Prag angreifen. Arnim hatte gemeint, daß man die Kleinseite, wenigstens die Brücke, so lange verteidigen werde, bis er selbst mit dem Sukkurs erscheine; aber nachdem früh am Morgen das Beschießen begonnen hatte, war gegen Mittag alles übergeben. Die Truppen wurden entwaffnet und ohne militärische Ehren entlassen. Arnim trug Bedenken, sie in seine Armee wieder aufzunehmen, weil sie nur Unordnungen veranlassen würden.

---

* Der Ort der Zusammenkunft ist unsicher; sie fand zwischen Rakonitz und Laun statt, wahrscheinlich in Smečno, Ranke datierte sie versehentlich schon auf den 21. Mai.

Durch diesen Erfolg in seinem alten Ruf gehoben, versäumte Friedland keine Zeit, um die Verhandlungen wiederaufzunehmen. Er versicherte, er könne nicht ruhen, selber nicht mit den Waffen könne er innehalten, schon nicht aus Rücksicht auf die, welche von dem Frieden nichts hören wollten; er meinte die Jesuiten, denen er ebenso verdächtig sei wie Arnim den schwedischen Gesandten. Und was werde man überhaupt von ihm denken, wenn er weder Frieden mache, noch den Krieg ernstlich führe. Er wiederholt, daß er das erste vorziehe. »So lieb mir meiner Seele Seligkeit ist, so lieb wird mir sein, wenn ich dem allgemeinen Wesen dienen kann, sonderlich Kursachsen.« Er deutet an, er hätte auch wohl etwas Entscheidenderes unternehmen können, als die Eroberung von Prag: Dem allgemeinen Besten zugute habe er es getan. Er drang vor allem auf eine persönliche Zusammenkunft mit dem Kurfürsten: In einer Stunde werde die Sache abgemacht sein, jeder werde wenigstens wissen, woran er sei.

Der Kurfürst war geneigt, konnte sich aber nicht entschließen, und indessen sah sich Arnim durch die von allen Seiten vorrückenden kaiserlichen Völker genötigt, Leitmeritz, wo er stand, zu verlassen und sich nach dem Gebirge zurückzuziehen. In der Mitte desselben, zu Peterswalde, hatte er noch eine Zusammenkunft mit Sparr, der ihm das Bedauern des Herzogs ausdrückte, daß seine Vorschläge nicht angenommen worden, denn dadurch hätte man die Religionsfreiheit und die geistlichen Güter wieder erhalten, und in dem Reich würde ein gutes Vernehmen zwischen Haupt und Gliedern gestiftet worden sein. Er sehe wohl, man traue noch dem Glück: Auch er könne mehr vom Glück der Waffen erwarten, als vom Frieden.

In demselben Sinne hatte der dem General beigegebene kaiserliche Kommissar, Graf Michna, den Obersten beauftragt. Man wolle dem Kurfürsten ein von Friedland unterzeichnetes Blankett zustellen, auf welchem er seine Bedingungen aufzeichnen möge; ein so unbedingtes Vertrauen habe der Kaiser zu seinem deutschen Gemüt, welches nichts begehren werde, als die Wohlfahrt des Reiches.

Gewiß: man würde jetzt alles nachgegeben haben, was vor dem Jahr abgeschlagen worden war.

Aber das ist in menschlichen Dingen immer ein Irrtum, wenn man meint, nach geschehenem Unrecht ein altes gutes Verhältnis wiederherstellen zu können. Kurfürst Johann Georg hatte dem König von Schweden, ohne den er verloren gewesen wäre, im Moment der Krisis versprochen, ohne seine Einwilligung keinen Frieden einzugehen und selbst keine Unterhandlung über die Hauptsache zu pflegen. Daran hielt er nun, und zwar im ausdrücklichen Einverständnis mit seinem Feldmarschall, dem man es wegen seiner früheren Verhältnisse kaum zutraute, mit Standhaftigkeit fest. Ihm entging es nicht, daß doch alle Erbietungen, die ihm geschahen, eben davon abhingen, daß die Schweden im Reich standen: würden diese zugrunde gerichtet sein, so würde man nicht so glimpflich mit ihm verfahren. Gleichwohl hielt er nicht für ratsam, die Hilfe des Königs nach Sachsen zu ziehen, weil dies alsdann der Sitz des Krieges werden würde: Wenn aber, wozu sich alles anlasse, König und Herzog anderweit miteinander in Kampf verwickelt seien, so könne man wohl Gelegenheit haben, noch einmal in den Erblanden vorzudringen. Denn auch nur das eigene Kriegsvolk in seinem Land ernähren zu müssen, war dem Kurfürsten widerwärtig. Landesväterliche Erwägungen, unter denen er sich entschloß, die Unterhandlungen doch nicht etwa abzubrechen, vielmehr sie fortzuführen, nur unter allgemeinen Ausdrücken und unverbindlich.

Wenn nun aber Sachsen an Schweden, dessen es nicht entbehren zu können glaubte, so fest hielt, so war die große Frage die, wie sich Gustav Adolf – der nach dem durch die Erhebung einer kaiserlichen Kriegsmacht in Böhmen unmittelbar bedrohten Franken heranrückte – zu den Anerbietungen verhalten würde, welche Wallenstein an Kurfürst Johann Georg gerichtet hatte.

Die Unterhandlungen, von denen er hörte, waren ihm insofern unangenehm, weil dabei die Sache von Schweden von der deutschen getrennt werde. Er kehrte seinen Gesichtspunkt unverhohlen hervor. Der Brennpunkt des Krieges seien die ihm zugefügten Injurien. Er könne nicht zugestehen, daß man an ihm vorbeigehe und nur die zwischen den Gliedern des Reiches obwaltenden Differenzen zu schlichten suche; so eng in der Tat seien die gegen ihn geübten Feindseligkeiten und die Beschwerden des Reiches vereinigt, daß kein Teil ohne den anderen sichergestellt werden könnte.

Er gab selbst einen Augenblick einem Verdacht gegen die sächsischen Verhandlungen Raum; aber als sie ihm in aller Authentizität mitgeteilt wurden, überzeugte er sich, daß man es ehrlich mit ihm meinte. Mit den vornehmsten Forderungen der Protestanten in bezug auf Religion, geistliche Güter und ständische Freiheit war er von vornherein einverstanden; es kam nur auf eine Vereinbarung über die Territorialverhältnisse an.

Im Sommer 1632 wurde Pfalzgraf August – von der neuburgischen Linie, aber mit seinem Bruder, der zu dem katholischen Bekenntnis übertrat, keineswegs einverstanden, sondern dem lutherischen treu, so daß ihm Gustav Adolf Neuburg zudachte: er ist der Stifter des Zweiges Sulzbach – mit dem württembergischen Kanzler Löffler, der ihn als Assistenzrat begleitete, nach Spanien geschickt, um ein Verständnis zu erzielen. Die Prätentionen des Königs wurden von dem Kanzler Löffler mit vieler Ausführlichkeit in einer besonderen Konferenz mit den sächsischen geheimen Räten erörtert.

Er ging von den Ansprüchen aus, die der König gegen die Herzöge von Mecklenburg und Pommern sowie einige andere deutsche Fürsten erheben könne: die meisten seien jedoch jetzt durch Vertrag beseitigt. Merkwürdig, wie stark der König seine Ansprüche gegen den Kurfürsten von Brandenburg betonen ließ, der ihm durch Sperrung der Pässe, Weigerung des Proviants den empfindlichsten Schaden zugefügt habe; doch knüpfte er keine weiteren Anträge daran.

Noch größere Aufmerksamkeit verdient, wie er sich über die in Besitz genommenen geistlichen Gebiete äußerte. Man hat immer angenommen, der König von Schweden habe sie zu behalten oder selbst zu verteilen gedacht. Auch Pfalzgraf August legte Nachdruck darauf, daß der König sie mit dem Schwert erobert und kraft des Kriegsrechtes mit derselben Hoheit besitze, wie die geistlichen Fürsten sie innegehabt. Aber in dem damaligen Antrag war von einer Behauptung derselben nicht die Rede. Ihr Besitz sollte nur dazu dienen, um dem König eine andere Genugtuung auszuwirken. Der Pfalzgraf sagt: Es würde Sr. Maj., ehe sie kontentiert, nicht anzumuten sein, solche wieder herauszugeben. An der Absicht, sie alsdann herauszugeben, waltete kein Zweifel ob: Nur hatte man Bedenken, ob man dabei nicht einen Vorteil für das indes darin wieder emporgekommene protestantische Bekenntnis stipulieren sollte.

Worin bestand nun aber die Satisfaktion, auf die der König definitiv für sich selber antrug?

Der Kanzler sagte: Der König habe sein Absehen prinzipaliter auf Pommern gerichtet, er werde sich aber wohl mit dem Stück desselben begnügen, in welchem die Paßörter mit den für Schweden wichtigen Meerhäfen befindlich seien; er wolle es jedoch vom Reiche nicht losreißen, sondern es von demselben zu Lehen tragen, wie Dänemark Holstein.

Dabei war immer die Frage, wie Brandenburg wegen seiner Anwartschaft auf Pommern zu befriedigen sei. Die Schweden meinten, daß das Haus Brandenburg vom Fortgang der katholischen Waffen die größten Verluste hätte erwarten müssen. Man habe gute Nachricht, daß Ihrer Kurfürstlichen Durchlaucht ihrer Lande wegen eine Änderung zugedacht und beschlossen gewesen sei. Zugleich aber könne man den Katholiken, die an allem diesen Elend schuld gewesen, nicht erlassen, Brandenburg mit einigen Stücken Landes zu befriedigen. Sie würden überhaupt einen Teil der Stifte, »ein Stück des Rockes«, aufopfern müssen.

Also: Genugtuung für Schweden durch Pommern, Entschädigung Brandenburgs durch Säkularisationen, was endlich der Westfälische Friede festgesetzt hat, dahin ging auch die Idee des Königs von Schweden. Wie in einer anderen Epoche Wilhelm III., so forderte Gustav Adolf ursprünglich weniger, als später hat bewilligt werden müssen.«

Und zugleich hatte er noch einen politischen Gedanken, der für Deutschland unendlich wichtig geworden ist: Er wollte eine Körperschaft der Evangelischen gründen, einen Reichsverein, welcher bestimmt sei, »die genommene Stellung wider das Haus Österreich-Spanien und alle Papisten zu behaupten«, und der allezeit kriegsbereit sein solle zur Assekuration des Friedens. Die Konfusion der jetzigen Kriegführung müsse abgestellt und ein Kriegsrat errichtet werden, mit dessen Einwilligung alles anzuordnen sei. Auf ein Direktorium machte der König, wenn sonst eine gute Ordnung getroffen werde, nicht Anspruch, wohl aber auf ein Bündnis der Evangelischen mit der Krone Schwedens, die bei allen katholischen Mächten in so großen Haß geraten sei, daß sie Beistand brauchen werde.

So entwickelten die Gesandten des Königs im Juni 1632 seine Ideen. Da sie sich aber immer mit einer gewissen Zurückhaltung ausdrücken: »so sei ihre persönliche Meinung von dessen Absichten; sie seien ihnen nicht mit Sicherheit bekannt«; so wird man, obgleich man darin an sich nur einen gewöhnlichen Rückhalt der Unterhandlung erkennt, doch die Frage aufwerfen, ob er sie selber bestätigt hat.

Das geschah nun in dem Feldlager, welches er dem mächtig andringenden Feind gegenüber bei Nürnberg zum Schutze dieser Stadt aufgeschlagen hatte.

Pfalzgraf August war auf dem Rückweg zum König, ehe er ihn noch erreichen konnte, gestorben; Kanzler Löffler allein hat demselben über das Resultat der Mission Bericht erstattet. Es ergibt sich, daß der Kurfürst von Sachsen zweierlei zugesagt hatte, einmal ohne die Einwilligung des Königs weder einen Universal- noch Partikularfrieden zu schließen oder sich darauf einzulassen, und sodann bei den Friedensunterhandlungen dahin zu wirken, daß dem König in allen billigen und möglichen Dingen wirkliche Satisfaktion getan werde, »auf daß wir«, wie dieser sich darüber ausdrückt, »unsere hochchristlichen geleisteten tapferen Dienste nicht bereuen, sondern vielmehr dankbare Bezeigung zu erspüren haben sollen«. Gustav Adolf nimmt das mit Freuden an und erklärt sich sehr bereit zum Frieden, denn er habe während seiner ganzen Regierung wohl erfahren, wieviel besser der Friede sei, als der Krieg. Er wünscht nur, daß nun zunächst zwischen Sachsen, Brandenburg und Schweden eine Abkunft geschlossen werde, einmal darüber, wie ihm mit billig-mäßiger Satisfaktion zu begegnen und dieselbe anderwärts zu ersetzen sei, – sodann mit Hinzuziehung der übrigen Stände, über die anderen Bedingungen, die man fordern wolle, mit Vermeidung jedoch der Privatsachen jedes einzelnen. Indem er dabei wiederholt erinnert, wie sehr er darauf rechne, daß ihm die Genugtuung, die er verlange, wirklich zuteil werde, verspricht er, die von sächsischer Seite angedeuteten Friedensbedingungen zu den seinen zu machen. »Da uns«, sagt er, »diejenige Satisfaktion, deren der in Gott ruhende Pfalzgraf gegen E. L., und der württembergische Kanzler gegen dero Räte gedacht hat, widerfahren sollte, sind wir des Anerbietens, E. L. und den evangelischen Ständen so weit die Hilfshand zu bieten, daß von dem Gegenteil solche Conditiones bewilligt werden, welche Gottes Wort, dem Recht und der Billigkeit gemäß und nach dem Zustand der beiderseitigen Waffen mit Fug zu begehren.«

Der König erkennt also die von Löffler und dem Pfalzgrafen mitgeteilten Ideen und Vorschläge als die seinen an und wiederholt sie. Er will zunächst mit den beiden Kurfürsten das Nähere über die ihm zu bewilligende Satisfaktion, d. h. die Abtretung von Pommern und die für die brandenburgischen Ansprüche dagegen auszumachende Entschädigung vereinbaren, und alsdann auf die Erledigung der Forderungen eingehen, welche die evangelischen Stände ihrerseits zu machen haben.

Er ist dabei der Meinung, daß man nicht eine Unterhandlung veranlassen möge, zu welcher entfernte Fürsten, nicht einmal alle eigentlich deutschen, wieviel weniger Potentaten außerhalb des Reiches zu bescheiden seien; sondern daß die Friedensbedingungen aus dem Feldlager selbst vorgeschlagen werden sollten.

Mit den Waffen war die Sache so weit gefördert, unter den Waffen wollte man sie zu Ende führen.

Um so mehr kam dann auf das Verhältnis der Streitkräfte und ihrer Erfolge an. In dem Augenblick, in welchem der König seine Erklärung aussprach, den Tag darauf nachdem er sie gegeben, machte er einen Versuch, die gewaltige Heeresmacht, die sich gegen ihn gesammelt hatte, aus der Stelle zu treiben.

An dem strategisch bedeutenden Punkt, wo er sich wohl selbst mit den Sachsen zu verbinden gedachte, nächst Eger, hatten sich dann Wallenstein und Maximilian von Bayern vereinigt und waren mit einem überaus zahlreichen Heere, mehr als 200 Fähnlein zu Fuß und 300 Schwadronen, mit 80 Geschützen, in Franken vorgerückt. Maximilian hätte im Vertrauen auf die unzweifelhafte Übermacht nichts mehr gewünscht, als es zu einem Angriff auf die von den Schweden eingenommenen Stellungen oder zu einer Feldschlacht zu bringen; Wallenstein verweigerte das, weil sein Volk zu wenig geübt sei, um es gegen den König von Schweden in die Schlacht zu führen. Er wollte eine Armee, auf welcher die wiederhergestellte Autorität seines Kaisers beruhte, nicht der Gefahr zerstört zu werden aussetzen. Der König befehligte ein vollkommen wohlgeschultes, zum Angriff und zur Verteidigung allezeit fertiges Heer. Sein Ruhm beruhte auf den gewonnenen Feldschlachten. Wallenstein ließ vernehmen, er wolle ihn eine andere Art von Kriegführung lehren.

Er schlug ein befestigtes Lager auf, dergleichen man auf deutscher Erde noch nicht gesehen. Es bestand nicht, wie bisher die meisten, aus zusammenhängenden Feldwerken, sondern aus

Feldschanzen, die von Strecke zu Strecke aufgerichtet die toten Winkel mit ihrem Geschütz beherrschten. Wo die Linie sich brach, wurde sie durch Bastionen verstärkt: So dehnte sich das Lager, der Bodengestaltung folgend, über dritthalb Meilen aus. Es begriff eine Anzahl von Dörfern, deren Baulichkeiten zum Teil wieder zur Verteidigung gebraucht wurden. Die wichtigsten von allen waren die Ruinen der Alten Veste, genannt der Burgstall, die mit Türmen an den Ecken sowie einem Graben versehen auch noch durch Verhaue des Waldes verteidigt wurden. Gerade dahin richtete Gustav, durch frischen Zuzug verstärkt, seinen Angriff. Er wurde dazu durch eine Bewegung der kaiserlichen Truppen veranlaßt, die seine Späher für einen Rückzug nahmen; als er dann einmal in die Nähe gekommen und, wie man sagt, engagiert war, wollte er nicht zurückweichen, ohne einen Versuch gemacht zu haben. Seine schwedischen Musketiere, welche mit ungewohnter Geschwindigkeit zu feuern gelernt und bisher noch immer den Vorteil davongetragen hatten, stiegen mit Entschlossenheit den Berg hinan. Gustav Adolf soll gesagt haben, er wolle die Burg nehmen oder nicht mehr König sein. Aber er stieß auf den nachdrücklichsten Widerstand. Wallenstein hatte unverzüglich seine geeignetsten Fußvölker nach der bedrohten Stelle geschickt, gegen die dann die Schweden, welche regimenterweise anrückten, nichts ausrichteten. Wie der Angriff hauptsächlich durch Kleingewehrfeuer geschah, so auch die Abwehr: Es war ein blutiges Zusammentreffen, das sich jedoch nicht über den Charakter des Scharmützels erhob. Die Schweden waren und blieben zurückgewiesen, verloren einige ihrer besten, unternehmendsten Obersten: Auch eine Anhöhe, die sie in der Nähe eingenommen, mußten sie den andern Morgen verlassen.

Wallenstein fühlte sich glorreich, daß er den mit aller seiner Macht andringenden König zurückgeworfen hatte. Wie habe der sich da die Hörner abgelaufen: Er werde nun nicht mehr als unüberwindlich gelten können und bei seinen eigenen Leuten an Achtung verlieren.

Obgleich Nürnberg unangegriffen, und der König, der sich nach der Donau zurückwandte, unverfolgt blieb, so lag doch in dem Tag von Burgstall ein wichtiges Moment. Man sah: Gustav Adolf war keineswegs Meister von Deutschland; die wiedererstandene kaiserliche Macht, der sich die ligistische untergeordnet hatte, war ihm vollkommen gewachsen. Wallenstein erschien als ein ihm ebenbürtiger Gegner.

Man erzählt, daß der König, in diesem Augenblick der alten gegenseitigen Erbietungen eingedenk, dem General durch einen böhmischen Emigranten die böhmische Krone habe anbieten lassen, dieser aber, durch die früheren Vorkommnisse gewitzigt, seine Vermittlung abgeschlagen habe. Ich möchte es nicht leugnen; doch hat es zunächst keine Folgen gehabt.

Dagegen ist es von hoher Bedeutung für den Moment, daß der König durch den Oberst Sparr, der in seine Hand gefallen war und besser als ein anderer Mensch um die Verhandlungen mit Sachsen wußte, nun auch seinerseits Friedensunterhandlungen anbieten ließ: Er wolle Oxenstierna in das kaiserliche Feldlager schicken, oder Wallenstein möge in das königliche kommen.

Ein großartiger Gedanke, persönlich mit dem ihm gegenüberstehenden allwaltenden Kriegführer zu paziszieren. Wer hätte sich dem widersetzen wollen, worüber sie miteinander übereingekommen wären!

Auch Wallenstein hat, soviel man weiß, den Wunsch geäußert, den großen Gegner kennenzulernen; zu einem Resultat hätte das jedoch bei der Lage der Umstände nicht führen und für ihn selbst bedenkliche Folgen haben können. Er teilte das Anerbieten sehr korrekterweise dem Kurfürsten von Bayern mit; auf dessen Rat wurde beschlossen, es dem Kaiser vorzutragen und dessen Antwort zu erwarten: »Dero Resolution«, wie Wallenstein sagt, »was ihm vor die Hand zu nehmen belieben möchte«.

Auf eine Verhandlung mit dem König konnte man nun in Wien nicht eingehen; aber Aufmerksamkeit mußte es doch erwecken, daß in dem Augenblick, in welchem die Kriegskräfte einander gleich mächtig gegenüberstanden – denn wenn sich Friedland zu verteidigen wußte, so war er doch weit entfernt, einen Angriff unternehmen zu können oder zu wollen –, Friedensunterhandlungen vorgeschlagen wurden.

Pater Quiroga, der dem Hof sehr nahestand, hat dem päpstlichen Nuntius gesagt, im Angesicht der in der ganzen Welt drohenden Feindseligkeiten sei man sehr geneigt darauf einzugehen. Und zwar erscheine den meisten der kaiserlichen Räte das Restitutionsedikt als die Ursache allen Unheils: Man schreibe es den Jesuiten zu, von denen dabei nur ihr eigener Vorteil gesucht werde.

Man zog am kaiserlichen Hof im allgemeinen in Betracht, was die Protestanten unter den obwaltenden Umständen verlangen könnten und wahrscheinlich verlangen würden. Es war vornehmlich die Aufhebung des Restitutionsediktes, wenigstens in bezug auf Sachsen, Brandenburg und selbst auf Dänemark; ferner die Herstellung der infolge der Proskription verjagten Fürsten; endlich Aufgeben der Konfiskationen, besonders in Niedersachsen und Franken, nicht allein aber im Reiche, sondern auch in den Erblanden. So weit war es doch, daß man diese Forderungen nicht unbedingt abzuschlagen meinte; man wollte ihnen aber Gegenforderungen gegenüberstellen. Vor allem bezogen sich diese auf die Herstellung der Integrität der Erblande. Wenn der Kaiser die Oberpfalz herauszugeben genötigt ward, so wollte er dadurch nicht in den Fall kommen, das Land ob der Enns dem Kurfürsten von Bayern einräumen zu müssen; er forderte auch die Wiederherstellung der an Sachsen verpfändeten Lausitz. Damit hing dann naturgemäß die Wiederabtretung der von Gustav Adolf eingenommenen kurfürstlichen und fürstlichen Länder zusammen; nach dem Eindringen desselben strebte man zu den territorialen Zuständen zurück, die bei dem Ausbruch des Krieges im Reich obgewaltet hatten. Zugleich zog man die Frage über das Verhältnis des Kaisers zum Reich in Erwägung. Man machte sich auf das Begehren gefaßt, daß ohne Einwilligung der Stände niemals wieder ein Krieg unternommen, noch eine Kontribution ausgeschrieben werde. Dagegen verlangte der Kaiser die gesetzliche Abstellung der Werbungen, wie sie unter Prätext der Religion ohne seine Einwilligung und selbst gegen ihn gemacht worden seien; endlich eine Versicherung gegen fremde Invasion und Befreiung von der gegenwärtigen. Nicht eigentlich ein Vorschlag, aber eine Grundlage zu weiteren Unterhandlungen von größter Aussicht. Die bisher im Verein mit der Liga verfolgten Tendenzen sind darin aufgegeben; man will sich in eine Herstellung des Gleichgewichts der Stände beider Religionsteile finden: Die allgemeine Pazifikation soll durch eine Generalamnestie besiegelt werden. Man kann darin eine Erweiterung der zwischen Eggenberg und Wallenstein im Dezember 1631 getroffenen Festsetzungen sehen, wie sie auch diesem zunächst zur Begutachtung vorgelegt wurde. Da die Ausgleichung der Ansprüche eines jeden vorbehalten blieb, so konnte der General sehr zufrieden damit sein. Nimmermehr aber konnte der König von Schweden auf dieser Basis unterhandeln; sie lief all den Ansprüchen entgegen, die er soeben auf das bestimmteste formuliert hatte. Ohne ihn konnten aber auch die Protestanten auf keinen selbst für sie günstigen Vorschlag eingehen: Sie fühlten, daß sie ihm alles verdankten. Noch konnten sie ihn nicht entbehren; wie hätten sie sich ihm entgegensetzen sollen. Um nur eine annehmbare Grundlage zu dem Frieden zu gewinnen, mußte der Krieg fortgesetzt werden.

Fürs erste waren die beiden großen Heerführer auseinandergewichen. Wallenstein vermied, wie gesagt, den König zu verfolgen. Er hatte an ihm, selbst an dem Rückzug, den er nahm, einen Kriegsmann kennengelernt, der sein Handwerk verstand. Hätte er ihn verfolgen wollen, so würde er seine Kavallerie aus den Ortschaften, wo sie sich wohl befand und restaurierte, abberufen, der König würde ihm an den sicheren Pässen, die er innehatte, Widerstand geleistet und seine Truppen gefährdet haben; er hoffte ihm ein andermal besser begegnen zu können.

Gustav Adolf wandte sich wieder nach Bayern, wo die Gegner indes Vorteile erlangt hatten, die er ihnen wieder zu entreißen suchte; wir finden ihn in kurzem gegen Regensburg vordringen und sich zu einem Einfall in Österreich vorbereiten, wie denn eine andere Abteilung seiner Truppen von Oberschwaben her in Tirol eingedrungen war.

So hatten sich die Sachsen einem alten Plan gemäß nach Schlesien gewendet und es größtenteils eingenommen. Arnim besetzte Neiße und Oppeln und war nur unglücklich, daß sein Kurfürst Bedenken trug, mit den Ständen des Landes gegen den Kaiser gemeinschaftliche Sache zu machen.

Wallenstein kümmerte sich nicht sehr darum, da er die Mittel besaß, das eine und das andere rückgängig zu machen. Um Arnim aus Schlesien zu vertreiben, ließ er seine wildesten Truppen unter Holk nach dem sächsischen Vogtland und nach dem Erzgebirge vorgehen. Niemals wurden grimme Gewalttaten mit leichterem Mut begangen. Indem die Ortschaften lichterloh brannten und die Häuser prasselnd zusammenstürzten, bliesen die Trompeter einen Siegesmarsch. Denn Sachsen sollte innewerden, welchen Feind es habe. Nachdem sich nun der König nach der Donau hin entfernt hatte, rückte Wallenstein aus Franken ebenfalls nach den sächsischen Gebieten: Sie wurden ohne Widerstand überflutet.

Mehr aber bedurfte es nicht, um die österreichische Grenze vor dem König zu sichern. Gustav Adolf mußte herbeieilen, um Sachsen zu beschützen; nicht allein die Bundesgenossenschaft brachte es so mit sich, sondern es war auch für ihn selbst unerläßlich. Denn wie leicht, daß der Kurfürst durch die Übermacht des Feindes zu einer Abkunft mit dem Kaiser in dessen Sinne genötigt wurde, welche die ganze politische und militärische Lage geändert hätte. Gustav Adolf mußte und wollte die Sache, die recht eigentlich die seine war, persönlich durchführen. Sehr zufrieden, daß Herzog Bernhard seinen Stammesvetter, den Kurfürsten, bei gutem Mut erhielt, gestattete er doch nicht, daß dieser mit seinen Streitkräften allein den Kampf unternähme. Mit der entschlossenen Raschheit, die ihm eigen war, eilte er herbei, um mit allen zusammenzubringenden Truppen – er berechnet sie auf zehn Brigaden und 6.000 Pferde – dem vornehmsten Verbündeten, den er hatte, eine königliche Hilfsleistung zuzuführen. Bernhard hatte ein nicht ganz angenehmes Zusammentreffen mit Gustav Adolf in Arnstadt. Er wünschte als Reichsfürst, nicht bloß als General behandelt zu sein. Der König dagegen, von dem man sich erinnert, wie enge Schranken er dem Kurfürsten von der Pfalz in dessen altem Gebiet zog, wollte in seinem Heer keine irgendwie selbständige Autorität aufkommen lassen. Und immer behielt er seine Gesamtstellung im Auge: Eben von Arnstadt her warnte er die Holländer vor einer einseitigen Vereinbarung mit den Spaniern. Er schickte von da seinen Kanzler nach Oberdeutschland, um dort eine Vereinigung mit den protestantischen Ständen zustande zu bringen, denn allen glänzenden Erfolgen zum Trotz war seine Stellung doch auch dort noch unsicher. In Niedersachsen wendeten sich die zu ihm übergetretenen Fürsten bereits wieder an den Kaiser. Was wäre wohl erfolgt, wenn die Kaiserlichen sich Obersachsen unterworfen und alsdann nach den Stiftslanden und der Ostsee, wie sie beabsichtigten, weiter vorgedrungen wären?

Man darf nicht vergessen, daß Wallenstein den Kurfürsten von Bayern nach Sachsen mit sich fortzuziehen gesucht hatte, wo der große Kampf ausgefochten werden mußte, der dann auch über Bayern entschieden haben würde. Aber dazu war der Kurfürst, der sein Land indes der Verwüstung preisgegeben sah und sein

Verhältnis zu Wallenstein als eine Erniedrigung empfand, nicht zu bringen gewesen.

Ohne diese Hilfe aber war Wallenstein nicht gemeint, einen entscheidenden Kampf zu provozieren. Er dachte sich zunächst nur der sächsischen und thüringischen Gebiete zu bemächtigen, die Übergänge über die Elbe bei Torgau, bei Halle über die Saale zu besetzen, Erfurt und Naumburg zu nehmen und sich auf seine Weise für die Winterquartiere einzurichten. Für den Fall, daß er in denselben angegriffen werde, hatte er den Gedanken, an die wichtigsten Plätze zugleich Infanterie und Kavallerie zu verlegen, die sich gegen den nächsten Anlauf verteidigen und dann untereinander unterstützen könnten. Mitten in diesen Vorbereitungen aber überraschte ihn der König, der in rapider Eile über den Thüringer Wald daherkam. Erfurt vermochten die Kaiserlichen gar nicht einmal zu erreichen; in anderen thüringischen Plätzen, wo die Vorposten beider Parteien aneinandergerieten, konnten sie sich nicht halten, auch nicht in Naumburg. Sie verließen sogar Weißenfels. Selbst in der Ebene von Lützen, wo sie noch immer Meister von Sachsen geblieben wären, konnte er sie nicht dulden. Er wollte sich mit den Sachsen, die in Torgau dem Feind zuvorgekommen waren, wie er selbst zu Naumburg, vereinigen; er meinte selbst ohne sie, da er die Kaiserlichen erschüttert sah, ihnen den Vorteil abgewinnen, sein Hauptquartier in Lützen nehmen zu können.

Wallenstein dagegen war entschlossen, aus der Position, die auch für ihn wegen der Verbindung mit Zeitz und Altenburg, sowie mit Merseburg und Leipzig den größten Wert hatte, nicht zu weichen: Noch in der Nacht nahm er mit der ansehnlichen Macht, die um ihn war, eine feste Stellung, in der er sich zutraute, die Andringenden zurückzuweisen, wie vor kurzem bei Burgstall.

So stießen die beiden großen Kriegsmänner der Epoche zu einer offenen Feldschlacht aufeinander.

Eigentlich von ihrem Gegensatz, von Polen und den Ufern der Ostsee, war die allgemeine Wendung, welche die Dinge seit drei Jahren genommen hatten, ausgegangen. Friedlands Besitznahme von Mecklenburg hatte dem König von Schweden einen vor aller Welt gerechtfertigten Anlaß gegeben, nach Deutschland zu kommen. Da lagen denn die Umstände so günstig für ihn, daß er als der Vorfechter der großen religiös-nationalen Sache, der Hersteller des Religionsfriedens und der mit demselben zusammenhängenden Reichsgesetze auftreten konnte. Wäre er allein deshalb über die See gekommen, um altgesetzliche Zustände im Reich herzustellen und wiederaufzurichten, so würde seine Mission nahezu vollendet gewesen sein. Allein er hatte sein schwedisches Interesse keinen Augenblick aus den Augen verloren, und durch Besitzergreifungen, Bündnisse und selbst Huldigungen im Deutschen Reich eine so gewaltige Stellung eingenommen, daß er als der vornehmste Repräsentant des protestantischen und antiösterreichischen Prinzips in Europa erschien. Welches waren nun hier seine Absichten? Hat er wirklich gedacht, römischer Kaiser zu werden, wie man ihm nachsagt, und die Reichsgewalt in seine Hand zu nehmen?

Oxenstierna hat einst dem brandenburgischen geheimen Rat auseinandergesetzt, die Intention des Königs sei im allgemeinen gewesen, sein Reich der Ostsee zu versichern, die gegnerischen Bestrebungen zu brechen, die bedrängten Lande zu befreien, dann weiterzugehen oder innezuhalten, je nachdem es das bessere scheine. Er habe jedoch nie geglaubt, so weit zu kommen, als er gekommen sei. Er sei nur immer der Gelegenheit gefolgt, die Lage des Momentes sei die Grundlage seiner Ratschläge gewesen.

Dazu nun, daß er hätte hoffen können, die höchste Gewalt im Abendland in die Hand zu nehmen, waren in diesem Augenblick die Verhältnisse nicht angetan. Frankreich hätte es nimmermehr zugelassen. Und auch Österreich-Spanien entwickelte Kräfte des Widerstandes, die er nicht hätte überwältigen können.

Noch eine andere vertrauliche Äußerung des Kanzlers liegt vor, nach welcher der König die Gründung eines selbständigen skandinavischen Reiches beabsichtigte. Schweden, Norwegen und Dänemark bis an den Großen Belt sollten vereinigt und die Küstenländer der Ostsee, im Gegensatz mit Polen und Deutschland, dazugeschlagen werden. Es ist der Grundgedanke der schwedischen Macht, der von da an anderthalb Jahrhunderte die Welt beschäftigt hat. Und wenn es authentisch ist, was wir sahen, daß der König nicht der Meinung war, die Städte und Lande, welche er eingenommen, obgleich er sie hatte huldigen lassen, zu behalten, sondern nur sie zum Pfand der Abtretungen zu machen, die ihn seiner maritimen Macht versicherten, so stimmt das damit im allgemeinen zusammen. Der Gedanke des skandinavischen Reiches beherrschte auch die deutsche Politik Gustav Adolfs.

Die Echtheit der protestantischen Gesinnung des Königs dürfte man nun nicht leugnen: Sie war mit seinem schwedischen Gedanken und zwar für ihn selbst ununterscheidbar verbunden. Indem er den Einfluß der Kaiserlichen in Polen brach und sie von der Ostsee verdrängte, kam er zugleich den Protestanten gegen die katholisch-österreichische Übermacht, wie sie noch 1629 war, zu Hilfe. Dem Protestantismus hat er seine Selbständigkeit im Reich zurückgegeben, niemand wird ihm diesen Ruhm entreißen. Dem Interesse desselben entsprach sein Plan und Wunsch, die Gleichheit der Bekenntnisse in dem kurfürstlichen Kollegium herzustellen, wie denn davon das Gleichgewicht derselben und der Friede am meisten abhing. Ganz anders verhielt es sich mit seiner Absicht, die Küsten der Ostsee für Schweden zu gewinnen. Wenn er Pommern verlangte, auf welches der Kurfürst von Brandenburg die bestbegründeten Ansprüche hatte, so machte er dadurch eine weitere Umgestaltung notwendig, da es ohne Entschädigung Brandenburgs, diese aber ohne Säkularisationen, nicht möglich war. Die Umwandlung mußte noch weiter geführt werden, als es durch die protestantischen Bistümer und Erzbistümer geschehen war.

Gustav Adolf hatte eine Umgestaltung des Reiches in der Weise, wie sie sich später wirklich vollzogen hat, im Sinne. In dem Eindringen dieses Fürsten im Reich, das für die Rettung des Protestantismus unentbehrlich war, das nun aber wieder zur Folge hatte, daß er eine Ausstattung von dem Reich verlangte, wie sie für sein Schweden wünschenswert war, lag die Krisis der deutschen Geschicke für alle Zeit.

Weder diese Abtretungen, noch die Säkularisationen, noch die in Aussicht gestellten Verfassungsbestimmungen konnte der Kaiser zugestehen. Friedland durfte auf Zurücknahme des Ediktes, welches die Protestanten zu dem Äußersten getrieben hatte, auf weltliche Verwendung der geistlichen Einkünfte dringen; aber nicht auf Abtretung ansehnlicher Gebiete und Säkularisation, welche den Rechten und Ansprüchen des Kaisers geradezu entgegengelaufen wären. Der damalige Standpunkt des Kaisers und Wallensteins ist dem verwandt, welchen einst Karl V. einnahm, als er sich dem von Matthias Held geschlossenen katholischen Bündnis fernhielt, die Protestanten durch Konzessionen zu beruhigen, aber dabei das Übergewicht des Katholizismus und die Einheit des Reiches aufrechtzuhalten suchte. Wenn Wallenstein überdies seinen persönlichen Anspruch in vollster Ausdehnung festhielt, so meinte er denselben noch unter der Autorität des Kaisers durchzuführen und durch die Verbindung der früheren mit neuen Verdiensten die höchste Stufe in der Rangordnung deutscher Reichsfürsten zu erwerben.

Die nächste Frage, in der sich in dem Augenblick alle großen Interessen konzentrierten, war, ob die protestantischen Fürsten zu einer Vereinbarung mit dem Kaiser, ohne Rücksicht auf Schweden, gebracht, oder ob sie bei diesem Bund festgehalten werden würden.

Der König wäre geneigt gewesen, wenn ihm seine Grundbedingung bewilligt wurde, den deutschen Fürsten die weitere Vereinbarung unter sich selbst zu überlassen. Friedland meinte noch die Unterordnung der Fürsten unter dem Kaiser festzuhalten. Nicht so sehr jedoch die Idee über Kaiser und Reich, als die religiöse erregte die Gemüter. Wallenstein war jetzt für die vornehmste Forderung der Protestanten; aber welch eine Gefahr für diese, wenn er den Sieg erfocht, später aber nicht imstande war, den Religionseifer des Kaisers nachhaltig zu mäßigen. Für Gustav Adolf war der evangelische Name alles: Er stritt für das Bestehen des Protestantismus mit vollem Herzen. Er hatte denselben zum Prinzip seiner Heerführung gemacht. Er selbst gehörte ihm mit freudigem und sicherem Bekenntnis an, heiter von Natur, durch und durch populär, ein Mann der deutschen Bürgerschaften, die ihn mit Freuden selbst als ihren Herrn begrüßt hätten. Die Verehrung, die man ihm zollte, war ihm fast zu stark.

Dagegen konnte dem Friedländer nie Verehrung genug bewiesen werden. Man wußte nicht, ob er der Religion, die er bekannte, wirklich ergeben sei. Man sagte, er glaube mehr an die Gestirne, die sein Astrologe befrage; manche meinten, er glaube auch daran nicht. Bei ihm war alles bedachter Plan, umfassende Kombination, ein immer höher strebender Ehrgeiz. Wenn auch der König ein weiteres Ziel verfolgte, so trat das doch vor den freien populären Impulsen zurück, denen er jeden Augenblick Raum gab. Wallenstein war ein podagrischer Stratege; der König ein General von rüstiger Beweglichkeit. Er hatte eine lebendige, kriegsmännische Ader. Wallenstein wollte die Formen des Reiches erhalten, mit möglichster Schonung des Protestantismus, Gustav Adolf sie durchbrechen: mit voller Feststellung des Bekenntnisses. Niemand verließ sich auf Wallenstein. Zu Gustav Adolf hatte jedermann Vertrauen.

So umfaßte der Widerstreit der beiden Heerführer die Welt und das Reich der Ideen, die politische und religiöse Zukunft von Deutschland: als sie an dem Eingang der großen sächsischen Ebene, Regionen, die noch manchen anderen Weltkampf gesehen haben, aufeinander stießen. Es entspricht ihrem Verhältnis, daß Gustav Adolf unaufhaltsam vordrang, Wallenstein dort an der Landstraße von Lützen eine von Gräben und Verschanzungen geschützte starke Position genommen hatte, um ihn festen Fußes zu empfangen.

Einen Augenblick hielten die beiden Schlachtordnungen einander gegenüber, etwa dreihundert Schritt voneinander; die Feldstücke spielten gegeneinander. Die Heere waren nicht gerade sehr zahlreich. Die Schweden werden nicht über 14.000, die Kaiserlichen am Morgen nicht über 12.000 Mann stark gewesen sein. Aber noch zur rechten Zeit traf Pappenheim mit seiner Reiterei von Halle kommend ein, eben in dem Augenblick, als der König angriff.

Zu persönlichem Zusammentreffen ließen die Schlachten dieser Zeit nicht mehr so viel Raum, wie noch im vorigen Jahrhundert die Bataillen der Hugenotten in Frankreich. Aber es erinnert noch daran, wenn hier auf dem linken Flügel der Kaiserlichen, den der König angriff, zuerst Pappenheim tödlich verwundet weggebracht wurde, gleich darauf auch der König, in den Arm geschossen, sein Pferd nicht mehr führen konnte und von ein paar Kugeln getroffen auf dem Schlachtfeld niedersank.

Eigentlich über seiner Leiche entzündete sich auf diesem Flügel die Schlacht.

Nach dem ersten von Nebel verhüllten Getümmel drang eine kaiserliche Brigade zu Fuß, unter dem Oberst Comargo, von Reiterei unterstützt, gegen den schwedischen Schlachthaufen vor, warf ihn auseinander und brachte eine nicht geringe Zahl Feldzeichen in ihre Hand. Aber den Körper des Königs konnte sie nicht mit davonnehmen; denn indem kam schwedische Kavallerie den in Verwirrung geratenen Regimentern zu Hilfe und behielt die Oberhand. Die Kaiserlichen wurden nun ihrerseits zurückgeworfen und von ihrem Geschütz weggedrängt: Während sich die weichende Infanterie den anderen Brigaden zugesellte und aufs neue standhielt, warf sich die Kavallerie in eine wilde Flucht. Sie war noch halbbarbarisch und plünderte im Rücken des eigenen Heeres das dahin in Sicherheit gebrachte Gepäck.

Indes war ein ähnlicher Angriff unter Herzog Bernhard, auf den rechten Flügel der Kaiserlichen unternommen, zwar zurückgewiesen, aber immer wieder erneuert worden. Über die ganze Linie hin war dann der Kampf entbrannt. Die beiden Parteien wetteiferten in Tapferkeit. Unter den Kaiserlichen machte sich besonders Ottavio Piccolomini bemerklich: in seiner blanken Rüstung, an der Spitze eines wackeren Reitergeschwaders. Er schien sich um die Verwundungen, die er erhielt, wenig zu kümmern. Man schlug, wie Wallenstein sagt, mit einer Wut, wie er sie noch nie erlebt habe; ein Treffen sei immer auf das andere gefolgt, und mit der größten Entschlossenheit habe man gefochten. Auf der Seite des Feindes sowie auf der kaiserlichen seien große Verluste erlitten worden, die meisten Offiziere seien verwundet oder tot. Er selbst ward von einer Kugel gestreift. Unerschrocken, mit dem überlegenen Blick des geübten Heerführers hielt er alles in Ordnung. Er wußte die in Nachteil geratenden Regimenter allezeit mit frischem Volk zu unterstützen. Endlich aber wurde dies unmöglich. Herzog Bernhard bemächtigte sich der angegriffenen, obwohl mit gutem Feldgeschütz versehenen Position, so daß sie ihm nicht wieder entrissen werden konnte. Wallenstein bemerkte, daß der bessere Teil seiner Truppen erschöpft, der andere, dessen Haltung überhaupt seinen Erwartungen nicht entsprach, nicht mehr zusammenzuhalten war. Er hatte keine Niederlage erlitten; aber er fühlte, daß er die eingenommene Stellung nicht weiter behaupten könne. Nicht ohne die vornehmsten Führer zu Rate gezogen zu haben, beschloß er den Rückzug einzuschlagen. Als noch am Abend das Pappenheimische Fußvolk eintraf, mit der Absicht die Schlacht zu erneuern, gab ihm der General die Weisung, nur eben den Rückzug decken zu helfen. Was diesen Entschluß zu einem unvermeidlichen machte, war die Stimmung der Landeseinwohner. Schon waren die Fuhrleute, welche das Geschütz angefahren hatten, mit ihren Pferden davongegangen;

es konnte nicht einmal mit fortgeschafft werden. Das ganze Land war feindselig und zur Empörung geneigt. Wallenstein hätte fürchten müssen, den Bestand der Armee zu gefährden, auf der seine Größe beruhte.

Die Schweden und Protestanten hatten ohne Zweifel die Oberhand; aber auch sie waren nach Weißenfels zurückgegangen, wohin die Leiche des Königs gebracht worden war. Da hielten sie ihren Rat.

Wir können die Schlacht als eine im eminenten Sinne historische bezeichnen. Der Überflutung von Norddeutschland durch die Liga seit der Schlacht am Weißen Berg war bei Breitenfeld ein Ziel gesetzt worden. Noch einmal trat die Wiederherstellung der kaiserlichen Übermacht in Aussicht; sie würde den Protestantismus unter erträglichen Bedingungen in den alten Formen, aber auch in den alten Gefahren haben bestehen lassen. Ihr ward durch die Schlacht von Lützen Einhalt getan. In dem Kampf zwischen Aktion und Reaktion, der Europa umfaßte, stellte sich in Deutschland eine Art von Gleichgewicht der Kriegskräfte, der Bekenntnisse, der Dynastien her.

Ist es nicht wie eine Fügung des Schicksals, daß der Urenkel des niedergeworfenen, geächteten, beraubten Johann Friedrich, ein fast besitzloser Herzog von Weimar es sein mußte, der diese entscheidende Schlacht vorbereitete und dann hauptsächlich zu einem glücklichen Ende brachte?

KAPITEL 9

Friedensentwürfe in der ersten Hälfte des Jahres 1633

FÜR WALLENSTEIN bildete der Ausgang der Schlacht ein unendlich wichtiges persönliches Ereignis. In seiner Laufbahn, in der sich sein eigenstes Interesse mit dem kaiserlichen verband, hatte er anfangs unermeßlichen Erfolg gehabt; er hatte die Eroberung von Konstantinopel, die Herstellung der deutschen Monarchie im Sinne des alten Kaisertums in Aussicht nehmen können.

Wenn er dann vor der Liga, die dem Kaiser ihren Willen auflegte, zurücktreten mußte, so waren beide überwältigt worden. Er hatte hierauf die Heerführung wieder übernommen, und es war ihm gelungen, die kaiserliche Autorität durch die Waffen zu erneuern, so daß er die Idee einer Pazifikation des Reiches im Sinne derselben fassen konnte: Die Schlacht bei Lützen bewies ihm aber, daß die Elemente, mit denen er kämpfen mußte, seinen Streitkräften überlegen waren.

König Gustav Adolf war umgekommen; aber seine Truppen und damit auch im allgemeinen seine Tendenzen behielten die Oberhand über die kaiserlichen.

Wallenstein hatte noch von Glück zu sagen, daß die feindlichen Heerscharen ihn nicht unmittelbar nach Böhmen verfolgten. Kurfürst Johann Georg von Sachsen und dessen Feldmarschall hätten nichts mehr gewünscht: Denn die Quartiere, die Wallenstein genommen, seien voneinander weit entlegen. Man werde ihm ohne viel Schwierigkeit beikommen können. Wenn man ihn vollends niederwerfe, so werde man der Katholischen überhaupt Meister sein. Aber Herzog Bernhard von Weimar, der unmittelbar nach der Schlacht nach Dresden kam und zur Mitwirkung aufgefordert wurde, versagte dieselbe. Er urteilte, da Wallenstein noch immer stärker sei, als die schwedisch-deutsche Armee und diese keine festen Plätze in Böhmen innehabe, so würde sie, wenn sie daselbst vorrücke, vielmehr ihrerseits in Gefahr geraten. Er drang darauf, daß vor allen Dingen die Plätze des sächsischen Gebietes, welche die Kaiserlichen noch innehatten, ihnen entrissen und dann die übrigen gegen einen Angriff von dorther sichergestellt würden. Für Sachsen waren seine Gedanken lediglich auf Defensive gerichtet: Zur Offensive rief ihn sein Ehrgeiz nach Franken.

Dieselbe Ansicht äußerte der schwedische Reichskanzler Oxenstierna, der im Dezember nach Dresden kam. Einen Angriff auf Böhmen verwarf er ungefähr aus denselben Gründen wie Bernhard; ihm stand der Sinn nach dem Vorbild und der Anweisung des Königs hauptsächlich auf Fortsetzung des Krieges in Oberdeutschland.

So behielt Wallenstein Zeit und Ruhe, um seine Armee herzustellen. Die, welche in dem letzten Feldzug, der letzten Schlacht ihre Pflicht nicht getan hatten, wurden (am 14. Februar 1633 in Prag) mit einer Strenge, die an Grausamkeit streifte, bestraft; die, welche die Zufriedenheit des Generals erworben, mit glänzenden Belohnungen geehrt. Die Regimenter wurden in den Quartieren erfrischt und verstärkt und alles vorbereitet, um im Frühjahr drei verschiedene Korps nach Bayern, Franken und Schlesien ins Feld rücken zu lassen.

Bei alledem aber – auf die Erblande zurückgeworfen, deren Verteidigung aus eigenen Hilfsquellen er einst selbst für unmöglich erklärt hatte, und nicht mehr fähig, eine an Zahl überlegene Armee, auf die er von jeher seine Sache gestellt hatte, aufzurichten – war er sehr geneigt, die Hand zum Frieden zu bieten.

Der dänische Gesandte, Graf Wartensleben, der von Christian IV., welchem die im Krieg anwachsende Macht von Schweden nicht eben angenehm sein konnte, zu einer Friedensvermittlung nach Wien geschickt worden war und jetzt von da nach Dresden ging, besuchte auf seinem Weg den Herzog von Friedland. Der sagte ihm: »Er fühle jetzt, daß er alt werde; er sei von Krankheiten geplagt der Ruhe bedürftig; er besitze eine Stellung, die ihm genügen könne; von der Fortsetzung des Krieges dürfe er sich keinen Zuwachs an Reputation versprechen, sondern eher das Gegenteil.« – »Niemals«, fügte er hinzu, »habe er größere Vorbereitungen zum Krieg gemacht, aber doch niemals heißere Begierde gehabt, Frieden zu machen. Von dem, was er persönlich prätendieren könne, sei er bereit einiges nachzulassen, um das große und notwendige Werk nicht zu hindern.« – Versicherungen, die noch über das hinausgingen, was sich erwarten ließ? Auch hätte Graf Wartensleben nichts darauf gegeben, hätte er nicht einen Brief gesehen, worin Wallenstein den Kaiser aufforderte, auf Frieden zu denken und die Menschen von sich entfernt zu halten, deren Bemühen nur immer sei, Zwietracht zu säen.

Wir wissen, wie man in Wien nach dem Zusammentreffen von Nürnberg über den Frieden dachte. Die Anmahnung galt den religiösen Antipathien des Kaisers, die durch die eifrig-katholische Partei unaufhörlich rege erhalten wurden.

Wartensleben fand in Dresden auch den Kurfürsten von Brandenburg, der eben aus Preußen zurückgekehrt und nach Dresden gekommen war, um mit seinem Nachbar, dessen Ansehen und Macht die seine damals noch übertraf, über Krieg und Frieden zu Rate zu gehen.

Das Jahr zuvor hatte man in Sachsen in geistlicher und politischer Beziehung die Bedingungen aufgestellt, unter denen eine Pazifikation stattfinden könne. Sie enthalten nahezu das, was man in Wien voraussetzte, doch gehen sie noch tiefer ein. Mit der einfachen Zurücknahme des Restitutionsediktes wurden darin auch alle die früheren Anliegen, welche die Reichstage beschäftigt hatten, verbunden: Beschränkung des geistlichen Vorbehaltes auf seinen ursprünglichen Wortlaut, so daß er auf die protestantischen Stifte nicht bezogen werden könne; Erneuerung der ferdinandeischen Deklaration; Austrag entstehender Streitigkeiten nicht beim kaiserlichen Hof, sondern vor den Ständen beider Religionen; paritätische Besetzung des Kammergerichts und des Reichshofrats. Es waren eben die Punkte, auf welche Pfalz und Brandenburg früher gedrungen hatten, und die deshalb unerledigt geblieben waren, weil Sachsen sie nicht unterstützt, sondern sich vielmehr für die kaiserliche Auffassung erklärt hatte. Nun aber, angegriffen und in seinem besonderen Dasein gefährdet, machte Johann Georg diese Anträge zu seinen eigenen. Dem wurden nun die in dem Krieg entstandenen neuen Forderungen hinzugefügt: Abschaffung der Kontributionen und Konfiskationen im Namen des Kaisers sowie Unterlassung auswärtiger Kriegsunternehmungen ohne förmlichen Reichsbeschluß; Herstellung von Mecklenburg und der Pfalz; Versicherung wegen der mit Schweden eingegangenen Verträge.

Mit alledem war Kurfürst Georg Wilhelm sehr einverstanden. Aber es genügte ihm noch nicht: Namentlich waren es zwei Punkte, in denen er weitergehen wollte. Der sächsische Entwurf gedachte einer Beilegung der pfälzischen Sache auf richtigem billigem Maß. Brandenburg meinte, daß man die Übertragung der pfälzischen Kur auf Bayern nimmermehr zugeben könne, denn dadurch würde die katholische Majorität im Kurfürstenrate befestigt werden, und was stehe den Evangelischen bevor, wenn einmal das Reichsvikariat auf Bayern übergehe? Hauptsächlich brachte es zur Sprache, daß in den Gebieten der Krone Böhmen die freie Religionsübung nicht allein, sondern auch der gleiche Anteil der Evangelischen an den öffentlichen Ämtern wiederhergestellt werden müsse. Würde man den hitzigen Eifer der jesuitischen Ratgeber nicht mäßigen, so würden auch die Nachbarn sich keiner Sicherheit erfreuen: sei doch eben von Böhmen die ganze Unruhe ausgegangen.

Weder hierüber, noch auch für den Fall, daß der Friede überhaupt nicht erreicht werden könne, über die Art und Weise wie alsdann der Krieg fortzusetzen sei, konnte man sich verständigen. Der Kurfürst von Sachsen wünschte, die Direktion in seine Hand zu bringen; Schweden dachte er auszuschließen, Brandenburg behandelte er als untergeordnet. Einmal ist es darüber zu einem persönlichen Mißvernehmen zwischen den beiden Kurfürsten gekommen, doch nicht zu einer Entzweiung. Sie haben vielmehr zuletzt eine militärische Kooperation verabredet. Georg Wilhelm war einverstanden, daß ein bereits von sächsischer Seite eingeleiteter pazifikatorischer Versuch sofort ins Werk gesetzt würde.

Unmittelbar nach der Schlacht von Lützen hatte sich der unermüdliche Vermittler, Landgraf Georg von Hessen, mit einem Erbieten seiner guten Dienste in dem Mediationsgeschäft an den Kaiser gewendet und sich dann im Dezember an den Hof seines Schwiegervaters Johann Georg nach Dresden begeben. Durch eine Antwort von Wien, welche nach langem Verzug dort bei ihm einging, in seinem Vorhaben bestärkt, meldete er weiter, daß er Mitteilungen von Belang, welche die Reichsberuhigung fördern und über alle vorkommenden Fragen Licht geben würden, mündlich zu machen wünsche. Jene sächsischen Vorschläge waren ihm mitgeteilt worden, ohne daß er sich amtlich darauf beziehen durfte, denn man wollte sie einer allgemeinen Genehmigung der evangelischen Stände vorbehalten. Doch entnahm er daraus, worauf es ankam, und gewann für seine Verhandlungen eine feste Grundlage. Der kaiserliche Hof willigte in eine Zusammenkunft des Landgrafen und seiner Räte mit einigen leitenden

Mitgliedern des kaiserlichen geheimen Rates, die zu Leitmeritz gehalten werden sollte.

Man hat damals bezweifelt, ob auch der Kurfürst von Brandenburg davon gewußt, dazu seine Einwilligung gegeben habe: Aber so verhält es sich doch. Er hat eines Tages den Landgrafen besucht, um ihm zu seinem Vorhaben Mut einzusprechen. Bei einem Bankett, das bei dem Herzog von Holstein am 10. März stattfand, hat er demselben Glück dazu gewünscht. Das war eines Sonntags: Den anderen Morgen, eines Montags, trat der Landgraf seine Reise an; er nahm seinen Weg über Teplitz.

An der böhmischen Grenze wurde er von ein paar Kompanien Kroaten empfangen; an der Elbe von einem der vornehmsten Reiterobersten Friedlands in dessen Namen und unter bewaffnetem Geleit nach dem Städtchen geführt, wo die Truppen Spalier bildeten. Zwei Stunden vor ihm waren die kaiserlichen Bevollmächtigten eingetroffen, welche ihm, als er ihnen sofort seinen Besuch machen wollte, um allen Anschein von Superiorität zu vermeiden, auf der Gasse entgegenkamen. Der vornehmste unter ihnen war der Bischof von Wien, der nach wie vor als einer der Vertrauten und Vertreter der friedländischen Politik am Hof angesehen wurde.

Nach einer kurzen Besprechung am folgenden Tag, in welcher der Landgraf besonders betonte, daß es zunächst nur darauf ankomme, dem Kurfürsten von Sachsen Licht darüber zu verschaffen, wie weit man von kaiserlicher Seite zu gehen gedenke, und zwar in den allgemeinen sowohl wie in seinen besonderen Angelegenheiten, begannen die Konferenzen am 14. März früh um sieben in der Behausung des Landgrafen, der die Verhandlungen persönlich leitete.

Er brachte vor allem die Befriedigung der Schweden zur Sprache, auf die es auch deshalb ankam, weil ohne eine solche ein allgemeiner Friede nicht zu hoffen war. Die kaiserlichen Gesandten bemerkten, daß man sie nicht vom Kaiser erwarten könne, da der König in Regensburg zum Reichsfeind erklärt worden sei. Der Vorschlag des Landgrafen war, den Schweden ein paar Orte als Lehen des Reiches zu überlassen. Die Kaiserlichen sprachen sich nicht geradezu dagegen aus; sie meinten, der Kaiser könne wenigstens stillschweigen und konnivieren.

Der zweite Artikel betraf die Herstellung der Pfalz. Der reichsrechtlich wichtigste Punkt, die Übertragung der Kur auf

Bayern, ward dabei nicht erwähnt; so weit ging Sachsen auch jetzt noch nicht, um sie mit wahrem Eifer anzufechten. Nur der Rückgabe der dem pfälzischen Haus entrissenen Landschaften wurde gedacht. Die kaiserlichen Bevollmächtigten stellten eine solche in Aussicht, wiewohl nicht vollständig: Der Kaiser würde darüber selbst Land und Leute verlieren.

Am ausführlichsten sprach man über die Interessen der Religion und der protestantischen Fürsten. Die Bevollmächtigten waren geneigt, die geistlichen Güter, die innerhalb der evangelischen Territorien gelegen seien, zurückzugeben; man erörterte die Frage, wie es gehalten werden sollte, wenn solche etwa zur Ausstattung eines Bistums gehörten. In bezug auf die eingezogenen Erzstifte waren sie nicht so eingehend; der Kaiser schien namentlich den Anspruch seines Sohnes auf Halberstadt und Magdeburg noch behaupten zu wollen, wogegen der Landgraf, schon im Interesse seines Schwiegervaters, vorstellte, daß das unter den veränderten Umständen nicht mehr möglich sei.

Die paritätische Besetzung des Kammergerichts und des Reichshofrates verweigerten die Bevollmächtigten nicht geradezu. Nur davon wollten sie nichts hören, daß eine solche Maßregel auch auf den geheimen Rat des Kaisers ausgedehnt würde; sie versicherten, das werde derselbe nun und nimmermehr zugeben.

Und ebenso stark war ihr Widerspruch, als der Herstellung der alten Zustände in Böhmen, auch der Freiheit der Wahl gedacht wurde. Sie warnten davor, der Partei, die in Wien auf die Fortsetzung des Krieges dringe, wie dazu auch mannigfaltige Hilfe angeboten werde, nicht noch mehr Rückhalt zu verschaffen. Für das Reich waren sie erbötig, das Prinzip der Religionsfreiheit, wie es jetzt mit Rücksicht auf die Territorialhoheit gefaßt wurde, zuzugestehen, nicht jedoch in Böhmen. Denn warum sollte der Kaiser nicht ebensogut das Recht der Verfügung in dieser Hinsicht haben, wie jeder andere Fürst in seinem Gebiet?

Man sieht: In Beziehung auf die besonderen österreichischen Interessen, die Autonomie des kaiserlichen Hofes, die seiner Räte und seiner Erblande, waren sie unerbittlich; in den Anliegen des Reiches jedoch traten sie näher herbei als bisher. Worauf alles ankam, eine gleiche Berechtigung der beiden Religionsparteien in den verschiedenen Territorien und den Reichsgerichten wollten sie anerkennen; sie verstanden sich zur Restitution eines Teiles der Pfalz und waren geneigt, eine Befriedigung von Schweden zu genehmigen; sie wünschten nur zu wissen, worauf hierbei eigentlich die Absicht gehe.

Die beiden Parteien waren noch weit voneinander; aber eine Verständigung lag allerdings in der Möglichkeit der Dinge. Die Absicht war gefaßt, demnächst, noch im Frühjahr, dafür einen Friedenskongreß zustande zu bringen, der in Breslau oder vielleicht auf dem Schloß in Prag gehalten werden könne. Dafür wäre dann ein Waffenstillstand vonnöten gewesen. Man ließ zunächst nur den Kurfürsten von Sachsen wissen: Wenn er nach Böhmen vordringen sollte, so würde er veranlassen, daß man ihn in seinem Gebiet heimsuche und es mit Feuer und Schwert verheere; unterlasse er es aber, so werde auch er keine Feindseligkeit erfahren.

Diese Verhandlungen sind ohne persönliche Teilnahme Wallensteins gepflogen worden: Aber der Bischof von Wien hatte noch vorher Rücksprache mit ihm darüber genommen; man war berechtigt, wenn nicht in jedem einzelnen Punkt, doch im allgemeinen seine Übereinstimmung vorauszusetzen. In diesem Sinne hat er, als ihm von denselben Mitteilung gemacht wurde, die Antwort gegeben: Was zu des heiligen Reiches Ansehen und Wohlstand diene, dazu wolle er an seinem Ort mitwirken. Unter diesen Aspekten griff er wieder zu dem Schwert.

Wenn man überhaupt keine Kriegführung verstehen kann, ohne die politische Lage zu kennen, in welcher die Waffen zu einem vorgesetzten Zweck einzugreifen bestimmt sind, so ist das in verdoppeltem Maße der Fall, wo ein Feldherr auftritt, der auch über den Frieden zu entscheiden hat, und mit den allgemeinen Interessen zugleich seine persönlichen selbstbewußt und unaufhörlich im Auge behält. An regelmäßigen Friedensunterhandlungen, etwa unter dänischer Mediation, und einem allseitigen, behufs derselben zu bewilligenden Stillstand, war dem Herzog von Friedland nichts gelegen. Er wollte Führung und Stillstand der Waffen, Unterhandlung und Abschluß ausschließend in seiner Hand vereinigen. Daß der König Gustav Adolf gefallen war, der einzige Nebenbuhler im Feld, den er anerkannte, gab ihm trotz des Vorteils der schwedischen Armee ein erhöhtes Selbstgefühl, das er auf seine sprichwörtliche Weise gröblich und treffend ausgedrückt hat. (»Zwei Hähne könnten sich doch nicht auf einem Misthaufen vertragen.«) In den deutschen Gebieten gab es niemand – denn auch Kurfürst Maximilian wurde durch die Angriffe, die sich eben gegen ihn richteten, von seiner Hilfe abhängig –, der ihm hätte widerstreben können. Die Protestanten meinte er mit sich fortzureißen und zu beherrschen, da sie durch das Verhältnis zu dem König, das ein persönliches war, nicht mehr gebunden wurden.

Wollte er etwas ausrichten, so durfte er nicht in Böhmen gleichsam eingeschlossen bleiben. Er meinte, vor allen Dingen in Schlesien, und damit in den österreichischen Erblanden, Herr werden zu müssen, um dann den von allen Seiten gegen dieselben herandringenden feindlichen Heerführern entgegengehen zu können.

Daß er nun aber dort gegen die vereinigten Sachsen, Brandenburger und Schweden das Kriegsglück in offenem Feld versuchen würde, war von Anfang an nicht zu erwarten. Dahin führten weder die bereits geschehenen Annäherungen, noch auch jene an Sachsen geschehene Warnung, die einen Krieg im vollen Verstand des Wortes ausschloß. Der etwas schwerfällige Pomp, mit welchem der Herzog sein Gitschin verließ – vierzehn sechsspännige Karossen, eine lange Reihe von Gepäckwagen mit rotem Juchten bedeckt, ein in neuen Livreen glänzender zahlreicher Hofhalt –, kündigte doch nicht einen schlagfertigen Kriegskapitän an: Er schien mehr eine hohe Meinung von den Mitteln geben zu sollen, über die man noch gebiete. Gallas, der die kaiserlichen Truppen in Schlesien befehligte, und wohl auch allein etwas auszurichten gemeint hätte, bekam den gemessenen Befehl, nichts zu unternehmen, denn wer hätte für den Ausgang stehen können? Indem nun der Generalissimus, dessen Sammelplatz in Königgrätz war, in Schlesien einrückte, gewannen die Kaiserlichen die Übermacht der Zahl und der Führung. Denn von den protestantischen Führern weiß man, daß sie nicht eben gut zusammengingen. Die Kaiserlichen nahmen, nachdem sie Nimptsch besetzt hatten, eine feste Stellung, gegen welche die Evangelischen anzugehen Bedenken trugen; eines Tages bemerkten diese von den Höhen, die sie eingenommen hatten, daß es im feindlichen Heer, im Tal vor ihnen, lebendig wurde; das Herz schlug ihnen vor Freude, denn sie wünschten nichts mehr als eine Feldschlacht, aber gerade das Gegenteil geschah.

Eine der Maximen des Herzogs von Friedland war, das eine zu verstehen zu geben und das andere zu tun. Indem er sein Kriegsvolk in Schlachtordnung stellte, bot er Unterhandlung an. Sein Vertrauter Trčka erschien bei den Vorposten, um den sächsischen Generalleutnant Arnim, der als solcher den höchsten Rang im protestantischen Heer hatte, zu einer Zusammenkunft einzuladen. Dazu war der Herzog selbst in seiner Sänfte in die Nähe gekommen.

Das erste Zwiegespräch, in der Mitte der beiden Feldlager, haben sie allein gehalten; aber dann nahm Arnim, denn sonst würde er in den widerwärtigsten Verdacht geraten sein und nicht einmal einen kurzen Stillstand haben schließen können, einige angesehene Offiziere schwedischen und brandenburgischen Dienstes mit sich. Er hatte niedergeschrieben, wie er die Eröffnung des Herzogs verstanden habe; dieser erklärte in Gegenwart der anderen: So verhalte es sich, das sei seine wahre und rechte Meinung.

Im Angesicht der beiden noch einmal zum Schlagen bereiten Armeen, durch welches, wie auch der Erfolg ausfallen mochte, der Friede auf gleichmäßig annehmbare Bedingungen unmöglich werden mußte, hatte Wallenstein den Gedanken gefaßt, in diesem Augenblick eine Vereinbarung zustande zu bringen und den Frieden zu diktieren. Einen allgemeinen Stillstand lehnte er ab und verhinderte ihn; einen besonderen setzte er in Gang. Die Feindseligkeiten zwischen beiden Armeen sollten eingestellt und die Kraft derselben wider alle diejenigen vereinigt werden, welche sich unterfangen würden, das Reich noch ferner zu beunruhigen und die Freiheit der Religion zu hemmen.

Hatte er sich schon immer den ligistischen Tendenzen ferngehalten und eine Abkunft mit den Protestanten in Aussicht genommen, so war seine Meinung in diesem Augenblick, eine solche ungefähr im Sinne der Leitmeritzer Besprechung zugleich mit Rücksicht auf Befriedigung der Schweden abzuschließen und mit aller Macht durchzuführen.

Arnim verstand das so, daß das Reich in die frühere Verfassung, wie sie vor dem Krieg von 1618 gewesen war, wiederhergestellt werden sollte, in bezug sowohl auf die Ehre und Privilegien der Stände, als auf die Religion und ihre Freiheit.

Auf dieser Grundlage sollte nun unterhandelt werden; Wallenstein erkannte sie an. Arnim säumte nicht, seinem Fürsten davon Nachricht zu geben: indem er ihn zugleich erinnerte, daß der Krieg in der Weise, wie er doch früher selbst vermeint hatte, auf Kosten der eingenommenen Landschaften nicht durchgeführt werden könne; schon beginne das Kriegsvolk, das man nicht bezahle, schwierig zu werden.

Ein Stillstand wurde auf vierzehn Tage geschlossen, währenddessen die Offiziere gute Freundschaft miteinander machten – die evangelischen Obersten waren ein paar Tage hindurch die Gäste Friedlands. Er wurde einmal unterbrochen, ohne daß es doch deshalb zu ernstlichen Feindseligkeiten gekommen wäre, und im August wieder auf vier Wochen erneuert.

Wohin zielten nun die Verhandlungen, die man pflog?

Die Geschichtsbücher der Zeit sind mit ziemlich abenteuerlichen Entwürfen angefüllt, die aus den weitausgreifenden Worten, die man zu wechseln liebte, entsprungen sein mögen; die besser begründeten Nachrichten lauten nicht so ungeheuerlich.

Danach gingen die Vorschläge Friedlands auf Freiheit der Religion, Herstellung von Vertriebenen in ihr altes Eigentum, und Friede und Freundschaft mit den Schweden, denen eine stattliche Vergütung von dem gesamten Reich zugesagt werden solle. Ausschließend auf eigene Hand hat sie Wallenstein wohl nicht gemacht. In den römischen Papieren findet sich eine dem Nuntius zugegangene offizielle Mitteilung des Wiener Hofes, welche wesentlich dasselbe enthält.

Danach war die Absicht, daß Mecklenburg und die Pfalz – diese doch wohl nur teilweise – hergestellt und das Herzogtum Pommern erhalten bleibe; die Schweden meinte man mit einigen befestigten Plätzen an der See und einem Hafen zu befriedigen: Dagegen sollten die den deutschen Bischöfen, namentlich auch dem Erzbischof von Mainz, entrissenen Landschaften denselben zurückgegeben, und das Reich überhaupt in den Zustand von 1622 hergestellt werden.

Ob 1618 oder 1622 als das Normaljahr gelten sollte, war eine der vornehmsten Fragen. Die Annahme des letzteren schloß den Bestand der in Böhmen nach der Wiedereroberung eingeführten politischen und religiösen Zustände ein; es war die Modifikation, in welcher der kaiserliche Hof die Bedingungen dem päpstlichen vorlegte.

Wir erfahren, daß zwischen Arnim und Friedland Diskussionen hierüber stattgefunden haben. Arnim habe die Herstellung des allgemeinen Zustandes, wie er unter Kaiser Matthias war, gefordert: Wallenstein diesen Zeitpunkt als einen zu weit zurückliegenden bezeichnet. Unter den Bedingungen, welche als die Vorschläge Arnims dem päpstlichen Hof ebenfalls mitgeteilt wurden, findet sich die Auskunft, daß Amnestie und Herstellung der verlorenen Güter sich auch auf die Erblande erstrecken, über die Religion selbst aber der Kaiser zu disponieren haben solle.

Man kann diese gegenseitigen Eröffnungen als eine Fortsetzung der in Leitmeritz gepflogenen Verhandlung ansehen; sie beruhen auf dem alten Wunsch, vor allem Sachsen wieder mit dem Kaiser zu versöhnen. Der Grundgedanke ist die Erhaltung der Integrität des Reiches mit möglichst geringen Abtretungen, welche keine weitere Rückwirkung haben sollten, und die Zurücknahme der auf die Restitution der geistlichen Güter und die Bestrafung der Rebellen bezüglichen Machtsprüche.

Konnte man aber nun auch mit einigem Grund die Hoffnung fassen, damit zum Ziel zu kommen?

Die eifrig-katholische Partei am kaiserlichen Hof, die Vertreter des Papstes und der Liga erklärten sich dagegen.

Wenn unter anderem der Vorschlag war, die eingezogene Kur bei Lebzeiten Maximilians von Bayern diesem zu lassen, dann aber an die Pfalz zurückzugeben – eigentlich eine Konzession an Sachsen im Gegensatz gegen Schweden und Brandenburg –, so erweckte dies, so wenig es den Protestanten im allgemeinen genügte, einen lebhaften Widerspruch unter den Katholiken. Denn dann würde, sagten sie, die Stimmengleichheit, die sich dem Katholizismus immer schädlich erwiesen hatte, wiederhergestellt werden. Man sprach nachteilig von Pater Quiroga, dem dies nicht unannehmbar schien. Aber überhaupt setzte es den päpstlichen Nuntius in Aufregung, daß der kaiserliche Hof, wiewohl gewillt in den Erblanden Monarchie und Katholizismus aufrechtzuhalten, indem er für diese die Norm des Jahres 1622 festhielt, doch die Neigung blicken ließ, im Reich das Jahr 1618 anzunehmen. Der Nuntius Rocci machte den Fürsten Eggenberg auf die Gefahr, welche daraus für die Religion entspringe, und auf ihre Verluste aufmerksam, da ja damit das Restitutionsedikt falle; er verwarf alle und jede Verabredung mit den Ketzern. Eggenberg erwiderte ihm, auch der Kaiser habe seine Theologen, durch die er unterrichtet werde, daß es ihm sehr wohl freistehe, mit den

Andersgläubigen Verträge zu schließen, da sonst das volle Verderben der katholischen Kirche im Deutschen Reich vorauszusehen sei. Der Nuntius wendete sich an den Beichtvater des Kaisers, Lamormaini, der bisher in den Angelegenheiten Wallensteins, als dessen Gegner er betrachtet wurde, nicht gehört worden war, an diesem Punkt aber wieder einsetzte, um zu seinem alten Einfluß zu gelangen.

Wallenstein kannte vorlängst diesen Gegensatz der geistlichen Grundsätze und Bestrebungen: Es war derselbe, mit dem er von jeher auf seinem Weg hatte streiten, vor dem er ein paar Jahre zuvor hatte zurücktreten müssen. Bei seinem Wiedereintritt gab ihm der Kaiser die bündigsten Zusicherungen, ihnen keine Einwirkung auf die Geschäfte zu gestatten. Am Tag lag, wenn dieselben maßgebend wurden, so fielen seine Unterhandlungen in nichts zusammen. Wallenstein war entschlossen, diesmal nicht zu weichen, sondern seine Sache, was es auch kosten möge, durchzuführen. Darauf beziehen sich seine Ausfälle gegen die Jesuiten, denen er von Herzen gram sei, die er lieber aus dem Reich verjagt zu sehen wünsche; nur deren Doktrin sei es, daß man den Ketzern keine Treue zu halten brauche; er sei entfernt davon: Gott möge keinen Teil an seiner Seele haben, wenn er es anders meine, als er sage. Und sollte der Kaiser keinen Frieden schließen oder ihn nicht halten wollen, so werde er ihn dazu nötigen. In dem Vollgefühl der Macht, die er an der Spitze der Armee und infolge der ihm zugestandenen Bedingungen tatsächlich besaß, meinte er jedes Hindernis, das ihm am kaiserlichen Hof durch geistliche Einwirkungen bereitet werden könne, zu überwinden.

Schon trat ihm aber noch ein anderer Einfluß von größter Schwierigkeit der Behandlung in den Weg.

KAPITEL 10

Einwirkung der europäischen Verhältnisse

DAS JAHR 1632 WAR, wie in Deutschland für die Liga und für den Kaiser, so auch in den Niederlanden und dem Verhältnis zu Frankreich, für die Krone Spanien unglücklich gewesen. Maastricht war in die Hände der Republik gefallen, die Aristokratie in Frankreich, auf welche Spanien zählte, niedergeworfen, der Herzog Gaston von Orleans, der sich an ihre Spitze setzen wollte, besiegt und zu neuer Flucht genötigt worden.

Darum fühlte jedoch die spanische Regierung keinerlei Anwandlung, vor dem Übergewicht, das sich Kardinal Richelieu in Frankreich und Europa verschaffte, zurückzuweichen; im Jahre 1633 war es vielmehr sehr ihr Ernst, einen neuen Einbruch Gastons, von dessen Aussichten im Zusammenhang mit einer zwar besiegten, aber um so tiefer beleidigten und immer mächtigen Partei sie sich eine übertriebene Vorstellung bildete, zu veranlassen. Die Königinmutter, Maria Medici, die alle Höfe mit Agitationen zugunsten ihres jüngeren Sohnes erfüllte, gab die Hoffnung nicht auf, mit ihm nach Frankreich zurückzukehren, die Ausübung der Gewalt dem Kardinal zu entreißen und sie in den Händen ihrer Freunde und Anhänger zu konzentrieren. Ihre Umtriebe bildeten in dieser Zeit ein sehr eingreifendes Moment der allgemeinen Weltbewegung.

Die Absicht des Königs von Spanien war nun, zu einem neuen Einfall Gastons auch die Hilfe Wallensteins herbeizuziehen, und kein Zweifel ist, daß dieser dazu Hoffnung gemacht hatte. Im Mai benachrichtigt der König die Infantin, daß Wallenstein den Herzog von Orleans mit tausend Reitern und sechstausend Mann zu Fuß zu unterstützen versprochen habe; der Herzog von Lothringen sollte durch Subsidien in den Stand gesetzt werden, ebenfalls zu rüsten; man hoffte Gaston nachdrücklicher zu unterstützen, als es vor dem Jahr geschehen war.

Damit standen aber bei weitem umfassendere Absichten in Verbindung.

Infantin Isabella, die ihre Tage sich neigen fühlte, und die niederländischen Stände hatten durch besondere Gesandtschaft

Philipp IV. aufgefordert, einen seiner Brüder mit der Verwaltung der Niederlande zu betrauen. Dieser wählte dazu den jüngeren Don Fernando, der zwar, um zu einem guten Einkommen zu gelangen, in den geistlichen Stand getreten und bereits zu der höchsten geistlichen Würde, dem Kardinalat, erhoben worden war, aber von Jugend auf eine überwiegende Neigung zu weltlichen Beschäftigungen kundgegeben hatte. Man erinnerte sich, wie er traurig hinter den Fenstern stand, wenn seine Brüder auf dem Platz vor ihm zu Pferde stiegen. Doch hatte er sich wissenschaftliche Bildung angeeignet; er erschien geistig angeregt, liebenswürdig, unterrichtet, und zog durch ein angenehmes Äußeres an; er lebte und webte in der Idee der spanischen Monarchie, wie sie damals der Graf Olivarez wenigstens am Hof wieder in Geltung gebracht hatte.

Ihn den nächsten Weg von Coruña aus nehmen zu lassen, wäre jedoch nicht tunlich gewesen, da die Holländer die See beherrschten; er ging zuvörderst nach Italien, um von da über die Alpen, den Rhein entlang, mit bewaffnetem Gefolge oder mit einem Heer seinen Zug nach den Niederlanden zu nehmen.

Denn noch hielt man an der Idee der engsten Verbindung mit der deutschen Linie fest, und dann sollten Tirol, die Vorlande, Elsaß, die Pfalz, Lothringen eine Kette von Stationen nach den Niederlanden bilden. Man meinte den Holländern auf diese Weise nachdrücklich beikommen und sie zur Anerkennung wenigstens der Oberhoheit des Königs von Spanien unter irgendeinem Titel, etwa dem eines Protektors, nötigen zu können. Es war die letzte Hoffnung der legitimen Dynastie, wenigstens den Schein der Oberherrschaft zu retten.

In diesem Sinne wurde der Beschluß gefaßt, unter dem Governator von Mailand, Herzog von Feria – einem Mann, der sich ebenfalls feurig zu der altspanischen Idee bekannte, vor einigen Jahren in Graubünden den Anlaß zu dem Ausbruch des Krieges gegeben und eine Zeitlang Tillys Kriegszüge begleitet hatte –, ein Heer im Elsaß aufzustellen, das in Italien gebildet, in den Werbeplätzen, die man ihm am Oberrhein einräume, auf 20.000 Mann zu Fuß und 4.000 zu Pferde verstärkt werden sollte. Es sollte dem Kardinal-Infanten – denn so ward Don Fernando bezeichnet – den Weg nach den Niederlanden bahnen, so daß er in den Stand gesetzt werde, zu jeder Unternehmung gegen

Frankreich kräftig mitzuwirken. Feria wurde zum General des Heeres ernannt, ohne daß man vorher mit dem Kaiser Rücksprache genommen hätte.

Denn das setzte man voraus, daß der Kaiser dem, was man in Madrid beschließe, zuletzt allezeit seine Beistimmung geben würde: War es doch immer die Größe des Gesamthauses, die man im Auge hatte. Diesmal machten der Kaiser und dessen Minister die Spanier aufmerksam, daß dies Verfahren den dem Generalissimus bei der Übernahme des Kommandos gemachten Versprechungen entgegenlaufe: Man habe ihm zugesagt, daß kein von ihm unabhängiger Heerführer im Umkreis des Reiches kommandieren solle. Aber die Spanier schienen das nicht so hoch anzuschlagen, denn Wallenstein sei doch immer der Untertan des Kaisers und müsse sich zuletzt dem Willen desselben fügen; auch habe König Philipp so große Verdienste um ihn, daß der General nicht widerstreben werde.

Aber wie wenig kannten sie da den Herzog von Friedland. Er hatte das Kommando übernommen, um vollkommen Meister der kaiserlichen Waffen zu sein und den Frieden seinen Gedanken gemäß zu schließen. Bei der Eröffnung des Vorhabens brauste sein Jähzorn auf. Von einem unabhängigen Genossen der Heerführung wollte er unter keiner Bedingung hören. Man suchte ihn durch Mitteilung einer sehr ausgedehnten Vollmacht, die ihm der König von Spanien behufs einer neuen engen Vereinigung zugedacht, zu beruhigen. In der Aufwallung, in der er war und die an Wut grenzte, ließ er sie nicht einmal so weit lesen, daß er ihren Inhalt recht verstanden hätte, und brach die Konferenz ab. Später scheint es ihn gereut zu haben; er wollte dann die Vollmacht wiederhaben, aber man hielt nicht für ratsam, sie ihm auszuhändigen.

Denn schon gingen die politischen Direktionen überhaupt auseinander.

Die Spanier waren nicht gegen den Frieden in Deutschland, da sie dadurch in den Stand zu kommen meinten, ihre Waffen gegen Frankreich zu wenden. Wallenstein aber verwarf die Absicht eines offenen Bruches mit dieser Macht in diesem Augenblick unbedingt: Denn sie stehe in so engem Verhältnis mit den Schweden, diese aber mit den deutschen Protestanten, daß davon die verderblichste Rückwirkung erfolgen müsse. Und noch war von alters her der Name der Spanier den Deutschen beider Konfessionen widerwärtig: Ihre Politik in den letzten Jahren hatte die alten Antipathien aufgefrischt. Von ihrem selbständigen Auftreten in Deutschland ließ sich nichts erwarten, als die Erneuerung der alten Gehässigkeit, die auf den Kaiser und seinen General zurückfallen mußte.

Dazu kam noch ein anderes Moment von sehr persönlicher, aber zugleich allgemein politischer Bedeutung.

Wallenstein hatte darauf Verzicht geleistet, Mecklenburg zu behaupten, aber – wie ihm ja das Lehen nur auf Grund seiner durch seine Leistungen erwachsenen Geldansprüche erteilt worden war – nicht ohne diese festzuhalten; unter allen Umständen war ihm ein Äquivalent und zugleich für die neue Unternehmung eine Belohnung zugesagt. Worin aber sollte diese bestehen? Von welcher Seite sollte sie gegeben oder genommen werden? Von den evangelischen Fürsten oder den katholischen, aus einem Reichsland oder den kaiserlichen Erblanden? Man hat damals gemeint, er habe mit seinem Besitz in Schlesien und Böhmen die Lausitz, welche als Unterpfand an den Kurfürsten von Sachsen verpfändet war, zu verbinden, dabei aber seine reichsfürstliche Würde zu wahren gedacht. Die, welche den Angelegenheiten und Verhandlungen nahestanden, haben das angenommen, und ohne Zweifel ist davon die Rede gewesen. Kaiserliche Staatsmänner gedenken der Schwierigkeiten, die es haben würde; sie meinen durch ihre Untertanenpflicht verhindert zu werden, darauf einzugehen.

Überdies aber würde das dem immer höher strebenden Ehrgeiz nicht einmal genügt haben.

In dem Widerstreit der europäischen Mächte und der beiden Religionsparteien in Deutschland, der Protestanten selbst untereinander, über die Herstellung der Pfalz, der Lande und der Kurwürde, hatte Wallenstein die Absicht gefaßt, seine Entschädigung in diesem Land zu suchen: mit der bestimmten Erwartung, daß die kurfürstliche Würde damit verbunden und nach dem Tod des Kurfürsten Maximilian auf ihn übertragen werden sollte.

Was ihm dazu den nächsten Anlaß gab, war die anerkannte Notwendigkeit, das protestantische Interesse zu befriedigen, wozu es gleichsam gehörte, daß die erste weltliche Kur nicht in den Händen eines so eifrigen Katholiken wie Maximilian von Bayern blieb: während die Katholiken sich mit Händen und Füßen dagegen sträubten, die calvinistische Familie, die sie am meisten haßten, wieder in den Besitz dieser bedeutenden Stellung im Reich gelangen zu lassen. Wallenstein meinte von beiden Parteien angenommen werden zu können; er schmeichelte sich, das Vertrauen der einen und der anderen zu genießen. Das pfälzische Haus dachte er, so viel man urteilen kann, nicht vollständig zu depossedieren: Maximilian von Bayern werde sich mit der Erwerbung der Oberpfalz für sein Haus und dem lebenslänglichen Besitz der Kurwürde begnügen, und wolle er es nicht in Güte, so werde man ihn dazu zwingen. Sobald er durch den Frieden freie Hände bekommen, wollte er nach dem westlichen Deutschland vordringen, um das Land, aus dem jetzt die Spanier verjagt waren, zurückzuerobern und in Oberdeutschland auf immer Stellung zu nehmen. Er dachte zugleich Baden-Durlach und selbst Württemberg, das sonst doch einen oder den anderen Tag an das Haus Österreich zurückfallen müsse, zu erwerben. Das war das Stück Erde, das er sich ausersehen hatte: Fürwahr, darüber hätte er Mecklenburg vergessen können. Damit bot sich zugleich die vollste Befriedigung seines Ehrgeizes dar. Wahrscheinlich hoffte er Maximilian auch zu überleben; aber noch mehr kam ihm darauf an, ihm die Zukunft abzugewinnen. Durch diese Zusage und die daraus für ihn und das Haus, das er zu gründen dachte, eröffnete Aussicht würde er unmittelbar einen überwiegenden Einfluß in den Reichsgeschäften gewinnen: verbunden auf der einen Seite mit der kaiserlichen Autorität, auf der anderen mit den protestantischen Kurfürsten; und als Verfechter des Interesses, das er im Reich durchgeführt, würde er die Wiedereinrichtung der geistlichen und territorialen Verhältnisse gutenteils in die Hand bekommen und bei dem Frieden das entscheidende Wort gesprochen haben.

An sich geneigt, dem General Genugtuung zu verschaffen, konnten doch die Spanier an seinen Absichten auf die Unterpfalz keinen Gefallen haben. Sie hatten da von jeher selbst festen Fuß zu fassen gesucht: Es gehörte in ihr mitteleuropäisches System. Zugleich aber mußten sie auf den König von England Rücksicht nehmen, der an dem Recht seiner Neffen, namentlich auch auf die Kurwürde festhielt: Bei ihren Absichten gegen Frankreich durften sie sich nicht entfremden. Und überdies war es ihnen widerwärtig, daß ein Untertan, den sie für ihr Geschöpf hielten, in den großen Angelegenheiten des Hauses Österreich in der Welt seinen eigenen Anspruch zur Sprache brachte. Der päpstliche Nuntius Rocci erzählt, einer ihrer tätigsten Beamten aus Mailand, namens Villani, habe kurz vorher den General, als von den in Deutschland zu treffenden friedlichen Abkommen die Rede war und dieser seinen eigenen Anspruch mit Nachdruck hervorkehrte, aufgefordert, seine Privatsache dem allgemeinen Interesse zu opfern. Aber Wallenstein hatte sich zusichern lassen, daß bei den Friedensunterhandlungen seinen Ansprüchen Rechnung getragen werden solle; er hielt sie für so gut begründet, wie irgendeinen anderen, der erhoben werden könne, zumal Entwürfe für die allgemeine Wohlfahrt damit in Verbindung standen. Schon das Wort, erzählt man, habe ihn in eine so heftige Aufwallung gebracht, daß er nicht weiter mit Villani unterhandeln wollte. Villani erkrankte und ist bald darauf gestorben; nicht gerade zum Verdruß der päpstlichen Bevollmächtigten, die ihn für eine Art von Satan erklären, denn nur darum habe er unter allen Bedingungen in Deutschland Frieden zu machen gewünscht, um den Krieg in Italien wieder zu entzünden. Längere Zeit hielt sich ein Spanier, Navarro, in dem Feldlager Wallensteins auf. Er zeigt sich empört über die eigensüchtigen Gesichtspunkte, die der General verfolge: Wenn eine Provinz erobert werden könnte, würde er es nicht zugeben, es geschähe denn durch ihn; er würde dann lieber sehen, daß sie verlorenginge. So zeigt sich der spanische Gesandte in Wien, Castañeda, in allen seinen Berichten erfüllt von bedauernder Verachtung über die Unselbständigkeit und die Unordnung der kaiserlichen Regierung und von Unwillen über die Anmaßung und Rücksichtslosigkeit des Generals, gegen den er ein tiefes Mißtrauen kundgibt.

Bei alledem ist es doch damals zu keiner eigentlichen Entzweiung gekommen.

Die Spanier gaben die Aufstellung einer unabhängigen Armee im Elsaß auf; wenn Feria dann doch seine Truppen dahin führte, so geschah es unter der ausdrücklichen Versicherung, daß er den Anordnungen Wallensteins mit Vergnügen Folge leisten werde. Der Kardinal-Infant erklärte, daß es ihm nur darauf ankomme, sich den Durchzug nach den Niederlanden offenzuhalten. Wallenstein gab selbst mit Ostentation zu erkennen, daß er die allgemeine Politik der Spanier teile. Er ließ den Herzog von Orleans wissen, daß er ihn nach Frankreich zurückführen wolle, sobald er selbst seinen Frieden mit dem Kurfürsten geschlossen habe.

In diesem Verhältnis keineswegs der Entzweiung, aber einer gewissen Verstimmung geschah, daß man sich ihm von der anderen Seite näherte.

Auch an dieser Stelle erhellt, was anderwärts gezeigt worden ist, daß es nicht bloße Eroberungslust war, was die damalige französische Regierung vermochte, in die deutschen Angelegenheiten einzugreifen: Kardinal Richelieu fühlte sich vielmehr durch die Kombination der noch nicht beschwichtigten inneren Gärung und der feindseligen Anstrengungen der spanischen Macht in seiner Autorität nicht allein, sondern selbst in seiner Existenz gefährdet.

»Noch immer sind die Angelegenheiten unentschieden«, so drückt sich Pater Joseph damals in einem seiner Briefe aus, »aber der König wacht für die gerechte Sache.« Seine Gesandten sollten die protestantischen Stände in Deutschland ermahnen, standhaft zusammenzuhalten, mit der Versicherung, daß er sie nicht verlassen werde, und die Holländer auffordern, auf keinen Stillstand einzugehen, sondern sich vorzubereiten, im nächsten Frühjahr im Feld zu erscheinen. Jedermann weiß, mit welchem Erfolg seine Gesandten ihren Auftrag vollzogen. Die Holländer wurden vermocht, die bereits eingeleiteten Unterhandlungen über einen Stillstand abzubrechen; indem die Allianz zwischen Schweden und Frankreich erneuert und befestigt wurde, gelang es zugleich unter ihrer Mitwirkung das Bündnis der vorderen Reichskreise mit den Schweden zustande zu bringen, welches dem schwedischen Kanzler einen Einfluß sicherte, der, wenn auch nicht unbeschränkt, doch für einen Fremden in Deutschland ohne Beispiel war. Für die Verhandlungen von Heilbronn wird derselbe Zweck angegeben, wie bei jener Negotiation von Leitmeritz: die Herstellung der verjagten Fürsten, Freiheit der Religion, die Grundgesetze des Reiches überhaupt und die Satisfaktion der Schweden; aber in ihrer zugrunde liegenden Tendenz sind sie einander geradezu entgegengesetzt. Dort ist der österreichische, hier der französische Gesichtspunkt überwiegend.

Es war ein sonderbarer Zufall, daß der Landgraf Georg von Hessen von Leitmeritz und der französische Gesandte Feuquières von Heilbronn kommend, auf der Landstraße zwischen Naumburg und Schulpforta einander begegneten. Sie stiegen beide aus und wechselten einige Worte freundlicher Begrüßung, an die Feuquières auf der Stelle auch mehrere politische Fragen knüpfte, nicht allein, wie sich der Kurfürst von Sachsen befinde, sondern auch was seine Absichten seien: Der Landgraf erwiderte, sie seien auf einen wohlgeachteten Frieden gerichtet; dasselbe Ziel, sagte Feuquières, verfolgte auch sein König – aber wie sei wohl dazu zu gelangen?

Der Gesandte dachte der zu Heilbronn geschlossenen Konföderation, der Landgraf sprach nur sein Erstaunen aus, daß man eine solche hinter dem Rücken der protestantischen Kurfürsten geschlossen habe, und suchte loszukommen. Nach entgegengesetzten Seiten setzten sie dann ihre Reise fort.

In Dresden mußte sich Feuquières bald überzeugen, daß es ihm unmöglich sein werde, den Kurfürsten von Sachsen für den Heilbronner Bund und die französisch-schwedische Allianz zu gewinnen: So entschieden waren die ablehnenden Antworten, die man ihm gab.

Dagegen eröffnete sich ihm unerwartet die Aussicht, den Herzog von Friedland selbst, auf den noch mehr angekommen wäre, auf seine Seite zu ziehen.

Wenn man sich erinnert, wie alle diese Unruhen entsprungen, und die Gefahren der deutschen Freiheiten und des Protestantismus aus der Überwältigung der böhmischen Stände hervorgegangen waren, so schien eine Sicherung des Deutschen Reiches schwerlich erreichbar, wenn diese nicht wieder in ihr altes Wesen hergestellt wurden.

Auch von einer Seite, von der man es nicht erwarten sollte, ist dies hervorgehoben worden. Der englische Gesandte Armstruther hat in seinen Gesprächen mit den deutschen Fürsten besonders darauf Nachdruck gelegt, daß den Böhmen ihr freies Wahlrecht zurückgegeben werden müßte. Denn sehr möglich, daß dann wieder ein evangelischer Fürst erwählt werde, der dann seine Rechte als deutscher Kurfürst geltend machen könne; und wenn Österreich ein Königreich verliere, so liege darin ein großer Gewinn für die protestantische Welt.

Daß England, etwa zum Vorteil der pfälzischen Familie, die Sache in die Hand nehmen sollte, war jedoch nicht zu erwarten; aber konnte das nicht durch die Böhmen selbst geschehen?

Niemals hatten die ausgewanderten Böhmen die Hoffnung aufgegeben, nicht allein in ihr Vaterland zurückzukommen, sondern in demselben auch eine der alten entsprechende Verfassung unter einem König ihrer Wahl wiederherzustellen. Bald auf den einen, bald auf den anderen der böhmischen Großen hatten sie hierbei ihr Augenmerk gerichtet, auch wohl auf Bethlen Gabor, oder Mansfeld, oder Wallenstein. Zwischen den Ausgewanderten und den Zurückgebliebenen bestand fortwährend mancherlei Verbindung. Auf einer solchen beruhten jene momentanen Annäherungen zwischen Wallenstein und Gustav Adolf, deren wir gedachten. Die Schweden knüpften an die in der Tiefe gärende Opposition der Bevölkerung gegen das Haus Österreich allezeit große Hoffnungen. Ausdrücklich deshalb ward Thurn im Frühjahr 1633 nach Schlesien geschickt, weil er mit manchen großen Herren des Landes noch in alter Verbindung stand, und in seiner Instruktion angewiesen, nicht alle Anhänger des Kaisers als Feinde zu behandeln: Denn unter ihnen gebe es viele, welche unter den königlichen Schutz genommen zu werden wünschten. Diese möge er der Krone Schweden zu verpflichten trachten und sein Bemühen dahin richten, daß die Kräfte der Katholischen in den Erblanden gebrochen, die der Evangelischen verstärkt würden.

Wenn nun der alte Führer der ständischen Interessen in dem Reich Böhmen an der Spitze eines ansehnlichen Heeres in einer der vornehmsten Provinzen erschien: wie hätten nicht alle Hoffnungen der Ausgewanderten erwachen sollen?

Der vornehmste Sitz derselben war Dresden, wo sie sich um den Grafen Kinsky gruppierten, der wegen seiner früheren Stellung bei den Reichtümern, die er beizeiten gerettet hatte, als ihr Oberhaupt angesehen werden konnte. Mit denen trat nun Feuquières in vertrauliche Beziehungen. Denn nur auf den ausgesprochensten Gegensatz mit dem kaiserlichen Hof, den der französische Gesandte repräsentierte, konnten sie ihre Hoffnungen gründen. Kinsky, der Schwager Trčka, der früheren Verhandlungen schwerlich unkundig und durch die Gerüchte über die Entzweiung Wallensteins mit den Spaniern ermutigt, nahm nun den Gedanken, daß der Herzog die Krone von Böhmen annehmen müsse, wieder auf. Man wollte wissen, daß Wallenstein, um sich gegen den Kaiser zu erklären, nur danach aussehe, den Rückhalt einer anderen Macht zu gewinnen. Welche aber hätte es gegeben, die ihm eine größere Sicherheit hätte gewähren können als die französische. Und welch ein Vorteil war es wieder für diese, den General auf ihre Seite zu ziehen, welcher sich an der Spitze der feindlichen Kriegsmacht einen großen Namen erworben und mehr als einmal Frankreich bedroht hatte.

Zwischen Kinsky und Feuquières nun wurde ein Memoire verabredet, von welchem man sich die erwünschte Wirkung versprach. Kinsky hat es mit seiner Hand geschrieben: Die Forderungen waren von Feuquières diktiert. Darin erinnern sie Wallenstein an die Erfahrung, die er von der Unzuverlässigkeit des Kaisers bereits gemacht habe, und bemerken ihm, daß er leicht aufs neue das Opfer derselben werden dürfte: Warum wolle er sich nicht lieber den Feinden des Kaisers zugesellen, die durch den Bund von Heilbronn mächtiger geworden seien als jemals. Im Verein mit denselben könne er sich zum Meister von Böhmen machen und die Krone dieses Landes sich selbst aufs Haupt setzen.

So im allgemeinen gefaßt, schwebte aber der Antrag noch gleichsam in der Luft. Ohne noch eine Antwort von Wallenstein bekommen zu haben, brachte Kinsky einige Fragen zum Vorschein, welche eine weitere Erklärung erforderlich machten. Welches Unternehmen man von Wallenstein verlange? Ob er Sachsen, Brandenburg, Schweden in das Verständnis ziehen solle? Wie Frankreich gegen Bayern gesinnt sei? Der Gesandte antwortete: Das Erwünschteste würde sein, wenn Friedland sich zum Meister von Böhmen mache und dann geradezu gegen Österreich vordringe. Um Bayern, das noch zu Österreich halte, werde sich Frankreich nicht kümmern. Mitteilung an Sachsen und Brandenburg würde besser noch verschoben werden. Der französische Hof hat diese Antwort später gebilligt und wahrscheinlich Erbietungen unmittelbarer Geldhilfe hinzugefügt. Wie mit Schweden und Holland, so nun auch mit dem Herzog von Friedland verbündet, meinten die Franzosen Meister von Europa zu werden.

In unseren Tagen muß dieser Antrag noch auffallender erscheinen, als im damaligen Augenblick, in welchem die schwedischen Obersten und Staatsmänner sich Reichslande und Abteien als Lehne der Krone Schweden übertragen ließen, und Bernhard von Weimar unter derselben Autorität die Bistümer Würzburg und Bamberg in ein Herzogtum Franken verwandelte.

Die Franzosen gaben ihm und den anderen die von ihnen ange-
nommenen Titel ohne Skrupel und erkannten dadurch die neuen
Besitznahmen vorläufig an. Schon trug man sich dort mit den
weitaussehendsten Entwürfen. Man hat wohl davon gesprochen,
daß Wallenstein im Besitz der böhmischen Krone zum römischen
König und der König von Frankreich, Ludwig XIII., alsdann zum
römischen Kaiser gewählt werden könne. Kardinal Richelieu
würde Kurfürst von Trier geworden sein.

Fragt man nun, ob Wallenstein auf die Aufforderung, sich der
Krone von Böhmen zu bemächtigen, eingegangen ist oder nicht,
so findet man nur, daß er sie im Laufe des Jahres 1633 von August
bis Dezember unbeantwortet gelassen hat. Der Gesandte glaubte
seinen Antrag für abgelehnt halten zu müssen.

Dennoch ist unleugbar, daß Wallenstein, wenn nicht gerade
diese Idee, doch eine nahe verwandte, die leicht dahin führen
konnte, bei den Schweden zur Sprache gebracht hat.

Auch bei ihm war die Sache durch die Emigranten angeregt
worden. Man weiß, daß Graf Kinsky bald nach der Schlacht von
Lützen einem gefangenen Kaiserlichen ansehnliche Versprechungen gemacht hat, wenn er den Vorschlag, die Krone von Böhmen
anzunehmen, an den General bringen wolle. Die Emigranten
versichern, daß Wallenstein, indem er wieder aus Böhmen auf-
brach, eine sehr bündige Eröffnung darüber an den schwedischen
Reichskanzler habe gelangen lassen; der habe ihm geantwortet,
er möge nur Ernst damit machen, so werde es ihm an seiner
Unterstützung nicht fehlen. Und gewiß hat im Mai 1633 eine
geheime Kommunikation zwischen Wallenstein und Oxenstierna stattgefunden: Wir wissen es aus dem Mund Oxenstiernas; er
hat dem englischen Agenten davon gesprochen. Doch reichte sie
nicht so weit, wie man angenommen hat. Wallenstein sprach die
Absicht aus, die Zurückführung der Emigranten und die Herstellung der Freiheiten seines Vaterlandes in die Hand zu nehmen.
Das gehörte in den Gedankenkreis der Toleranz und Herstellung, in welchem er den Feldzug überhaupt unternahm. Aber die
Emigranten machten diesen Unterschied nicht. Sie sahen ihre
Herstellung nur dann für gesichert und selbst für möglich an,
wenn dem Land seine eigene Krone zurückgegeben würde, für
die sie zunächst wenigstens Wallenstein bestimmt hatten. Alle ihre
Hoffnungen erwachten, da es nun wieder zu einer Annäherung

zwischen dem Generalherzog und den Schweden kam, denen diese Kombination schon deshalb willkommen sein mußte, da sie ihnen eine sichere Allianz gegen Polen verschafft hätte. Sie waren sehr betroffen, als sie innewurden, daß sie sich getäuscht. Wallenstein schob den Gedanken in unbestimmte Ferne und wollte nicht mehr davon reden hören. Graf Thurn hatte bisher gerühmt, er denke dem Friedländer auch einmal die Krone von Böhmen aufzusetzen; jetzt sagte er, er wolle für alle Zukunft nichts mehr mit der Sache zu tun haben, auch wenn Wallenstein sie wiederaufnehmen sollte. Er drückte sich darüber so lebhaft aus, daß hinwieder Wallenstein, der es durch Trčka erfuhr, darüber ungehalten wurde. Trčka gab dessen Zögerungen den Sterndeutern schuld, von denen ihm gesagt werde, daß die Zeit zu der ihm bevorstehenden Größe gleichwohl noch nicht gekommen sei.

Die Gestirne gingen da wohl mit der Politik Hand in Hand; sie entsprachen den natürlichen Tendenzen.

Unter den Emporkömmlingen, die das Glück versuchten, ist Wallenstein einer der solidesten und bedächtigsten. Er konnte daran denken, unter dem Kaiser die religiösen und politischen Rechte seines Vaterlandes zu erneuern; aber wie verschieden davon ist es, daß er die Hand nach der Krone von Böhmen ausstrecken sollte. Nicht allein wenn es mißlang, war alles, was er für sich erreicht hatte, und was er seinem Geschlecht zu hinterlassen beabsichtigte, verwirkt und verloren, sondern selbst wenn es gelang, konnte er nicht wohl darauf rechnen. Ohne den Kaiser würde er dem Anstürmen der zurückkommenden Emigranten gegenüber kaum seinen eigenen Besitz, den er ihnen abgewonnen hätte, haben behaupten können. Wenn man das Wahlrecht der Stände herstellte, wer stand ihm dafür, daß sich diese nicht unter schwedischem Einfluß ein evangelisches Oberhaupt suchen würden. Wieviel mehr Wert hatte für ihn der Erwerb der pfälzischen Kur, als der dieser zweifelhaften Krone.

Die Anträge, die ihm geschahen, definitiv und auf immer zurückzuweisen, lag jedoch auch nicht in seinem Sinn. Er konnte ein andermal in den Fall kommen, derer zu bedürfen, die sie ihm machten. Zunächst schien es ihm Verdienst genug, wenn er nicht darauf einging. Dem kaiserlichen Hof hat er wenigstens eine Andeutung davon gemacht. Er hat ihn wissen lassen, von feindlicher Seite seien ihm die höchsten Würden angetragen worden; aber von diesen Stößen, so drückt er sich aus, könne seine Gesinnung nicht durchlöchert werden. Er sei durch die Pflicht gewappnet, welche ihm sein Dienst und sein Gewissen auferlege.

Nur wollte er den einflußreichen und tätigen Feinden gegenüber, die er am Hof hatte, zugleich auf eigenen Füßen stehen, vor allem seines Heeres unbedingt sicher sein, das ihm die Stellung verschaffte, in der man seine Allianz suchte und seinen Plänen Gehör gab. Mit Nachdruck hielt er darüber, daß Aldringen, der dem Kurfürsten von Bayern zur Seite stand, doch nicht vollkommen von demselben abhängig wurde; neue Hilfstruppen, die er nach der Donau geschickt, bekamen Befehl, lediglich verteidigungsweise zu Werke zu gehen und unter anderem jedes Belagerungsunternehmen zu vermeiden. In Schlesien wurden Offiziere entfernt, denen man nicht vollkommen traute, andere schlecht behandelt, so daß sie sich selbst entfernten. Dies Verfahren machte auf den Hofkriegsrat, den der Kurfürst von Bayern mit seinen Klagen bestürmte, so viel Eindruck, daß sich der Präsident desselben, Graf Schlick, nach dem Feldlager begab, um dem General Vorstellungen zugunsten des Kurfürsten zu machen und überhaupt persönlich Erkundigungen einzuziehen. Wie hätte das aber nicht wieder auf Wallenstein einen sehr unangenehmen Eindruck machen sollen? Man erzählt, dem Grafen Schlick sei, als er die gegenseitige Stellung der Armeen übersah, das Wort entfallen, er würde den Feind schlagen, wenn er ihn so in seinen Händen hätte. Wallenstein mußte davon um so mehr verletzt werden, da es eben die Summe seiner Politik anfocht, welche in der Anbahnung eines Verständnisses mit den Protestanten lag.

Wallenstein lebte und webte darin, es zustande zu bringen.

Bisher hatte es sich daran gestoßen, daß die sächsischen geheimen Räte, unter denen ein Werthern der angesehenste war, Bedenken trugen, in eine so enge Verbindung mit Friedland einzutreten wie die vorgeschlagene war: Denn indem man einen Feind versöhne, könne man wohl in den Fall kommen, aus den Freunden Feinde zu machen; sie wollten sich mit den Schweden nicht entzweien. Bei den Verhandlungen über die Verlängerung des Stillstandes war es zu Irrungen gekommen, in deren Folge die Feindseligkeiten wieder ausbrechen zu müssen schienen: Wallenstein schickte sich zur Belagerung von Schweidnitz an, Arnim zur Rettung dieses Platzes. Aber die Neigung zum Frieden war auf beiden Seiten überwiegend. Eine neue Zusammenkunft zwischen Friedland und Arnim im Angesicht der beiden Lager fand statt, und darauf ein Gastmahl, welches Trčka gab – unter freiem Himmel, im Schatten eines kleinen Gehölzes –, bei dem man sich zur Erneuerung des Stillstandes auf fernere vier Wochen entschloß, um für die weiteren Verhandlungen Zeit zu gewinnen (22. August). Man sagte: In dieser Zeit solle nach der in Leitmeritz genommenen Verabredung unter dänischer Mediation über den allgemeinen Frieden verhandelt werden.

Nicht darauf jedoch, sondern auf seine eigenen Unterhandlungen mit den beiden Kurfürsten, zunächst dem sächsischen und dessen Generalen, wollte Wallenstein den Frieden begründen.

Man kann denken, mit welcher Aufmerksamkeit die Anhänger des Hofes, namentlich Graf Schlick, den Bedingungen nachforschten, welche zwischen ihnen besprochen oder gar festgesetzt würden. In einem für den Kaiser bestimmten Bericht, der, wenn nicht alles täuscht, eben von Schlick selbst herrührt, werden die Punkte verzeichnet, über welche Wallenstein mit Arnim, dem Herzog Franz Albrecht von Sachsen-Lauenburg, damaligen sächsischen Feldmarschall, und dem Grafen Thurn einverstanden sei. Sie sind eine Erweiterung der Artikel, deren wir schon gedacht haben, und von der allergrößten Merkwürdigkeit.

Danach ist von einer Herstellung der Freiheit des protestantischen Bekenntnisses in den österreichischen Erblanden mit Einschluß selbst von Steiermark die Rede gewesen. Die Worte scheinen jedoch zu beweisen, daß das doch bloß eine Idee des Grafen Thurn war. Den sächsischen Bevollmächtigten genügte die Herstellung der den Unruhen und dem Kriege vorangegangenen Zustände im Reiche. Vor allem hielt man daran fest, daß die beiden Armeen, die einander gegenüberstanden, sich zur Durchführung derselben und zur Entfernung der Fremden aus dem Reiche vereinigen sollten. Mit den Schweden glaubte man dabei doch nicht unbedingt zu zerfallen. Auch ihre Rückstände sollten, wie die der sämtlichen übrigen Truppen, bezahlt werden, und zwar durch die Reichsstädte, bei denen man allein Geld finden konnte. Soeben war nach der Thronbesteigung Wladislaws IV. in Polen der Anspruch der älteren Linie des Hauses Wasa auf den schwedischen Thron rege geworden. Wladislaw nannte sich den durch Geburt und Erbe rechtmäßigen König von Schweden; der Antrag an

Oxenstierna war, daß der Kaiser dieses Recht nicht unterstützen werde; dem Kanzler ward sogar, da in Schweden selbst unter einer Königin, die ein Kind war, die Dinge zweifelhaft standen, die Krone dieses Reiches in Aussicht gestellt. Das Anrecht Brandenburgs wäre unverkürzt geblieben; Sachsen hätte die Disposition über Magdeburg und Halberstadt davongetragen; indem der Kaiser auf die Stifte Verzicht leistete, würde er die Lausitz wieder erhalten haben. Arnim und Thurn sollten in den Stand der Reichsfürsten erhoben, und so wie Franz Albrecht von Lauenburg mit ansehnlichen Dotationen ausgestattet werden. Sein Recht der Konfiskation und Vergebung wollte Wallenstein zunächst in Schlesien zugunsten seiner Obersten anwenden. Für sich selbst behielt er sich, wie wir wissen, einen Teil der Unterpfalz, Baden-Durlach und Württemberg vor: die Kurfürsten sollten ihm diesen Besitz bestätigen. Das Recht der kaiserlichen Achtserklärung würde dadurch zwar aufrechterhalten, aber doch an die Genehmigung der Kurfürsten gebunden worden sein. In Württemberg, wo damals der bisherige Administrator und der junge Herzog in bitterem Hader lagen, meinte er das Recht des Heimfalls an Österreich für sich selbst zur Geltung zu bringen: denn durch die Erwerbung dieses Landes würde sonst Österreich ein für die Protestanten schädliches Übergewicht gewinnen; er dagegen mache sich anheischig, wenn er zum Besitz gelange, die Rechte der Fürsten und des Reiches mit gezogenem Schwert gegen Österreich zu verteidigen. So gereiche seine Erwerbung der Pfalz den Holländern zum Vorteil: da dann die Spanier sich daselbst nicht festsetzen würden. Den Widerspruch von Bayern befürchtete er nicht, denn es würde sich dabei nur an Frankreich lehnen können, diese Macht aber Bedenken tragen gegen das Reich vorzuschreiten, wenn sie die beiden Kurfürsten mit dem Kaiser vereinigt sehe.

Auf diese Verbindung war der ganze Plan begründet. Er hatte insofern eine nationale Bedeutung, als dadurch Spanien und Frankreich, sowie Schweden von dem Reiche ausgeschlossen werden sollten. Die Vereinbarung der Bekenntnisse zur Anerkennung ihrer gegenseitigen Rechte sollte fortan die Einheit des Reiches konstituieren.

Man wird das nicht als schon vollkommen vereinbart und beschlossen betrachten dürfen; aber es war nach verschiedenen Seiten hin überlegt, und zeigt die obwaltende Tendenz.

Wäre bloß von Entwürfen des Ehrgeizes und der Habsucht die Rede gewesen, so würden die Nachlebenden keinen rechten Grund haben, sich mit so vielem Eifer, wie es geschieht, darum zu kümmern; aber vor allen Dingen galt es doch den noch möglich erscheinenden Austrag der religiösen und territorialen Zerwürfnisse des deutschen Reiches, mit Behauptung seines nationalen Charakters, seiner Integrität und der alles zusammenhaltenden Grundgesetze.

Höchst unregelmäßig und zweifelhaft aber war das Verfahren.

Alles beruhte doch darauf, daß der Kaiser dem General eine unbedingte Vollmacht für Krieg und Frieden gegeben habe; manche wollten nicht zugestehen, daß er dem Vertrag, den der General schließe, auch nur seine vorläufige Beistimmung zu geben habe. Wie aber, wenn der Kaiser diese dennoch versagte? Wenn er sich der anderen Partei, welche gegen die Anstellung des Generals gewesen war, unter veränderten Umständen wieder zuneigte? Niemandem konnte entgehen, daß sie sich gewaltig regte. Man war der Meinung, daß der General und die mit ihm einverstandene Armee diesen Widerstand zu brechen imstande sei und die Befugnis dazu habe.

Wurde aber ein solcher Entschluß gefaßt, so konnte man auch die Schweden herbeizuziehen hoffen, und das wäre wieder das Mittel gewesen, Sachsen und selbst Brandenburg zu definitiver Annahme der ihnen gemachten Friedensvorschläge zu bringen. Vor allem weiteren wurde beschlossen, daß Arnim einen Versuch bei dem Reichskanzler (Oxenstierna) machen solle, ihn für die Pläne, mit denen man sich trug, zu gewinnen.

Wallenstein sah die Reise, die wegen der Stimmung des sächsischen Hofes gleichwohl notwendig war, nicht einmal vollkommen gern. Mochte Oxenstierna beitreten oder nicht, so war er entschlossen, bei der gefaßten Absicht zu verharren. Aber Sachsen wollte vor allen Dingen entschuldigt sein, wenn es zu einer einseitigen Abkunft mit dem Kaiser schreite, in dessen Namen der General-Herzog unterhandelte.

Der schwedische Kanzler, der sich in Frankfurt a. M. aufhielt, wo ihn zahlreiche Gesandte fremder Mächte und deutscher Fürsten umgaben, ging dem sächsischen General nach Gelnhausen entgegen, auch darum, wie man annahm, um Besprechungen desselben mit den dort Anwesenden zu verhüten; die Zusammenkunft fand am Morgen des 2. September 1633 statt.

Arnim, für umfassende Entwürfe sehr empfänglich, war doch von Natur behutsam und zurückhaltend. Es erhellt nicht, daß er dem Reichskanzler von den auf Schweden bezüglichen Ideen gesprochen hat; aber sonst ging er doch ziemlich weit heraus. Er gab ihm sichere Kunde, daß der General mit dem Hofe gespannt und bei demselben schlecht angeschrieben sei: seine Friedensbedingungen, bei denen auch Böhmens gedacht werde, sei er entschlossen, unter allen Umständen durchzuführen; er denke sich dabei zugleich an seinen Gegnern für den ihm vor drei Jahren angetanen Schimpf zu rächen, wofern er nur auf die Hilfe der Protestanten und der Schweden rechnen könne; während er von Schlesien her nach Böhmen und Österreich vordringe, könne Bernhard auf Bayern losgehen, und Horn den Spaniern im Elsaß die Spitze bieten. Aber Friedland, so fährt Arnim fort, sei nicht aller Befehlshaber in seiner Armee vollkommen sicher: damit Holk, der ihm unbedingt anhänge, jede widerwärtige Regung zu unterdrücken vermöge, wäre es wünschenswert, daß derselbe durch ein paar schwedische Regimenter verstärkt würde.

Axel Oxenstierna – der sich wohl einmal der Kälte gerühmt hat, mit der er die Hitze seines Königs Gustav Adolf mäßige –, ein Mann von unerschütterlicher Ruhe, scharfsinniger Umsicht, einem immer regen Argwohn, hörte Arnim mit Verwunderung an; aber Glauben maß er seiner Eröffnung nicht bei: je glänzender der Entwurf war, um so weniger wurde er davon bestochen. Er fand ihn zu vorteilhaft für die protestantische Seite, um wahr zu sein. Konnte doch Arnim nicht einmal von sich selbst sagen, daß er von dem Ernste Friedlands und seiner Absichten überzeugt sei. Oxenstierna wiederholte zuletzt nur eben seinen früheren Bescheid; er versprach Assistenz, wenn Friedland zur Ausführung seiner Absichten schreite.

Wallenstein war da auf eine sehr gefährliche Bahn geraten.

Noch vermied er alles, was das Vorhaben als einen eigentlichen Abfall vom Kaiser erscheinen lassen konnte: – von einer Herstellung des Wahlrechts der böhmischen Stände war jetzt die Rede, aber noch nicht davon, daß er selbst die Krone erwerben wollte – er blieb dabei stehen, daß er die ihm entgegengesetzte Faktion am kaiserlichen Hofe und in Bayern niederzuwerfen denke; aber wenn er meinte, dies nur durch einen Kriegszug nach den Erblanden selbst auszurichten: wo war da die Grenze zwischen Illoyalität und bloßer Unbotmäßigkeit? Wie nahe berührte sich das eine mit dem andern.

Hatte er aber beabsichtigt, durch eine Vereinbarung zugleich mit den Schweden und den deutschen Protestanten einen Druck auf den kaiserlichen Hof auszuüben, um ihn zur Annahme der Friedensentwürfe zu nötigen, so bewies die Zusammenkunft in Gelnhausen, daß das in bezug auf die Schweden nicht zu erreichen war. Zwischen Oxenstierna und Wallenstein war schon durch das Verhältnis der Schweden zu Frankreich eine nicht zu übersteigende Kluft befestigt. Denn bei allen seinen Eigenmächtigkeiten und Abweichungen wollte Wallenstein doch nicht etwa mit Frankreich gemeinschaftliche Sache machen. Er wollte die Protestanten befriedigen und dadurch mit Österreich versöhnen; er wollte zugleich die große Stellung, die er eingenommen, für sich selbst verwerten und zu einer dynastischen auf immer entwickeln; dem Kaiser wollte er seinen Willen auferlegen, aber nicht ihn stürzen.

Die Reise Arnims und was davon verlautete, erweckte die allgemeine Vermutung, daß es dennoch dazu kommen werde: man erwartete in Frankfurt alle Tage die Nachricht von dem erklärten Abfall des Friedländers.

Ganz anders war dieser selbst gesinnt. Bei der Konferenz, die er eines Abends nach der Rückkehr Arnims mit demselben hatte, wurden allerlei Möglichkeiten in bisheriger Weise erwogen; den andern Tag, als Herzog Franz Albrecht zu ihm kam, erklärte er, daß kein haltbarer Friede zu machen sei, es wäre denn, man habe vor allen Dingen die Fremden vom Boden des Reiches verjagt: zunächst möge Sachsen und Brandenburg sich mit ihm wider Schweden verbinden.

So hat er nach der anderen Seite hin, indem er endlich den Widerstand gegen Ferias Vorrücken aufgab, demselben doch zur Bedingung gemacht, daß er unverzüglich nach den Niederlanden abziehen möge, denn mit dem Frieden sei die Anwesenheit fremder Truppen im Reiche nicht zu vereinbaren.

Vorher aber mußte man noch einmal schlagen.

KAPITEL 11

Kriegsereignisse des Spätjahres 1633

ES GAB DAMALS zwei große Kriegstheater in Deutschland, das eine in Schlesien und Sachsen, das andere am
oberen Rhein und der oberen Donau, oder, wie man
schon damals sagte, im Reich; auf dem einen und dem andern
rangen die schwedisch-protestantischen und die kaiserlich-ka-
tholischen Streitkräfte miteinander um das Übergewicht. Der
Zusammenhang zwischen ihnen war zwar nicht sehr genau, aber
doch niemals ganz unterbrochen.

Einst vor Nürnberg hätte eine Entscheidung nach beiden
Seiten hin bewirkt werden können; Wallenstein vermied es aber
zu schlagen. Er hatte dann eine solche in Sachsen hervorzurufen gemeint; da aber war Maximilian von Bayern nicht mehr bei
ihm, und die Schweden nötigten ihn zurückzuweichen. Er blieb
dennoch der Meinung, daß er durch eine Verbindung von Unterhandlung und Waffen vor allem Sachsen und Brandenburg in ein
Verhältnis des Bundes und der Unterordnung unter den Kaiser
zurückbringen müsse.

Darauf beruhte sein Vordringen, Bedrohen, Stillstandschlie-
ßen, Unterhandeln und Wiederlosbrechen im Sommer 1633; er
hat wohl gesagt, er spiele mit den Feinden wie die Katze mit
der Maus; er meinte, wenn er wolle, seines Übergewichtes allzeit
sicher zu sein. Gelang es ihm mit der Unterhandlung, so war
dadurch zugleich eine feste Grundlage für den Austrag aller Hän-
del und für seine eigene Größe an der Spitze der Reichsfürsten
gewonnen.

Da nun der Versuch, Oxenstierna zu dieser Kombination herbeizuziehen, nicht gelang, nicht gelingen konnte, so mußte das
ursprüngliche Vorhaben nicht allein ohne die Schweden, sondern
im Gegensatz mit ihnen durchgeführt werden.

Wenn Wallenstein die Sachsen und Brandenburger aufforderte, ihre Waffen mit den seinigen zu vereinen, so war das zunächst
gegen den schwedischen Heerhaufen gemeint, der unter dem
Grafen Thurn in Schlesien stand, und mit dem sie bisher in Waf-
fengemeinschaft gestanden hatten.

So sehr Arnim übrigens den großen Gesichtspunkt Wallensteins teilte, so wäre er doch unfähig gewesen eine Handlung zu begehen, die er selbst für eine schlechte, wie er sagte, für ein Schelmstück hielt. Seinem Fürsten schreibt er, man müsse mit Wallenstein mit gleicher Waage handeln; würde man ihm widerstehen, so würden die Traktate um so leichter und sicherer werden. Noch entschiedener erklärten sich die brandenburgischen Führer gegen Wallensteins Antrag; sie meinten, er habe sie mit seinen Traktaten nur schwächen und mit den »Sachverwandten« im Reich in unversöhnlichen Streit verwickeln wollen, man müsse sich dafür sogar an ihm rächen.

Oxenstierna, den der Kurfürst von Sachsen um Hilfe gegen Wallenstein anging, erwiderte: die Armee in Oberdeutschland sei so stark mit dem Feind engagiert – das ist das Wort, dessen er sich bedient –, daß das für den Augenblick nicht möglich sei; aber er denke, die sächsischen Truppen würden, wenn man sie verstärke und mit der Landmiliz vereinige, imstande sein, die wichtigen Plätze und Pässe besonders an der Elbe so lange zu behaupten, bis er Hilfe schicken könne. Das war die allgemeine Erwartung. Arnim versichert, die Kaiserlichen seien nicht so vollkommen im Besitz des Übergewichts, daß sich nichts gegen sie ausrichten lassen sollte. Um die sächsischen Gebiete zu schützen, rückte er mit dem größten Teil seiner Truppen dahin ab. Er pries sich glücklich, noch zur rechten Zeit dafür angekommen zu sein: »Möchte nur die Sache indes auch im Reiche nicht unglücklich gehen«.

Die Schweden in Schlesien scheinen den Bruch des Stillstandes sogar gern gesehen zu haben. Sie glaubten, während Wallenstein mit Arnim und den Sachsen schlage, würden sie sich der sämtlichen Oderpässe bemächtigen, ihre Quartiere in Niederschlesien besser einrichten und nach Oberschlesien hin erweitern, vielleicht nach Böhmen vordringen können; zunächst legten sie Hand an, um ihr Lager, das sie bei Steinau aufschlugen, zu befestigen. Aber eben gegen sie waren wie die politischen so die militärischen Absichten Wallensteins gerichtet. Er ließ die Sachsen nur durch seine leichte Reiterei, die Kroaten, verfolgen und wandte sich mit seiner Hauptmacht unerwartet, in starken Tagemärschen vorrückend, gegen die Schweden. Er kam über sie, ehe sie ihre Verschanzungen errichtet hatten. Sein Reitergeneral Schaffgotsch warf die Schweden, die den Paß bei Köben innehatten, auseinander; als dann ein Teil der bei Steinau versammelten Truppen sich gegen ihn wandte, schlug er auch diese in die Flucht; hierauf erschien Wallenstein selbst mit seinem Fußvolk und einem sehr zahlreichen Geschütz vor dem Lager. Bei diesem Anblick verzweifelten die Offiziere und Soldaten. Als der General die Geschütze gegen ihre schwachen Verschanzungen richtete und ihnen zugleich anbieten ließ, ihnen Leben und Freiheit zu gönnen, wenn sie sich unterwerfen wollten, schlossen sie – denn an Widerstand konnten sie nicht denken – ihren Akkord mit ihm und legten ihre Fahnen nieder. Die Gemeinen traten meistens in die kaiserliche Armee ein; die höheren Offiziere, die das nicht tun wollten, hielt Wallenstein so lange in Gefangenschaft – er behauptete, vermöge des Akkords dazu das Recht zu haben –, bis ihre Plätze in Schlesien an ihn übergegangen sein würden. Zunächst fiel Liegnitz in seine Hand; den Schweden, die in Glogau waren, ließ er drohen, einen ihrer Obersten, den er bei sich hatte, vor ihren Augen aufhängen zu lassen, sofern sie einen Schuß tun würden: worauf der Platz, der sich ohnehin nicht hätte halten können, ihm durch Kapitulation überliefert wurde.

Ein plötzlicher Schlag, welcher der Welt bewies, daß der alte Friedländer noch lebe und dem, was man gesagt hatte, zum Trotz die Sache des Kaisers mit aller seiner Geschicklichkeit und Energie verteidige. Welch einen Eindruck dies Ereignis über Norddeutschland hin machte, sieht man daraus, daß Sten Bielke, der als schwedischer Legat in Pommern stand, auf der Stelle überrannt zu werden fürchtete. Er traf einige Vorkehrungen zur Bewaffnung des Landes. Hauptsächlich suchte er sich der Warte zu versichern: Landsberg wurde nach Kräften in Verteidigungsstand gesetzt. Aber den Kaiserlichen, welche Frankfurt a. O. ohne Mühe eingenommen, gelang es durch Einverständnis mit den Polen, die Warte an einer andern Stelle zu überschreiten. Als die Schweden die Feinde in ihrem Rücken sahen, gaben sie die Stellung auf, ohne auch nur den ersten Kanonenschuß zu erwarten. Die Kroaten durchstreiften hierauf die Mark und Pommern aufs neue.

Seinerseits nahm Wallenstein, der von Steinau nach der Lausitz ging, in denselben Tagen Görlitz und Bautzen ein, das erste mit Sturm, das zweite infolge der Furcht, welche die gräßlichen Ereignisse, die diesen Sturm begleitet hatten, zu erwecken nicht verfehlten. In wenigen Tagen hatte er die größten Vorteile errungen.

Die österreichischen Erblande in ihrem früheren Umfang waren wieder in seinen Händen; die Schweden aus Schlesien verjagt, wie einst die Dänen: sie fürchteten jetzt für die Seeküste; auch über den beiden Kurfürsten schwebte der Schrecken seiner Waffen.

Mit weit größerer Aussicht auf Erfolg konnte er nun seine alten Anträge an die Kurfürsten erneuern. Den Kurfürsten von Brandenburg ließ er auffordern, mit den sächsischen zugleich seine Truppen unter sein Kommando zu stellen, um den Frieden in Deutschland auf der Grundlage des Zustandes vor dem Kriege, wie er unter Kaiser Matthias stattgefunden, und der religiösen Gleichberechtigung zu erneuern. Er fußte dabei auf die seit ein paar Monaten gewechselten Vorschläge. Georg Wilhelm war sehr dagegen: denn die Absicht sei nur dahin gerichtet, den Kurfürsten ihre eigenen Waffen aus den Händen zu nehmen und sie mit der Zeit zu unterjochen. Er wünschte die Meinung Johann Georgs von Sachsen darüber zu hören. Wie dieser im Moment gedacht hat, erhellt nicht so deutlich. Denn an der Verbindung mit Schweden war ihm weniger gelegen; und er wußte wohl, daß die angetragene Verpflichtung gegen alle, die sich dem Frieden widersetzen würden, nicht allein gegen die Schweden gemeint war. Im Hauptquartier zu Görlitz wurden die Unterhandlungen wieder angeknüpft; selbst Eggenberg in Wien hielt sie eines Tages für abgeschlossen.

Wallenstein nahm noch einmal eine grandiose Stellung ein.

Er war militärisch Meister des östlichen Norddeutschlands, an der Spitze einer Armee, welche in unverbrüchlichem Gehorsam gegen ihn gehalten, auch durch die neue Waffentat an seinen Namen geknüpft wurde. Um so fester hielt er an dem einmal gefaßten Plan, das Reich in seine früheren politischen und religiösen Zustände herzustellen und gegen alle Feinde selbständig zu organisieren.

Damals sah es aus, als würde sich auch auf dem süddeutschen Kriegstheater alles in entsprechender Weise gestalten.

Daß Wallenstein seine Einwendungen gegen das Vorrücken der spanischen Truppen fallenließ, wiewohl immer mit dem Vorbehalt des eigenen Generalkommandos – unter anderem sollte sein Generalleutnant Gallas den spanischen Heerführern im Rang vollkommen gleich sein –, hatte die besten Wirkungen. Feria erschien mit 12.000 Mann; unter kaiserlicher Zustimmung verband sich Aldringen mit den Spaniern; den Vereinigten, zu denen auch der Kurfürst von Bayern seine Reiterei stoßen ließ, gelang es dann, die beiden wichtigsten Plätze, mit deren Belagerung die protestantischen Kriegsheere eben beschäftigt waren, Konstanz und Breisach glücklich zu entsetzen. Vor allem auf Breisach kam es an, das von zwei Seiten berannt, sich aus Mangel an Lebensmitteln hätte ergeben müssen, wenn nicht noch zur rechten Zeit die Hilfe erschienen wäre. Man behauptete, es sei von den Schweden bereits an die Franzosen verhandelt: Welch ein Vorteil würde für Frankreich darin liegen, wenn es sich dieses unter den Konflikten jener Zeit in der Tat überaus wichtigen Platzes bemächtigt hätte; – ihre Absicht gegen das deutsche Reich würde sich dann unmittelbar verwirklicht haben. Wallenstein wollte auch den oberdeutschen Krieg in seiner Hand behalten. Er schickte einige Hilfe unter Gallas, dem er auch deshalb den höheren Rang in der Armee verlieh, damit Aldringen demselben gehorchen solle, und kündigte an, demnächst persönlich folgen zu wollen, um die Lande des Kaisers und der gehorsamen Fürsten zu schützen. Für den Augenblick, meinte er, habe man in Oberdeutschland Truppen genug, um sich behaupten zu können, zumal der Herzog Bernhard bereits im Heranzug nach Sachsen begriffen sei.

Und allerdings schien Bernhard dem bedrängten Stammesvetter und den thüringisch-sächsischen Landen Beistand bringen zu wollen. Plötzlich aber nahm er eine andere Richtung; durch Oxenstiernas Fürsorge verstärkt, in der wohlbedachten Absicht, zugunsten Sachsens eine Diversion hervorzubringen, versuchte er sein Glück aufs neue an der Donau: Nachdem er den Paß von Neuburg eingenommen, rückte er zu einer entscheidenden Unternehmung vor. Soeben waren Donauwörth und Eichstädt dem Feinde in die Hände gefallen, und sehr in der Nähe hielt sich Johann von Werth; aber das hinderte Bernhard nicht, am 4. November vor Regensburg zu erscheinen, welches nur ungenügend besetzt und nicht imstande war, sich lange zu verteidigen. Dem Herzog kam es zustatten, daß der feindliche Oberst gleich im Anfang erschossen wurde. Die vornehmste Hilfe aber leistete ihm die Stadt Nürnberg, welche das Heer mit Munition und Pulver versah; nach einem heftigen und wirksamen Feuer, als alles zum Sturme fertig war, kapitulierte die Garnison (14. November). Die katholischen Geistlichen verließen die Stadt oder mußten sie verlassen; in Gegenwart des Herzogs, seines Hofhaltes und der Armee wurde der evangelische Gottesdienst im Dom abgehalten.

Es läßt sich nicht beschreiben, welchen Eindruck nun wieder dies Ereignis in aller Welt hervorbrachte.

In einem seiner Briefe sagt Bernhard: Dies Unternehmen sei das schleunigste, sicherste und fast einzige Mittel gewesen, den ins Sinken geratenen evangelischen Staat wiederherzustellen. In demselben Grade aber war das Gelingen desselben für die katholische Seite nachteilig; nicht allein Bayern, wie vor Augen liegt, sondern auch Österreich waren dadurch bedroht, wie sich denn die Truppen Bernhards sofort gegen Vilshofen und Passau in Bewegung setzten. In Wien fühlte man sich unmittelbar gefährdet und forderte Wallenstein mit stürmischer Ungeduld auf, sich mit aller seiner Macht gegen die Donau zu wenden und den Feind aus der genommenen, so höchst bedeutsamen Position zu verjagen.

Wallenstein schrieb den Unfall der Unvorsichtigkeit Ferias und Aldringens zu, welche sehr wohl hätten bemerken können, wohin sich Herzog Bernhard, der sich von dem ihnen gegenüberliegenden Heere absonderte, wenden würde. Er hatte diesen Irrtum eigentlich selbst geteilt: Der unerwartete Erfolg, der daraus entsprungen war, betraf ihn insofern selbst, als die Schweden, in denen er die vornehmsten Gegner seines Friedens sah, zu einem Übergewicht in Süddeutschland gelangten, das seinem allgemeinen Ansehen Abbruch tun mußte. Und den Kaiser durfte er nicht durch sie gefährden lassen. Er versprach ihm, noch vor dem Beziehen der Winterquartiere dem Herzog von Weimar den gewonnenen Vorteil zu entreißen. Er wollte ohne schweres Geschütz herbeieilen: Das werde ihm der Kurfürst von Bayern geben; der möge nur sein Kriegsvolk indessen zusammenhalten.

Ohne Zeitverlust machte er sich auf; sein Marsch ging durch den Leitmeritzer Kreis über Rakonitz nach Pilsen, wo wir ihn gegen Ende November finden. Er traf dort mit dem Grafen Trauttmansdorff zusammen, dem er vorstellte, warum er sehr ansehnliche Heeresabteilungen in der Mark und in Schlesien habe zurücklassen müssen; hier namentlich neige sich alles auf die Seite des Feindes; aber auch auf Arnim, der dreimal stärker sei, habe er Rücksicht zu nehmen. Die Disposition der doch noch immer sehr ansehnlichen Macht, die er heranführte, war nun die, daß ein Teil derselben im Kreise Pilsen bleiben sollte, um gegen einen Angriff Arnims zur Hand zu sein; einen anderen Teil schickte er unter dem General Strozzi unmittelbar dem Herzog von Bayern zu Hilfe; mit den übrigen, 100 Kompanien der besten Reiterei, ungefähr 4.000 Pferden, einem kleinen, aber ausgesuchten Haufen Fußvolkes, Kroaten und Dragonern und einigen kleinen sechspfündigen Feldstücken brach er den andern Morgen, 28. November, gegen Straubing auf, um eine Kavalkade gegen Herzog Bernhard zu unternehmen. Er hatte den Plan seinen Obersten vorgelegt, die ihn billigten und vor Eifer brannten, ihn auszuführen.

Der General selbst hatte kein rechtes Herz zu der Fortsetzung des Krieges. Er sagte dem Grafen: Wenn der Kaiser noch zehn Siege erfechte, werde er dennoch nichts erreichen; eine einzige Niederlage oder, wie er sich ausdrückte, eine Schlappe, werde ihn vernichten.

Am 30. November traf er dann in Fürth ein; – aber indes war die Lage schon so weit verändert, daß Straubing in die Hände der Schweden gefallen, und die militärische Richtung der weimarischen Truppen wieder eine andere geworden war.

Ursprünglich hatte Bernhard seinen Zug die Donau abwärts fortzusetzen und Passau einzunehmen gedacht, aber dann überlegt, daß der Feind, wie es auch die Absicht war, sich in seinem Rücken vereinigen und ihn von Regensburg abschneiden könne; er fand es ratsam, vor allen Dingen das Erworbene zu behaupten. Er wußte, daß Wallenstein gegen ihn heranrücke, und hatte den Ehrgeiz – denn er fühlte, daß er demselben gewachsen sein werde –, sich mit ihm zu schlagen. Für die weitere Kriegführung Wallensteins war es nun die zunächst vorliegende Frage, ob das nahe Cham, das eine wiewohl nur schwache feindliche Besatzung hatte, belagert werden solle oder nicht. Die Obersten waren dafür, da sie die Sache für leicht ausführbar hielten: sie stellten die Möglichkeit, daß Herzog Bernhard zum Entsatz herbeikomme, nicht in Abrede; aber sie meinten ihn im Felde bestehen zu können. Der General selbst war entfernt davon, diese Meinung zu teilen. Er bemerkte, daß er zu einer Belagerung weder Infanterie noch Geschütz habe, und daß die Armee in diesen Gebirgen, wo eben der strenge Winter eintrat und für keine Lebensmittel gesorgt war, nicht auszuhalten vermöge. Statt zur Belagerung zu schreiten und sich einem Zusammentreffen mit Herzog Bernhard auszusetzen, hielt er es für gut, nach Böhmen zurückzugehen und dort seine Winterquartiere zu nehmen.

Man hat damals und später fast ohne Widerspruch angenommen, der Beweggrund dazu sei der Widerwille Wallensteins gegen Maximilian von Bayern gewesen, dem die Wiedereroberung Regensburgs unmittelbar zustatten gekommen wäre. Das Wahre daran ist, daß die Schwächung dieses Fürsten, der das dem General von jeher feindselige Prinzip der Liga und der Restitution der Kirchengüter darstellte, ihm nicht eben unangenehm sein konnte. Aber er mußte sich auch hüten, ihn zu veranlassen, sein Heil in einem Bund mit Frankreich und einer Abkunft mit den Schweden selbst zu suchen. Mit den Schweden hatte er vollkommen gebrochen; gerade über sie war sein letzter großer Sieg erfochten worden, was sie auf das bitterste empfanden: Nichts hätte ihm erwünschter sein können, als ihnen an der Donau einen Streich zu versetzen, wie dort an der Oder. Welch ein Vorteil hätte für ihn darin gelegen, wenn er durch Wiedereroberung von Regensburg das Übergewicht der Waffen auch in Oberdeutschland wiedererrungen hätte: Der Kurfürst von Bayern wäre dann selbst von ihm abhängig geworden und hätte um so weniger einen Vertrag mit Frankreich eingehen können; die alt-österreichischen Erblande an der Donau hätten ihm ihre Rettung verdankt; er hätte seine Position nach allen Seiten hin verstärkt.

Man darf ohne Bedenken behaupten, daß ihn vor allem andern militärische und strategische Gründe zu seinem Entschluß bewogen haben. An dem Besitz von Cham lag so viel nicht; wie aber, wenn die Besatzung, die sich auf das entschlossenste aussprach, doch längeren Widerstand leistete, als man erwartete, und inzwischen der brave Herzog Bernhard herbeigekommen wäre, um es zu entsetzen, und die kaiserliche Armee, die schon zu leiden anfing, angegriffen hätte. Entscheidend war es für Wallenstein, daß die militärische Kombination, um derentwillen er seinen Marsch ungewöhnlich beschleunigt hatte, unausführbar geworden war; nun dennoch an ein untergeordnetes Unternehmen zu gehen, und sich dabei dem zweifelhaften Glück einer Feldschlacht auszusetzen, würde seiner Strategie überhaupt entgegengelaufen sein: Das Heer und dadurch der kaiserliche Staat selbst würde dabei haben zugrunde gerichtet werden können. Viel besser: die

Armee in ihrem Bestand zu erhalten und einen Einbruch in die Erblande zu verhindern. Passau und Oberösterreich hielt er durch die dahin abgegangenen Regimenter für hinreichend geschützt. Wie leicht andernfalls bei dem Wechsel der Ereignisse, daß die Aufforderung der Schweden bei den Sachsen Gehör gefunden und sie zu einem Einfall in Böhmen bewogen hätte. Selbst bei einem glücklichen Erfolg gegen Bernhard würde Friedland nach Böhmen zurückgegangen sein, um Sachsen und Schlesien im Auge zu behalten, wo der Boden noch immer bebte. Wo wäre dann bei dem ersten Unfall, den er erlitt, vollends jene Abkunft mit den Kurfürsten von Sachsen und Brandenburg geblieben? Aus dem Zwiegespräch mit Trauttmansdorff sieht man, daß er sein Augenmerk auf den Abschluß des Friedens, in dem er eine Notwendigkeit sah, und auf seinen Anteil an demselben zugleich mit den Kommissaren des Kaisers gerichtet hatte. Dem Kurfürsten von Bayern sagte er zu, sobald die Jahreszeit es erlaube, im Felde zu erscheinen, um den eingedrungenen Feind zu verjagen.

In den ersten Tagen des Dezember finden wir ihn wieder in Böhmen, wo er die Truppen, ohne viel zu fragen, auf die verschiedenen Kreise nach seinem Gutdünken verlegt.

Darüber erwachte nun aber die Antipathie und Afterrede der Gegner in verdoppelter Stärke.

Alle Welt hatte an dem schlesischen Feldzug des Generals Anstoß genommen. Jedermann wußte zu sagen, wann und wo er dem Feind überlegen gewesen, ohne seinen Vorteil zu nutzen: Er habe sich auf Unterhandlungen eingelassen, die nur zum Vorteil des Feindes ausgeschlagen und ohne Resultat geblieben seien. Seine pazifikatorische Mission war den meisten ein Geheimnis. Wenn seine Absicht dahin gerichtet war, ein militärisches Übergewicht zu gewinnen, um die Feinde zur Annahme seiner Bedingungen zu nötigen, so begriff man nicht, warum er es nicht benutze, um sie zugrunde zu richten.

Diese Verstimmung bekam durch ein schon berührtes dienstliches Verhältnis noch eine besondere Bedeutung.

Von dem größten Vorteil war es für Wallenstein während seines ersten Generalates gewesen, daß damals Collalto, ein Freund von alter Zeit, der in der Hauptsache einverstanden war, als Hofkriegsratspräsident an der Spitze der militärischen Verwaltung stand und ihn in allem, was er vornahm, unterstützte. Bei seinem zweiten Generalat war das Gegenteil der Fall. An der Spitze des Hofkriegsrats stand Graf Schlick, derselbe, der in dem Kriege gegen Dänemark eigentlich die entscheidenden Schläge geführt hatte. Er konnte schon damals als der Nebenbuhler des friedländischen Ruhmes gelten, und nahm nach der Hand eine abgesonderte und selbständige Stellung ein. Vor Wallensteins zweiter Ernennung war Graf Schlick dazu bestimmt, mit dem König von Ungarn, dem damals die Heerführung anvertraut werden sollte, zu Felde zu gehen. Sehr ernstlich ist davon die Rede gewesen; Schlick hatte eingewilligt und sich bereits zu dem Feldzug fertiggemacht, als durch Eggenbergs Vermittlung Wallenstein nochmals bewogen wurde, die Heerführung anzunehmen. Ohnehin gehörten Schlick und Wallenstein zwei verschiedenen Richtungen an, wie diese den Hof überhaupt teilten; auch in der Religion war Schlick unwandelbar katholisch. Förderlich konnte es für Wallenstein nicht sein, daß Schlick im Jahre 1632 mit dem Präsidium im Hofkriegsrat betraut ward. An sich war er für diese Stelle sehr geeignet. Er war der Kriegswissenschaften, denen er sich inmitten seiner Feldzüge in den Niederlanden gewidmet hatte, in ihrem damaligen Umfang kundig und besaß ein unvergleichliches Gedächtnis für Lokalitäten und Persönlichkeiten. Man rühmte ihn, daß niemand besser den Wert und das Talent der Offiziere zu unterscheiden gewußt habe.

Zwischen dem Hofkriegsratspräsidenten, der die Ansprüche seiner Stellung geltend machen wollte, und einem General, der sich Unabhängigkeit von jedem fremden Einfluß ausbedungen hatte, konnte der Natur der Sache nach kein Verständnis obwalten. Wir erwähnten den Besuch, den Graf Schlick im August 1633 in dem Feldlager Wallensteins in Schlesien machte, die Differenz, die damals zwischen ihnen eintrat, und den gutachtlichen Bericht, den Schlick nach seiner Rückkehr an den Kaiser erstattete. Er gab demselben Nachricht von den weitaussehenden Entwürfen, mit denen man dort umging. Gott solle ihn behüten, sagt er, daß er darum an der Treue des Generals zweifle; aber durch seine unsicheren, hochfliegenden Anschläge könne doch eine ähnliche Gefahr herbeigeführt werden, als wenn er treulos wäre. Er habe dadurch einen unersetzlichen Zeitverlust veranlaßt, so daß die geistlichen Fürsten im Reich in Verzweiflung, die Erblande in die äußerste Besorgnis geraten seien. Den größten Nachdruck legte er mit Recht darauf, daß man Lothringen so wenig gegen Frankreich unterstütze, wie vor kurzem Savoyen. Seine Klagen waren jedoch verhallt, als der große Schlag bei Steinau erfolgte und Breisach entsetzt wurde: Auf den beiden Kriegstheatern waren die Ereignisse unter der Oberleitung Friedlands glücklich gegangen. Da traten die Gefahren von Herzog Bernhard ein. In Wien hätte man gewünscht, daß Wallenstein auf der Stelle nach Franken gekommen wäre, um daselbst die Winterquartiere zu nehmen und zugleich die Schweden zu beschäftigen: Regensburg würde dann nicht verlorengegangen sein. Daß er aber darauf keine Rücksicht genommen hatte und nun auch die Stadt in Feindes Händen ließ, gab allen Beschwerden gegen ihn neues Leben und dem Hofkriegsrat Anlaß, sich zu regen.

Die Differenz betraf zunächst die Winterquartiere, welche Wallenstein in Böhmen aufschlug.

Der Hofkriegsrat gab einen Plan an, nach welchem »der Exercitus anderwärts mit besserer Kommodität überwintern könne, zu Abbruch des Feindes und längerer Schonung dieser Lande«. Er brachte eine Ausdehnung der Quartiere von der Mark bis nach Thüringen in Vorschlag.

Wallenstein hielt für gut, den Plan und die Weisungen seinen Obersten vorzulegen. Sie erklärten sich mit dem größten Eifer dagegen. Denn die angewiesenen Plätze würde man erst erobern müssen; dabei werde die Armee zur Verzweiflung gebracht, und Böhmen, wenn dann ein feindlicher Einfall geschehe, erst wahrhaft zugrunde gerichtet werden.

Die Sache ist einleuchtend; Wallenstein ergriff die Gelegenheit, den Forderungen des Hofkriegsrates das Gutachten seiner Obersten entgegenzusetzen; denn mit dem Kaiser, in dessen Namen die Befehle ergingen, zu rechten, vermied er soviel als möglich.

Noch einen anderen Antrag aber hatte man von Wien aus an ihn gestellt, und zwar im engsten Einverständnis mit dem Kurfürsten von Bayern. Man mutete ihm an, nun doch noch auf Herzog Bernhard loszugehen und über die Donau vorzudringen. Auch diese Forderung, die der General zugleich mit der anderen den Obersten vorlegte, wurde von ihnen verworfen: denn der Herzog habe Regensburg und andere wohlgelegene Orte zu beiden Seiten der Donau inne, so daß er ihn nicht zum Schlagen bringen könne; das kaiserliche Heer werde keine festen Posten, keine Lebensmittel haben; Roß und Mann würden unfehlbar umkommen. Man dürfe, sagten sie, den Vorschlag gar nicht vor den gemeinen Mann kommen lassen, es würde ein allgemeiner Aufruhr daraus erfolgen. Die Obersten erinnerten den Kaiser an ihre in Hoffnung auf Erstattung geleisteten Vorschüsse, den rückständigen Sold und was dem mehr ist: man werde sie nicht zur Desperation treiben wollen.

Zwischen dem Hofkriegsrat und dem Feldlager stellte sich ein sehr gespanntes Verhältnis heraus, das bereits in einzelnen Momenten als offener Streit über die höchste militärische Autorität erschien. Einem der Feldobersten, Suys, gab man vom Hof aus Befehle, denen er nachkommen müsse, wenngleich ihm von anderer Seite andere Ordonnanzen zukämen; als solche nun doch eintrafen, gehorchte Suys dem General und nicht dem Kaiser. Es folgte ein sehr ungnädiges Schreiben an Wallenstein, worin der Kaiser die Abberufung des Suys und seine Ersetzung durch einen Befehlshaber verlangte, welcher dem kaiserlichen Befehl mit größerer Diskretion nachlebe: Sonst werde er zu Bezeigungen gedrungen werden, an welchen sich andere würden zu spiegeln haben.

Ein Verhältnis zwischen dem General und der obersten Kriegsbehörde am Hofe, welches in den höchsten Kreisen den Gehorsam zweifelhaft machte und die Disziplin auflöste, ganz im Widerspruch mit der bisherigen Ordnung der Dinge. Dem General wurde die Unabhängigkeit der Leitung, die er bisher besessen hatte, das ihm zugestandene absolute Generalat der Armee bestritten. Was zunächst als eine Frage des Dienstes erschien, hatte doch noch tiefere Ursachen in der Stellung der Parteien, deren Einwirkungen gegeneinander anstritten, und eine allgemeine Bedeutung für den Staat sowie den Krieg. Ohne anderweitigen Rückhalt hätte der Hofkriegsrat seinen Widerspruch gegen den General niemals gewagt, aber auch dieser hatte noch einen mächtigen Rückhalt, vor allem in der Ergebenheit seiner Armee.

Fassen wir hier das Verhältnis, auf das Wallenstein sich stützte, und dann den Gegensatz, der sich gegen ihn bildete, noch einmal ins Auge.

KAPITEL 12

Wallenstein und die Spanier

Wallenstein in seiner Armee

IN DER REIHE DER Strategen nimmt Wallenstein eine ehrenvolle und selbst eine bedeutende Stelle ein. Die Entwürfe seiner Unternehmungen zeugen von Berücksichtigung nicht allein der politischen, sondern von der noch selteneren, der großen geographischen Verhältnisse. Bemerkenswert in dieser Beziehung ist sein Feldzug gegen die Dänen von Oberschlesien bis nach Jütland, und sein Friede mit ihnen: die Stellung, die er bei Nürnberg nahm; selbst jene Bewegung nach Sachsen, die zur Schlacht von Lützen führte. Man sollte nie vergessen, daß er den andringenden norddeutschen, damals auch nordeuropäischen Streitkräften gegenüber Schlesien, das der Religion halber zu ihnen neigte, zweimal für das Haus Österreich gerettet hat. Die Aktionen, die ihm einen Namen gemacht haben, an der Dessauer Brücke und bei Wolgast, bei Kosel und bei Steinau, wurden immer im rechten Moment an der rechten Stelle ausgeführt; eigentümlich bei Wallenstein ist die Verwendung der leichten Kavallerie zugleich mit dem Feldgeschütz, durch die er meistens den Platz behielt. Er ist immer als der vornehmste Begründer der österreichischen Artillerie betrachtet worden; er darf wohl als ein solcher für das österreichische Heerwesen überhaupt angesehen werden.

Doch war die Armee damals fast noch mehr eine wallensteinische als eine österreichische.

In späteren Zeiten sind Landesverwaltung – Herbeischaffung der zu den Bedürfnissen des Staates und Krieges erforderlichen Mittel – und die Einrichtung der bewaffneten Macht getrennte Geschäfte geworden, die von den höchsten Gewalten unmittelbar ausgehen. Anders verhielt sich das noch im siebzehnten Jahrhundert. In Frankreich, das in den meisten inneren Angelegenheiten den kontinentalen Staaten das Muster gegeben hat, waren doch Verwaltung und die Geldgeschäfte sehr genau verbunden: Damals bestand das System der Anleihen und der Partisans, welches Ludwig XIV. umwerfen zu müssen glaubte, wenn er Herr in seinem

Reiche werden wollte. In Deutschland gewann namentlich unter Wallenstein die Zusammensetzung der Armee selbst einen finanziellen Charakter. Die Obersten brachten ihre Regimenter, die Kapitäne ihre Kompanien auf eigene Hand und auf eigene Kosten zusammen. Es galt als ein besonderes Verdienst, wenn es jemand damit gelang – wie denn das Ansehen Trčkas auf dem Erfolg beruhte, den er darin zu haben pflegte: Vermöge des persönlichen Kredits, den er genoß, hat er eine ganze Anzahl von Regimentern ins Feld gestellt. Als Wallenstein bei seinem Wiedereintritt in den Dienst die Armee zum zweitenmal zusammensetzte, hielt er sich soviel wie möglich an die erprobten alten Freunde, von denen viele nach seiner Abdankung auf seinen Gütern Unterhalt gefunden hatten; er sah es gern, wenn ein Reiteroberst auch ein Regiment zu Fuß oder ein Oberst zu Fuß auch ein Reiterregiment anwarb; sie fanden gediente, erfahrene Leute, durch welche die angeworbenen Neulinge, mit denen man sie mischte, zu militärischer Haltung angeleitet wurden. Die Obersten sorgten für Rekrutierung und Ausrüstung; durch sie selbst oder ihre Stellvertreter – die ersten Oberstleutnants – die von ihnen ernannten Hauptleute oder deren Leutnants, wurde dann das Kommando geführt. Für ihre Schadloshaltung bürgte ihnen der allgemeine Heerführer. Die Obersten bildeten zugleich eine Korporation von Staatsgläubigern, an deren Spitze der General stand, welcher die größten Auslagen gemacht hatte und als der Unternehmer, wenn wir den Ausdruck brauchen dürfen, der Impresario des Krieges erschien. Mit finanziellen und militärischen Talenten verband Wallenstein besondere Begabung für die Administration. Er gab gute Löhnung und reichliche Verpflegung. Er verstand es, wie wir erwähnten, das Kontributionswesen auf eine Weise einzurichten, daß für die Besoldung und Erhaltung der Truppen gesorgt war und doch die Landschaften noch dabei bestehen konnten. Wo die Stände die Zahlungen in der Hand behielten, hatten doch die Obersten den Befehl, die säumigen Glieder mit Strenge dazu anzuhalten: ohne Rücksicht auf fürstlichen Rang und bevorzugte Stellung.

Die Armee war aus allen Nationen zusammengesetzt; in einem einzigen Regiment wollte man zehn verschiedene Nationalitäten unterscheiden. Die Obersten waren, wie vor alters, in den kaiserlichen Heeren, Spanier, Italiener, Wallonen, Deutsche;

Wallenstein liebte auch böhmische Herren herbeizuziehen, um sie an den kaiserlichen Dienst, oder auch an seine eigenen Befehle zu gewöhnen; der Kroate Isolani führte die leichte Reiterei, eifersüchtig darauf, daß kein Ungar ihm vorgezogen würde; wir finden Dalmatiner und Rumänen. Die letzteren zog Wallenstein den Polen vor, deren Obersten sich unbotmäßig und fremdem Einfluß zugänglich zeigten. Besonders war das norddeutsche Element stark bei ihm vertreten; man findet Brandenburger, Sachsen, Pommern, Lauenburger, Holsteiner. Zu beiden Seiten, unter Gustav Adolf und Wallenstein, haben die Norddeutschen den Krieg gelernt. Auf das Bekenntnis kam unter Wallenstein nichts an; einige seiner wehrhaftesten Obersten, Pechmann, Hebron, waren Protestanten: Wir wissen, daß es zu den Grundsätzen bei der ersten Zusammensetzung der Armee gehörte, Protestanten so gut wie Katholiken aufzunehmen. In dem ungarischen Kriege haben beide zusammen gegen die Türken gekämpft; beim Wiederaufwogen des religiösen Streites stand man von dieser Mischung ab. Wie die Liga nur Katholiken in ihrem Heere sehen wollte, so hatte die Armee Gustav Adolfs einen durchaus protestantischen Charakter. Unter Wallenstein überwog der militärische Gesichtspunkt den religiösen. Die Obersten beider Bekenntnisse bildeten ein einziges eng zusammenschließendes Ganzes unter einem General, der nicht danach fragte, zu welchem ein jeder gehörte. So ist es selbst in der französischen Armee in den ersten Dezennien unter Ludwig XIV. und später wieder in der preußischen unter Friedrich II. gehalten worden. Wallenstein sah es gern, wenn große Herren in seinen Dienst traten; aber auch Kaufmannssöhne, frühere Juwelenhändler, Emporkömmlinge selbst aus der dienenden Klasse waren ihm willkommen. Selbst auf Körpergröße gab er nichts; nur auf die Fähigkeit, den Dienst auszuhalten, kam es ihm an: Mochten dann die Schwachen zugrunde gehen. Er erkannte nur den militärischen Rang, in welchem er weitere Abstufungen einführte. Er liebte es, neue Regeln zu geben; selbst der Schlag der Trommel wurde verändert. Bei dem Gemisch der Nationen, Bekenntnisse, Stände war das unverbrüchliche militärische Gesetz ein doppelt unbedingtes Bedürfnis der Schlagfähigkeit. Die kleinsten Fehler – wie Eigenmächtigkeiten in der Kleidung – wurden bestraft, wie man sagte, um größere zu verhüten. Wenn man im Felde stand, ward etwas mehr nachgesehen, doch nichts, was die Unterordnung hätte gefährden können. »Ich will nicht hoffen«, sagte er auf einlaufende Klagen, »daß einer unserer Offiziere sich soweit vergessen hat, unsere Ordonnanzen zu despektieren.« Dem Markgrafen Wilhelm von Baden-Baden ward in den herbsten Worten verwiesen, daß er sich »dessen anmaße, was ihm nie anbefohlen worden sei«. Eine Beförderung ist wohl deshalb versagt worden, weil die neue Stellung den Ansuchenden seiner Gemütsart nach zu Handlungen verleiten würde, um derentwillen man ihm den Kopf vor die Füße legen müßte. Die Ausschreitungen, an denen es freilich nicht fehlte, sollte kein Oberer ungeahndet lassen: Nachsicht hierbei fand Wallenstein sträflich, und drohte es mit Exekution an Leib und Leben zu ahnden. Plündernde sind auf der Stelle gehenkt worden. Von Schonung wußte er nichts, weder im Dienst noch vollends dem Feinde gegenüber. Den Antrag, den ihm einst König Gustav Adolf machte, nach dem Vorgang der niederländischen Kriege eine Übereinkunft zu schließen, daß bei einem Zusammentreffen mit sehr verschiedenen Streitkräften die schwächere Partei sich ohne zu schlagen ergeben dürfte, verwarf er mit den trotzigen Worten: »Sie mögen kombattieren oder krepieren.« Das oberste aller Verdienste war bei ihm tapferes Verhalten; nur dadurch erwarb man sich persönliche Rücksicht. Wie Piccolomini die entschiedene Gunst des Generals hauptsächlich der Tapferkeit verdankte, die er an der Spitze seiner Reiterei in der Schlacht von Lützen bewiesen hatte, so erwarben sich der Kroaten-General Isolani bei einem Angriff auf die Schweden bei Ansbach, der Graf Dohna bei der Eroberung von Chemnitz seine Freundschaft. Er hielt immer eine Anzahl goldener Ketten in Bereitschaft, um auf der Stelle belohnen zu können; er erhob selbst in den Adelsstand: Seine Kriegskasse war angewiesen, die Kosten für die Ausfertigung der Diplome zu tragen. In sehr außerordentlichen Fällen ersuchte er aber auch den Kaiser, einem Befehlshaber seine Zufriedenheit auszudrücken. Um für erledigte Stellen einen Ersatz in Bereitschaft zu haben, sah er es gern, wenn sich Volontäre in seinem Lager aufhielten; doch wollte er nicht, daß sie der öffentlichen Sache lediglich auf ihre eigenen Kosten dienten: In dem Maße, daß sie sich brauchbar zeigten, wies er ihnen gute Quartiere an. Auch jedem untergeordneten Verdienst widmete er seine Anerkennung; man hörte ihn sagen: Der hat hier das Beste getan, dieser dort, dem dankt man diesen

Erfolg, dem einen andern. Er belohnte gern; doch hatte es fast noch mehr Wert, wenn er einem die Hand auf den Kopf oder die Schulter legte und ihn dann lobte. Wer bei einer rühmlichen Handlung fiel, den ehrte er im Tode, er begleitete ihn bei seiner Beerdigung. Feigheit wurde nicht allein verachtet, sondern bestraft, selbst mit Grausamkeit; auch das Mißlingen, wenn einigermaßen verschuldet, galt als Verbrechen. Wenn er dann zu einer Beförderung schritt, etwa einem gemeinen Soldaten die Stelle eines Hauptmanns verlieh, so nahm er es nicht übel, wofern dieser es versäumte, ihm persönlich seinen Dank darzubringen: Denn er beweise dadurch die Einsicht, daß er seine Bevorzugung nicht der Gunst verdanke, sondern allein dem Verdienst.

Niemand hätte sich weigern dürfen, seine Ehre im Zweikampf zu verteidigen. Wer das tat, wurde aus dem Heere gestoßen. Mancher hat seine Gunst gewonnen, indem er sich einer Strafe widersetzte, die seine Ehre beleidigte, und sich lieber der Gefahr des Todes aussetzte, als der Schmach. Höchst widerwärtig waren ihm Empfehlungen vom Hofe; er hat sie mit Scherz oder auch mit Hohn abgelehnt. Wer sich in allzu schmuckem Aufzug zum Dienst meldete, den hat er wohl an die behäbige Hofhaltung eines Kardinals (Dietrichstein) gewiesen, für welche das passe: Im Feldlager würde der Rauch des Geschützes das feine Gesicht verunstalten. Die Anwesenheit der Prinzen von Toscana im Lager ließ er sich gefallen, doch sorgte er dafür, daß sie keinen Einfluß ausübten. Ihren Wunsch, sich persönlich hervorzutun, erklärte er für eine Eitelkeit, die sich mit der Subordination nicht vertrage. Man darf behaupten, daß er dem militärischen Prinzip an und für sich, selbst ohne Rücksicht auf den Zweck des Krieges, im Sinne der anderthalb Jahrhunderte, die dann folgten, Bahn gemacht hat, so wie er ihm durch die Einrichtung der Kontributionen eine regelmäßige Grundlage schaffte. Er war ein geborener Kriegsfürst.

Solange als er gesund war, liebte Wallenstein mit den Obersten zu speisen: Denn nichts verbinde die Gemüter mehr als ein heiteres Gelag. Aber bei aller guten Kameradschaft hielt er den Anspruch der unbedingten Unterordnung fest. Wenn er im Feldlager einherging, wollte er nicht gegrüßt sein; wenn er sich dann in sein Quartier zurückzog, so hielt er darüber, daß niemand in der Nähe desselben mit Pferden und Hunden erscheinen, mit klirrenden Sporen daherschreiten durfte. Außerhalb des

Feldlagers liebte er eine Pracht zu entwickeln, mit der kein Fürst wetteifern konnte. Was hatte er sich in Prag für einen prächtigen Palast erbaut, mit Säulenhallen, geräumigen, hellen, kunstgeschmückten Sälen, dunklen, kühlen Grotten. In seinem Marstall fraßen dreihundert ausgesuchte Pferde aus marmornen Krippen; wenn er ausfuhr, geschah es mit einer langen Reihe zum Teil sechsspänniger Karossen. Vogelhäuser fast im orientalischen Stil, sorgfältig erhaltene Fischteiche fand man in seinen Gärten. Vom Schlosse in Sagan erzählt man, er habe es zu dem achten Wunder der Welt machen wollen. Er hat zugegeben, daß man ihn als Triumphator malte, seinen Wagen von vier prächtigen Sonnenrossen gezogen.

Er war kein Freund von Zeremonien: Wie oft unterbrach er lange, von Äußerungen der Untertänigkeit angeschwellte Anreden deutscher Gesandten; er spottete der tiefen Reverenzen, wie sie damals am Römischen Hofe gang und gäbe wurden; – aber er liebte von Anfang an den Pomp einer prächtigen Umgebung. Seine Pagen, die er gern aus vornehmsten Geschlechtern nahm, erschienen in blauem Samt, wie mit Rot und Gold auf das prächtigste angetan; so war seine Dienerschaft glänzend ausgestattet; seine Leibwache bestand aus ausgesuchten Leuten von hoher und schöner Gestalt; er wollte, besonders seit er Herzog von Mecklenburg geworden war, durch die Äußerlichkeit eines fürstlichen Hofhaltes imponieren. Er lebte mäßig, aber seine Tafel sollte auf das trefflichste bedient sein. Es gehörte zu seinem Ehrgeiz, wenn er sagen konnte, daß einer und der andere seiner Kämmerer in kaiserlichen Diensten gestanden. Niemand bezahlte reichlicher.

Er hatte sich in Italien die Sitte und Art der gebildeten Welt angeeignet. Unter anderem weiß man, wie sehr er die Damen des Hofes zu Berlin, als er einst daselbst erschien, einzunehmen wußte: Von den Anmaßungen, die einige seiner Obersten vor sich hertrugen, war bei ihm nicht die Rede.

Aber wehe dem, der ihn in Zorn versetzte. Wie in seiner Jugend, so in seinem Alter war er dann seiner selbst nicht mächtig; er war wie mit Wut erfüllt und schlug um sich; – man ließ ihn toben, bis es vorüber war. Man bezeichnete seinen Zustand mit dem oberdeutschen Ausdruck: Schiefer; er kannte ihn wohl und suchte die Anlässe, die ihn hervorriefen, zu vermeiden.

Er liebte die Aufregung des Gesprächs, in welchem sich leidenschaftliche Aufwallungen eines leicht erregten Selbstgefühls

Luft machten: Die fernsten Aussichten erschienen als gefaßte Entwürfe, die momentanen Ausfälle als wohlbedachte Feindseligkeiten. Von denen, die ihn kannten, wurden sie als das, was sie waren, mit dem Wort Boutaden bezeichnet; in die Ferne getragen, machten sie vielen Eindruck.

Jedermann, der in seine Nähe kam, litt unter seiner Launenhaftigkeit, seinem zurückstoßenden Wesen, seinem gewaltsamen rücksichtslosen Gebaren. Sein Ruf schwankte zwischen zwei Extremen: daß er das wildeste Untier sei, welches Böhmen hervorgebracht habe; oder der größte Kriegskapitän, dessengleichen die Welt noch nicht gesehen.

Sein Antlitz erscheint, wie es die bestbeglaubigten Bilder darstellen, zugleich männlich und klug; man könnte nicht sagen groß und imposant. Er war mager, von blasser, ins Gelbe fallender Gesichtsfarbe, von kleinen, hellen, schlauen Augen. Auf seiner hohen Stirn bemerkte man die Signatur der Gedanken, nicht der Sorgen: starke Linien, keine Runzeln; früh ward er alt. Schon in den vierziger Lebensjahren erbleichte sein Haar. Fast immer litt er am Podagra. In den letzten Jahren konnte er nur mit Mühe an seinem spanischen Rohr einherschreiten; bei jedem Schritt sah er um sich.

Aber in ihm lebte ein feuriger Impuls zu unaufhörlicher Bewegung, Unternehmung, Erwerbung: durch seinen Gesundheitszustand nicht allein nicht erstickt, sondern eher angereizt, der ehrgeizige Trieb, sich nach allen Seiten geltend zu machen, seine Macht und die Bedeutung seines Hauses zu gründen, und die alten Feinde zu seinen Füßen zu sehen.

Es gab nichts, was ihm so sehr im Wege stand, als der geistliche Einfluß und die Prätentionen des hohen Klerus.

Wie Wallenstein die Soldaten liebte, so haßte er die verweltlichten Priester. Er hatte nichts dagegen, wenn etwa mit einem Klostergeistlichen, der in der Armee mitzog, nach Kriegsgebrauch verfahren wurde: »denn wäre er in seinem Kloster geblieben, so würde es ihm nicht geschehen sein«. Von Vergabungen zugunsten der Geistlichen wollte er gar nichts hören: denn dadurch entziehe man nur den Soldaten das, was ihnen zukomme. Er scherzte wohl über das Wohlleben der großen Kirchenmänner: Wie glücklich seien sie, daß sie die Kabbala gefunden, Fleisch und Geist, die sonst einander bestreiten, zu vereinigen. Höchst verächtlich waren ihm die Beamten, die sich zum Dienst derselben hergaben. Männer wie Slavata und Martinitz erklärte er von allen Kreaturen, die es gebe, zweibeinigen und vierbeinigen, für die bösesten. Jesuiten wollte er in seinem Feldlager nicht dulden; dagegen gestattete er den Protestanten, von denen es voll war, ohne Skrupel freie Religionsausübung und die Predigt; man hörte ihn sagen, Gewissensfreiheit sei das Privilegium der Deutschen.

Seine Bizarrerien, die vielmehr dazu dienten, bei der Menge Eindruck zu machen, und die astrologischen Berechnungen der Geschicke für sich und seine Freunde – er liebte es, auch deren Nativität kennenzulernen – hinderten ihn nicht, Umstände und Dinge, wie sie vorlagen, zu erkennen; das Phantastische war in ihm mit praktischer Geschicklichkeit gepaart. Er war verschwenderisch und unbesonnen, aber doch auch ökonomisch und umsichtig. In seiner Politik verfolgte er hochfliegende egoistische Pläne, aber zugleich hegte er Absichten, die zu einem bestimmten, erreichbaren Ziele zusammenwirkten. Er war dadurch emporgekommen, daß er immer den eigenen Inspirationen folgte, die er immer zur Geltung zu bringen vermochte. Er erklärte es für unmöglich, seinen Geist so weit zu bezwingen, daß er einem fremden Gebot gehorche.

Damals konnte es ihm scheinen, als ob er die Zukunft der Welt in seinem Kopfe trage.

Welch ein großartiges Unternehmen, in dem er begriffen war: den verderblichen Krieg in Deutschland zu beendigen; den Religionsfrieden mit Beseitigung alles dessen, was ihn gestört hatte, in voller Wirksamkeit wiederherzustellen; die Integrität des Reiches zu erhalten. Damit war sein Vorhaben, für sich selbst eine Kurwürde, die das Gleichgewicht der Parteien bilden sollte, zu erwerben, ununterscheidbar verbunden. So tief aber griff das alles in die Verhältnisse der deutschen Fürsten selbst und zugleich der europäischen Mächte ein, daß man nur mit der größten Vorsicht, Schritt für Schritt, damit vorwärtskommen konnte. Welch ein Vorhaben, die Macht der Kurfürsten mit der kaiserlichen zu vereinigen, und doch ihre Unabhängigkeit zu sichern; das Reich von den Schweden zu befreien und sie doch auch nicht vor der Zeit zu offener Feindseligkeit zu reizen; die Protestanten und die Katholiken zugleich zu befriedigen. Wallenstein konnte keine allgemeine Sympathie für sich aufrufen, denn die Gedanken, die er verfolgte, waren mitnichten populär: sie waren zugleich mit egoistischen Absichten durchdrungen; – überdies aber herrschte allenthalben ein Glaubenseifer vor, von dem er absah. Nur in einsamer Erwägung aller Umstände, wie sie im Augenblick lagen, oder vielmehr im zusammenfassenden Gefühl derselben reiften seine Entschlüsse. Mit den Generalen konnte er darüber nicht zu Rate gehen; sie hatten nur die Befehle auszuführen, deren Zusammenhang sie nicht kannten. Man beklagte sich bei Hofe, daß er so wenig schreibe; aber wie hätte er seine Gedanken eröffnen, oder wenn er schrieb, sie so einkleiden können, daß sie keinen Anstoß gaben? Für ihn war Zögern, und dann ein plötzliches Losbrechen oder auch rasches Vorwärtsgehen und nach Befinden ein unerwartetes Innehalten ein Gebot des Bestehens.

Da mußte er nun erleben, daß an dem Hofe, unter dessen Autorität er kommandierte, doch wieder eine Gegenwirkung eintrat, deren Tragweite ihm nicht verborgen sein konnte; er hatte ihre Wirkung schon einmal erfahren. Sollte er sich derselben wieder aussetzen?

Vergegenwärtigen wir uns einen General, der durch eigene Anstrengung seinen Fürsten wiederum mächtig und angesehen gemacht hat, durch die ihm in mehr oder minder authentischer Form zugestandenen Bedingungen zu einer selbständigen Heerführung und Friedensunterhandlung besonders berechtigt ist, und auf die Ergebenheit seiner Armee traut: So begreift man es, wenn er nicht zurückweicht, sobald sich an dessen Hofe ein Widerstand gegen ihn gebildet hat, den er an sich zugleich verwirft und verachtet.

Im Orient ist es fast die Regel, daß große Kriegsführer mit dem Fürsten, dem sie dienen, wieder in Streitigkeiten geraten und die Macht desselben bedrohen, gefährden, an sich reißen. Die ganze Geschichte des Kalifats beruht darauf. Auch im Okzident kommen, obwohl das erbliche Fürstentum daselbst fest begründet ist, häufig noch Analogien dieser Entzweiungen vor. Wie oft begegnen wir in Frankreich autonomen Erhebungen großer Kriegsführer und Vasallen: von jenem tapferen Connetable du Guesclin an, welcher trotz aller Treue der Eifersucht König Karls V., den man den Weisen nennt, nicht entgehen konnte, bis zu Biron, der, als er in Widerspruch mit König Heinrich IV., dessen bestes Schwert er gewesen war, eine eigene Politik ergreifen wollte, darüber umkommen mußte. In Italien ist Carmagnola ein berühmtes Beispiel eines verwandten Bestrebens; er entzweite sich mit dem Herzog von Mailand, dem er den größten Teil der Lombardei unterworfen hatte; das Geschick, dem er damals noch entging, erreichte ihn später doch im Dienste der Republik Venedig. In der spanischen Monarchie, die dem deutschen Österreich so nahestand, hatten die großen Heerführer kein besseres Schicksal. Der große Capitan, der ihre Reihe eröffnet, ward aus dem Königreiche, das er erobert hatte, weggeführt, und es erregt Verwunderung, daß er sich nicht widersetzte. Pescara, Alba fielen in Ungnade. Noch vor wenigen Jahren war Spinola in einer Art von Verzweiflung gestorben. Daß seine Regierung in dem Augenblicke, in welchem er Casale zu erobern im Begriffe stand, einen Stillstand abschloß, erweckte in ihm den Verdacht, man wolle ihm nur seinen Ruhm schmälern; in den Phantasien, die seinem Tode vorangingen, haderte er mit König Philipp IV., der seine 32jährigen Dienste vergessen habe. Und wer gedächte hier nicht des ritterlichen Grafen von Essex! Er hat auch einmal, wie Wallenstein, sein Verfahren gegen die Aufständischen in Irland, das Königin Elisabeth mißbilligte, durch seine Kriegsobersten rechtfertigen lassen; er wollte an der Spitze der ihm ergebenen Soldaten die Regierung von England zum Krieg mit Spanien fortreißen, oder vielmehr sie stürzen, um zu seinem Zwecke zu gelangen. Dafür hat er denn auch mit dem Tode gebüßt.

Denn zwischen den Ansichten einer erblichen Gewalt, welche eine unvordenkliche Vergangenheit mit der fernsten Zukunft zu verbinden trachtet, und den Wünschen oder Entwürfen eines Kriegführers, dem nur die Gegenwart gehört und der sich in derselben geltend machen will, besteht ein natürlicher Widerstreit.

Wallenstein hatte einen solchen in doppelter Stärke zu bestehen, da ihm das Interesse des Gesamthauses Österreich in seinen beiden Linien, der deutschen und der spanischen, gegenüberstand.

Nicht als ob eine Verständigung zwischen denselben vorausgegangen wäre: aber sie konnte erweckt werden. Es ist wohl der Mühe wert, auf dieses für die Sache entscheidende Verhältnis nochmals zurückzukommen, selbst auf die Gefahr hin, daß etwas von dem schon Vorgetragenen wiederholt werden müßte.

Jedermann kennt die welthistorischen Ereignisse, durch welche das Haus Österreich in den Besitz der spanischen Monarchie gelangte, eben als sie eine universale Bedeutung und nach und nach die Geldmittel gewann, um in aller Welt ein großes religiöses und dynastisches Interesse zur Geltung zu bringen.

Schon die Kirchenreformation in Deutschland würde schwerlich durchgedrungen sein, wäre nicht zwischen den beiden Linien des Hauses ein Hader ausgebrochen. Von der älteren, der die indischen Reichtümer zufielen, riß sich die jüngere los, die ihren Standpunkt in Deutschland nahm und darauf angewiesen war, die Selbständigkeit des Reiches, das Gleichgewicht der Bekenntnisse aufrechtzuerhalten.

Im Laufe der Zeit schien es einmal, als ob die spanische Linie eine enge dynastische Verbindung mit England der deutschen vorziehen würde. Es war damals, als König Jakob I. den Gipfel seines Ehrgeizes darin sah, seinen Sohn mit einer spanischen Infantin zu vermählen, und eine mächtige Partei in Spanien ihm darin entgegenkam. Auf universalem Standpunkt darf man vielleicht aussprechen, daß die Trennung der beiden Linien besser gewesen wäre. Spanien hätte seine Kolonien gegen die Feindseligkeit der Engländer gesichert. Das deutsche Reich hätte sich auf der Grundlage der religiösen Gleichberechtigung ohne fremden Einfluß entwickeln können.

Aber die alten Triebe der Zusammengehörigkeit behielten doch die Oberhand. Das nächste Motiv für die spanischen Staatsmänner bildete ihre Absicht, die italienischen Besitzungen der Monarchie durch Erwerbungen auf deutschem Boden mit den Niederlanden in Verbindung zu bringen, und dadurch zur Eroberung der abgefallenen Provinzen zu erstarken. Darauf beruht die Unterstützung, welche Ferdinand II. für seine Erhebung auf den kaiserlichen Thron und in dem böhmischen Kriege bei den Spaniern fand: er hat sie durch territoriale Konzessionen in dem Elsaß und der Unterpfalz eigentlich erkauft. Hierauf wurde die Infantin, um welche der Thronerbe von England persönlich zu werben gekommen war, demselben versagt und für den Nachfolger Ferdinands II. aufgespart. Die beiden Linien fühlten sich wieder als eine Gesamtmacht.

Ihre Absichten trafen in jenem maritimen Projekt zusammen, welches auf die gemeinschaftliche Herrschaft über die Ostsee und die Erweiterung der kontinentalen Beziehungen über Polen berechnet war, und an welchem Wallenstein eine Zeitlang mitarbeitete. Aber wir sahen, welch ein mächtiger Rückschlag dagegen erfolgte, wie die durch diese Kombination gefährdeten protestantischen Mächte sich in ihrer eigensten Kraft erhoben und große Siege erfochten – die Holländer in Westindien, die Schweden in Deutschland, beide in Verbindung mit Frankreich, wo der Mann zur Leitung der öffentlichen Geschäfte gelangte, der den Kampf mit der spanischen Monarchie zur Aufgabe seines Lebens gemacht hatte. Von den Nachteilen, welche dann der Kaiser erlitt, wurden die Spanier unmittelbar berührt, als die Schweden am Rhein erschienen und den Franzosen in der Durchbrechung der Kommunikation, die von Italien nach den Niederlanden führen sollte, die Hand boten. Darauf wirkten die Holländer durch die Eroberung von Maastricht, eine ihrer größten Kriegshandlungen zu Lande, gewaltig ein. Für die Spanier war es ein damit zusammenhängender, sehr empfindlicher Verlust, daß sich die Franzosen in wiederholten Anfällen der lothringischen Plätze und Gebiete bemeisterten. Unter dem Einfluß der entgegengesetzten Weltkräfte schien es fast, als würden die belgischen Niederlande bei dem Tod der Infantin Isabella sich von Spanien losreißen und als aristokratische Republik konstituieren.

Graf Olivarez, der vornehmlich die spanische Politik auf den Weg geleitet hatte, der in diese Verlegenheiten brachte, fühlte auch den Mut in sich, sie zu bestehen. Persönlich mochte er vor Richelieu, der sein großer Nebenbuhler in Europa war, nicht zurückweichen; auch hätte es das Selbstgefühl der spanischen Monarchie noch nicht geduldet. Es gibt einen Ehrgeiz der Macht, der auf der Vergangenheit eines Staates beruht und die Vertreter desselben unwillkürlich beherrscht; er ist eines der kräftigsten Motive der Weltbewegung.

Und noch meinte man imstande zu sein, die Gegner zu bestehen. Denn noch waren Portugal und Spanien unter einem Zepter verbunden: die Seeherrschaft im Osten und Westen allerdings nicht mehr exklusiv wie früher und durch die letzten Vorgänge erschüttert, aber keineswegs gebrochen. Wenn die Silberflotte einmal in die Hände der Holländer gefallen war, so kam sie doch bald darauf wieder mit allen ihren Schätzen in Spanien an. Der Friede, zu dem sich der König von England wegen der Irrungen mit seinem Parlament entschloß, trug zur Wiederherstellung eines regelmäßigen Verkehrs zwischen dem Mutterlande und den Kolonien wesentlich bei: den Holländern zum Trotz kamen und gingen die Galeonen. Olivarez hat sich das Verdienst erworben, die herkömmliche Unordnung in den Finanzen einigermaßen abzustellen, die Antizipationen zu vermeiden und das Bedürfnis jeden Jahres mit dem Einkommen desselben zu decken. Man hat damals den jährlichen Ertrag von Indien auf anderthalb Millionen Scudos berechnet. Und noch immer kam die religiöse Farbe des allgemeinen Krieges in dem rechtgläubigen Spanien der Regierung zustatten: die Cortes ließen sich in bezug darauf zu reichlichen Bewilligungen bewegen.

Hierauf gestützt faßte Olivarez trotz der Schwierigkeiten, in denen man sich befand, den offenen Krieg mit Frankreich ins Auge. Schon im Jahr 1632 stellte er seinem König vor, er werde sich dazu entschließen müssen, wenn es ihm nicht gelinge, diese Macht durch eine große Diversion in sich selbst zu entzweien. Wir berührten wenigstens, wie eine solche mißlang: neue Verhandlungen, an denen Pater Joseph teilnahm, waren vergeblich. Ein Gutachten des Grafen aus dem Jahre 1633 liegt vor, in dem er den König auf das unerträgliche Verhältnis zu Frankreich aufmerksam macht, welches bei jeder Gelegenheit die Bedingungen des Friedens aus dem Auge setze, die Verbündeten und Anhänger der Krone bedränge und mit deren Feinden zusammenstehe; im Bunde mit Holländern, Schweden und den deutschen Protestanten nehme es eine Stellung ein, in der es den Kaiser bedrohe und die Verbindung der Monarchie mit den niederländischen Provinzen zu Land und See unmöglich mache: trotz des lästigen und gefahrvollen Krieges, in dem man bereits begriffen sei, könne man dazu nicht länger stillschweigen. Sein Rat ist, vor allen Dingen einen Bund mit dem Kaiser und den katholischen Fürsten zustande zu bringen, an welchem auch der Herzog von Lothringen und die Königinmutter von Frankreich, an deren Hilfsquellen man noch nicht ganz verzweifelte, teilnehmen sollten.

Dazu nun sollte auch Wallenstein mitwirken; es war das augenscheinliche Interesse der Gesamtmacht des Hauses Österreich, gegen die er so große Verpflichtungen hatte, daß man es mit Bestimmtheit von ihm erwartete. Auch hat er es hoffen lassen, aber immer mit einer gewissen Zurückhaltung, namentlich unter dem Vorbehalt, daß er zuvor seinen Frieden mit den norddeutschen Kurfürsten zustande gebracht haben müsse.

Aber schon ein Vorbehalt dieser Art, die nicht unbedingte Dienstwilligkeit Wallensteins, seine Einwendungen gegen die Heerführung Ferias verletzten die Spanier.

An und für sich waren sie für eine Aussöhnung des Kaisers mit den Protestanten; aber an den Verhandlungen, wie sie gepflegt wurden, den Vorschlägen, welche geschahen, hatten sie keinen Gefallen.

Da war vor allem jene Absicht auf die Unterpfalz, die Philipp IV. als Exekutor der Reichsacht selbst in Anspruch nahm: wenn er sie an einen dritten überließ, fürchtete er, sich mit dem König von England aufs neue zu entzweien.

Aber auch alles, was man sonst von den Friedensverhandlungen vernahm, erweckte Widerrede: es werde doch höchstens ein einseitiger Friede sein, den man mit Zugeständnissen erkaufe, welche der Gegner sonst nicht mit hundert Kriegsjahren hätte erlangen können und mit dem man den andern Teil des Reiches zu neuem Haß aufrege.

Die Männer des religiösen Eifers fanden jetzt wieder Rückhalt an den Spaniern. Eines Tages, Ende Juli, betonte Lamormaini in einem Gespräch mit dem spanischen Gesandten, Marquis Castañeda, die Gefahr, welche aus der selbstsüchtigen Haltung des Herzogs von Friedland für Krieg und Frieden entspringe. Der Botschafter forderte ihn auf, das Vertrauen, das ihm der Kaiser schenke, dazu zu benutzen, um ihm das zu Gemüte zu führen. Lamormaini bemerkte – und wie wir wissen, mit gutem Grund –, er könne in Sachen Wallenstein, als dessen Gegner er betrachtet werde, nicht reden; aber er denke, der Botschafter werde das tun, da diese Angelegenheit eine gemeinschaftliche zwischen dem Kaiser und dem König von Spanien sei. Auf Anlaß des Nuntius hatte der Beichtvater schon seit einiger Zeit dahin gearbeitet, daß ihm der Kaiser versprechen sollte, nicht dem Herzog von Friedland allein den Abschluß des Friedens zu überlassen, da derselbe so unendlich wichtig für die Religion sei. Nach den Nuntiaturberichten sollte es scheinen, als habe das der Kaiser dem Beichtvater bereits zugestanden; allein aus diesem Gespräch sieht man, daß er seiner Sache noch nicht sicher war. Eben dahin war seine Bitte an den Botschafter gerichtet, daß er den Kaiser zu diesem Versprechen vermöge, weil sonst der Religion der größte Nachteil widerfahren könne. Wozu der Nuntius, der kein Freund der Spanier war, den Beichtvater aufgefordert hatte, dazu sollte nun der spanische Botschafter selbst mitwirken. Auch verstand er sich dazu. Er selbst urteilte, als die Bedingungen ihm bekannt wurden, sie seien gegen Gott und die menschliche Vernunft.

Von der Gesinnung des Gesandten in Kenntnis gesetzt, suchte nun auch der Kurfürst von Bayern durch ihn für seine Beschwerden über Wallenstein Gehör zu finden. Man begreift die widerwärtige Lage, in welche er durch die Abhängigkeit der ihm beigegebenen Mannschaften von den Befehlen Wallensteins geraten war. Im Juli schickte er seinen Vizekanzler Richel nach Wien, um den Nachteil, der daher entspringe, daß alles nach einem (einzigen) Kopf dirigiert werde, bei Hofe vorzustellen: Wallenstein könne doch auch nicht allenthalben sein und lasse außerhalb Böhmens und Mährens den Feinden gleichsam freie Hand; wenn es bei der absoluten Kriegsdirektion Friedlands bleibe, so sehe er seinen Untergang voraus, er müsse dagegen andere Mittel suchen. Maximilian wies den Vizekanzler ausdrücklich an den spanischen Botschafter, bei welchem derselbe auch eingehende Unterstützung fand, schon deshalb, weil sonst eine Abkunft Maximilians mit Frankreich zu erwarten war. Richel hat über eine solche eben in Wien mit dem dort befindlichen französischen Gesandten unterhandelt, der sich seinerseits über die Anwesenheit eines spanischen am bayerischen Hoflager beklagte.

Mit Castañeda und Richel hielt der Hofkriegsrats-Präsident Schlick zusammen. Der sagte: Richel sei eben zur rechten Zeit gekommen, um etwas auszurichten, denn auch den Freunden Friedlands beginne bereits ein Licht aufzugehen. Es ward schon als ein Zeichen der veränderten Stimmung betrachtet, daß man in einem Schreiben an Friedland den Ausdruck: man erinnere ihn, in den: man befehle ihm, veränderte, – das erste Mal, daß ein Befehl an Friedland erging, seitdem Schlick im Hofkriegsrat saß.

So erneuerte sich am Hofe zu Wien die Kombination religiöser und weltlicher Interessen, gegen die Wallenstein vor drei Jahren erlegen war. Sie war jetzt insofern zwar schwächer, als sie kein ligistisches Heer zur Verfügung hatte, aber dagegen gewann sie den Einfluß der Spanier für sich, die damals gegen sie gewesen waren. Castañeda nahm nicht gerade mehr Anteil an den religiösen, reichsständischen und bayerischen Anliegen, als seine Vorgänger: aber die Spanier waren durch die eigenmächtige Politik Friedlands nun selbst aufgereizt. Sogleich damals ist von einer Absetzung Friedlands im vertraulichen Gespräch unverhohlen die Rede gewesen. Maximilian selbst hatte sich bei einem Besuche, den ihm Castañeda auf der Durchreise abstattete, in dem Sinne der Instruktion Richels ausgesprochen. Seine Minister sagen, so berichtet Castañeda, wenn man Wallenstein nicht die Direktion des Krieges aus der Hand nehme, so sei der Ruin aller und des Reiches selbst zu erwarten. Am Hofe drückte man sich ebenfalls in diesem Sinne aus. Auch von seiten der alten Freunde Wallensteins wurde Richel versichert, wenn sich derselbe nicht zur Zufriedenheit des Kaisers betrage, so werde man auf eine andere Abhilfe denken.

Castañeda hütete sich noch, auf diesen Gesichtspunkt einzutreten, wie es auch Wallenstein zu keinem Bruch kommen ließ. Ein großes Ereignis war, daß er die Verbindung Aldringens mit Feria zugab, – Castañeda ist besonders glücklich darüber, da er es sich selbst zuschreibt –; dann erfolgte der Entsatz der beiden Städte und der Sieg von Steinau; Castañeda gesteht wieder, daß man dem General Dank schuldig sei, wiewohl er bald hinzufügt, mit den guten Nachrichten seien so viele unangenehme verbunden, daß die Besorgnis sich schon wieder vermehre.

In diesem Augenblick langte Graf Oñate in Deutschland an (Ende Oktober 1633). Er hatte einst die grundlegende Vereinbarung zwischen Ferdinand II. und dem spanischen Hofe zustande gebracht; er kam jetzt von der Seite des Kardinal-Infanten, den er aus Spanien nach Italien begleitet hatte, und war mit Instruktionen des Königs versehen, die sich auch auf Wallenstein bezogen. Er sollte, ohne zu weit herauszugehen, die Meinung desselben über die laufenden Angelegenheiten erforschen und sich, wenn er es dienlich finde, mit ihm besprechen. Demgemäß und infolge der Vorgänge von Steinau und Breisach nahm Oñate anfangs eine vermittelnde Haltung an. Im Einverständnis mit Eggenberg faßte er den Gedanken, daß über das Zusammenwirken der Streitkräfte des Kaisers und des Königs von Spanien ein allgemeiner Plan entworfen werden müsse, und zwar unter der Mitwirkung Wallensteins, ohne den nichts festgesetzt werden könne. Eine Zusammenkunft beider Minister und des Generals wurde in Aussicht genommen – auch der Kaiser war dafür – und Wallenstein aufgefordert, einen Ort möglichst in der Nähe von Wien zu bestimmen, wo sie stattfinden könne.

Aber die Umstände lagen nicht so, daß sich die Zusammenkunft bald hätte ins Werk setzen lassen: und die mit dem Verlust von Regensburg zusammenhängenden Vorgänge bewiesen, daß man nicht viel davon erwarten durfte.

Oñate erschrak, wenn er nun vor Augen sah, wie abhängig der Kaiser und dessen Minister noch von Friedland waren, wie wenig dieser auf die Weisungen Rücksicht nahm, die ihm vom Hofe zukamen, wenngleich sie durch die Anmahnungen und Verwendungen des spanischen Agenten unterstützt wurden; er gab der Meinung Raum, daß Wallenstein bei seiner Kriegführung wie bei seinen Unterhandlungen nur seine eigensüchtigen, weitaussehenden und doch nach den Umständen wechselnden Absichten im Auge habe: der Kaiser komme dadurch in offenbare Gefahr, und in welchen Zustand gerate das Reich. Die Kurfürsten seien mißvergnügt, und Wallenstein fast erfreut über ihre Bedrängnisse, da er ihnen noch nicht vergeben habe, was ihm vor drei Jahren in Regensburg begegnet sei; die Katholiken überhaupt tief heruntergebracht, die protestantischen Armeen im Besitz der Überlegenheit: von Wallenstein haben sie gelernt, wie sich der Unterhalt von Soldaten aus den Landschaften ziehen lasse. – Und unleugbar ist, daß die spanischen und katholischen Interessen in dem oberen und dem westlichen Deutschland, während Wallenstein in Schlesien schlug, in den größten Nachteil geraten waren.

Vor allem ging die Forderung des Kardinal-Infanten und Oñates dahin, Elsaß und Breisgau in guten Verteidigungszustand zu setzen, da dies jetzt das einzige Mittel sei, um die Kommunikation mit den Niederlanden aufrechtzuhalten. Wallenstein sollte bewogen werden, die Fortdauer der Verbindung Aldringens mit Feria zu genehmigen; man wollte dann mit neuen Werbungen – denn nur aus Deutschland könne man Kriegsvolk ziehen – ein Heer aufstellen, mit dem man unter einem vom König zu ernennenden Feldherrn am Oberrhein den Franzosen zu begegnen imstande sei. Es war ein Gedanke, den Olivarez schon vor ein paar Jahren geäußert hatte, mit dem er aber im spanischen Staatsrat nicht durchgedrungen war. Dieser Versäumnis schrieb er es zu, daß Frankreich in den Rheingegenden so mächtig geworden, und die Verbindung zwischen Italien und Flandern, in der er das Heil der Monarchie sah, unterbrochen worden war: jetzt sollte sie auf immer befestigt werden.

Von Wallenstein war aber keine Einwilligung hierfür zu erlangen. Eine bewaffnete Macht in jenen Regionen wollte er auch deshalb nicht, weil dadurch ein Konflikt mit Frankreich hervorgerufen werden könne, durch den er in seinen Verhandlungen mit den Protestanten gestört worden wäre. Gegen das Verbleiben Aldringens wandte er ein, daß er dessen Truppen vor Regensburg brauchen werde. In kurzem war Oñate überzeugt, daß er weder von dem Kaiser, noch von dem General eine Beförderung seiner Absicht erwarten dürfe: auch wenn der Kaiser es wolle und Wallenstein es verspreche, geschehen werde es niemals.

Und eine noch umfassendere und weitgreifendere Differenz entstand über einen andern Punkt. Die Ehe des jungen Königs von Ungarn und der Infantin Donna Maria wurde Anfang September 1633 mit einem Erben gesegnet, und dadurch die dynastische Verbindung der beiden Linien wesentlich verstärkt. Schon im Jahre 1632 war Ferdinand III. von einer Partei zur Heerführung bestimmt gewesen, hatte sich aber bewegen lassen, Wallenstein sogar zu bitten, dieselbe zu übernehmen, freilich sehr wider seinen Willen und nur deshalb, weil Wallenstein es forderte und der Kaiser es wünschte. Jetzt aber, nachdem die Erbfolge gesichert war, verlangte er mit einem gewissen Nachdruck, mit dem Kommando einer kaiserlichen Armee betraut zu werden. Der Kaiser, durch seine Kapitulation mit Wallenstein gebunden, konnte ohne dessen Einwilligung nicht darauf eingehen; der aber widersprach mit rücksichtsloser Entschiedenheit. Nicht als ob er ein persönlicher Feind des jungen Königs gewesen wäre: er ließ vielmehr vernehmen, er denke denselben binnen Jahresfrist zum römischen König zu machen; einen Anteil an der Heerführung aber ihm zuzugestehen, lehnte er ab. Er antwortete, der König sei sein geborener Fürst und Herr: er wolle ihm das Kommando abtreten, aber ihn zum Genossen desselben annehmen, das wolle er nicht.

Mit dem ungarischen Hofe waren die Spanier auf das engste durch den Kapuzinerpater Quiroga verbunden, der sich bei der Vermählung der Infantin mit dem König besonders beflissen erwiesen hatte, allen Verzögerungen ein Ende zu machen, und jetzt bei ihnen die Rolle eines Beichtvaters und leitenden Ratgebers in kirchlichen und politischen Dingen spielte. Der König von Ungarn fühlte sich fast als ein Glied der spanischen Familie, seine Gemahlin war die Schwester des Königs und des Kardinal-Infanten. Das Interesse des Gesamthauses ging ihm über jede andere Rücksicht. Er hat es einst über sich gewonnen, den Spaniern als eine ihm von den Vertrauten Wallensteins hinterbrachte Nachricht mitzuteilen, daß dieser damit umgehe, ihre Truppen von dem Reich auszuschließen, und die feindlichsten Absichten gegen sie hege.

Die Spanier wünschten auf das dringendste seine Wahl zum römischen König, jedoch nicht unter Wallensteins Einfluß: denn dadurch würde er an die ihnen widerwärtigen Einrichtungen im Reiche, mit denen dieser sich trug, gekettet worden sein –; sie selbst wollten ihn durch ihre Verbindungen mit den katholischen Kurfürsten dazu erheben. Man erstaunt, wenn man in den Briefen Oñates liest, welcher Art diese Verbindungen waren. Von den Kurfürsten empfingen zwei jeder 60.000 Scudos des Jahres, ein dritter 80.000; die Fürsten, welche verjagt waren, 40.000. Es kann nicht sehr auffallen, daß der junge Hof eine sehr ansehnliche Beisteuer empfing. Für den Kaiser selbst waren 50.000 Gulden des Monats zur Assistenz bestimmt. Um die obschwebenden Verhandlungen zu fördern, verlangte Oñate eine neue Geldbewilligung, deren er sich nach seinem Belieben bedient haben würde.

Ist das nicht wieder das System des Übergewichts des spanischen Einflusses, gegen das sich einst Kurfürst Moritz und Markgraf Albrecht erhoben hatten? Hauptsächlich durch Maximilian II. war es gesprengt worden; Rudolf hat es nie wieder aufkommen lassen wollen; – aber nunmehr erst sollte es zu voller Durchführung gelangen. Der junge König, die angesehensten katholischen Fürsten, der Kaiser selbst, empfingen spanisches Geld; die Erträge von Südamerika, durch welche die spanische Staatskasse allein zu diesen Aufwendungen fähig wurde, wirkten unmittelbar auf die deutschen Angelegenheiten ein. Mit den geistlichen Herren sind Verhandlungen gepflogen worden, um sie in ein Schutzverhältnis zu Spanien zu bringen, über dessen Bedingungen bereits verhandelt wurde: unter der Voraussetzung, wie sich versteht, daß ein stattliches Heer am Oberrhein aufgestellt, der Herzog von Lothringen wieder eingesetzt, und die spanischen Niederlande, im Gehorsam erhalten, zum Stützpunkt der Unternehmungen gegen Frankreich, welche beabsichtigt waren, dienen würden.

Gewiß, man wollte die Franzosen verhindern, in das Reich einzugreifen, man wollte ihnen Trier und Lothringen wieder entreißen und sie vom Elsaß entfernt halten; aber wäre Deutschland darum freier von fremdem Einfluß geblieben? Die Reichsgewalt wäre gleichsam ein Bestandteil der spanischen Macht geworden.

Darin liegt der prinzipielle Gegensatz der Spanier mit Wallenstein, der seinen Kaiser auf die frühere Politik zurückführen, den Religionsfrieden wiederherstellen und die Fremden, auch die Spanier selbst, von dem Reich ausschließen wollte. Es gab kaiserliche Räte, die ihm darin beistimmten und von keinerlei Unterordnung unter die Spanier hören wollten; andere aber, durch die Eigenmächtigkeiten Wallensteins und die bedenkliche Lage der Angelegenheiten veranlaßt, gingen auf die demselben entgegengesetzten Tendenzen Oñates ein. Eines Tages haben sie selbst den Gesandten ersucht, daß er mit ihnen gemeinschaftlich dem Kaiser über die Gefahren Vorstellungen machen möge, in die ihn das Verfahren Wallensteins stürze. Oñate vermied dies noch: er wollte das Ansehen nicht haben, unmittelbar in diese Dinge einzugreifen; aber eben damals, Mitte Dezember 1633, entschloß er sich doch zu einem Schritt, der nicht viel weniger bedeutete. Die Rede war von den Vorschlägen, welche Wallenstein gemacht hatte, im Einverständnis mit den protestantischen Kurfürsten, den Frieden in Deutschland herzustellen. Oñate sagte dem ersten Minister des Kaisers, Fürst Eggenberg, mit feierlichem Ernst: wenn diese Vorschläge solche seien, daß dadurch die Sache Gottes, das Reich und besonders der Dienst des Hauses Österreich gefördert werde, so habe der König von Spanien nichts dagegen; er habe ihn, den Gesandten, vielmehr ermächtigt, in diesem Falle den Kaiser aufzufordern, dem General alle Gnade, die er wünsche, zu erweisen und seine Größe festzustellen; wenn das aber nicht der Fall wäre, und wenn aus diesen Vorschlägen Nachteile für den Dienst der beiden Majestäten und die öffentliche Sache entspringen sollten, so würde die Gewährung eines solchen Verlangens sehr im Widerspruch mit der Freundschaft stehen, die sich der König von dem Kaiser, den er fortwährend unterstütze, versprechen dürfe: der König hoffe, der Kaiser werde seine Freundschaft den Extravaganzen des Herzogs von Friedland vorziehen.

Damit war, trotz einer gewissen Mäßigung des Ausdrucks, doch der volle Gegensatz ausgesprochen. Denn in den Vorschlägen, welche Wallenstein machte, lag die Summe alles dessen, was er den Sommer hindurch mit den Kurfürsten von Brandenburg und Sachsen verhandelt hatte. Sie konnten nur dadurch auf legale Weise zur Geltung kommen, daß der Kaiser sie genehmigte; der spanische Gesandte aber kündigte ihm unumwunden die Freundschaft seines Königs auf, wenn er darauf eingehen sollte.

Niemand hatte eigentliche Kunde von diesen Verhältnissen. Allein man ahnte doch, daß ein unversöhnlicher Widerstreit ausgebrochen sei. Der päpstliche Nuntius bemerkt bei den Ausrufungen der Spanier über das Verhalten Wallensteins gegen Bayern: an diesem Land und seinem Fürsten liege ihnen nichts; ihre Absicht sei nur, dem Herzog von Friedland sein Generalat zu entreißen und den König von Ungarn ins Feld zu bringen.

Ob Wallenstein abdanken, oder ob er sich behaupten werde, das war jetzt die allen Irrungen zugrunde liegende Frage. Aber sie betrifft bei weitem mehr, als etwa das Dienstverhältnis, die persönliche Stellung, oder selbst eine große Ausstattung: sie begreift ein Moment der deutschen Geschichte in sich, wenn ich nicht irre, seit dem Schmalkaldischen Kriege und dem Religionsfrieden für die allgemeinen Verhältnisse das bedeutendste.

Ferdinand II. war freilich kein Karl V.; Wallenstein kein Moritz von Sachsen; die großartigsten inzwischen eingetretenen Weltereignisse scheiden die Epochen: aber sie stehen doch in unmittelbarem Zusammenhang und die großen Stellungen haben eine gewisse Analogie.

Niemand lebte, der die Idee des Kaisertums in bezug auf die kirchliche Gewalt, wie Karl V. sie hegte, wieder hätte aufnehmen können. Vollkommen einverstanden freilich war der Hof zu Wien auch jetzt nicht mit dem Papsttum; in den kaiserlichen Staatsmännern und Theologen war der Anspruch selbständiger Entschließung in kirchlichen Angelegenheiten unvergessen; aber dem stand der Einfluß, den der kaiserliche Beichtvater in dem Sinne der Herstellung des Katholizismus von jeher ausübte und soeben von Rom her angefeuert, wieder errang, gegenüber.

Die Idee der spanischen Monarchie als solcher, neben dem Kaisertum, war erst seit dem Tode des Kaisers, der sie beide umfaßte, in die Welt gekommen; unter den europäischen Kämpfen, die sich entspannen, war sie erst recht erstarkt. An und für sich hätte sie sich mit einem untergeordneten Bestehen der Protestanten vertragen; das Übergewicht der katholischen Fürsten und Stände war ihr sogar unbequem, insofern es im deutschen Reiche eine größere Einheit der Aktion hervorgebracht hätte. Damals freilich brauchten das die Spanier nicht zu besorgen. Durch ihre Verbindung mit den katholischen Reichsständen, die keinen andern festen Rückhalt hatten, als den von ihnen dargebotenen, und den Druck, welchen sie durch die Interessen der Gesamtmacht des Hauses auf den Hof zu Wien ausübten, suchten sie sich der Reichsgewalt faktisch zu bemächtigen. Ihre Aufstellung in dem westlichen Deutschland konnte nur unter diesen Bedingungen erreicht werden. Und wenn sich auch hiergegen in den kaiserlichen Räten Widerspruch regte, so war er doch in der Dynastie selbst unvergleichlich geringer als vor achtzig Jahren. In jener Zeit hatte sich der Widerstand in dem Thronerben konzentriert: jetzt schloß sich der Nachfolger dem spanischen System an; die Politik des Hofes neigte sich offenbar zu ihm hin.

Dem nun stellte sich Wallenstein an der Spitze seiner Armee kraft der Selbständigkeit, die ihm gewährt worden war, in den Weg. Wie einst Kurfürst Moritz, so ging er von der engsten Verbindung zu einer abweichenden Politik über. Er hatte nicht die hohe reichsständische Autorität des Kurfürsten; aber wie dieser suchte er die norddeutschen Streitkräfte mit sich fortzureißen und war nahe daran, es zu erreichen; wie dieser, so machte auch er das Gleichgewicht der Bekenntnisse zur Grundlage seiner Politik: der kaiserliche General fühlte sich selbst noch weniger als der Kurfürst Moritz auf die Wahrung der katholischen Interessen angewiesen: da die katholischen Fürsten, deren dieser nicht entbehren konnte, ihm feindselig gegenüberstanden, die protestantischen aber nur durch die volle Herstellung der Gleichberechtigung gewonnen und dann, wie Wallenstein noch hoffte, auch von den Schweden losgerissen werden konnten. Im Ganzen ermächtigt, verfuhr er im Besonderen sehr auf eigene Hand. Wallenstein war doch in seiner Jugend von den böhmischen Brüdern nicht so ganz zu den Jesuiten übergetreten, jetzt neigte er sich fast mehr zu den ersten, als zu den zweiten. Im äußersten Falle würde er selbst das ständische Interesse der Böhmen, das er einst bekämpft hatte, wieder zu dem seinen gemacht haben. So weit war er bereits gegangen. Zugleich ein ideales, auf die Befriedigung des größten Anliegens der deutschen Nation gerichtetes Bestreben, und sein ehrgeiziges und unbotmäßiges, weitausgreifendes und reizbares Naturell hatten ihn dahin geführt, wo er stand. Er befand sich bereits nicht mehr innerhalb des strengen Begriffes der Loyalität. Er hatte die Linie, die dieselbe vorschreibt, durch Äußerungen und Negotiationen, aber noch nicht durch Handlungen und Traktate überschritten: noch hatte er sein Verhältnis als Untertan und General nicht aufgegeben. Und da er an dem kaiserlichen Hofe in politischer und religiöser Beziehung noch Anhänger und Freunde zählte, so konnte er hoffen und hoffte noch, für seinen Frieden mit den Kurfürsten, der ein allgemeiner werden sollte, die Beistimmung des Kaisers auszuwirken und dem wachsenden Einfluß der Spanier zu widerstehen.

KAPITEL 13

Absicht einer autonomen Erhebung

Revers von Pilsen

IN DIE EINANDER entgegenlaufenden Tendenzen traf eine Botschaft, die einen Versuch der Annäherung in sich schloß, aber da sie ohne Erfolg blieb, den Gegensatz erst recht zum Bewußtsein brachte.

Die Infantin Isabella war Ende November gestorben, und der Kardinal-Infant Don Fernando brannte vor Begier, seinen Zug nach den Niederlanden ohne längeren Aufschub ins Werk zu setzen. Denn dort, so sagt er in einem Briefe an Oñate, finde jetzt eine Aufregung statt, die nur durch seine Anwesenheit beruhigt werden könne; wenn er nicht baldigst komme, müsse man den Verlust dieser Landschaften besorgen. Welchen Weg er aber auch zu nehmen versuchen mochte, bei der allgemeinen Kriegsbewegung war es unmöglich, ohne eine ansehnliche Hilfe des Kaisers durchzukommen. Er fordert den Botschafter auf, diese bei dem Kaiser auszuwirken, dem er vorstellen möge, wieviel an der Sache liege, die zuletzt seine eigene sei.

Was konnte aber der Kaiser in diesen Angelegenheiten beschließen oder verfügen ohne seinen Generalissimus? Im Auftrag des Kaisers zugleich und des spanischen Botschafters begab sich Pater Quiroga in das Hauptquartier Wallensteins, um ihn zu dieser Hilfeleistung zu vermögen.

Quiroga traf am 5. Januar in Pilsen ein; in einer Audienz, die ihm noch am Abend gewährt wurde, führte er dem Herzog die Bedeutung des Dienstes vor, die er dem König von Spanien, seinem alten Gönner, damit leisten könne, und teilte ihm die dazu gemachten Entwürfe mit. Sie waren an sich nicht dazu angetan, um seinen Beifall zu finden. Er sollte eine starke Abteilung leichter Reiterei – etwa 6.000 Mann – entweder nach dem Elsaß schicken, um den Kardinal-Infanten den Rhein abwärts zu geleiten, oder demselben von Böhmen aus, wohin er kommen werde, mitgeben, um ihn durch Franken nach Köln zu führen. Das eine und das andere schien dem General wegen der entlegenen Orte, der Jahreszeit und der Nähe überlegener Feinde unausführbar; sein Rat war, die Reise erst im Frühjahr, und dann unter dem Geleit westfälischer und niederländischer Truppen zu bewerkstelligen. Die Einwendungen Wallensteins waren ohne Zweifel sehr begründet; auf Quiroga machte aber nur die Weigerung, die sie enthielten, Eindruck. Er bemerkte nicht ohne Gereiztheit, der König von Spanien, sein Herr, möge begehren, was er wolle, so finde er damit nur Schwierigkeiten und bekomme zuletzt nur abschlägige Antworten.

Unleugbar ist die Aufforderung der Spanier aus der dringenden Verlegenheit hervorgegangen, in der sie waren; aber wie sie durch die Weigerung, so fühlte sich Wallenstein durch die Anmutung verletzt: er sah darin die Absicht, sein Heer aufzulösen, oder ihm die Autorität über dasselbe zu entreißen.

Gleich durch die ersten Eingriffe des Hofkriegsrats in der Kriegsverwaltung war er in heftige Aufwallung geraten. In Gesprächen seiner Art, die vertraulich zu sein scheinen, ohne es doch eigentlich zu sein, erging er sich darüber, was er bei der Lage der Dinge in Europa ausrichten könne, wenn er ohne andre Pflicht sich nur mit etwa 1.000 Reitern ins Feld werfe. Noch seien die Gestirne ihm günstig, und er könne noch einmal das Glück versuchen. Er sprach viel von seiner Abdankung, auch gegen Pater Quiroga, als von einer bereits beschlossenen Sache. Er hat ihm aber zugleich die Bedingung namhaft gemacht, unter welcher es geschehen könne: Man müsse ihn, sagte er, in den Stand setzen, die Vorschüsse, welche die Obersten unter seiner Bürgschaft gemacht, zu befriedigen, oder aber diese vermögen, ihn des Wortes, das er ihnen gegeben habe, zu entlassen.

Das innerste Verhältnis der Armee, auf dem ihre Zusammensetzung beruhte, ward dadurch berührt.

Schon war in der Armee, auf das Gerücht, der Generalissimus stehe schlecht am Hofe, die Besorgnis erweckt, daß eine Veränderung, die einen jeden in seinen persönlichen Verhältnissen empfindlich betreffen würde, bevorstehe. Wallenstein hatte die Obersten zu einer Zusammenkunft nach seinem Hauptquartier in Pilsen berufen. In großer Aufregung, und davon durchdrungen, daß sein Abgang ihnen allen zum Schaden gereichen werde, trafen sie daselbst ein. Man war in Wien besorgt, doch fürchtete man noch nicht das Äußerste. Man meinte, es werde nur auf die

Bitte der Armee abgesehen sein, den General in seinem Kommando zu lassen. Die Sache nahm jedoch einen dem Hofe viel entschiedener entgegengesetzten Verlauf.

»Nein«, sagte Feldmarschall Ilow – damals mit Trčka der vornehmste Vertraute Wallensteins – einem der Ankommenden, Mohr von Waldt: »der Herr ist einer der ältesten Obersten, was meint der Herr zu den scharfen Schreiben, die der Herzog vom Hofe erhalten hat?«

Die allgemeine Meinung war, es gebe dort eine Faktion von Beamten und Geistlichen, welche der Armee, was ihr gebühre, entziehe, und den General stürzen wolle. Der Kaiser könne, der Hof wolle ihnen nichts geben. Was solle daraus werden, wenn der König von Ungarn mit seiner spanisch-mönchischen Umgebung die Heerführung in die Hand bekomme? Man nahm selbst ein Mißverständnis zwischen dem Kaiser und dem jungen König darüber an.

Am 12. Januar wurden nun den versammelten Obersten die vom Hofe gekommenen Anträge vorgelegt. Sie urteilten sämtlich, daß es damit bloß auf den Ruin der Armee abgesehen sei. Daran anknüpfend, erklärte Feldmarschall Ilow: Der General, dem man diese Dinge zumute, die er nicht ausführen könne, und den man dann verfolge, weil er das nicht tue, gehe damit um abzudanken; aber dürfe man das wohl geschehen lassen? Was solle aus den Obersten werden, die ihre Regimenter aus ihrem eigenen Vermögen errichtet, vollzählig gemacht und mit Waffen versehen im Vertrauen auf das Wort des Generals, der ihnen für den Ersatz ihrer Kosten eine Belohnung gutgesagt: sie würden alle ruinierte Leute sein, wenn er sie verließe. Unter den Anwesenden war es besonders Julius Heinrich von Lauenburg, Bruder Franz Albrechts, der aus dem Gesichtspunkt der allgemeinen Interessen den Antrag unterstützte. Da könne, sagte er, auch ein anderer sich zum General ernennen lassen, ehrliche Leute durch Zusicherungen in Schaden bringen, und wenn er sein Wort halten solle, durch Abdankung den Kopf aus der Schlinge ziehen. Es schien, als wolle man dem General das Recht niederzulegen abstreiten. Der Beschluß war, ihn durch eine aus Ilow und drei Obersten bestehende Deputation zu ersuchen, von diesem Vorhaben abzustehen. Und nun kam der entscheidende Moment für Wallenstein. Was er für seine Resignation begehrt hatte, daß die Obersten ihn seiner Verpflichtung entlassen sollten, dagegen erklärten sie sich mit Nachdruck; sie bestanden auf der Unauflösbarkeit ihrer gemeinschaftlichen Interessen. Es bedurfte mehr als eines Ansuchens, ehe er denselben nachgab. Endlich versprach er, seine Abdankung noch so lange aufzuschieben, bis er sehe, welche Veranstaltung der Kaiser für die Armee treffe, überhaupt sich ohne ihr Vorwissen nicht von ihnen zu trennen. Dagegen stellte auch er aber eine Forderung auf: es war die, daß ihm von ihrer Seite die entsprechende Zusage gemacht werde, bei ihm standhaft auszuhalten, damit ihm nicht etwa ein Schimpf widerfahre; man verstand, damit das Ereignis von Regensburg nicht wiederholt werde. Diese Worte sind es, wodurch die Angelegenheit in ihre Krisis trat. Wallenstein unternahm es, sich des Gehorsams der Armee auch für den Fall zu versichern, daß der Kaiser ihn des Generalats enthebe. Die Stimmung war so aufgeregt, daß man die Tragweite seines Begehrens kaum bemerkte: Die Versammlung ging darauf ein. Ein Revers ward verlesen, in welchem nach dem Ausdruck dankbarster Untertänigkeit für die Zusage des Herzog-Generals, nun auch die Obersten auf das feierlichste anstatt eines körperlichen Eides gelobten, sich auf keine Weise von ihm zu trennen, noch trennen zu lassen, hierbei mit ihm und für ihn den letzten Blutstropfen aufzusetzen. Sollte einer von ihnen hiergegen handeln, der solle als ein Mann ohne Ehre betrachtet werden, ein jeder solle einen solchen Abfall selbst an Leib und Leben an ihm rächen.

Wohl fiel es auf, daß kein die Verpflichtung auf die Dauer des Generalats beschränkender Vorbehalt eingeflochten war. Ilow bemerkte jedoch, das habe nichts zu bedeuten, da der Dienst des Kaisers im Eingang doch erwähnt war. Herzog Heinrich Julius hat die Frage aufgeworfen, ob dies nicht als gegen den Kaiser angesehen, und ihm persönlich nachteilig werden könne. Trčka und Ilow beruhigten ihn damit, daß sich auch Gallas, dessen Loyalität niemand bezweifele, einverstanden erklärt habe. Zuerst unterschrieb Herzog Heinrich, weil er der vornehmste von allen war, wiewohl nicht ohne Zögern. Dann folgten die anderen. Bei einem Bankett, welches Ilow gab, ist dieser Revers, wiewohl nicht ohne entgegengesetzte Aufwallungen zu wecken, vollends unterschrieben worden.

Wer hat nicht von diesem Bankett gehört? Die unzählige Male wiederholte Überlieferung ist, in dem Revers habe die

Klausel, durch welche die Verpflichtung der Obersten auf die Zeit beschränkt worden, daß der General in dem Dienst des Kaisers sei, ursprünglich in der Tat gestanden: Vor dem Bankett sei der Revers mit dieser Klausel verlesen; nach demselben aber in einem anderen Exemplar ohne dieselbe vorgelegt und ohne daß man in der Aufregung des Weines darauf geachtet habe, unterzeichnet worden.

Diese Erzählung ist aber ohne Zweifel zu verwerfen. Der Revers war ohne die Klausel bereits vor dem Bankett vorgelegt und war trotz des Widerspruchs von den meisten unterzeichnet worden. Eine so grobe Betrügerei wäre keinem von diesen energischen Kriegsmännern zuzutrauen. Die Obersten wußten sehr wohl, was sie unterschrieben.

Der spanische Botschafter Oñate, der sich über diese Dinge auf das genaueste unterrichtete, schweigt davon, teilt jedoch eine andere Nachricht verwandten Inhalts mit, welche die Entstehung der Sage erklärlich macht. Er versichert, die Klausel, in welcher der Dienst des Kaisers vorbehalten worden sei, habe ursprünglich in dem Revers gestanden, sei aber von Friedland, noch ehe man ihn vorlegte, ausgestrichen worden. Und daß eine ähnliche Beschränkung von Wallenstein mit vollem Bewußtsein vermieden worden ist, liegt in der Sache. Es konnte ihm nichts helfen, daß er das Generalat auf den Wunsch der Obersten beibehielt, wenn diese alsdann ihm nur so lange verpflichtet sein sollten, als es dem Kaiser gefalle, ihn im Besitz desselben zu lassen.

Da nun aber doch vor dem Bankett und bei demselben Äußerungen gefallen waren, welche Bedenken und Mißtrauen verrieten, hielt Wallenstein für gut, noch einmal mit den Obersten zu sprechen. Er stellte noch einmal die Motive vor, welche ihn zu dem Entschluß der Resignation bewogen; eines der vornehmsten war die letzte Anmutung, den Infanten mit seiner Kavallerie zu geleiten, in der bitteren Kälte, in weite Ferne. Wenn diese Reiterei zugrunde gerichtet sei, wie wolle man eine andere bekommen? Er zeigte sich über die Dinge, die man ihm nachsagte, nicht weniger aufgeregt, als über die, welche man ihm zumutete. »Die Ehre, die ich durch achtundzwanzig Kriegsjahre hindurch rühmlich erhalten, gerät in Gefahr, was ich nicht verdiene. Ich möchte lieber tot sein, als so leben.« Und niemand, fügte er hinzu, dürfe besorgen, daß er etwas wider den Dienst des Kaisers oder die katholische Religion im Sinne habe. Er denke nur, selbst dem Widerspruch, den er dabei erfahre, zum Trotz den Frieden mit den beiden Kurfürsten zustande zu bringen. Er wiederholte, daß er einem jeden für seine Zahlung gutstehe.

Mit dieser Versicherung entließ er sie; sie fanden sich bewogen, den ausgestellten Revers nochmals zu bestätigen. Er ward in verschiedenen Exemplaren ausgefertigt, um auch den Abwesenden mitgeteilt und von ihnen unterschrieben zu werden.

So war der wesentliche und beglaubigte Verlauf der Zusammenkunft in Pilsen.

Unter den Obersten sind die heftigsten Reden gegen den Hof und die Jesuiten, gegen die Spanier und die Ausländer überhaupt gefallen. Die meiste Schuld gab man den Spaniern, welche, wie sie die Oberhand im kaiserlichen Rat besaßen, so dieselbe auch in der Armee zu erlangen trachteten: Ihre Absicht sei, die Stellen in derselben nach dem Range der Geburt, nicht nach dem militärischen Verdienst zu verteilen. Die Armee müsse sich zum Heile des Kaisertums, das sonst zugrunde gerichtet werde, behaupten; sie müsse um 70.000 Mann vermehrt werden, um die Feinde zu verjagen und den Frieden in Deutschland zustande zu bringen.

Zwischen dem General und seinen Obersten ist noch von nichts weiter die Rede gewesen, als davon, dem spanischen und jesuitischen Einfluß, der, sonst getrennt, jetzt zusammenwirkte, gegenüber Front zu machen und zusammenzustehen. Für harmlos aber kann man ihre Verbindung nicht erklären. Wäre sie dabei stehen geblieben, was man in Wien erwartete, hätte die Armee nur eben die Beibehaltung des Generals gefordert, so würde dabei die Prärogative des Kriegsherrn gewahrt worden sein. Daß die erwähnte Klausel in dem Revers von dem General ausdrücklich verworfen oder doch weggeblieben war, deutet auf die Absicht, demselben, wenn es nötig werde, zu widerstreben. An die Stelle der Bitte, den General ihnen zu lassen, trat die Drohung, an demselben festzuhalten, wenn man ihn entsetze: was nur unter dem verderblichen Einfluß der Spanier und der Jesuiten geschehen könne. Doch war das nicht ausdrücklich gesagt; man konnte den Revers lesen, ohne die weggelassene Formel zu vermissen.

Auch ist der Gegensatz anfangs nicht zu vollem Ausdruck gekommen.

Im Feldlager Friedlands hatten sich bisher auch zwei Prinzen von Toscana als Volontäre befunden, aber unter diesen Umständen für gut gehalten, es zu verlassen. Der vornehmste Mann in ihrem Gefolge, Marchese Guicciardini, erschien in Wien, um den Kaiser von der bitteren Stimmung, die in Pilsen geherrscht habe, der zweifelhaften und bedenklichen Fassung der dort gefaßten Beschlüsse, und der Gefahr, die ihm daraus erwachsen könne, Kunde zu geben. Anfangs machte er einen trüben Eindruck, der durch einige aus dem Feldlager eintreffende Briefe noch verstärkt wurde. Bei ruhiger Überlegung meinte man jedoch zu finden, daß die Sache so weitaussehend nicht sei. Man erblickte in dem Vorgang nichts weiter, als den Versuch Wallensteins, das Generalat zu behaupten und die Obersten wegen ihres Kredites sicherzustellen; darin liege mehr eine Konfusion als eine Konspiration. Es schien in der Tat, als hätte der Kaiser nicht einmal gern gesehen, wenn sein Sohn das Kommando übernommen hätte; er ließ eine gewisse Eifersucht deshalb durchblicken. Die Warnungen der Toskaner und der Spanier, die auf das engste verbunden waren, erschienen als Ausbrüche des nationalen Widerwillens, dem er kein Gehör geben dürfe.

Der Kaiser machte keine Schwierigkeiten, einen seiner Hofräte, Gebhard, in das Hauptquartier des Generals abzuordnen, um an den Friedensunterhandlungen teilzunehmen, welche der Herzog von Friedland vorbereitet hatte, und in denen sich seine Absichten zusammenfaßten.

Verhandlungen Wallensteins mit Sachsen

Noch immer beruhten sie zuletzt auf dem Gedanken, welcher der Wiederannahme des Generalates zugrunde lag, die Protestanten in Norddeutschland von der Verbindung mit den Schweden loszureißen, und zwar durch Widerrufung des Restitutionsediktes, welches ihre Verbindung mit denselben veranlaßt hatte.

Die Ausführung dieser Absicht war aus zwei Ursachen unmöglich geworden: dem persönlichen Ansehen Gustav Adolfs, welches die vorwaltenden Fürsten beherrschte, und der Besorgnis derselben, daß man, wenn sie mit ihm gebrochen haben würden, in Wien dann dennoch bei den alten Plänen verharren und alles wieder den katholischen Religionsformen unterwerfen würde.

Durch den Tod des Königs waren nun die Bande persönlicher Dankbarkeit zerrissen: Die Aufstellung des Reichskanzlers, oder vielmehr die Autorität, welche ein schwedischer Edelmann in deutschen Angelegenheiten, und zwar mehr als der König im französisch-schwedischen Interesse ausübte, rief in den deutschen Fürsten und Ständen Verstimmung hervor; in keinem mehr, als in dem damals angesehensten und mächtigsten von allen, dem Kurfürsten von Sachsen. Da mußte es doppelten Eindruck machen, wenn nun der kaiserliche Feldhauptmann, dessen Vollmacht man kannte, nicht allein die alten Erbietungen erneuerte, sondern auch hinzufügte, er wolle sie durchführen, wenn man sich einmal vereinbart habe, der kaiserliche Hof möge wollen oder nicht.

Bei den Erfahrungen, die man gemacht hatte, und dem Verhältnis der Persönlichkeiten ist die Voraussetzung, an dem Hofe werde die entgegengesetzte Richtung doch wieder die Oberhand bekommen, sehr erklärlich. Daß nun der kaiserliche General, der mit einer Macht ohnegleichen ausgestattet war, sein Wort für die Ausführung der erträglichen und annehmbaren Übereinkunft, die im Vorschlag war, verpfändete, bildete für die Protestanten ein entscheidendes Motiv, auf die Unterhandlung mit ihm einzugehen. Sie hatten gehofft, die Schweden dazu herbeizuziehen. Da das nicht möglich war, und Wallenstein das volle Übergewicht der Waffen in ihren Gebieten besaß, so waren sie jetzt geneigt, mit ihm in der Tat abzuschließen.

Sollten sie aber mit ihm gegen Schweden gemeinschaftliche Sache machen, was Irrungen mit Frankreich bringen mußte, so hatte es eine innere Notwendigkeit, es war gleichsam eine Forderung des nationalen Gedankens, der schon einst dem schmalkaldischen Krieg seine Wendung gegeben, daß auch die Spanier von dem Boden des Reiches ausgeschlossen blieben. Mit der Neigung des sächsischen Hofes, gegen die Schweden aufzutreten, gingen die Zögerungen des Herzogs von Friedland, die spanisch-italienischen Truppen unter Feria auf dem Reichsboden zuzulassen, Hand in Hand.

Die autonome Autorität des General-Herzogs bildete insofern zugleich ein protestantisches und nationales Interesse. Mit dem Versuche Friedlands, seine Armee in seinem Gehorsam gegen alle Eingriffe des Hofes zu erhalten, hingen auf das genaueste – das eine war fast die Bedingung des anderen – seine Unterhandlungen mit den norddeutschen Fürsten zusammen, die seit dem letzten Feldzug in Schlesien und der Lausitz wieder im vollen Gange waren.

Einer der damals vertrautesten Anhänger Friedlands, Franz Albrecht von Lauenburg, hatte die Anbahnung einer Vermittlung in den Händen. Es ist derselbe, den man beschuldigt hat, den König von Schweden, der in seinen Armen starb, ermordet zu haben. So abscheuliche Handlungen aber lagen ihm fern. In seinen Briefen erscheint er guter Dinge, von scherzhafter Munterkeit; leicht zu entmutigen, wenn die Sache nicht nach Wunsch geht, aber immer freudig zu den Waffen und zu allen guten Diensten bereit. Er war einer der jüngsten Sprosse aus einer sehr zahlreichen reichsfürstlichen Familie. Der Rang, den ihm seine Herkunft gab, kam ihm in seinen persönlichen Beziehungen zustatten.

Damals mit den Unterhandlungen nicht allein über den Abschluß einer allgemeinen Übereinkunft, sondern auch über die Vereinigung der Armeen beauftragt, meldet er dem Herzog, daß er die beiden Herren, die Kurfürsten von Brandenburg und von Sachsen, zu dem Frieden sehr geneigt finde: In deren Namen solle er ihn auffordern, in seinen Bemühungen dafür fortzufahren; ein höheres Lob könne er sich ja nicht erwerben, als wenn er »das in höchsten Gefahren schwebende Vaterland« in Ruhe setze; schon wegen ihres kurfürstlichen Amtes würden sie alles mögliche dazu beitragen; aber bedenklich scheine es ihnen doch, ihre Waffen mit den kaiserlichen zu vereinigen, ehe die Vorschläge, die sie zum Frieden gemacht, »billige und christliche Mittel«, angenommen oder etwas Sicheres darüber beschlossen worden: sei doch das menschliche Leben unsicher und höchst ungewiß, wenn etwa ein Fremder an des Herzogs Stelle trete, ob er gleiche Absichten hege*.

Es mag dahingestellt bleiben, ob sie der menschlichen Sterblichkeit in bezug mehr auf den Kaiser oder den General gedachten; der Nachdruck liegt darin, daß nur der Herzog von Friedland

---

* Der Bericht des Herzogs Franz Albrecht, den Ranke hier zitiert, stammt vom 10. November 1633 und nicht aus der Zeit der Pilsener Verhandlungen, wie Ranke versehentlich annahm.

ihr Vertrauen besitzt: Veränderung im Generalat würde jede Vereinbarung vollends unmöglich machen.

Wohl hatte nun auch der Kaiser sich entschlossen, unmittelbar die Hand zu Friedensunterhandlungen zu bieten und behufs derselben einen Bruder Franz Albrechts, Franz Julius, der in seinen Diensten stand, nach Dresden abgeordnet; wobei dem Kurfürsten von Sachsen freigestellt wurde, ob er lieber mit dem Herzog oder mit dem Hofe von Wien unterhandeln wolle. Johann Georg verschob es, ihn zu hören, bis Franz Albrecht, der auf Wallensteins Aufforderung im Begriff war, sich zu ihm nach Pilsen zu begeben, von dort wieder zurückgekommen sein würde.

Den neu zu eröffnenden Unterhandlungen am kaiserlichen Hofe, von dem man meinte, er wolle zwar den Frieden, aber nicht nach den gemachten Vorschlägen, zog man in Dresden die mit Wallenstein angeknüpften, auf seine Persönlichkeit gegründeten vor. Soeben traf ein sächsischer Offizier aus Pilsen ein, von dem man erfuhr, daß der General über die ihm wegen seines letzten Rückzuges gemachten Vorwürfe sehr mißvergnügt sei und sich an denen zu rächen gedenke, die ihm die Armee aus den Händen reißen wollten; er wünsche nichts mehr, als Arnim bei sich zu sehen, um mit ihm Rücksprache zu nehmen. Der sächsische Hof wurde durch diese Verstimmung des Generals nicht abgehalten, sondern eher angefeuert, sich ihm zu nähern. Ein besonderes Motiv dafür lag in dem Vorhaben der Schweden, eine starke Armee bei Magdeburg aufzustellen, und ihrem Versuch, den Kurfürsten von Brandenburg auf ihre Seite zu ziehen. Um das zu hintertreiben, hielt Arnim baldigste Vereinbarung mit dem Kaiser für notwendig, die dann am leichtesten sein werde, wenn der Herzog von Friedland mit der Verhandlung beauftragt werde – wie das jetzt Franz Julius in Aussicht stellte. Er eilte aus seinem Hauptquartier Finsterwalde nach Dresden, um mit dem Kurfürsten, wie dieser wünschte, die großen Angelegenheiten zu besprechen.

Zwischen den alten Kriegskameraden Hans Georg von Arnim und Wallenstein, hatte sich seit der Entzweiung, die in dem polnisch-schwedischen Unternehmen von 1629 zwischen ihnen entstanden war, doch wieder ein näheres Verständnis herausgebildet; – der Idee einer friedlichen Vereinigung der beiden religiösen Parteien, welche Wallenstein auf seiten der katholischen repräsentierte, kam Arnim von seiten der protestantischen entgegen: wobei er jedoch in seinem Protestantismus unwandelbar feststand; ohne Sicherheit für das Bekenntnis hätte er keinen Frieden gewünscht. Dem Kurfürsten von Sachsen, dem er damals als Generalleutnant diente, und der ihm viel Vertrauen schenkte, hat er, so wenig er die Schweden liebte, doch nie geraten, sich auf Gefahr der Religion hin von denselben zu trennen. Aber seinem Ehrgeiz und seinen Ideen entsprach es, die Verhandlungen aufzunehmen, welche Wallenstein im Sommer 1633 eingeleitet hatte, indem er zugleich die Versicherung gab, daß er eine zustande kommende Abkunft persönlich gegen jedermann verteidigen wolle. Von ihren versöhnenden Zwiegesprächen war die Unterhandlung ausgegangen: durch sie ward sie in Gang erhalten; unter den obwaltenden Umständen schien es möglich, selbst im Widerspruch mit dem Hofe, sie durchzuführen. Wenn Arnim später seine Vermittlung harmlos und unverfänglich für den kaiserlichen Hof geschildert hat, so täuschte ihn entweder sein Gedächtnis, oder er ließ sich durch die veränderten Umstände bestimmen; aus den vorliegenden Briefschaften ergibt sich, daß er über die dem kaiserlichen Hofe entgegenlaufenden Intentionen Friedlands sehr wohl unterrichtet war. Gerade die stärksten Betonungen derselben finden sich in den Briefen Franz Albrechts an Arnim. Von der Zusammenkunft von Pilsen, die indes stattgefunden, meldet er, die Obersten seien bereit, für den Herzog zu leben und zu sterben; er erklärt das für einen guten Anfang zu dem Werke, das man vorhabe; damit aber etwas daraus werde, müsse sich Arnim nach Pilsen verfügen, denn der Herzog brauche jemand, um ihm zu helfen; alles sei fertig; es fehle nur an Arnim, der Anleitung geben müsse, wie man dem Faß den Boden ausstoßen solle; Wallenstein sei zu tief verwickelt, um sich zurückzuziehen: hoffentlich werde er dem Rate Arnims folgen.

Als Arnim in Dresden anlangte, war Franz Albrecht von Pilsen bereits zurückgekommen. Er hatte den General, der sich nicht wohl befand, vielleicht nur eine Viertelstunde gesehen, aber eine Resolution, wie er sie brauchte, von ihm erhalten. Wallenstein sprach ihm seinen Entschluß, den Frieden zustande zu bringen, aufs neue aus, zugleich mit dem Wunsch, daß Brandenburg dazu herbeigezogen werden, und vor allem daß Arnim ehestens kommen möge; er möge die einst vorgelegten Punkte mitbringen, sie seien vernünftig gefaßt, er, der General, habe sie noch meistens im Kopf; zur Verhandlung darüber werde ein Beamter des Reichshofrates, Gebhard, bei ihm eintreffen; man müsse die Sache fördern, ehe etwas dazwischenkomme. Er hatte Franz Albrecht getrieben, sogleich wieder nach Dresden zurückzugehen. Dieser sprach die Überzeugung aus, daß der Herzog den Frieden zustande bringen werde, der Kaiser möge wollen oder nicht.

Von der größten Wichtigkeit für alle religiösen und politischen Verhältnisse war es dann, oder schien es doch zu sein, welche Vorschläge – denn alles bisherige war nur vorläufig gewesen – Sachsen definitiv einbringen würde.

Franz Albrecht erstattete seine Relation in einer Sitzung des geheimen Rates, welcher der Kurfürst persönlich beiwohnte: am 17. Januar des Morgens. Am Nachmittag versammelte sich der geheime Rat wieder, um das Verfahren festzustellen. Der erste Punkt, den der Kurfürst, der wieder zugegen war, zur Sprache brachte, betraf die vorläufige Verständigung mit Brandenburg, das man nicht ausschließen könne, zumal da Friedland selbst dessen Beitritt begehre. Arnim hatte eine Zusammenkunft der beiden Kurfürsten für sehr wünschenswert erklärt, und zwar ohne Aufschub, weil auch der Reichskanzler eine Konferenz mit dem Kurfürsten von Brandenburg zu veranstalten gedenke, deren Folgen man zu fürchten habe. Johann Georg wandte ein, daß sich kein schicklicher und geeigneter Platz dazu finde; weiteren Verzug aber wünschte auch er zu vermeiden, um so mehr, da man mit Wallenstein ja nicht einmal Stillstand, also vor seinen Feindseligkeiten keine Sicherheit habe. Man kam endlich überein, daß Arnim selbst nach Berlin gehen solle; denn eine persönliche Besprechung mit Georg Wilhelm von Brandenburg schien wegen des Widerstreites, in dem seine Räte begriffen waren, unumgänglich. Nur forderte Arnim, daß man vorerst über die vorzuschlagenden Punkte hier am Ort und dann mit Brandenburg Vereinbarung treffe; denn eine gemeinschaftliche Basis der Unterhandlung müsse man haben. Man nahm die alten, von Brandenburg, wenn auch nicht in aller Form, genehmigten Friedensanträge vor die Hand, in denen die Herstellung des Zustandes von 1618 mit der Reform der Reichsverwaltung nach dem Anliegen der Protestanten gefordert worden war. Auf diese bezog sich die im allgemeinen billigende Äußerung Friedlands. Arnim machte jedoch einige

Punkte namhaft, mit denen er in einer förmlichen in Gegenwart eines kaiserlichen Rates vorzunehmenden Unterhandlung nicht durchzukommen fürchtete. Es waren ihrer drei. Ihre Aufstellung reichte in die Zeiten vor dem Kriege zurück.

Arnim meinte nicht, daß der Kaiser zur Besetzung seiner Räte zugleich mit Protestanten, oder zur Annahme der alten ferdinandeischen Deklaration gebracht werden könne, noch auch zur Kassierung des geistlichen Vorbehaltes oder der Beschränkung desselben auf den ursprünglichen Wortlaut, wonach der Übertritt ganzer Stifte mit ihren Bischöfen gestattet war, wie das jene Vorschläge enthalten. Er trug auf eine Ermäßigung derselben an; und man hat in Dresden deshalb einige Sitzungen gehalten, in denen unter anderem auch ein Gutachten von Hoë verlesen wurde. Man konnte sich aber nicht sofort entschließen. Alles weitere wurde auf den Erfolg des Verständigungsversuches mit Brandenburg verschoben.

Am 5. Februar traf Arnim am Hofe zu Berlin ein. Dem Herrenmeister Schwarzenberg, der eine Verständigung mit dem Kaiser und mit Sachsen anstrebte, standen einige andere Räte entgegen, welche die Allianz mit Schweden jeder anderen Kombination vorzogen. Diese überwogen im geheimen Rat; Arnim bekam auf seinen Antrag eine offizielle Antwort, in welcher alles weitere Eingehen auf denselben von einer vorgängigen Rücksprache mit Schweden abhängig gemacht wurde.

Im persönlichen Gespräch hatte jedoch der Kurfürst geäußert, Schweden rede zwar viel vom Frieden, wolle aber keinen. Daran anknüpfend bat ihn Arnim um einen besseren Bescheid, denn nur zu gewiß sei es, daß weder Schweden noch Frankreich den Frieden wolle, weil er ihren Intentionen noch nicht entsprechen könne. Um diese zu erreichen, würden sie in Deutschland alles zugrunde gehen lassen. Und nicht geradezu und auf immer dürfe man mit den Katholiken brechen; wollte man sie ausrotten, so würde man gewiß auch den König von Frankreich nicht auf seiner Seite haben. Österreich müsse bestehen, um ein Gegengewicht gegen die französische Macht zu bilden. Er erinnerte den Kurfürsten an die Willkürlichkeiten, welche sich der schwedische Kanzler gegen die Kur und das ganze Reich zuschulden kommen lasse, und die geringe Aussicht, die das Haus Brandenburg bei andauernder Macht der Schweden behalte, jemals zu seinen

Ansprüchen auf Pommern zu gelangen. Durch diese Vorstellungen wurde Georg Wilhelm wirklich so weit gebracht, daß er aussprach, er wolle sich nicht von Sachsen sondern. Er willigte ein, daß bei der Unterhandlung jene Vorschläge zugrunde gelegt würden, selbst ohne auf den drei von Arnim in Zweifel gezogenen Sätzen zu bestehen. Eine Erklärung in aller Form konnte Arnim nicht erlangen. Ein paar Worte, die der Kurfürst unterschrieb, waren ihm zu allgemein gehalten; er erwiderte darauf, er werde sie demgemäß auslegen, was er aus dem Munde des Kurfürsten vernommen habe. Mit dem Resultat seiner Sendung nicht unzufrieden, begab sich Arnim wieder nach Dresden.

Auch da war nun über die drei angeregten, die Reichsverfassung betreffenden Punkte keine definitive Entschließung zu erlangen: Kurfürst Johann Georg behielt sich vor, im Laufe der Unterhandlung darüber befragt zu werden. Bei der wiederaufgenommenen Verhandlung kamen jedoch noch einige andere für das ganze Verhältnis zu Wallenstein wichtige und entscheidende Momente zur Sprache. Darüber sind Anfrage, Antwort, erneuerte Anfrage und nochmalige Antwort gewechselt worden. Ich will nur der wichtigsten gedenken:

Arnim fragte, wenn Friedland sein Mißvergnügen über den Kaiser, welcher doch auch der Feind von Sachsen sei, offen ausspreche und ein auf den Verderb des Hauses Österreich zielendes Vorhaben verrate: wie habe er sich dann zu erzeigen und wie weit dürfe er gehen. Johann Georg antwortete: Um Privathändel könne er sich nicht kümmern, er habe nur die öffentliche Wohlfahrt im Auge; auch er sei von der kaiserlichen Majestät hart beleidigt, aber darum doch nicht gemeint, einen immerwährenden Krieg zum Ruin seines oder irgendeines Hauses zu führen. Genug, von einer prinzipiellen Feindschaft gegen das Haus Österreich, auch im Verein mit Friedland, wollte der Kurfürst nichts hören. Um so mehr Gewicht hatte die weitere, die vorliegende Verhandlung betreffende Frage Arnims: Wie er sich zu verhalten habe, wenn Friedland die Vollmacht des Kaisers überschreite, mit den Evangelischen eigenmächtig eine Vereinbarung treffe, diese aber gegen alle Widersacher zu behaupten sich verpflichten wolle? Hochlöblich sei die Absicht des Kurfürsten, an einem gegen den Kaiser und sein Haus gerichteten Angriff nicht teilzunehmen. Wenn nun aber Friedland mit solchen Plänen umgehe und sich dafür an

Frankreich und Schweden wende, wie solle man ihn auf einen besseren Weg führen, ohne seinen Verdacht zu erwecken und sich ganz zu entblößen? Die zweite Antwort war: In einem solchen Falle solle der Bevollmächtigte sich allerdings bemühen, ihn auf besseren Weg zu führen. Die Andeutung Arnims ist, daß das nur geschehen könne, indem man Wallenstein von sächsischer Seite nicht zurückstoße; sie ist so behutsam wie möglich ausgedrückt; noch behutsamer ist die Antwort; aber ihr Sinn geht doch unleugbar dahin, daß das nicht geschehen solle. Ebenso werden auch die anderen Fragen in der Hauptsache im Sinne Arnims entschieden; er soll auf die Unterhandlung eingehen, wenn sie auch die Vollmacht des Kaisers überschreitet und demselben nichts weiter als die Ratifikation vorbehält; wenn der Traktat zum Besten der Evangelischen gereicht und Friedland sich anheischig macht, ihn gegen die Widersacher zu behaupten, so soll Arnim denselben annehmen. Die Möglichkeit blieb, daß der Kaiser zur Ratifikation genötigt werden könne, selbst nicht ohne Gewalt; man soll dabei vermeiden, daß nicht ein Krieg des Kurfürsten gegen das Haus Österreich entstehe, aber doch auch nicht veranlassen, daß Wallenstein die Franzosen oder die Schweden zu Hilfe rufe. Das war die Linie, auf der sich Arnim, dem dafür ziemlich freie Hand gelassen wurde, zu bewegen hatte.

Eine hiermit genau zusammenhängende weitere Frage betraf die Vereinigung der Waffen und den Anspruch Friedlands, das Kommando der gesamten Truppen zu führen. Der Kurfürst sagte zuerst, den Oberbefehl über seine Truppen könne er nicht aus den Händen geben, noch einem Fremden anvertrauen. Arnim erwiderte: Wenn der Kurfürst nicht zugegen sei, ob dann wohl der Befehlshaber der Truppen dem Generalissimus gehorchen solle, denn dieser werde keinen Anspruch auf Unabhängigkeit dulden. Der Kurfürst antwortete, wenn alles zum Schluß komme, werde er sich zu bequemen wissen, er werde sich alsdann mit seinen Generalen und Obersten darüber verständigen.

Und noch einen dritten Punkt von weitester Aussicht brachte Arnim zur Sprache. Er fragte an, ob der Kurfürst dem Herzog von Friedland zu einer billigen und rechtmäßigen Entschädigung für seine Bemühungen behilflich sein wolle. Der Kurfürst: Wenn der Friede durch die Mitwirkung desselben zustande komme, so könne er ihm eine solche wohl gönnen. Arnim erinnerte, daß hier nicht von Gönnen, sondern vom Dazuhelfen die Rede sei. Der Kurfürst erklärte schließlich: Wenn auch seine Postulate in bezug auf seine Schuldforderung zur Anerkennung gebracht würden, so werde er sich zu allem, was ehrbar, tunlich und seinen Glaubensgenossen unschädlich sei, willig erfinden lassen; doch müsse er wissen, was der Rekompens sei, welchen der Herzog von Friedland begehre.

So verständigte man sich an dem kurfürstlichen Hofe in Dresden. Der Kurfürst trat in allen wesentlichen Punkten, wenn auch zögernd und mit Rückhalt den Vorschlägen seines Generals bei, der als einverstandener Vertrauter Wallensteins erscheint. Man kann in den Entwürfen ein festes und ein eventuelles Element unterscheiden. Das erste ist die Absicht, den Zustand des Reichs, wie er vor dem Ausbruch der Unruhen im Jahre 1618 gewesen war, wiederherzustellen, und die Streitfragen, welche damals schwebten, im Sinne der Evangelischen zu entscheiden. Der Besitz der reformierten Stifte sollte ihnen nicht allein zurückgegeben, sondern bestätigt; die Parität in den gerichtlichen Behörden des Reiches, das Gleichgewicht der Religionen überhaupt hergestellt; alles, was seit der Bildung einer kompakten katholischen Majorität im Fürstenrat durchgesetzt worden war, großenteils mit der Mitwirkung Sachsens, sollte unter dem Vortritt dieses damals mächtigsten Kurfürstentums wieder rückgängig gemacht werden. Ich denke, es ist einer der größten Momente in der sächsischen Geschichte: in welchem alles, was unter Moritz im Einverständnis mit dem deutschen Österreich angebahnt worden, im Gegensatz mit demselben durchgeführt werden sollte. Johann Georg war weit entfernt von der kriegerischen Energie und eingreifenden Tatkraft seines Großoheims; er hatte Eigenschaften, die ihn in seinem Hause und seiner Familie selbst um Kredit und Zuneigung brachten; in den vorangegangenen Verhandlungen hatte er sich schwach bewiesen; aber seitdem man ihn einmal am eigensten Leben angegriffen, war er zu voller Entschlossenheit erwacht; durch die Allianz mit Schweden hatte er sich selbst und das evangelische Wesen überhaupt vor dem offenbaren Verderben errettet. Diese ward ihm weniger unter dem König als unter dem Reichskanzler widerwärtig; um sich ihrer zu entschlagen und doch die evangelische Sache zu behaupten, trat er jetzt in Verbindung mit dem Herzog von Friedland, dessen persönliches

Interesse eben dahin zielte, so daß er hoffte, er werde den Kaiser zur Nachgiebigkeit bringen. Wie nun aber, wenn dies, wozu es keinen Anschein hatte, in Güte nicht möglich war? Johann Georg hat es über sich gewonnen, ihm dann auch in den Tendenzen der Selbständigkeit, die er einschlug, nur nicht bis zum Verderben des Hauses Österreich, seine Unterstützung in Aussicht zu stellen. Er selbst behielt sich dann die Übertragung der Lausitz als volles Eigentum, den Besitz von Magdeburg und Halberstadt in einer oder der anderen Form für sich und sein Haus vor. Ich finde keinen Grund, warum man nicht auf den ursprünglichen Plan, die Erwerbung der Unterpfalz, zurückkommen sollte, obgleich davon nicht ausdrücklich die Rede ist. Auch eine andere Ausstattung blieb möglich.

Verhältnis zu Frankreich

Wie aber, wird man fragen, war nicht die Absicht Wallensteins auf die Erwerbung der böhmischen Krone gerichtet? Hat er nicht darüber in einer unleugbaren Unterhandlung mit dem französischen Hofe gestanden?

Es ist gewiß, daß die Idee der Erwerbung der böhmischen Krone für Wallenstein, auf welche dieser früher nicht einging, ohne sie gleichwohl zurückzuweisen, im Anfang des Jahres 1634 wieder ergriffen worden war. Es ist aufs neue durch den Grafen Kinsky geschehen. Sowie die Dinge sich zum Bruch anließen, am 1. Januar, wendete er sich an Feuquières mit der Meldung, daß die im August besprochenen Entwürfe von dem Manne, auf den es ankomme, nunmehr angenommen werden würden. Feuquières, der sich damals in Frankfurt am Main befand, verschob die Verhandlung mit Kinsky bis auf die Zeit, wo er wieder persönlich in die Nähe des Feldlagers gekommen sein würde, zögerte aber keinen Augenblick, seinem Hofe Nachricht von der ihm gemachten Mitteilung zu geben. Und wie hätte das dort nicht Beifall finden sollen, da Kardinal Richelieu soeben die halbe Welt gegen Spanien zu vereinigen suchte. Noch einmal zeigte sich die Aussicht, den General, der das größte Heer kommandierte, welches Österreich jemals im Felde gehabt hatte, zugleich mit demselben auf französische Seite zu bringen und als Werkzeug zu benutzen. Der französische Hof erklärte sich bereit, dem General eine Ausstattung mit Land und Leuten zuzusichern, derjenigen gleich, welche er früher in Deutschland gehabt habe, und ihm selbst die Krone von Böhmen zu versprechen, wenn er anders nicht zu gewinnen sei. Wie das der Wunsch der Emigranten war, so scheinen die einheimischen Magnaten ebenfalls dafür gestimmt gewesen zu sein. Ein eigentliches Verständnis darüber oder der Abschluß eines Vertrages lag jedoch in weiter Ferne. Die Franzosen erklärten sich sogar bei der nunmehrigen Verhandlung nicht mehr so geneigt wie bei der ersten, den General zum König von Böhmen zu machen. Bei der Instruktion, welche Feuquières empfing, findet sich ein Nachtrag, der, wie er denn etwas mehr Kunde der wirklichen Lage der Dinge in Deutschland verrät, als jene, so auch gemäßigtere Ratschläge enthält. Der französische Hof knüpft darin an die Erklärung Wallensteins an, daß der kaiserliche Geheime Rat durch den Einfluß der Spanier beherrscht werde, und fordert denselben auf, zunächst mit der Protestation hervorzutreten, daß er seine Heeresmacht zur Herstellung eines haltbaren Friedens verwenden wolle; da sich dieselbe nicht hoffen lasse, wenn Spanien nicht gezwungen werde, einzuwilligen, so möge er dafür die Vermittlung des Königs von Frankreich in Anspruch nehmen. Richelieu hielt es selbst nicht für gut, daß Wallenstein von dem weißen Felde geradezu auf das schwarze übergehe. Und noch immer hegte man in Frankreich Mißtrauen gegen den General; man wollte sich mit ihm nicht weiter einlassen, ehe er den Traktat förmlich abgeschlossen und die geforderte Protestation erlassen habe. Wenn behauptet worden ist, zwischen Richelieu und Wallenstein sei es zu einem definitiven Verständnis über die böhmische Krone gekommen, oder Wallenstein habe sich, um zu derselben zu gelangen, in die Hände der Franzosen zu werfen beabsichtigt, so ist das viel zuviel gesagt. Allerdings ist einmal verkündigt worden, Ludwig XIII. solle Römischer Kaiser, Albrecht von Wallenstein, Herzog von Friedland, Römischer König werden, wahrscheinlich doch auf Grund der ihm zugedachten böhmischen Krone. Aber so pflegt es immer in großen Krisen zu gehen: Wenn die beherrschenden Verhältnisse der Welt zu schwanken anfangen, erscheint auch das Unmögliche wahrscheinlich. Ernstlich und eingehend war von beiden Seiten von so weit ausgreifenden Plänen nicht die

Rede. Die Franzosen dachten hauptsächlich, die Irrungen zwischen dem Kaiser und dem General zu ihrer eigenen Sicherung gegen die spanische Politik zu benutzen, ungefähr wie sie sich der Schweden zu demselben Zweck bedienten. Wallenstein wurde zu seinen Verhandlungen mit ihnen auch dadurch vermocht, daß der Kurfürst von Sachsen dieselben fürchtete und sich um so eher entschloß, auf die Vorschläge, die ihm gemacht wurden, einzugehen. Wenn es der Umgebung Friedlands, wie Trčka ausdrücklich bekennt, hauptsächlich um eine Geldunterstützung zu tun war, so entsprach es seinem eigenen Sinn, sich für alle möglichen Fälle auch diese Aussicht offenzuhalten und einen äußersten Rückhalt zu suchen.

Ein Verständnis mit den Schweden war unmittelbar nicht angebahnt, doch haben die Franzosen dem Reichskanzler von den ihnen geschehenen Anträgen Mitteilung gemacht.

Wenn man nur auf die politischen Intentionen Rücksicht nimmt, so hatte es Wallenstein zu einer für einen Privatmann einzigen Stellung gebracht. Die beiden größten Interessen, die die Welt bewegten, das antispanisch-französische und das protestantisch-antikatholische, ein europäisches und ein deutsches, noch sehr im Widerstreit miteinander, suchten Verbindung mit ihm, da er doch an sich der entgegengesetzten Ordnung der Dinge angehörte. Es war, als sollte er zwischen den im Kampfe begriffenen Elementen der Welt Maß geben und über ihre Ansprüche entscheiden: und zwar nicht, wie etwa Richelieu als Ratgeber seines Fürsten und im Einverständnis mit demselben, sondern selbst im Gegensatz mit ihm. War er dazu wirklich imstande?

Alles beruhte auf dem Gehorsam der Armee, der auf einer neuen Zusammenkunft zu Pilsen, die auf den 19. Februar angesetzt war, bestätigt werden sollte.

KAPITEL 14

Offener Bruch zwischen dem Kaiser und dem General

SCHON SEIT DEM vorigen Sommer, als Wallenstein sich vermaß, den Frieden mit Hilfe der Armee durchzuführen, möge man am kaiserlichen Hofe wollen oder nicht, hatte man hier darauf gedacht, einen von dem obersten Feldhauptmann unabhängigen Einfluß auf die demselben zunächst stehenden Führer zu behaupten. Sehr verfänglich lautete der Auftrag, den der Hofkriegsrats-Präsident Schlick bei der Reise in das Hauptquartier, deren wir gedachten, sich geben ließ, insgeheim und »unvermerkter Dinge« die vornehmsten Offiziere, wie man damals sagte die Generalspersonen, dahin zu bearbeiten, daß der Kaiser auf ihre vollkommene Ergebenheit zählen könne für den Fall, daß man mit dem Herzog eine Veränderung vornehmen sollte. Dem blieb das nicht vollkommen unbekannt. Er hat gesagt – denn fast als einen persönlichen Zwist mit dem Hofkriegsrats-Präsidenten sah er es an –, Graf Schlick habe eine Mine gegen ihn angelegt, er sei derselben mit einer Kontermine begegnet. Bestand diese vielleicht auch darin, daß er sich um so mehr der den höchsten Befehlshabern zunächst Stehenden zu versichern suchte? Aber auch jene selbst meinte er sich nicht entreißen zu lassen.

Von Pilsen aus hat er Piccolomini, nach jenem vertraulichen Gespräch, in welchem von den Unbilden, welche die Armee und er selber erfahre, und von den Aussichten die Rede war, welche bei der Lage der Dinge ein entschlossener Abfall darbieten würde, an Colloredo und Gallas geschickt, um zu erfahren, ob er sich auf sie verlassen könne. Die drei Generale kamen in Frankfurt an der Oder zusammen und versprachen, ihm zu folgen, wohin er gehen werde: Wallenstein war sehr glücklich, es zu vernehmen. Wäre das aber wirklich ihre ernstliche Meinung gewesen? Wir erfahren, daß besonders Colloredo über das Ansinnen des Herzogs in große Aufregung geriet. Aber ihm geradezu entgegenzutreten, hatten sie doch auch den Mut nicht: Indem sie ihm ihre Ergebenheit erklärten, beschlossen sie doch, dem Kaiser treu zu bleiben.

Zunächst sehen wir sie eine zweifelhafte Haltung beobachten. Besonders auf Gallas, von den friedländischen Generalen den

ruhigsten und feinsten, unübertrefflich in der Verbindung militärischer und diplomatischer Tätigkeit, einen Mann voll Einsicht
und Resolution, setzte der Hof sein Vertrauen. Schon vor der
Zusammenkunft zu Pilsen ging man mit der Absicht um, ihn dem
König von Ungarn beizuordnen und interimistisch zum Oberbefehlshaber zu ernennen, zugleich die Obersten und Generale
durch Handbriefe und andere Patente an ihn anzuweisen. Dennoch ist es wahr, daß Gallas durch eine körperliche Beschwerde
verhindert worden ist, daselbst zu erscheinen; aus jenen Tagen
findet sich ein Schreiben von ihm an Aldringen, seinen Schwager – sie waren beide mit Damen aus dem Hause Arco verheiratet –, worin er es als ein unbegreifliches Mißverständnis beklagt,
daß man den Herzog vom Hofe her verstimme. Wir berührten,
daß er von den Anwesenden als einverstanden betrachtet wurde.
Kurze Zeit darauf (24. Januar) ist er wirklich im Hauptquartier zu
Pilsen erschienen; er hat sich mehrere Wochen daselbst aufgehal-
ten. In der ganzen Zeit blieb er mit dem General in dem besten
Vernehmen: Er verhandelte mit ihm über seine Entschädigung,
die Befriedigung der Truppen, den abzuschließenden Frieden.
Man hielt sich überzeugt, ohne seine Einwilligung werde der
Herzog nichts unternehmen.

Piccolomini war einst mit dem Sukkurs, welchen der Großherzog von Toskana nach Böhmen schickte, als Führer einer Kompanie Reiter über die Alpen gekommen, und hatte sich seitdem
diesseits und jenseits der Berge einen Namen gemacht. Er spielte
eine glänzende Figur in dieser Armee. Man bewunderte ihn, wie
gut er zu Pferde saß, und wie er seine Kürassiere in Ordnung zu
halten wußte – in seinem Regiment fehlte nicht ein Nagel an
einem Harnisch –; an ihrer Spitze erwarb er sich den Ruf, daß er
eher sterben, als seinen Posten verlassen würde; in mehr als einem
Zusammentreffen hat er das Beste getan. Zugleich zeigte er sich
überaus geschickt in der Unterhandlung. Collalto hat ihn in den
schwierigen Verhältnissen zu den kleinen italienischen Fürsten
und durch Missionen nach Deutschland, schon vor der Absetzung
Wallensteins, erprobt. Da mag Piccolomini die Zuneigung Wallensteins erworben haben; wie man sagt, war es eine Berechnung der
Nativitäten, in denen man eine Gleichmäßigkeit der Stellung der
Gestirne bei der Geburt des einen und des andern gefunden hatte,
wodurch sie zu unbedingtem Vertrauen stieg: Wallenstein hat ihn

einmal sogar ermächtigt, den Obersten Regimenter zu geben und zu nehmen. Aber zugleich stand Piccolomini, in dem sich das gute Verhältnis der Italiener zu dem Haus Österreich repräsentierte, in steter Verbindung mit dem spanischen Gesandten. Wenn ihm Wallenstein wirklich von der Möglichkeit gesprochen hat, seinen Großherzog zum König zu erheben, so konnte das auf den Sienesen – denn aus Siena stammen die Piccolomini – nicht so viel Eindruck machen, da er seine eigene Beförderung und Größe nur von den Spaniern erwarten konnte, wie ihm denn nach der Hand von ihrer Seite selbst ein Fürstentum zuteil geworden ist. Piccolomini gewann es über sich und verstand es, mit den entgegengesetzten Persönlichkeiten intime Verbindung zu pflegen. Damals meinte er doch noch einen guten Ausgang von den begonnenen Friedensunterhandlungen erwarten zu dürfen: Nur müsse man, sagte er, die Augen auftun. Er glaubte bereits einmal, Gallas habe den Herzog in das rechte Gleis gebracht: Wenn dessen Rat Beachtung finde, so werde er herbeieilen: Sie würden die Feinde schlagen und den Herzog groß machen.

Wie Gallas und Piccolomini, so war auch Aldringen keineswegs ausschließend ein Kriegsmann. Man sagt von ihm, er habe die Feder so wohl zu führen gewußt, wie die Wehr. Er hatte seinen Dienst als Sekretär des Obersten Madruzzi angefangen und sich dann an der Spitze einer Freikompanie hervorgetan; er war von da an rasch emporgekommen. Wir begegneten ihm an der Dessauer Brücke, wo er entscheidend eingriff; bei der Eroberung von Mantua ist er zu Geld und Gut gelangt; auch manche literarische Seltenheit soll er sich dabei angeeignet haben. Später hatte er sich in dem schwierigen Verhältnis zwischen dem General-Herzog und dem Kurfürsten von Bayern zu bewegen; doch war er nicht etwa zu diesem übergetreten: Die Briefschaften zeigen, daß er das Vertrauen Maximilians und der bayerischen Truppen nicht besaß. Auch dem kaiserlichen Hofe gegenüber meinte Wallenstein ihn festzuhalten. Und wenn Aldringen bei den widersprechenden Befehlen vom Hofkriegsrat und aus dem Hauptquartier den ersten Folge leistete, so dachte er nicht mit dem Herzog zu brechen: In einem Briefe an Piccolomini spricht er die Erwartung aus, daß dieser ohne Bedenken einwilligen werde.

Man sieht, wie der oberste Feldhauptmann, so hatten auch die ihm zunächst stehenden Führer ihre besondere politische

Stellung, die mit der seinen keineswegs zusammenfiel. Aus ihren Briefen, bei denen keine Täuschung obwalten kann, ergibt sich, daß sie noch nicht entschieden gegen ihn Partei genommen hatten; durch die Übereinkunft von Pilsen fanden sie sich nicht veranlaßt, mit ihm zu brechen.

So sah man diese im Anfang Februar, auch in Wien selbst, an. Man erklärte sie für einen Schachzug, um sich in Vorteil zu setzen: Noch kein Anfang einer Rebellion liege darin*. Was dagegen gesagt wurde, erschien anderen eine müßige Spekulation ohne soliden Grund.

Der Kaiser stand in gewohnter Korrespondenz mit Friedland, der freilich seinerseits bei einigen Ausdrücken des Vertrauens den Verdacht nicht bezwingen konnte, er solle dadurch getäuscht werden.

Denn auch alle ihm nachteiligen Meldungen und Gerüchte fanden Gehör am Hofe; er kannte denselben genug, um zu wissen, wie tätig und einflußreich seine Gegner waren: Man bemerkt ein unaufhörliches Hin- und Widerwogen günstiger und ungünstiger Stimmungen und Eindrücke.

Der spanische Gesandte, der für seinen Beruf hielt, die dynastischen Interessen der beiden Linien des Hauses Österreich zu wahren, und die eingehenden Nachrichten mit dem Argwohn eines Feindes aufnahm, hat kurz darauf dem Residenten von Toskana gesagt: Nie in seinem Leben habe er sich in größerer Verlegenheit befunden. Er habe gesehen, daß Wallensteins Verhalten das kaiserliche Haus mit Verderben bedrohe; aber weder den Kaiser selbst, noch auch den Fürsten Eggenberg habe er davon überzeugen können. Die angekündigte neue Zusammenkunft der Obersten vermehrte seine Besorgnis: Denn was könne nicht in Konferenzen beschlossen werden, zu denen man die Abgeordneten der Protestanten einlade? Noch am 22. Januar sagt er in einem seiner Briefe: Würde Wallenstein »den Graben überspringen«, so sehe er nicht, wie ihm Widerstand geleistet werden könne. Die wenigen Getreuen, die es im Heere gebe, würden nicht imstande sein, ihn im Zaume zu halten. Unumwunden spricht er aus: Um das Haus Österreich nicht zugrunde richten zu lassen,

---

* Das widerspricht der Tatsache, daß der Kaiser das Absetzungspatent bereits am 24. Januar unterzeichnet hatte.

wäre es notwendig, diesen Menschen auf eine oder die andere Weise unschädlich zu machen; aber weder in dem Kaiser noch in dessen Ministern sei der Mut dazu zu finden; er fürchte, er werde den Kranken, das ist den Kaiser, in seinen Armen sterben sehen, ohne ihm helfen zu können.

In dieser Verlegenheit gingen ihm aber Nachrichten zu, die keinen Zweifel übrig zu lassen schienen. Es erhellt nicht mit voller Bestimmtheit, welches sie waren; doch stellt er in seinen Berichten die Meldungen, die ihm über das Verhältnis Wallensteins mit Frankreich zugekommen waren, allen anderen voran. Auch der Kurfürst von Bayern hatte solche eingesandt, sie ließen zugleich einen Umsturz der Dinge in Deutschland besorgen; von Savoyen langten andere an, wie es scheint noch dringendere. Aus Böhmen vernahm man, daß die Emigranten sich Hoffnung machten, mit französischer Hilfe dem General diese Krone auf das Haupt zu setzen. Das traf nun ganz mit den Vermutungen zusammen, die man in Spanien schon lange hegte. Der Gesandte war ausdrücklich beauftragt, den Kaiser vor den Umtrieben der Franzosen zu warnen, deren Sinn nur dahin gehe, ihn seiner Erbländer und selbst der Kaiserkrone zu berauben. Zu dieser Anmahnung war nun jetzt die Zeit gekommen. Mit Beweisstücken, die ihm untrüglich vorkamen, begab sich Oñate zu Eggenberg, gleichsam triumphierend über seine Entdeckungen. Der Fürst hörte ihn an, ohne ein Wort zu sagen; er zuckte nur die Achseln und verwies ihn an den Kaiser. Oñate begab sich nun mit altspanischer Förmlichkeit zu Kaiser Ferdinand. Er ließ sich von demselben nicht sowohl versprechen als angeloben, alles geheimzuhalten, was er ihm sagen werde: Der Kaiser wurde von der Wahrhaftigkeit seiner Mitteilungen überzeugt. Auch Eggenberg, der ähnliche Dinge vernommen, aber wenig beachtet hatte, stellte sie nicht mehr in Abrede. Er hat später gesagt, er habe den bizarren und hochfahrenden Geist Wallensteins gekannt; daß er aber jemals Ernst damit machen würde, dem Kaiser entgegenzutreten, habe er nie geglaubt: In diesem Moment aber habe er es mit Händen gegriffen.

Nicht auf Untersuchung von Schuld oder Unschuld, noch auf irgendeine private Rücksicht kam es hier an oder schien es anzukommen, sondern auf eine große politische Gefahr.

Wie hätte auch nicht nur die leiseste Kunde von den Verhandlungen mit dem französischen Hofe über die böhmische

Krone, mochte es damit zum Abschluß gekommen sein oder nicht, den tiefsten Eindruck auf den Kaiser und seine Minister hervorbringen sollen?

Für Oñate entsprang, wie seine Briefe zeigen, das vornehmste Motiv aus der Lage der allgemeinen europäischen Angelegenheiten.

Man dürfte davon ausgehen, daß zwischen dem französischen Gesandten in Wien und dem päpstlichen Nuntius die Rede davon war, eine Abkunft mit dem Kaiser als Oberhaupt des Reiches zu treffen, ohne Spanien dabei einzuschließen: Der Nuntius lehnte es ab, sich in diesem Sinne zu äußern, denn dadurch würde nur das Mißtrauen wachsen. Aber das war doch der Gedanke, der wahrscheinlich ohne direktes Einverständnis auch bei der Haltung Wallensteins zugrunde lag. Er setzte sich den Absichten der Spanier allenthalben entgegen und drückte einen tiefen Haß gegen sie aus: Im Widerspruch mit ihnen wollte er den Kaiser mit den protestantischen Ständen versöhnen, nicht um diese dann gegen Frankreich ins Feld zu führen, sondern um im Kampfe der Mächte dem Reiche freie Hand nach beiden Seiten hin zu verschaffen. Selbst mit den italienischen Fürsten dachte er, wenn es zum Bruch komme, gemeinschaftliche Sache zu machen; denn vollständig hat die italienische Politik noch niemals von der deutschen getrennt werden können. Und merkwürdig genug sind die Ideen, die er im vertrauten Gespräch geäußert hat. Er wollte Neapel dem Papst überlassen, Mailand zur Republik machen; der Großherzog von Toskana und der Herzog von Savoyen sollten beide Könige werden; was dann eine vollkommene Vernichtung der spanischen Macht in Italien sowie ihres Zusammenhanges mit Österreich in sich geschlossen hätte.

Dahingegen suchten die Spanier den Zusammenhang der Monarchie im Sinne Philipps II. und Albas von Italien her nach den Niederlanden wiederherzustellen; sie wollten darüber den Kampf mit Frankreich aufnehmen; die Ereignisse der Zeit schienen das unbedingt notwendig zu machen.

Denn alle Tage sah man die Franzosen am Rhein und an der Mosel weiter um sich greifen; zu diesem Zweck war soeben eine neue Armee unter La Force gebildet worden: Oñate behauptet, daß ihnen ein Platz nach dem andern von den Schweden verkauft werde. Man empfand es als einen schweren Verlust, daß Feria in den ersten Tagen des Jahres unerwartet gestorben war: Alle seine Pläne und Vorkehrungen gingen mit ihm zu Grabe. Je dringender der Kardinal-Infant wurde, um so weniger konnte er sich versprechen, gewiß nichts von Wallenstein, aber auch nichts von dem Kaiser, solange derselbe auf Wallenstein Rücksicht nahm, oder gar seine Feindseligkeiten fürchten mußte. Das war vor allem der entscheidende Moment. Oñate forderte von dem Kardinal-Infanten eine ostensible Ermächtigung, dem kaiserlichen Hof die Waffen und das Geld von Spanien zu versagen, solange Friedland in seinen Diensten und die Armee nicht auf eine Weise eingerichtet sei, daß man sich auf ihre Treue verlassen könne.

Eine Maßregel gegen den General zu ergreifen, erschien vollends unerläßlich, als der spanische Gesandte in Bayern meldete, Kurfürst Maximilian werde doch noch zu den Franzosen übergehen, wenn man den Eigenmächtigkeiten Wallensteins nicht durch die Entfernung desselben ein Ziel setze. Oñate spricht bereits die Besorgnis aus, Frankreich werde sonst durch Kriegserfolge und politische Verbindungen in den Stand kommen, die Wahl eines römischen Königs, der nicht aus dem Haus Österreich sei, durchzuführen.

Entfernte man dagegen Wallenstein, so war man der vollkommensten Ergebenheit des Kurfürsten von Bayern sicher. Als sich das Gerücht verbreitete, man denke in Wien daran, zwei Heere zu errichten, das eine unter dem König von Ungarn, um die Erblande zu verteidigen, das andere unter Wallenstein, um den Krieg im Reiche zu führen, sprach Maximilian den Wunsch aus, daß das Generalat des Heeres im Reich und den Erblanden dem König von Ungarn übertragen würde; er erklärte sich alsdann bereit, diesen als seinen Generalissimus anzuerkennen und sich ihm unterzuordnen, zugleich mit seinem und dem ligistischen Volk, diese Armee selbst in die Pflicht und den Dienst des Kaisers zu überlassen.

Wie ganz anders als im Jahre 1630. Der Kurfürst willigte mit Freuden in ein Verhältnis unbedingter Unterordnung unter den König von Ungarn, das er damals um keinen Preis angenommen hätte ...

Seit der zweiten Hälfte des Januar war für diese Angelegenheit ein besonderer Ausschuß des geheimen Rates niedergesetzt, der aus Eggenberg, dem Bischof von Wien und dem Grafen von Trauttmansdorff bestand. Sie meinten anfangs, denn an sich waren sie keineswegs Feinde Wallensteins, der Sache durch eine Beschränkung seiner Vollmacht zu begegnen; aber dagegen sprachen der Beichtvater und der Graf Schlick: Denn bei dem Naturell Friedlands, das ihnen bekannt sei, lasse sich davon keine Wirkung erwarten. In Fällen von so großer Tragweite fühlen sich wohl in jedem Staate alle die, welche sonst gehört werden, verpflichtet, ihre Meinung zu sagen. Ausführliche Gutachten liefen ein, die vor aller schonenden Behandlung warnten. Denn welch ein unerhörtes Betragen sei es doch, daß der General die kaiserlichen Befehle und Instruktionen den Obersten zur Beurteilung vorgelegt habe. Der kaiserliche Name werde dadurch nur verhaßt gemacht; schon halte sich der General für unangreifbar, er nehme eine Autorität in Anspruch, durch welche der Kaiser der seinen beraubt werde. Auf einen Frieden könne man mit ihm nicht hoffen, da er Ansprüche mache, welche eher einen langjährigen Krieg veranlassen würden; man habe erst mit ihm zu unterhandeln und dann mit um so größerer Schwierigkeit mit den Feinden; das Reich und die Erblande seien ausgesaugt und die Armee dennoch in dürftigem Zustand; vergebens wäre es, auf Besserung zu hoffen: Um die vorliegenden Übel zu beheben und den künftigen vorzubeugen, müsse der Kaiser die Ursache derselben hinwegnehmen.

Dazu kamen die eifrigsten geistlichen Anmahnungen. Die Bedingungen, die mit Arnim verabredet worden, erklärte man für eine monströse Mißgeburt; der Vereinigung der katholischen Waffen mit den ketzerischen gedachte man mit Abscheu.

Auch der spanische Gesandte wurde zu den entscheidenden Sitzungen des Ausschusses herbeigezogen*. Leicht hat der Kaiser die Sache fürwahr nicht genommen: Er sagte, sie lege sich mit ihm nieder und stehe mit ihm auf, sie lasse ihn nicht schlafen. In den Kirchen sind Gebete, daß Gott ihn erleuchten möge, für ihn veranstaltet worden.

Nicht lange konnte seine Entscheidung zweifelhaft sein. Den Einwirkungen, zugleich von seiten der Gesandten, Reprä-

---

* An den Beratungen waren lediglich Bischof Anton Wolfradt von Wien, Eggenberg und Trauttmansdorff beteiligt; sie fanden streng geheim im Hause Eggenbergs statt. Auch an der entscheidenden Sitzung vom 24. Januar, in der sich der Kaiser zur Billigung und Unterzeichnung des Absetzungspatentes entschloß, nahm Oñate nicht teil. Deshalb erfuhr er auch erst später davon.

sentanten des Gesamthauses und der eifrigsten Religiösen, den Besorgnissen sowohl für den Besitz der Erblande als für die Krone des Reiches, hatte der Kaiser keinen Willen entgegenzusetzen. Gelangte er nun aber einmal zu dem Entschluß, Friedland von seinem Generalat zu entsetzen, so war damit von selbst das Mittel gegeben, die Sache auszuführen.

Denn wenn so manche bei der ersten Versammlung von Pilsen, wiewohl widerstrebend, doch dann zuletzt den Wünschen Friedlands sich gefügt hatten, so sah man die Ursache davon in der Gewalt, wie über Krieg und Frieden, so über Leben und Tod, die derselbe ausübte. Wer wollte es da wagen, ihm zu widerstreben? Wenn man ihm die Autorität nahm, die er besaß, so zweifelte man nicht, sie würden anderen Sinnes werden und sich durch das gegebene Wort wenig gebunden achten.

Und für den Fall, daß der Kaiser eine Veränderung in dem Kommando vorzunehmen ratsam finde, hatte man sich ja im voraus der Ergebenheit der angesehensten Oberhäupter zu versichern gesucht.

Dieser Fall war jetzt eingetreten. Ein Patent wurde abgefaßt, in welchem der Kaiser alle hohen und niederen Befehlshaber zu Roß und Fuß von jeder Verpflichtung gegen den obersten Feldhauptmann, mit dem er eine Änderung vorzunehmen beschlossen habe, freispricht und sie interimistisch an Gallas anweist. Er höre, daß einige von ihnen weitergegangen seien, als ihnen von Rechts wegen gebühre: allein er sei bereit, das zu vergeben und zu vergessen; nur den General selbst und zwei andere Personen, die man als Rädelsführer bezeichnete, schließe er von dem Pardon aus.

Das Patent trägt das Datum vom 24. Januar, doch ist es auffallend, daß Männer wie der spanische Gesandte noch einige Zeit später nichts davon wissen. Es scheint wohl, als sei es absichtlich zurückdatiert[*], auf jeden Fall ist es auch nachher nur unter dem strengsten Geheimnis mitgeteilt worden; denn man besorgte, durch ein rasches Vorgehen eine Entzweiung in der Armee hervorzurufen, was den Feinden die erwünschteste Gelegenheit zu einem Angriff gegeben hätte. Amtliche Mitteilungen gingen indes in den gewohnten Formen fort, um weder in den Kanzleien noch bei dem General selbst Verdacht zu erwecken.

---

[*] Siehe Anm. S. 279.

In demselben Maße, wie Wallenstein ungestüm und rücksichtslos, verfuhr der Hof mit Bedachtsamkeit und geheimnisvoller Vorsicht.

Er wandte sich zuerst an die beiden Generale, die immer in persönlichen Verbindungen mit den leitenden Männern des Hofes standen – Aldringen mit dem Bischof von Wien, Piccolomini mit dem spanischen Botschafter –, man schickte ihnen einen in Geschäften des Vertrauens geübten höheren Beamten, Walmerode, zu. Die entscheidenden Anträge sind ihnen nicht vor dem Februar zugegangen. Und ohne Zweifel waren sie unschwer zu gewinnen. Sobald als der Kaiser den obersten Feldhauptmann aus seinen Diensten entließ, so meinten sie nur ihre Pflicht zu erfüllen, wenn sie sich von ihm absonderten. Aldringen hatte den Revers überhaupt nicht unterschrieben: Piccolomini gehörte zu denen, von welchen man von Anfang an voraussetzte, sie würden sich durch ihre Unterschrift nicht gebunden erachten. Und das leuchtete ja ein, daß ihnen unter dem König von Ungarn eine größere und unabhängigere Stellung zuteil werden mußte, als die, welche ihnen Wallenstein jemals gewährt hätte. Dessen Sturz schloß ihr Emporkommen in sich ein. Überdies wurde ihnen zunächst nicht die äußerste Gewaltsamkeit gegen ihn angemutet. Es verriet noch den nur Schritt für Schritt von der alten Verbindung sich abwendenden Sinn der kaiserlichen Minister, wenn in jenen Beratungen der Beschluß gefaßt wurde, Wallenstein noch erst zu hören, ehe man ihn verdamme. Man dachte ihn durch einen in Pilsen selbst auszuführenden Handstreich gefangenzunehmen – denn unter allen Umständen mußte er unschädlich gemacht werden – und ihn in sicheren Gewahrsam zu bringen, hier ihm die Beschwerden, die man gegen ihn habe, vorzulegen und seine Entschuldigungen zu vernehmen. Die Generale, die zu der zweiten Zusammenkunft nach Pilsen beschieden waren, sollten das ins Werk setzen. Oñate war von Anfang an nicht der Meinung: Er sagte, es würde ebenso leicht sein und weniger Gefahr dabei, Friedland umzubringen, als ihn wegzuführen und zu verwahren. Der Beschluß wurde jedoch gefaßt, und die beiden Generale zeigten sich bereit, die Hand dazu zu bieten: Aldringen nicht ohne Widerstreben; Piccolomini wäre dagegen sehr bereit gewesen, wie er später sagt, die Vögel aus ihrem Nest zu holen.

Früh am 8. Februar, noch in der Nacht, sind sie beide, der erste von Passau, der andere von Linz, aufgebrochen, um sich nach Pilsen zu verfügen.

Die Sache zeigte sich jedoch unausführbar. Wallenstein hatte damals die Garnison von Pilsen verändert: Die Befehlshaber derselben wären nicht zu vermögen gewesen, zu der beabsichtigten Verhaftung und Wegführung die Hand zu bieten. Das Vorhaben selbst blieb unbekannt: Es scheint nicht, als habe Wallenstein von der Gefahr, die über ihm schwebte, eine Vorstellung gehabt.

Nach und nach sammelten sich die Obersten zu der neuen Zusammenkunft; auch Herzog Franz Albrecht traf bei ihm ein, wurde aber sogleich wieder abgefertigt, um Arnims Ankunft zu beschleunigen. Wallenstein lebte und webte in dem Gedanken, seine alten Pläne durchzuführen, den Frieden mit Sachsen und Brandenburg zustande zu bringen, die Obersten zur Genehmigung desselben zu vermögen, vor allem, sie in seinem Gehorsam zu befestigen.

Am 19. Februar, eines Sonntags, machte er ihnen dann auf dem Bette liegend – denn er litt an einem Anfall seiner Krankheit – seine Proposition, aus der man seinen Standpunkt und seine Absichten erkennt.

Vornehmlich erneuerte er seine Bürgschaft für ihre Vorschüsse. Diese waren aufs neue dadurch gewachsen, daß die Obersten aus ihren eigenen Mitteln Sorge getragen hatten, ihre Regimenter vollständig zu machen. Zugleich aber zeigten sich Schwierigkeiten wegen der zu ihrer Schadloshaltung erforderlichen Leistungen der Landstände in Oberösterreich und Steiermark: Wallenstein erklärte, hierdurch seines gegebenen Wortes nicht erledigt zu sein.

Dagegen aber brachte er nun die gegen ihn übernommene Verpflichtung zur Sprache: Man habe, sagte er, das Gerücht ausgesprengt, er denke etwas gegen den Kaiser zu versuchen, oder seine Religion zu ändern; aber er habe ebensogut ein Gewissen wie andere, von denen ihm das nachgesagt werde; er denke nur den Frieden zustande zu bringen, welcher allerdings nicht von allen am Hofe gern gesehen werde und doch einzig dem Kaiser zum besten gereiche; er werde die Bedingungen den Herren Obersten vorlegen lassen. Aber er müsse auch wissen, wessen er sich zu ihnen versehen dürfe: Er befürchte, daß man ihm einen

Schimpf antun wolle: Würden ihm die Obersten ihren Beistand dagegen versagen, so wäre es besser, sie hätten bei der früheren Versammlung in seine Abdankung gewilligt; er würde dann nicht in die jetzige Gefahr geraten sein.

Aufs neue kamen hierauf die Obersten bei Ilow zusammen. Dieser selbst erklärte sich entschlossen, dem Fürsten, dem er etwas Unehrenhaftes zuzutrauen niemals Anlaß gefunden, mit Leib, Gut und Blut beizustehen. Julius Heinrich von Sachsen-Lauenburg fügte hinzu, da der Generalissimus niemals etwas versucht habe, was dem Kaiser und dem gemeinen Wesen nachteilig wäre, so müsse ja der kein ehrlicher Mann sein, der trotz seiner vor kurzem gegebenen Unterschrift demselben wortbrüchig werden wolle. Wie Ilow, so erklärten sich Trčka, Sparr und die meisten anderen; nur daß der eine und der andere neben dem gemeinen Wesen und dem kaiserlichen Interesse auch noch die Religion betonten, gegen welche der Generalissimus nichts zu tun vorhabe, z. B. Mohr von Waldt, daß sie dem General ihre Dienste nicht entziehen dürften, wenn demselben etwas Unbilliges zugemutet werde; auf die Pflicht, sich keinem anderen Führer zu unterwerfen, nachdem man an den Fürsten gewiesen sei. Nur eine einzige Stimme, die des Oberstleutnants Balbiano vom Regiment Piccolomini geht einfach dahin, daß er im Dienste der kaiserlichen Majestät zu verbleiben gedenke. Im Gespräche ist, soviel man hört, von seiten Trčkas die Andeutung gefallen, daß es bei dem kaiserlichen Dienst vielleicht sein Verbleiben auch nicht haben könne. Man hat darauf keine Antwort erwartet; Ilow fiel ein: ein Schelm, wer dem Herzog eine Verachtung widerfahren lasse. Andere fanden eine neue Verpflichtung, da nichts Neues vorliege, überhaupt unnütz. Aber die allgemeine Meinung war, daß man bei Kavaliersehre verbunden sei, bei dem Generalissimus unwandelbar auszuhalten. In diesem Sinne ward ein neuer Revers entworfen und am 20. Februar unterschrieben. Darin spricht der Herzog die Obersten von ihrer Verpflichtung frei, wenn er, was ihm nie in den Sinn gekommen sei, wirklich etwas wider den Dienst und die Hoheit des Kaisers oder die Religion unternehmen sollte, zugleich aber sie dabei festhält, da er ja nur die Absicht hege, sich gegen die Machinationen seiner Feinde zu sichern. Die Obersten erklären auch ihrerseits bei ihrem ersten Revers nichts wider den Dienst und die Hoheit des Kaisers oder die Religion im Sinne gehabt zu haben: Mehrerenteils seien sie ja katholisch; aber wenn ihnen der General verspreche, einzig ihnen zum Besten bei der Armee zu bleiben, so seien auch sie gesonnen – demgemäß, was sie unterschrieben –, bei ihm bis auf den letzten Blutstropfen auszuhalten. Dieser Revers ward am 20. Februar unterzeichnet.

Den andern Tag ging der Oberst Mohr von Waldt nach Wien ab, um den Inhalt desselben dem kaiserlichen Hofe mitzuteilen: Er sollte zugleich eine persönliche Besprechung mit Eggenberg nochmals beantragen. Wallenstein hoffte, wenigstens ein vertrauter höherer Beamter, vielleicht Questenberg, würde mit Mohr herbeikommen; es war verabredet, daß ihn derselbe nach Prag begleiten sollte.

Denn bei Prag auf dem Weißen Berge dachte Wallenstein sein Lager aufzuschlagen. Unmittelbar nach der Abreise Franz Albrechts waren die Befehle dazu an die Obersten ausgefertigt worden: Er hatte ihnen selbst davon gesprochen und die Beratung beschleunigt, damit sie sofort zu ihren Regimentern zurückkehren und sie herbeiführen könnten.

Mittlerweile meinte er mit einigen von ihnen die Friedensbedingungen durchzusprechen. Er behielt unter anderen die Obersten Beck und Gonzaga bei sich, auf den Grund hin, daß er auch Katholiken zu dieser Beratung hinzuziehen müsse, ohne Zweifel aber auch deshalb, weil er sie nicht für einverstanden hielt und ihrer Gegenwirkung in der Armee zuvorkommen wollte.

Dort würde dann auch Arnim eingetroffen sein: Unter der Beistimmung der Armee würden die mit den beiden Kurfürsten vereinbarten Friedensbedingungen proklamiert und alsdann zum Gesetz für das Reich und die Erblande erhoben worden sein, wenn der Kaiser sie genehmigt hätte. Bei der sonstigen Wehrlosigkeit des Kaisers ließ sich erwarten, er werde sie unterschreiben, er selbst und sein Sohn; auch von den Widersachern Wallensteins wurde diese Erwartung geteilt.

Wenn man die Intentionen eines bedeutenden Mannes, die nicht aufgeschrieben worden, und wenn sie es würden, vielleicht auch dann nicht unbedingt angenommen werden dürften, aus seinen Äußerungen, seinen Präzedenzen und seiner Lage abnehmen darf – denn etwas Hypothetisches bleibt in dem Dunkel menschlicher Antriebe und Ziele immer übrig –, so wage ich dies als die vornehmste Absicht Wallensteins zu bezeichnen. Er dachte

noch mit Hilfe der beiden norddeutschen Kurfürsten die Angelegenheiten des Reiches auf der Grundlage des Religionsfriedens
zu ordnen: was denn nicht geschehen könnte, ohne auch in Böhmen den Emigranten und den österreichischen Erblanden überhaupt durch Erneuerung der ständischen Verfassung in weitester
Ausdehnung gerecht zu werden. Zugleich wollte er die Armee in
ihren Ansprüchen befriedigen und zugleich den Umfang seiner
eigenen Gebiete und die Zukunft seines Hauses festsetzen. Es
scheint selbst, als würde er alsdann das Kommando niedergelegt
und an den König von Ungarn, den er noch zum Römischen
König zu krönen gedachte, abgetreten haben. In Wien trug man
sich mit einem Briefe von ihm, in welchem er erklärte, in vier
Monaten abdanken und den Steigbügel Ferdinands III. küssen
zu wollen. Immer aufs neue brachte er in Antrag, eine Abkunft
mit ihm zu schließen; er selbst sprach den Wunsch aus, daß sein
Neffe und präsumtiver Erbe, der sich des allgemeinen Vertrauens
am Hofe erfreute, in sein Lager kommen und die Vermittlung
übernehmen möge: Durch den werde er seine endliche Meinung eröffnen lassen. Wir berührten soeben seine nach der zweiten Zusammenkunft in Pilsen erneute Annäherung an den Hof,
seine Hoffnung, noch in dem Moment Anträge, die demselben
entsprächen, zu erhalten.

Aber mit Gewalt, durch eine ähnliche Kombination wie die
vorige, wollte er sich den Oberbefehl nicht entreißen lassen; um
das nicht wieder zu erleben, hatte er sich mit der Armee verbunden, ihre Anforderungen zu den seinen gemacht, und sie zu der
feierlichen Zusage vermocht, auch seine Heerführung aufrechtzuhalten.

Darauf vornehmlich gingen die Verabredungen in Pilsen,
doch nicht ausschließlich: Sie ordneten zugleich Teilnahme an
der Festsetzung des Friedens, wie er mit den Kurfürsten beraten
worden, an.

Wie nun aber, wenn am kaiserlichen Hofe die entgegengesetzten Ideen den Platz behielten, wenn man seinen Frieden verwarf und seine Enthebung vom Generalat aussprach?

Aus den Briefen Oñates ergibt sich, daß Wallenstein seinen
Frieden mit den Spaniern hätte machen können, wenn er sich
ihrer Politik angeschlossen hätte: Sie würden dann seine Größe genehmigt und selbst gefördert haben. Aber das war für ihn

unmöglich: Er würde dann alle den Absichten, die er im Laufe des Lebens gefaßt hatte, absagen und sich den spanischen Tendenzen haben unterwerfen müssen. Wenn sie die Oberhand am kaiserlichen Hofe behielten, so war er ohne Zweifel entschlossen, sich gegen diesen selbst zur Wehr zu setzen. Er meinte das Recht zu haben, die ihm entgegengesetzte Faktion, die das deutsche Haus Österreich in sein Unglück führen werde, zu bekämpfen. Für diesen Fall gerüstet zu sein, hat er mit der großen europäischen Gegenmacht angeknüpft. Er war geneigt, nach dem Anerbieten der Emigranten, das auch bei manchen Katholiken Eingang fand, die böhmische Krone anzunehmen und mit Frankreich zu einer Umgestaltung der italienischen Verhältnisse zusammenzuwirken. Die Verbindung mit Sachsen war definitiv: die französische sehr eventuell; sie sollte erst dann eintreten, wenn die erste nicht zum Ziel führte. Nicht einmal der Gesichtspunkt, geschweige denn die Bedingungen waren verabredet.

Wenn wir bei dem Vorhaben Wallensteins an das Unternehmen des Kurfürsten Moritz gegen Karl V. erinnerten – es hatte dasselbe Ziel, die Gleichberechtigung der beiden Bekenntnisse im Reich, die fernere Unabhängigkeit der norddeutschen und protestantischen Elemente; es war ebenso auf die Entfernung des spanischen Einflusses berechnet –, so bemerken wir auch den ungeheuren Unterschied: Moritz war selbst der Kriegsherr seiner Truppen; er hatte mancherlei Schwierigkeit mit ihnen, aber sie folgten seinem Namen. Wallenstein war ein von dem Kaiser eingesetzter General; auf dessen Namen war die Armee geworben; wenn es zum Zwiespalt kam, sollte der Dienst des Kaisers nicht dem Gehorsam gegen den General vorgehen? Der Boden, auf dem er stand oder auf den er sich stellte, war bereits unterwühlt. Wenn er seine Verbindung bei der Armee hauptsächlich auf das Geldgeschäft gründete, so waren die spanischen Subsidien bereit, um die Ansprüche zu befriedigen, welche eine so hohe Bedeutung hatten.

Die Sache kam sofort zur Entscheidung.

Als der Plan der Gefangennehmung und Wegführung Wallensteins aus Pilsen gescheitert war und die neue Versammlung daselbst einen ähnlichen Verlauf nahm wie die frühere, ist man in Wien noch einmal zu Rate gegangen, ob man nicht der Sache noch eine Weile ruhig zusehen, nach dem Ausdruck der Beteiligten sie dissimulieren solle; denn man fürchtete die Folgen einer

Entzweiung in der Armee. Schon standen die Sachen aber so, daß man es selbst auf diese Gefahr hin wagen konnte. Sollten nicht auch die Obersten, die sich noch an Wallenstein hielten, von ihm loszureißen sein, wenn man ihre Forderungen befriedigte? Der Kaiser berechnete die ausstehenden Summen auf eine Million Gulden. So viel konnte der spanische Gesandte nicht darbieten; aber eine ansehnliche Summe, die er bisher zurückgehalten hatte, zahlte er doch sogleich, und für das übrige ließ er den Beistand seines Königs und den Ertrag italienischer Veräußerungen hoffen. »Man zeige ihnen nur Geld«, so heißt es in einem Bericht über die Stimmung der Führer, »man lasse sie Konfiskationen hoffen.« Beweggründe verächtlicher Art wirken nicht selten zu einem großen Zweck. Der Dienst des Kaisers ward mit den Motiven persönlichen Ehrgeizes und persönlicher Habsucht in Verbindung gebracht. Schon waren, wie wir erwähnten, die dem Obergeneral zunächst stehenden Führer großenteils gewonnen. Piccolomini hatte sich nach jenem vergeblichen Versuch so rasch wie möglich wieder davongemacht. Aldringen war überhaupt nicht dahin gegangen; eine Krankheit vorwendend, blieb er in Frauenburg bei Marradas, einem alten Gegner Wallensteins. Dahin begab sich jetzt Gallas, angeblich um ihn zu überreden, mit ihm nach Pilsen zu kommen; aber sie schlossen vielmehr ein entgegengesetztes Verständnis. Von Bedeutung war es, daß ihnen Marradas, General des Königreichs Böhmen, und Colloredo, der in Schlesien kommandierte, beitraten. Unter den Einverstandenen erscheinen auch Hatzfeld, Götz und selbst Suys. Dergestalt der vornehmsten Führer sicher, trug man kein Bedenken mehr, am 18. Februar ein zweites Patent und einen dazugehörigen Armeebefehl zu erlassen, in welchem als bewiesen angenommen wird, daß Friedland in einer Konspiration begriffen sei, um den Kaiser seiner Erblande, seiner Krone und seines Zepters zu berauben, und sie sich selbst zuzueignen. Als Kaiser und oberster Feldherr bedeutet nun Ferdinand II. die hohen Offiziere, dem gewesenen Feldhauptmann und dessen Anhängern, namentlich Ilow und Trčka, keinen weiteren Gehorsam zu leisten, sondern nur den genannten Generalspersonen, bis ein anderer Oberbefehlshaber ernannt sein werde.

Es war keine Ächtung, sondern nur eine Entsetzung, zu welcher der Kaiser ohne Frage das Recht, und auch in der zweifelhaften und untreuen Haltung Wallensteins hinreichenden Anlaß hatte: Er schritt erst dazu, als so viele angesehene Generale sich entschlossen zeigten, Wallenstein zu verlassen.

Es war eigentlich eine Spaltung in der Armee; der größte Teil derselben verließ den General-Herzog, als er mit seinem Kaiser zerfiel, und trat denen bei, die er als eine widerwärtige und verderbliche Faktion zu bekämpfen meinte. Die entschiedenen Anhänger Wallensteins, welche in der bisherigen Richtung vorangegangen waren, wurden zugleich mit ihm entsetzt, und die Truppen sämtlich aufgefordert, sich von ihnen loszusagen.

Sollte nun das Ansehen des Generals der kaiserlichen Autorität die Waage halten können?

Die erste Entscheidung hierüber erfolgte in Prag. Und auf die Hauptstadt des Landes kam, wie anderwärts, so auch hier das meiste an. Wallenstein rechnete auf die Garnison, oder vielmehr –wie er denn von dem, was vorging, keine Kunde hatte – er zweifelte nicht, daß sie seinen Befehlen nachkommen würde. Den vornehmsten Obersten der in Prag garnisonierenden Truppen, des Namens Beck, der freilich nicht selten von dem Unterschied zwischen dem Gehorsam, den er dem General, und der Treue, die er dem Kaiser schuldig sei, geredet hatte, ließ er am 21. Februar noch einmal zu sich bescheiden, um ihn in seinem Gehorsam zu befestigen. Aber Beck hatte bereits bei seiner Abreise nach Pilsen seinen Oberstleutnant ermächtigt, keinem Befehl nachzukommen, den er ihm von Pilsen aus geben werde. Und indessen hatte nun Gallas der Garnison die kaiserliche Weisung zugehen lassen, Befehle weiter weder von Friedland, noch von Ilow oder Trčka anzunehmen; Aldringen hatte nicht versäumt, bei dem Oberstleutnant, den er kannte, seinen persönlichen Einfluß dafür zu verwenden. Der Armeebefehl wurde den Soldaten angekündigt. Nicht allein regte sich niemand dagegen, sondern unter der Teilnahme der bürgerlichen Behörden wurden sogleich Vorkehrungen getroffen, den wallensteinischen Truppen die Annäherung an die Stadt zu verwehren.

So weit war es bereits, als Trčka sich aufmachte, um den Weg, den der Herzog nach Prag ziehen wollte, in Augenschein zu nehmen. Mit Erstaunen vernahm er von einem ihm entgegenkommenden Offizier, was dort begegnet sei.

Man hatte sich in Pilsen noch mit der Ausführung der wenige Tage zuvor gefaßten Beschlüsse beschäftigt, als man dies vernahm.

Im ersten Augenblick schien es nur die Eigenmächtigkeit des Oberstleutnants, die durch den Gegenbefehl des Obersten wiedergutgemacht werden könne. Aber bald ward man inne, wie die Sachen standen. Der Abfall von Prag war auch deshalb entscheidend, weil man das Heer in der Nähe zu versammeln, und zu der großen Unterhandlung zu schreiten gedacht hatte.

Trčka gab eine ungebärdige, wilde Ungeduld kund; Ilow und Kinsky sah man gesenkten Hauptes stehen: Sie wühlten mit ihren Stöcken in dem Boden. Sie ermaßen die Tragweite des Vorgefallenen.

Besonders behielt Wallenstein das Bewußtsein des sich vollziehenden Ereignisses. Er entließ den kaiserlichen Rat, der bei ihm war, um an den Friedensunterhandlungen teilzunehmen: Denn davon konnte dort nicht weiter die Rede sein. »Ich hatte den Frieden in meiner Hand«, sagte er dem Obersten Beck, den er noch einmal sah; noch verzweifelte er vielleicht nicht; nach einem Augenblick des Schweigens fügte er hinzu: »Gott ist gerecht.«

KAPITEL 15

Katastrophe Wallensteins

UNTER DEN KLEINEREN Meisterstücken der französischen Historiographie druckt man noch immer ein Fragment von Sarrasin, einem Zeitgenossen, über die Verschwörung Wallensteins. Es beginnt mit einem Prachtstück von Charakteristik, in welchem die Ostentation und Extravaganz Wallensteins als absichtlich, seine Freimütigkeit selbst als berechnet betrachtet wird, um damit andere zu täuschen: Er habe die Absichten anderer immer klar durchschaut und die seinen mit Geschicklichkeit auszuführen gewußt. Ich weiß jedoch nicht, ob man nicht gerade die letzte Eigenschaft an Wallenstein vermissen dürfte. Die Anschläge seiner Gegner hat er zwar im allgemeinen gekannt, aber nicht im einzelnen durchschaut noch gewürdigt; er würde ihnen sonst nicht so leicht erlegen sein. Er lebte nur immer in seinen großen Entwürfen, in denen sich allerdings das öffentliche Interesse mit Privatabsichten mischte, aber wenn wir ihn nicht mißverstehen, diese überwog: mit einer Zuversichtlichkeit, die ihn selbst verblendete. Man muß nur beklagen, daß die Absichten, die er gefaßt hatte, nicht von allen falschen Zutaten rein gehalten und mit größerer Umsicht und Feinheit verfolgt wurden. In dem Verhältnis zu seinen Generalen zog Wallenstein nur in Betracht, wie viel persönliche Dankbarkeit sie ihm schuldig waren, aber nicht, daß sie in ihrer Lage und in anderweitigen Beziehungen einen Antrieb haben konnten, sich ihm zu widersetzen. Viel zuviel rechnete er auf jene Reserve, bei denen immer auch die Möglichkeit einer Verständigung vorausgesetzt wurde, mit denen er die Obersten nicht fesselte und den Kaiser doch beleidigte. Ihm selbst und seinen Freunden kamen die Patente, nach denen man seinen Befehlen nicht mehr gehorchen sollte, unerwartet. Die Obersten, welche am 20. Februar in Pilsen beisammen gewesen waren, hörten davon auf den ersten Stationen ihrer Heimreise; einige von ihnen eilten zurück, um den General selbst zu befragen, wie es sich damit verhalte; sie meinten noch, es sei nur ein Streit zwischen ihm und seinen Generaloffizieren. Er sagte wohl, er könne nicht glauben, daß der Kaiser die Patente dieses Inhalts gegen ihn erlassen habe.

War es aber so, wie es sich denn nicht länger mehr bezweifeln ließ, so war er auch darauf gefaßt.

Die Vereinigung der Truppen auf dem Weißen Berge gab er auf, da sie dort unmöglich geworden war; aber er ordnete eine andere an, die in Laun stattfinden sollte. Da sollte jedes Regiment das Standquartier nehmen, das ihm Trčka anweise: Die Obersten sollten sich in Eger, wohin er selbst zu gehen beschlossen habe, bei ihm vorstellen. Aus den für sie bestimmten Briefschaften sieht man, wie ganz er seine Gesichtspunkte und Ideen noch festhielt. Er führte ihnen zu Gemüte, daß er nichts gegen den Dienst des Kaisers zu unternehmen gedenke. Mit größtem Befremden vernehme er, daß einige Generalspersonen, um die er es nicht verdient habe, bemüht seien, die Truppen von dem Gehorsam gegen ihn abwendig zu machen. Er bestand darauf, daß ihm derselbe ausschließlich gebühre, wenn auch der Kaiser eine unverdiente Ungnade auf ihn geworfen haben sollte. Und was könne aus der Entzweiung der Armee anderes erfolgen, als ihr Untergang, der Vorteil der Feinde, der Verlust der kaiserlichen Lande? Er forderte sie auf, sich durch keinen Menschen in der Welt abhalten zu lassen, ihre Regimenter nach Laun zu führen und persönlich in Eger zu erscheinen: Er erwarte, daß sie ihre Schuldigkeit tun würden.

In einem Entwurfe zu einem zweiten Schreiben findet sich die Versicherung, daß er nicht gesonnen sei, irgendeinen anderen Traktat – ich verstehe, als den über den Frieden, den sie kannten – einzugehen.

Und so mag seine Gesinnung in der Tat gewesen sein; aber zugleich hatte er doch für so ratsam gehalten, nun auch die andere Seite seiner Entwürfe zur Ausführung zu bringen. Vor allem suchte er Rückhalt an den Schweden.

Noch einmal – Anfang Februar – war der alte Zwischenträger an Oxenstierna, der damals eben in Halberstadt verweilte, geschickt worden; abermals durch Bubna wurde dem Kanzler die Eröffnung gemacht, daß Wallenstein jetzt in der Tat im Begriff sei, von dem Kaiser abzufallen; was er aber auch sagen mochte, Oxenstierna blieb bei seiner alten Erklärung, daß er nicht mit Friedland verhandeln wolle, bevor dieser seinen Abfall offen und wirklich vollzogen habe: Dann aber wolle er nicht allein zu ihm schikken, worauf man jetzt antrug, sondern selbst zu ihm kommen und einen Vergleich mit ihm treffen. So hatte auch Herzog Bernhard auf Meldungen derselben Art geantwortet, Wallenstein möge erst das Wunder tun, d. h. seinen Abfall ins Werk setzen, dann wolle er an ihn glauben. Nun aber war bereits am 21. Februar Franz Albrecht mit neuen Meldungen und den dringendsten Anmahnungen in Regensburg angelangt. Er stellte die eingetretenen Verhältnisse vor – hauptsächlich das Übergewicht der spanischen Gesandten an dem kaiserlichen Hofe, wo nach und nach alle Räte, einzig Questenberg ausgenommen, von ihnen abhängig geworden seien: Die Ungnade des Kaisers sei erklärt, und der Herzog entschlossen, sich von ihm loszusagen. Vielen Wert legte er auf die Verpflichtungen der Obersten und bot zunächst gleichsam als das Pfand der Freundschaft die Überlieferung der beiden wichtigen Pässe an der Oder und Warthe, Frankfurt und Landsberg, an. Anfangs hielt Herzog Bernhard auch dann noch an sich; aber die Nachrichten, die aus den benachbarten österreichischen Gebieten eintrafen, bewiesen ihm doch, daß man ein Ereignis wie das bei Steinau nicht zu fürchten brauche. Von Feldmarschall Ilow traf Post auf Post mit immer präziseren Forderungen ein. Bernhard möge seine Dragoner nach Pilsen schicken, damit man sich des Platzes versichern könne, zumal da sich daselbst viel kaiserliches Geschütz befinde. Er möge die Bauern im Lande ob der Enns wieder in die Waffen bringen; die dortigen Regimenter seien gut friedländisch gesinnt, würden sich leicht mit den schwedischen verbinden und den Bayern die Spitze bieten. Und hauptsächlich nach dem Ereignis zu Prag: Es sei nun zu völligem Bruch gekommen. Bernhard möge seine Reiter und Dragoner nach Eger vorrücken lassen, um sich im Notfall mit ihm zu vereinigen.

Wie weit entfernt war man noch von wirklichem Verständnis. Herzog Bernhard fürchtete noch immer, daß vielleicht doch ein Betrug – wie er sagt, ein Schelmstück – dahinter stecke, ein Angriff auf Franken, auf Nürnberg selbst beabsichtigt werde: Aber es leuchtete ihm doch ein, welch ein Vorteil für ihn daraus entspringen müsse, wenn es sich so verhielt, wie man sagte. Auf beide Fälle gerüstet, setzte er sich nach Eger hin in Bewegung.

Wallenstein hatte in diesen Regionen noch eine ganze Reihe starker Grenzposten in seinen Händen: Ellenbogen, Hohenberg, Falkenau, die Königswarter Schanzen. Er glaubte, kein verächtlicher Bundesgenosse zu sein.

In Eger sollte nun auch Arnim eintreffen, der sich eben auf den Weg machte, um die Verbindung, über die er damals mit seinem Kurfürsten definitive Verabredung genommen hatte, zu schließen. In der Mitte seiner Obersten dachte ihn Wallenstein dort zu empfangen, die angebahnte Vereinbarung zustande zu bringen, sie dem Kaiser vorzulegen, und wenn er sie verwerfe, in Verbindung mit Sachsen, mit dem er bereits übereingekommen, und mit Schweden, mit welchem er sich zu verständigen hoffte, den Weg der Gewalt zu beschreiten.

Dann aber schien noch alles möglich.

Unter den Äußerungen Wallensteins aus dieser Zeit, die von glaubwürdigen Zeugen berichtet werden, verdienen besonders zwei eine gewisse Beachtung: die eine, man müsse der Welt zeigen, daß es Kaiser auch noch aus einem anderen Hause geben könne als dem österreichischen, das sich von den Spaniern regieren lasse; die andere in bezug auf seine persönliche Stellung. Wolle der Kaiser ihn nicht mehr als seinen General erkennen, so wolle auch er ihn nicht mehr zu seinem Herrn haben; er würde leicht einen anderen Fürsten finden, dem er sich anschließen könnte, aber er wolle überhaupt keinen Herrn mehr über sich haben; er wolle selbst Herr sein und habe Mittel genug, um sich als solcher zu behaupten.

Nicht das war für ihn zunächst die Frage, ob er die Pfalz, oder vielleicht, ob er selbst die Krone von Böhmen erwerben werde. Was er soeben erfahren, erweckte in ihm den Ehrgeiz, alle Unterordnung von sich abzustreifen und eine unabhängige Stellung unter den Oberhäuptern der Welt einzunehmen. Dazu gab ihm die politische Mission, welche er einmal übernommen hatte, einen Anlaß, mit dem er sich rechtfertigen zu können meinte. War es nicht möglich, sie im Einverständnis mit dem Kaiser durchzuführen, so sollte es im Gegensatz mit ihm und dem Hause Österreich überhaupt geschehen.

Er ist nicht von diesem Gedanken ausgegangen; aber er ward mit einer gewissen Folgerichtigkeit dahin geführt.

Nachdem er einst zugleich als Untertan und als großer Herr unter kaiserlicher Autorität, aber doch durch eigenen Antrieb auf seine Kosten die Waffen ergriffen hatte, mit dem größten Erfolg nach beiden Seiten hin: Welche Entwürfe hatte er dann fassen können! König von Dänemark zu werden, oder das türkische

Reich zu stürzen, oder nach hundert Jahren Rom noch einmal mit deutschen Truppen heimzusuchen; in Deutschland die Macht der Kurfürsten und der Fürsten, namentlich das hierarchische System überhaupt, zu sprengen: alles zum Dienst des Kaisers und des Hauses Österreich, aber zugleich zu seiner eigenen immer steigenden Größe und Macht. Nach seinem Wiedereintritt in den Dienst dachte er diese und zugleich den Frieden im Reiche auf die Bedingung der Gleichberechtigung der beiden Bekenntnisse noch im Einverständnis mit dem Kaiser zu begründen. Und nichts wäre für die Zukunft der deutschen Nation wichtiger gewesen, als eine Ausführung dieses Planes, unter Wahrung der kaiserlichen Hoheit und der Reichsordnung im allgemeinen. Darauf warf sich nun sein ganzer sehr persönlicher und doch auch nach dem Idealen strebender Ehrgeiz, mit dem überspannten, gegen alles andere abschätzigen, auf die vereinte Gunst der Gestirne gegründeten Selbstgefühl, das ihm eigen war. Die Schwierigkeiten, die ihm am Hofe erwuchsen, meinte er durch eine feste Haltung an der Spitze der Armee zu überwältigen. Es geschah ihm jedoch, daß er dabei auch mit dem dynastischen Interesse zusammenstieß, welches durch einen entschlossenen und geschickten Botschafter, in dem die Idee der spanischen Monarchie alle anderen Gesichtspunkte überwog, vertreten wurde. Wenn ihm nun unter dessen Einfluß der Oberbefehl über die Armee entzogen wurde, deren unbedingte Unterordnung unter seine Befehle die Grundlage seiner Entwürfe ausmachte, wie er sie denn eben unauflöslich an sich zu fesseln trachtete: so geriet er, denn zurückzuweichen war er nicht gesonnen, fast mehr durch den Drang der Umstände als nach vorgefaßtem Plane auf den Gedanken, sich von der Gewalt des Hauses Österreich überhaupt loszureißen. Er hatte mit den Gegnern desselben, auch mit Frankreich, eine eventuelle Verbindung eingeleitet. Sollte er nun etwa im Namen dieser Macht auftreten, wie einige seiner Anhänger meinten? Dazu war nichts vorbereitet, und es hätte ihm dem deutschen Reiche gegenüber eine falsche Position gegeben. Der Mut stand ihm hoch genug, um die Gründung einer selbständigen Macht ins Auge zu fassen, welche die Gegner des Hauses Österreich um sich her vereinen sollte, um es in Deutschland und in Italien zu stürzen.

Unleugbar geriet er dadurch mit seiner eigenen Vergangenheit in Widerspruch. Denn eben durch das dynastische Interesse, die Verbindung beider Häuser seit dem friaulischen Kriege, war er hauptsächlich gefördert worden. Er hatte sich dann als der Verteidiger der höchsten Gewalt in den Erblanden aufgestellt und die ständischen Vorrechte niedergekämpft, die er jetzt wieder zu beleben gedachte. Auf der Autorität des Kaisers beruhte alles, was er jemals getan und ausgerichtet hatte. Noch genoß der kaiserliche Name allgemeine Verehrung: Noch waren alle die gescheitert, welche es unternommen, die erblichen Gewalten, auf denen die europäischen Reiche und sozialen Zustände beruhten, anzutasten, und selbst zugrunde gegangen. Sollte es ihm damit gelingen?

In Wien sah man das Unternehmen keineswegs als gefahrlos an.

Der Kaiser beabsichtigte, sich selbst nach Budweis zu begeben, um durch seine persönliche Gegenwart die Gefühle der Loyalität und Treue, auf die er sich jetzt vor allem stützte, zu beleben. Der König von Ungarn bat um die Erlaubnis, ihn ins Feld zu begleiten. Die Königin vereinte ihre Bitte mit der seinen, um den König von Spanien zu einer durchgreifenden Hilfeleistung aufzufordern.

Der spanische Gesandte schreibt seinem König: die Veranlassung hierzu könnte nicht dringender sein. Wenn man Friedland hätte weiter fortschreiten lassen, so würde er, das sei gewiß, den Kaiser binnen eines Monats aus Deutschland verjagt haben. Und wenn er es jetzt erreichen könne, daß ein ansehnlicher Teil seiner Armee ihm folge, so werde er um so größeres Ansehen bei den Feinden haben. In den dringendsten Ausdrücken forderte der Gesandte den König zu einer außerordentlichen Beihilfe auf, »damit nicht doch noch alles zusammenbreche«.

Aldringen ward mit der allgemeinen Direktion der Vorkehrungen betraut. Er begab sich zunächst zu Maximilian von Bayern, der sich entschloß, seine Truppen gegen Vilshofen und Passau vorrücken zu lassen, um einem gemeinschaftlichen Angriff der wallensteinischen und weimarischen Truppen, den man fürchtete, mit gemeinschaftlicher Anstrengung Widerstand zu leisten.

Gallas sollte, dem Kaiser und dem König zur Seite bleibend, in Budweis die militärischen Anordnungen treffen; von allen Seiten zogen die Truppen nach diesem Sammelplatz.

Piccolomini war bereits in voller Tätigkeit. Ohne viele Mühe wurden die kaiserlichen Truppen Meister von Pilsen; schon kam es zu Scharmützeln zwischen ihnen und den Regimentern, die an Wallenstein festhielten.

Von Schlesien setzte sich Colloredo in Bewegung; wer nicht mit uns, sagt er in einem seiner Briefe, ist wider uns. Er meinte der wallensteinischen Aufstellung bei Leitmeritz in den Rücken zu kommen.

Wie unter den Anhängern Wallensteins von den Konfiskationen, die man über die Gegner verhängen wollte, so war unter den kaiserlichen von nichts mehr die Rede, als von den Erwerbungen, die sie durch die Konfiskation der Güter ihrer Gegner machen würden.

Einer der Oberstleutnants Trčkas, der sich bei dem Kaiser einstellte und sein Regiment zu ihm selbst überzuführen versprach, wurde nicht allein selbst zum Obersten desselben erklärt, sondern es wurden ihm auch Schreiben an die anderen Offiziere Trčkascher Regimenter mitgegeben: in denen man die Oberstleutnants, welche dem Kaiser treu bleiben und ihre Soldaten eben dazu vermögen würden, zu Obersten erklärte, so wie die Oberstwachtmeister zu Oberstleutnants.

Eins dieser Regimenter war es nun, in dessen Mitte sich Wallenstein begab, als er sich nach Eger wandte. Sein Astrologe hatte, so wird berichtet, in den Sternen gelesen, daß ihm eine große Gefahr bevorstehe, daß er sie aber bestehen und zu glänzendem Glück emporsteigen werde.

Er fühlte um so weniger Besorgnis, weil die dortige Besatzung unter ein paar schottischen Offizieren stand, dem Oberstleutnant Gordon und dem Oberstwachtmeister Leslie, beide Protestanten, deren persönliche Sympathien sich verdoppeln zu müssen schienen, wenn er sein Schwert gegen die Spanier und die eifrigste Faktion der Katholiken zog. Anfangs scheinen sie einiges Bedenken getragen zu haben, ihm Eintritt in die Stadt zu gewähren; doch entschlossen sie sich dazu: wie sie später erklärten, aus Mangel an Aufklärung über die Lage der Sache. Aber General Diodati – der erste von allen, der sich auf die Seite des Hofes geschlagen hatte – versichert nicht allein, daß er Gordon unterrichtet und an seine Pflicht gemahnt habe, sondern, da Wallenstein dennoch Aufnahme in Eger fand, so erklärte er Gordon selbst für einen ehrvergessenen Verräter. Man meinte, der schottische Oberstleutnant sei durch den kalvinischen Geist verführt worden.

Am 24. Februar, nachmittags, zog Wallenstein in Eger ein: auf einer von zwei Pferden getragenen Sänfte, ohne den alten Glanz seiner Hofhaltung: mit seinen nächsten Vertrauten und einem nicht sehr zahlreichen militärischen Gefolge, und zwar einem solchen, dem er selbst nicht einmal recht traute. Die Dragoner des Obersten Butler, die er mit sich brachte, mußten in den Orten, wo man übernachtete, außerhalb der Tore bleiben; nur der Oberst und die Fahnen wurden in dieselben aufgenommen. Wie anderwärts, so geschah das auch in Eger.

In jenen Zeiten, in denen sich England inmitten einer streitenden Welt tiefen Friedens erfreute, war es den kriegführenden Mächten unverwehrt, in den englischen Gebieten zu werben. Protestantische Fürsten warben in Schottland, die katholischen in Irland. Kriegslustige Irländer oder Schotten suchten selbst die ihrem religiösen Bekenntnis entsprechenden Dienste auf. In Wallensteins Lager, wo man den Unterschied der Religion nicht achtete, trafen beide zusammen.

Aus dem vornehmen Geschlechte der Butler, d. i. Schenken von Irland – zu denen auch die Ormond gehören –, waren schon seit einiger Zeit wackere Kapitäne bald in polnischem, bald in spanischem, bald in kaiserlichem Dienst erschienen. Einer von diesen war Walter Butler – ein jüngerer Sohn Peters von Roscrea, welcher dem jüngeren Zweige der Linie Poolestown angehörte; schon einmal in schwedische Gefangenschaft geraten, hatte er, als er nach Zahlung einer ansehnlichen Summe frei geworden war, aufs neue Truppen für den kaiserlichen Dienst geworben. Eben bei Eger hatte er einst durch einen tapferen Reiterangriff das Vertrauen Wallensteins gewonnen, doch standen sie darum nicht in gutem Vernehmen; wir werden versichert, Butler, obwohl ein Fremder, habe doch ein lebhaftes Gefühl für die Hoheit des kaiserlichen Namens in sich getragen: sehr ungern machte er sich auf den Befehl Wallensteins auf, um an der angekündigten Vereinigung der Regimenter auf dem Weißen Berge teilzunehmen; er sah davon nichts als Unheil für sich und die Armee voraus. Er sagte, er wolle eher hundert Leben verlieren, als das Schwert gegen den Kaiser ziehen. Ein zufälliges Zusammentreffen auf der Straße von Pilsen nach Mies veranlaßte, daß er auf Wallensteins Wunsch denselben nach Eger begleitete. Aber indem er ihm folgte, war er doch mit den Generalen, die von ihm abfielen, einverstanden. Er ließ diesen sagen, Gott führe ihn diesen Weg vielleicht nur darum, damit er eine heroische Tat ausführe, und welche diese sei, hat er einem von ihnen, Gallas, unumwunden angekündigt. Wenn eine Gefahr eintrete, war es sein Vorsatz, gegen den Generalissimus Gewalt zu brauchen, ihn gefangenzunehmen oder zu töten. Nach dem Orte, wo die Ausführung der neuen Pläne versucht werden sollte, führte Wallenstein selbst den mit, der durch Religion und Politik angetrieben, ihn zu verderben entschlossen war.

Der Beichtvater Butlers, Patrick Taaffe, der zur Versicherung der unverbrüchlichen Treue desselben ermächtigt, sich nach Pilsen zu Piccolomini begeben hatte, empfing von diesem den Auftrag, dem Obersten zu sagen, wenn er kaiserliche Gnade und Beförderung erwerben wolle, möge er Wallenstein tot oder lebendig herbeischaffen. Der Beichtvater kam zu spät zurück, als daß diese Meldung Einfluß auf Butler hätte ausüben können; aber er fügte hinzu, Piccolomini habe ihm zugleich bemerkt, er werde das dem Obersten selbst auf einem andern Wege zu wissen tun.

Es war ein Gedanke, der, wenn man so sagen darf, schon lange in der Luft lag; er war gleich damals entsprungen, als Wallensteins Haltung bei der ersten Zusammenkunft von Pilsen seine Treue zweifelhaft machte. Die Anhänger des Hofes, in seiner Verbindung mit Spanien, sprachen, wie Navarro an Oñate meldet, den Rat aus, vor allen Dingen die Ansprüche der Truppen zu berichtigen, und dann den General entweder abzusetzen oder zu töten. Oñate selbst sagte nur, man müsse sich dieses Menschen auf eine oder die andere Art entledigen; doch hat es augenscheinlich denselben Sinn. Hat doch selbst der besonnene bayerische Vizekanzler, als von der Gefangennehmung Wallensteins die Rede war, dagegen bemerkt, es werde leichter sein, ihn niederzumachen. Auch Eggenberg widersprach ihm darin nicht. Nun aber war weder die Absetzung noch die Gefangennehmung durchgeführt worden; es schien vielmehr, als stehe ein Waffengang mit Wallenstein bevor, von dem man nicht wußte, wie wenig Rückhalt er hatte. Oñate bemerkt, man tue alles, um ihm und seinen Anhängern Widerstand zu leisten, oder dieses Feuer, indem es aufgehe, zu löschen. Man gedachte des alten Spruches, daß der Skorpion auf der Wunde, die er schlage, zerdrückt werden müsse.

Piccolomini hat sich bei seiner Weisung auf einen ihm durch eine Botschaft Oñates zugegangenen kaiserlichen Befehl bezogen.

Unmöglich kann man annehmen, daß Ferdinand selbst, der es immer auf das entschiedenste mit feierlichem Nachdruck geleugnet hat, mit voller Kunde der Sache einen solchen Befehl gegeben habe*. Aber in dem Getümmel der Anklagen und Besorgnisse, der leidenschaftlichen Aufregung gegen Wallenstein, ließ er der Partei der Aktion freie Hand gegen ihn, deren Losungswort es jetzt geworden war: Wallenstein entweder lebendig oder tot einzubringen.

Noch wußten jedoch die Schotten, denen das Kommando von Eger anvertraut worden, nichts davon.

Noch einmal am Abend, auf Anlaß eines eingetroffenen und eingelassenen Kuriers, welcher die kaiserlichen Patente überbrachte, hatte Friedland eine Konferenz mit dem Oberstwachtmeister. Er hielt diesen für vollkommen zuverlässig, und sprach ihm ohne Rückhalt von seinen Verbindungen mit Bernhard von Weimar, mit Brandenburg-Kulmbach, sowie mit Sachsen, und gab die Absicht kund, die Truppen des Herzogs Bernhard in Eger und Ellenbogen aufzunehmen. Daß es so weit gekommen sei, hatte aber Leslie doch nicht gemeint; der Anfang eines offenbaren Abfalls von dem Kaiser lag darin. Bestürzt darüber, wenigstens ganz erfüllt davon, begab er sich in die Burg zurück.

Man begreift die Verlegenheit, in welche die Offiziere gerieten. Die Idee des Gehorsams ward auf eine harte Probe gestellt. Von dem Kaiser waren sie angewiesen, von den drei Männern, die jetzt in ihren Mauern waren, keinen Befehl anzunehmen; dennoch suchten diese sie jetzt für Anordnungen zu gebrauchen, die dem Dienst des Kaisers, den sie bisher noch vorbehalten hatten, unzweifelhaft entgegenliefen. Sie waren dem Feldhauptmann und besonders dem Grafen Trčka verpflichtet, der sie in ihre Stellen gebracht hatte. Um keinen Anteil weder für noch wider zu nehmen, gerieten sie wohl auf den Gedanken, eine Warnung nach Ellenbogen gelangen zu lassen, von Eger aber, das nicht mehr gerettet werden könne, flüchtig zu werden. Aber auch dazu

---

* Der Kaiser hatte am 24. Januar nicht nur das Absetzungspatent erlassen, sondern den Alternativbefehl ausgegeben, Wallenstein und seine Mitverschworenen entweder gefangenzusetzen oder zu töten; die Art der Durchführung dieses »Lebendig oder tot« blieb den Exekutoren überlassen. Wegen der öffentlichen Erregung nach den Morden scheute der Kaiser zurück, sich offen zu seinem Befehl zu bekennen und sich vor seine Offiziere zu stellen.

war ihnen kein Raum gelassen. Am andern Morgen, 25. Februar, wurden die drei Offiziere zu Ilow geladen, bei dem sich auch Trčka einfand, und, aufgefordert, im vollsten Gegensatz mit dem kaiserlichen Patent, von keinem andern, als von Wallenstein und den Seinen Befehle anzunehmen, und sich unbedingt zu seinem Dienst zu verpflichten. Es war der für die Obersten entscheidende Moment. Gordon erwiderte: er habe dem Kaiser geschworen; wer spreche ihn von diesem Eide los? Erst wenn dies geschehen und er wieder ein der eingegangenen Verbindlichkeiten entledigter freier Kavalier sei, der sein Glück versuchen könne, dann werde er seinen Entschluß fassen. Ilow war betroffen und schwieg. Trčka: Die Herren sind Fremde im Reich, was fragen sie nach dem Kaiser? Der Herzog kann und wird sie reich belohnen. Ilow erinnerte an die Undankbarkeit des Hauses Österreich, die eben jetzt der Herzog von Friedland erfahre. Aber durch diese Vorstellungen von Vorteil und Gewinn waren Gordon und Leslie nicht zu bestimmen, welche in den strengen Schulen von Schottland gelernt hatten, die Pflicht des Gewissens jeder andern vorzuziehen. Man hätte nicht meinen sollen, daß eben in den Fremden ohne Untertanenpflicht der militärische Gehorsam gegen den Kriegsherrn das bewegende Motiv sein würde, den Anmutungen des Herzogs zu widerstehen. Die militärische Unterordnung wird erst durch den Eid geheiligt.

Man schied ohne Vereinbarung, aber noch ohne Zwist voneinander. Es waren die Tage der Fastnachtsschmäuse: Ohne alles Bedenken luden sich Ilow und Trčka bei Gordon, der in der Burg wohnte, auf den Abend zu Gaste. Sie scheinen gemeint zu haben, ihn und die anderen bei dem Gelage doch auf ihre Seite zu bringen.

Zugleich bekam der Oberstwachtmeister den Befehl, den andern Tag eine Versammlung der Bürger zu veranstalten und sie mit allen Mitteln der Gewalt dahin zu bringen, sich dem Herzog anzuschließen und ihm eine ansehnliche Summe Geldes zu zahlen. Die Absicht war, dort am Orte festen Fuß zu fassen, um von da zu weiteren Unternehmungen zu schreiten.

Die Frage für die Offiziere war jetzt nicht allein, ob sie sich von dem Herzog lossagen, sondern ebensowohl, ob sie sich ihm beigesellen wollten, um mit ihm gemeinschaftliche Sache gegen den Kaiser zu machen.

Auf diesem äußersten Punkt angekommen, haben sich die protestantischen Schotten dem katholischen Irländer, dem sie anfangs mit Mißtrauen begegnet waren, genähert und sich mit ihm verständigt. Sie sahen in der Anmutung Friedlands selbst eine persönliche Gefahr. Denn wenn sie ihm gehorchten, so verletzten sie ihren Eid der Treue, ihre militärische Ehre, und machten sich einer Sache teilhaft, die ihnen an sich fremd war: wo aber nicht, so hatten sie seine und seiner Freunde Rache zu fürchten; denn er drohte nicht allein, sondern pflegte seine Drohungen auszuführen; es kostete ihn nur ein Wort, so verloren sie das Leben.

Noch einmal haben die Schotten den Gedanken geäußert, sich lieber zu entfernen; Butler verwarf denselben, weil in Abwesenheit der Befehlshaber die Stadt für den Kaiser verlorengehen müsse. Man kam darauf, den General-Herzog gefangenzunehmen; aber das hatte doch auch mancherlei Bedenken. Wie leicht, daß zwischen den Kompanien der Obersten und den unerschütterlichen Anhängern Wallensteins ein Tumult ausbräche, währenddessen der Feind in die Stadt eindringen könnte. Leslie wird als ein langer, hagerer, schweigsamer Mann mit dem Ausdruck des Nachdenkens auf der Stirn geschildert; die Spanier hatten ihn nie geliebt; dagegen besaß er das volle Vertrauen Friedlands; eben in ihm aber vollzog sich zuerst der Entschluß zu seinem Verderben. Indem man die dringenden Umstände, die Zweifellosigkeit und Gefahr des Abfalls erwog, brach Leslie, in dem steigenden Eifer der Erwägungen, in die Worte aus: Laßt uns sie töten, die Verräter. Butler, der bis dahin an sich gehalten hatte, war glücklich, die Absicht, die er im Sinne trug, von fremder Lippe zu hören. Gordon sträubte sich noch eine Weile, endlich aber trat er bei. Die drei Offiziere erinnerten sich des Sprichwortes, daß man nur die Toten nicht zu fürchten brauche; sie zogen, wie sie sagen, in Betracht, daß nur auf diese Weise das hochlöbliche Haus Österreich »wahrhaft und stracks gesichert werde«.

Gordon verstand sich zu dem Gräßlichen, die Gäste, die sich bei ihm angemeldet hatten, an seiner Tafel ermorden zu lassen. Butler bot seine Irländer zu dem blutigen Werke an: dem Oberstwachtmeister der Garnison fiel die äußere Anordnung anheim. Er besetzte die Wache der Burg und auf dem Marktplatz der Stadt mit Hauptleuten, deren er sicher war. Von seinem eigenen Regiment war nur ein einziger dabei, die übrigen waren Irländer von dem Butlerschen Regiment; der Schotte machte mit den Irländern Partei und ließ ein paar Kompanien derselben in aller Stille in die Stadt kommen.

Am Abend stellten sich nun die Gäste zu dem Gelage ein: mit Trčka und Ilow kamen auch Kinsky und der Rittmeister Niemann, der in den Geschäften vornehmlich die Feder führte und als der Kanzler des Herzogs gelten konnte. Sie waren bereits gefangen, als sie sich in dem Erker eines großen Saales zum Gelage niedersetzten. Doch hatten sie noch eine Stunde unbenommenen guten Mutes. Sie tranken Hochs auf den General und seine Intentionen, namentlich auf seine Absicht, nicht mehr Diener, sondern Selbstherr zu sein. Man war beim Nachtisch, alle Diener hatten sich entfernt; indem es über neue Hochs zum Wortwechsel kam, ließ Leslie die Zugbrücke der Burg, deren Schlüssel man ihm brachte, aufziehen, und zugleich dem Butlerschen Oberstwachtmeister sagen, jetzt sei es Zeit. Der hielt sich bereits mit den sechs zur Exekution ausgewählten handfesten Iren in einem anstoßenden Gemach; jetzt brach er mit den Worten: »Viva Kaiser Ferdinando« in das Speisezimmer herein; während eine Schar anderer Irländer durch die andere Türe eindrangen, die sie besetzt hielten, damit niemand entfliehen könne. Gordon, Leslie und Butler antworteten mit entsprechendem Geschrei. Indem die Eingeladenen nach ihren Degen griffen, wurden sie bereits niedergemacht; nur von Ilow weiß man mit einiger Zuverlässigkeit, daß er sich zur Wehr setzte, er soll Gordon in diesem Augenblick zum Zweikampf herausgefordert haben[*]; aber sie fielen alle unter den kurzen Schwertern oder langen Dolchen der Irländer. Eine Mordtat zugleich und eine Exekution; denn einen autorisierten Befehl, außer etwa jener doch nur mündlich überlieferten, auch nur auf Wallenstein bezüglichen Weisung Piccolominis, hatten die drei Offiziere nicht; es war ihr eigenes freiwilliges Werk. Aber es war die Meinung der Zeit, daß man in Angelegenheiten dieser Art, wo der Fürst sich selten deutlich erklärte, seinen Willen zugleich auslegen müsse. Das wußten sie wohl, daß sie damit der jetzt vorherrschenden Partei, die von dem spanischen Botschafter abhing, einen großen Dienst leisteten, der ihnen zum Vorteil gereichen mußte: sie entledigten den Hof seines entschlossensten und gefährlichsten Geg-

---

[*] Auch Trčka konnte sich noch geraume Zeit verteidigen.

ners. In ein paar gräßlichen Minuten war alles geschehen. Der Führer der böhmischen Emigranten, Wilhelm Kinsky, der noch die Meinung hegte, einen König von Böhmen aus ständischer Wahl hervorgehen zu sehen; der Mann der erfolgreichen Werbungen, Adam Erdmann Trčka, der damals fünf Kürassierregimenter, zwei zu Fuß und ein Dragonerregiment zusammengebracht hatte und kommandierte, Sohn einer Mutter, die in ihrem Herzen nie mit dem Kaiser Frieden gemacht hatte; Feldmarschall Ilow, der in dem Gedanken lebte und webte, daß in kurzem noch ein dreimal so starkes friedländisches Heer im Felde stehen würde, als je ein früheres; und der Rittmeister, der eine geschickte militärisch-politische Geschäftsführung mit dem tiefsten Haß gegen das Haus Österreich verband: sie waren mit einem Mal, wie man sagte, vom Leben zum Tode hingerichtet und schwammen in ihrem Blute.

Auf der Burg war alles still; als der Oberstwachtmeister herausgehen wollte, ist auf ihn selbst geschossen worden, weil man meinte, er sei ein flüchtiger Rebell; diese Schüsse alarmierten die Wache am Markt. Leslie hielt es für gut, ihr in kurzen Worten zu sagen, was vorgefallen sei: die Leute schwuren, zu dem Kaiser zu halten und für ihn zu leben und zu sterben; die Butlerischen Dragoner sprengten durch die Straßen, um jede mögliche Regung zu ersticken. Leslie verwaltete noch selbst sein Wachtmeisteramt zu dem vorgesetzten Zweck; die Ausführung überließ er den Irländern. Es wäre jetzt möglich gewesen, Wallenstein gefangenzunehmen: und noch einmal ward das erwogen. Aber dagegen zog man aufs neue in Betracht, daß der Feind in unmittelbarer Nähe stehe, und ein unglücklicher Zufall alles vereiteln könne. Es blieb dabei, daß er ebenfalls umgebracht werden müsse. Wallenstein hatte in dem ansehnlichsten Haus der Stadt Wohnung genommen: eine von außen angelegte Wendeltreppe führte zu seinen Zimmern. Diese stiegen der irländische Kapitän Deveroux und einige Soldaten hinauf, um das zweite blutige Werk zu vollbringen. Wallenstein hatte soeben ein Bad genommen und war im Begriff, schlafen zu gehen. Sein Mundschenk, der ihm in goldener Schale den Schlaftrunk gebracht hatte, begegnete den Hereinstürmenden und wollte ihnen empfehlen, die Ruhe des Herrn nicht zu stören. Aber ihm selbst versetzten sie eine Wunde und erhoben das Geschrei: »Rebellen«. Indem Wallenstein bei diesem Lärmen wie er war und im bloßen Hemd nach dem Fenster ging, wahrscheinlich um die

Wache zu rufen, stieß der Kapitän mit seinen Leuten die Tür auf und schrie ihm die Worte zu: »Schelm und Verräter«. Ob Wallenstein einen Begriff von dem hatte, was sich begab? Ob er fühlte, daß der letzte Schritt der Empörung, den er soeben getan, die Rache der kaiserlich Gesinnten unmittelbar über sein Haupt zog? Wahrscheinlich doch, daß ihm der Zusammenhang der Dinge mit einem Mal vor die Seele getreten ist. An einen Tisch angelehnt, die Lippen bewegend, aber ohne einen Laut von sich zu geben, spannte er die Arme weit aus und streckte seine Brust der Hellebarde entgegen, mit der ihn, gerade in die Mitte derselben treffend, Deveroux erstach. Man wickelte die Leiche in ein rotes Tuch und fuhr sie in die Burg zu den übrigen Entleibten.

Noch war in der Stadt alles ruhig: die späte Stunde und ein starker Sturm, der bis Mitternacht anhielt, verhinderten die Verbreitung der Nachricht. Butlers Dragoner hielten Tore und Straßen bewacht. Am Morgen früh wurden zuerst die Offiziere der Garnison in die Burg beschieden, wo ihnen ein deutscher Kavalier – denn die Iren und Schotten wären dazu unfähig gewesen – das Vorgefallene auseinandersetzte und sie fragte, ob sie dem Kaiser getreu sein wollten: was sie denn bejahten. Dann wurden Rat und Bürgerschaft – in wie ganz anderem Sinne, als welchem den Tag zuvor beabsichtigt worden war – zusammenberufen und in Kenntnis gesetzt: sie erneuerten ihren Schwur der Treue. Eben rückte Gallas heran, um Eger zu belagern: es war nicht mehr nötig. Auch alle die anderen Posten an der Grenze wurden für den Kaiser gesichert. Franz Albrecht von Lauenburg, der ohne etwas zu ahnen herbeikam, um Nachricht von Herzog Bernhard zu bringen, wurde angehalten und dann nach Pilsen geführt – zugleich mit den Leichen seiner ermordeten Freunde.

Merkwürdig, wie die verschiedenen europäischen Nationalitäten an diesem Ereignis beteiligt waren. Die Schweden haben den General vorlängst zu einem Unternehmen dieser Art vorwärts getrieben; ihnen lag vor allem die Zurückführung der böhmischen Ausgewanderten am Herzen; – die Franzosen griffen in der Absicht ein, einen Umsturz des Hauses Österreich überhaupt hervorzubringen. Am nächsten standen die protestantischen Norddeutschen dem General: in seiner Größe sahen sie den Rückhalt, dessen sie bedurften; sonst aber beabsichtigten sie nichts, als eine Herstellung der alten Zustände, eine Verständigung zwischen den Reichsständen und ihrem Oberhaupt: den Ruin des Hauses Österreich wollten sie nicht. Das war nun aber einmal die Stellung Wallensteins geworden, daß die großen Interessen der Religion und Politik um ihn her einander entgegentraten. Bittere Feinde waren ihm die deutschen Katholiken, die alten Ligisten; doch würde ihnen genügt haben, ihn noch einmal und auf immer des Generalates beraubt zu sehen. Die Spanier, denen er jetzt als der Gegner ihrer Weltmacht erschien, hatten geradezu sein Verderben im Auge; in seinem Widerstreben gegen die kaiserliche Autorität sahen sie eine todeswürdige Schuld. Zu ihrer Seite standen, wie damals überhaupt, die Italiener. Sie versahen diese mit den besten Beweisstücken zu seiner Anklage und trugen das meiste dazu bei, die großen Heerführer von dem Obergeneral abtrünnig zu machen. Die Freunde waren lau und fern; die Feinde feurig und entschieden und in unmittelbarer Tätigkeit; unter ihrem Einfluß haben, selbst ohne legale Ermächtigung, zu welcher sich der Hof nicht entschließen konnte, die fremden Soldaten die letzte Katastrophe herbeigeführt. Es waren die sonst immer Entzweiten, Schotten und Irländer, Protestanten und Katholiken. Die ersten bewog das Gefühl militärischen Gehorsams gegen den Kriegsherrn und die durch den Diensteid eingegangene nicht einseitig aufzulösende Verpflichtung. In den Irländern lebte die Hingebung gegen die bestehenden höchsten Gewalten und der Eifer für die Religion, welche sie in ihrem Vaterlande verfochten, auch in der Fremde.

Wallenstein hatte, wie Oxenstierna von ihm sagt, mehr unternommen, als er ausführen konnte. Der Idee der kaiserlichen Gewalt und der Macht des Hauses Österreich mußte er erliegen sowie sie sich gegen ihn kehrten. Wie mußte nun aber sein Untergang eben dieser Idee und den Bestrebungen der Spanier, die daran anknüpfen, zustatten kommen!

Infolge eines neuen dringenden Anschreibens des Kardinal-Infanten hatte Oñate soeben den Kaiser an seinen Antrag erinnert, über die Vereinigung der kaiserlichen Waffen mit den spanischen Bestimmung zu treffen, und einen Plan für den künftigen Feldzug zu entwerfen: doch war der Hof mit allem seinen Sinnen und Trachten noch viel zu sehr mit der Angelegenheit Wallensteins beschäftigt, um darüber Beratung zu pflegen: alles war noch ungewiß, als die Nachricht eintraf, daß er ermordet sei.

»Eine große Gnade«, ruft Oñate aus, »die Gott dem Hause Österreich erwiesen hat!« So sagt Piccolomini, von den Fremden sei der Sache Gottes und des Kaisers ein sehr wichtiger Dienst geleistet worden. Wenn die Spanier bisher gefürchtet hatten, der Kaiser werde nach Italien fliehen müssen, so stand nun der Herauskunft des Kardinal-Infanten mit seinen spanisch-italienischen Streitkräften nichts weiter im Wege. Zuerst war ihre Meinung, daß eine starke kaiserliche Heeresabteilung unter Aldringen sich im Elsaß mit ihm vereinigen müsse; aber bald erkannten sie doch selbst, daß dies bei der fortdauernden Gefährdung der Erblande durch Sachsen und Schweden nicht tunlich sein werde. Sie gingen auf den Vorschlag der kaiserlichen Minister ein, daß der Kardinal-Infant sich mit dem großen Heer an der oberen Donau vereinigen möge: dann solle er sicher bis an die Grenze der Niederlande geführt werden. Auch dem Infanten selbst war das recht: denn die Sache der beiden Majestäten sei ein und dieselbe. Oñate bemerkt, vor allem sei es notwendig, im deutschen Reiche mit vereinten Kräften so zu wirken, wie es der gemeinschaftliche Vorteil erheische. Dann werde man weder für die Niederlande, noch für Italien oder die Grafschaft Burgund besorgt zu sein brauchen.

Er war sehr zufrieden damit, daß die von Wallenstein abtrünnig gewordenen Generale aus dessen Gütern und denen seiner Anhänger auf das reichlichste belohnt wurden. Dagegen mußten die, welche ihm treu geblieben waren, zugrunde gehen. Der tapfere Schaffgotsch, der auf freier Heide im ritterlichen Kampfe zu sterben gehofft hatte, kam auf dem Schafott zu Regensburg um.

Die Wiedereroberung Regensburgs ist der erste namhafte Erfolg der umgestalteten Armee, die nun erst wirklich eine kaiserliche wurde und unter dem König von Ungarn das Feld behauptete; man empfand ihre hohe Bedeutung; zwischen Gallas und Piccolomini reitend, kam der abziehende schwedische Kommandant auf den König zu, stieg ab, und sagte ihm, er überliefere ihm mit der Stadt die Schlüssel des Römischen Reiches. Da konnte dann der Kardinal-Infant ohne Besorgnis den ihm angedeuteten Weg unternehmen: mit seinen Italienern und Spaniern erschien er dem Vetter und Schwager zur Seite in Oberdeutschland. Die Obersten aus der Schule Wallensteins und Spinolas stellten sich mit dem Ehrgeiz dynastischer Hingebung unter die jungen Repräsentanten des Hauses Osterreich beider Linien; noch einmal erschien das katholisch-spanische Interesse in zentralisierter Macht. Die ihr gegenüber vereinigten Deutschen und Schweden waren nicht fähig, ihren Anfall zu bestehen; bei Nördlingen erlitten sie eine Niederlage, die sie nahezu vernichtete. Nie hatte die Verbindung der beiden Linien des Hauses Osterreich einen glänzenderen Triumph davongetragen. Der Herzog von Lothringen ließ vernehmen, er werde in drei Monaten vor Paris stehen.

Unter dem Eindruck dieses Umschwunges in der allgemeinen Lage, wurden dann die Unterhandlungen über den Frieden, die durch den Tod Wallensteins unterbrochen wurden, wiederaufgenommen. Auch dabei hatten die Spanier, die eine Abkunft für notwendig hielten, um ihren Krieg gegen Frankreich zu unternehmen, ihre Hand. Ein Anschreiben des Königs von Spanien lief in Dresden ein; Oñate hat die Verhandlungen des Königs von Ungarn mit dem sächsischen Hofe in Gang gebracht. Nie aber hätte er Bedingungen genehmigt, wie sie früher im Werk gewesen waren. Für den Protestantismus war Wallensteins Untergang das schwerste Mißgeschick. In dem Frieden, welchen Sachsen endlich zu Prag annahm, wurde nicht dem früheren Antrag gemäß das Jahr 1618 zum Normaljahr bestimmt, sondern das Jahr 1627, ein Zeitpunkt, in welchem die katholische Reaktion bereits ihre Absichten großenteils durchgeführt hatte. Halberstadt blieb im Besitz eines Erzherzogs, die kurpfälzische Kur im Besitz von Bayern; eine Reihe anderer Bedingungen wurden aufgestellt, die den Protestantismus in die engsten Schranken verwiesen und ihm keinerlei freie Entwicklung gestattet hätten. In der Form dem ähnlich, was mit Wallenstein verabredet worden, war es doch in der Sache das Gegenteil davon. Und indes kam der Krieg mit Frankreich, den Wallenstein, der die Kräfte der Staaten erwog, vermeiden wollte, zu vollem Ausbruch. Er hat ein Vierteljahrhundert gewährt und sich anfangs glücklich angelassen, schließlich aber doch zu dem Ergebnis geführt, daß die Entscheidung in allen europäischen Angelegenheiten an Frankreich gelangte. In Deutschland traten nun erst die Kriegsjahre ein, welche eine allgemeine Verwüstung herbeigeführt haben; zuletzt hat dann die Übermacht der Fremden und in bezug auf die Verfassung des Reiches nicht der kaiserliche, selbst nicht einmal der wallensteinische, sondern mehr der Gedanke Gustav Adolfs den Platz behalten; die Auflösung des Reiches bahnte sich an.

Mannigfaltige Betrachtungen über die Epoche ließen sich hieran knüpfen, jedoch ich halte inne: nur über ein ganz allgemeines Verhältnis, das hierbei in Aussicht tritt, sei mir noch eine Bemerkung gestattet.

In der Reihe der großen Generale, die nach Selbständigkeit getrachtet haben, steht Wallenstein in der Mitte zwischen Essex in England, Biron in Frankreich auf der einen, Cromwell auf der andern Seite, auf dessen Spuren sich später der gewaltige Korse bewegte, dessen noch weit umfassendere Erfolge ihn in den Stand setzten, ein neues Kaisertum zu gründen. Was ist der Unterschied zwischen ihnen? Warum gelang es den einen und ist es den anderen mißlungen? Essex, welcher der Königin Elisabeth von England eine andere Politik aufzwingen wollte, als welche ihr Geheimer Rat und sie selbst beliebten; Biron, der sich in Verabredungen mit den Feinden seines Königs einließ; Wallenstein, der erst das eine sehr entschieden und mit einer gewissen Berechtigung, und darauf das andere wiewohl nur schwach versuchte, – hatten mit geborenen Fürsten zu kämpfen, deren Autorität seit Jahrhunderten fest begründet und mit allen andern nationalen Institutionen verbunden war. Sie erlagen ihr. Cromwell und Napoleon dagegen fanden die legitime Autorität, als sie es unternahmen sich unabhängig zu machen, bereits gestürzt. Sie hatten mit republikanischen Gewalten zu kämpfen, welche noch keine Wurzeln geschlagen hatten und nur eine bürgerliche Macht besaßen, die dann dem Führer der Truppen gegenüber, sobald sie sich entzweiten, keinen Widerstand leisten konnten. Weiter fortgehend wird man fragen, warum nun doch das Protektorat mit dem Tode des Protektors verging, aus den Ruinen des gestürzten Kaisertums aber in unseren Tagen ein neues, das als die Fortsetzung des ersten auftritt, sich erheben konnte. Der vornehmste Grund liegt darin, daß Cromwell die sozialen Verhältnisse, wie sie einmal gebildet waren, erhalten vorfand und eher in Schutz nahm als umzustürzen suchte, so daß sie nach seinem Abgang eine ihnen analoge Regierung notwendig machten. Dagegen fand Napoleon eine soziale Revolution in den größten Dimensionen durchgeführt vor; er brauchte sie nur zu konsolidieren und mit seiner militärischen Gewalt zu durchdringen, um ein neues Imperium aufzurichten.

ZEITTAFEL

1583   *24. September:* Albrecht Wenzel Eusebius von Wallenstein (Waldstein) wird in Heřmanitz bei Arnau an der Elbe geboren

1594   *19. Dezember:* Gustav II. Adolf von Schweden geboren

1595   Wilhelm von Wallenstein, der Vater Albrechts, stirbt. Wallenstein kommt zu seinem Onkel Heinrich Slavata nach Schloß Koschumberg

1602   Nach dem Studium in Altdorf und einer italienischen Studienreise nimmt Wallenstein Dienste bei dem Markgrafen Karl von Burgau zu Innsbruck

1604   Wallenstein tritt in kaiserliche Kriegsdienste; im Winter 1604 ficht er als Hauptmann gegen die Türken, Ungarn und Siebenbürger

1609   Wallenstein heiratet Lucretia von Witschkow, geborene Nekesch von Landeck (gestorben 23. März 1614)

1615   Die mährischen Stände wählen ihn zum Obersten über ein Regiment

1617   Wallenstein tritt in die Dienste Ferdinands von Tirol. Er entsetzt zusammen mit Dampierre im Friauler Krieg gegen Venedig die befestigte Stadt Gradisca d'Isonzo

1618   *23. Mai:* Prager Fenstersturz. Aufstand des böhmischen Protestantentages
       1. Juli: Krönung König Ferdinands
       29. Oktober: Wallenstein wird kaiserlicher Oberst

1619   *20. März:* Kaiser Matthias gestorben
       26. August: Bethlen Gabor tritt zum Angriff auf Ungarn an
       26./27. August: Wahl Friedrichs V. zum König von Böhmen
       28. August: Ferdinand II. (geboren 1578), König von Böhmen und Ungarn, wird zum deutschen Kaiser gewählt
       8. Oktober: Münchener Vertrag zwischen dem Kaiser und Maximilian von Bayern (Neuaufstellung einer Armee der Liga und Zusicherung, die pfälzische Kur auf Bayern zu übertragen)

1620   *8. Januar:* Bethlen Gabor wird vom Preßburger Reichstag zum Fürsten von Ungarn ernannt und erhält die Regierungsgewalt über die von ihm eroberten ungarischen Gebiete

4. November: Wallenstein, bei der vereinigten ligistisch-kaiserlichen Armee, nimmt die Stadt Laun ein

8. November: Niederlage der böhmisch-pfälzischen Truppen in der Schlacht am Weißen Berg bei Prag, an der Wallensteins beide Reiterregimenter teilnehmen

9. November: Flucht Friedrichs V. nach Breslau. Die Rekatholisierung der österreichischen Erblande wird eingeleitet Ende November landet die »Mayflower« mit den puritanischen Pilgervätern in Amerika

1621   *22. Januar:* Friedrich V. wird in die Reichsacht erklärt

9. Februar: Gregor XV. wird zum Papst gewählt

31. März: Philipp III. von Spanien gestorben

9. April: Ende des Waffenstillstands zwischen den Generalstaaten (Moritz von Oranien) und Spanien, Wiederbeginn des Krieges

1622   *6. Januar:* Friede von Nikolsburg zwischen dem Kaiser und Bethlen Gabor, sowie den ungarischen Ständen

18. Januar: Wallenstein wird das militärische Oberkommando in Böhmen übertragen

6. Mai: Sieg des bayerisch-spanischen Heeres unter Tilly und Cordoba über die badischen Truppen unter Markgraf Georg Friedrich bei Wimpfen

20. Juni: Sieg Tillys und Cordobas über Herzog Christian von Halberstadt bei Höchst

15. September: Der Kaiser verleiht Wallenstein die Würde eines Reichs- und Pfalzgrafen

16. September: Tilly zwingt Heidelberg zur Kapitulation

2. November: Tilly erobert Mannheim

1623   *25. Februar:* Maximilian von Bayern wird mit der pfälzischen Kur belehnt Urban VIII. wird Papst

3. Juni: Wallenstein wird zum Generalwachtmeister ernannt

9. Juni: Wallenstein heiratet Isabella Katharina Freiin von Harrach (geboren 28. September 1601)

6. August: Sieg Tillys über Herzog Christian von Halberstadt bei Stadtlohn Mitte August erneuter Angriff Bethlen Gabors

7. September: Wallenstein wird in den Fürstenstand erhoben

1624   *12. März:* Friedland wird Fürstentum

      26. April: Richelieu wird von König Ludwig XIII. ins Ministerium berufen

      8. Mai: Zweiter Friede von Nikolsburg zwischen dem Kaiser und Bethlen Gabor. Erste englische Niederlassung in Ostindien

1625   *27. März:* Jacob I. gestorben; sein Sohn Karl I. wird König von England und Schottland

      2. Mai: Vertrag zwischen dem Kaiser und Bethlen Gabor, in dem der Friede von Sitvatörök erneuert wird

      13. Juni: Wallenstein wird zum Herzog ernannt, Friedland zum Herzogtum erhoben

      27. Juni: Wallenstein erhält den Auftrag, eine Armee aufzustellen, und wird am 25. Juli zum General ernannt

      13. Oktober: Vereinigung des Wallensteinschen Heeres mit den Ligisten

      19. Dezember: Bündnis zwischen England, Dänemark und Holland

1626   *25. April:* Sieg Wallensteins über Mansfeld an der Elbbrücke bei Dessau

      12. August: Tilly erobert Göttingen

      27. August: Sieg Tillys über König Christian IV. bei Lutter am Barenberge

      Der Gouverneur von Neuniederland, P. Minnewit, kauft die Insel Manhattan und legt an der Südspitze das Fort Neu-Amsterdam (später New York) an

      28. Dezember: Preßburger Friede zwischen dem Kaiser und Bethlen Gabor

1627   *20. April:* Allianzvertrag Frankreichs mit Spanien gegen England

      10. Mai: Ferdinand II. unterzeichnet das Patent zur Einführung der »erneuerten Landesordnung« für Böhmen

      Juni bis Juli: Wallenstein erobert Schlesien, zieht nach Niedersachsen und erobert nacheinander Holstein (September), Schleswig und Mecklenburg. Am

      16. Oktober zwingt Wallenstein Rendsburg zur Kapitulation

1628   *1. Februar:* Wallenstein erhält die beiden Herzogtümer Mecklenburg

14. Februar: Der Kaiser verleiht Wallenstein den Titel eines »Generals des Ozeanischen und Baltischen Meeres« (Bestallung am 21. April 1628)

15. Februar: Wallenstein wird Herzog von Friedland und Sagan

25. Juli: Abbruch der Belagerung Stralsunds durch Wallenstein

24. August: Wallenstein besiegt Christian IV. von Dänemark bei Wolgast

28. Oktober: La Rochelle, der letzte befestigte Platz der Hugenotten in Frankreich, kapituliert vor den königlichen Truppen

1629   *6. März:* Ferdinand II. erläßt das Restitutionsedikt

7. Juni: Lübecker Friede

26. September: Waffenstillstand zwischen Polen und Schweden

15. November: Bethlen Gabor gestorben

1630   *6. Juli:* Gustav Adolf landet auf der Insel Usedom

13. August: Der Kaiser entschließt sich auf dem Kurfürstentag in Regensburg zur Entlassung Wallensteins

9. September: Bündnis zwischen Gustav Adolf und Herzog Bogislav von Pommern

1631   *3. Januar:* Gustav Adolf erobert Greifenhagen

23. Januar: Abschluß eines Subsidienvertrages zwischen Gustav Adolf und Frankreich in Bärwalde

13. April: Gustav Adolf erstürmt Frankfurt a. d. Oder

20. Mai: Tilly erobert Magdeburg

20. Juni: Bündnis zwischen Kurbrandenburg und Gustav Adolf (1. Abkommen 14. Mai)

11. September: Bündnis zwischen Kursachsen und Gustav Adolf

17. September: Gustav Adolf und die Sachsen schlagen Tilly bei Breitenfeld vernichtend

Oktober: Wallenstein schlägt ein neues Generalat, das ihm der Kaiser durch Questenberg anbieten ließ, aus

4. November: Die sächsischen Truppen überschreiten die böhmische Grenze

15. November: Arnim besetzt Prag

15. Dezember: Wallenstein übernimmt für drei Monate die Neuorganisation des kaiserlichen Heeres

1632   *9. März:* Tilly erobert Bamberg, das der schwedische Feldmarschall Horn am 10. Februar eingenommen hatte, zurück

12./13. April: Wallenstein erklärt sich, nachdem ihm weitreichende Vollmachten zugebilligt wurden, bereit, das Oberkommando weiterzuführen (Göllersdorfer Kapitulation)

15. April: Tilly verliert die Schlacht am Lech gegen Gustav Adolf und stirbt am 30. April in Ingolstadt an den erlittenen Verletzungen

20. April: Wallenstein wird vom Kaiser zu Friedensgesprächen mit Sachsen ermächtigt

17. Mai: Gustav Adolf rückt in München ein

22. Mai: Wallenstein vertreibt die sächsischen Truppen aus Prag

16. Juli: Gustav Adolf zieht sich von Schwabach nach Nürnberg zurück. Wallenstein verschanzt sein Heer bei Fürth. Abwehrschlacht an der Alten Veste (4. September). Gustav Adolf zieht von Nürnberg ab (18. September)

1. November: Wallenstein erobert Leipzig

16. November: Schlacht bei Lützen. Gustav Adolf und Pappenheim fallen. Wallenstein zieht sich nach Leipzig zurück

1633   *19. Mai:* Wallenstein bricht zum Feldzug nach Schlesien auf

11. Oktober: Wallenstein siegt bei Steinau über die Schweden

15. November: Bernhard von Weimar erobert Regensburg

1634   *12. Januar:* Unterzeichnung des ersten Pilsener Reverses

24. Januar: Der Kaiser entläßt Wallenstein (Geheimes Absetzungspatent) und verpflichtet das Heer auf Gallas

18. Februar: Ferdinand II. erläßt ein zweites öffentliches Absetzungspatent

20. Februar: Zweiter Pilsener Revers

25. Februar: Ermordung Wallensteins in Eger

5./6. September: Bernhard von Weimar und die Schweden

werden in der Schlacht bei Nördlingen vom kaiserlichen
Heer besiegt

1635   *30. Mai:* Der Kaiser schließt mit Kursachsen den Sonder-
frieden zu Prag